Rolf Majcen

Grazer Hausberge

Mit Mur- und Mürztal

60 ausgewählte Touren

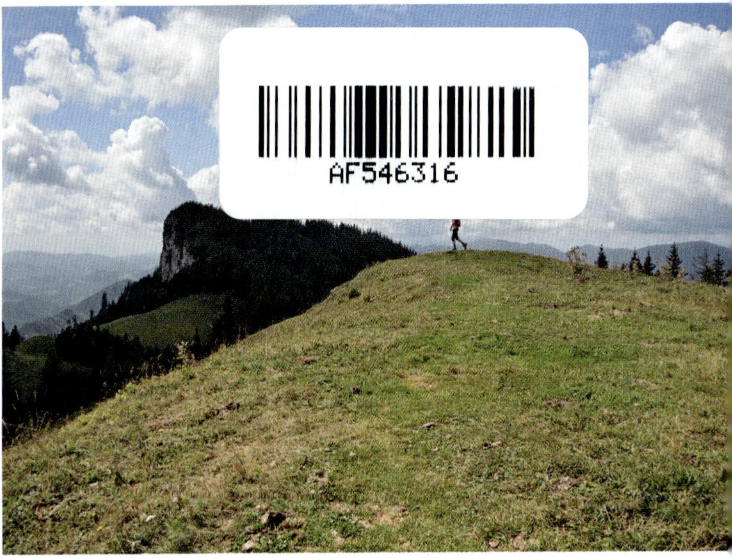

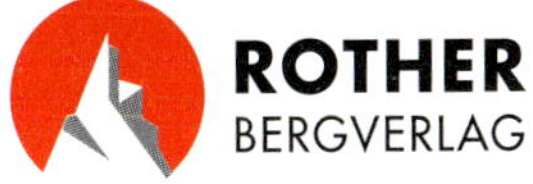

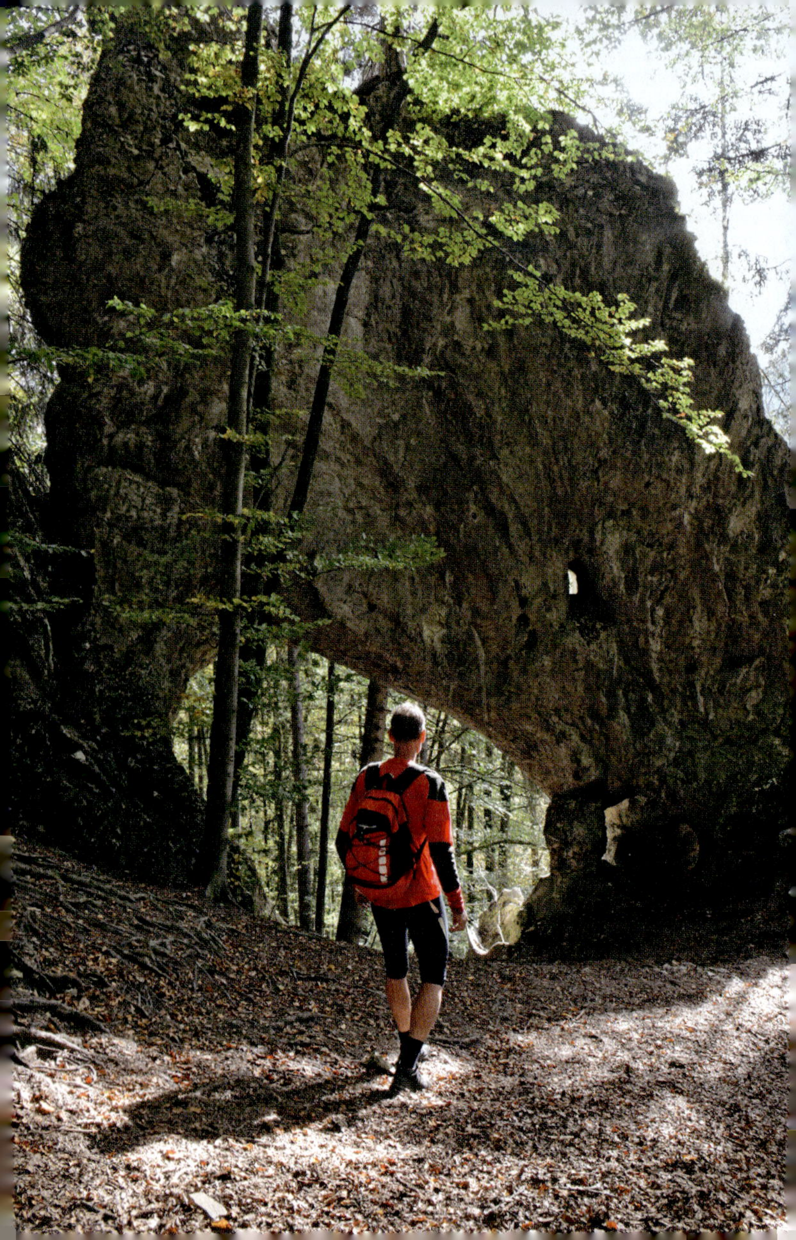

VORWORT

»Grazer Hausberge« ist kein Begriff für eine Region, die der amtlichen steirischen Landschaftsgliederung entspricht, sondern eine Gebietsdefinition des Rother Bergverlags. Die auch das Mur- und Mürztal berücksichtigenden »Grazer Hausberge« befinden sich innerhalb der Linie, die von Graz über den Packsattel zum Zirbitzkogel, dann weiter über den Schoberpass zur Hohen Veitsch und schließlich über das Stuhleck zurück nach Graz verläuft.
Als Kind Grazer Eltern, die mich oft zu Wanderungen im Umkreis der Landeshauptstadt mitgenommen haben, waren mir schon viele Täler, Almen und Gipfel bekannt, doch erst im Zuge der umfangreichen Erkundungen für dieses Büchlein wurde mir bewusst, dass die Natur in diesem ungemein vielfältigen Gebiet eine charismatische Landschaft geschaffen hat.
Der Hausberg der Grazer ist der Schöckl. Unbestritten. Weil er markant und bekannt und von Graz aus leicht und schnell erreichbar ist. Die Aussicht von seiner flachkuppigen Hochfläche ist umfassend und von berufenen Federn oft und oft beschrieben worden. Doch im Gebiet der »Grazer Hausberge« ist der Schöckl nur ein Berg von vielen. Auch all die Tage, an denen ich Glein- und Stubalpe aus verschiedenen Himmelsrichtungen losziehend auf der Suche nach schönen Touren besucht habe und dabei über jene almartigen, sanften Kuppen gewandert bin, die ihr einzigartiges Aussehen prägen, waren unsagbar reizvoll.
Völlig konträr dazu ist das Landschaftsbild auf der anderen Seite der Mur, denn die Gipfelformen der Seckauer Alpen, Eisenerzer Alpen und des Grazer Berglandes sind viel stärker akzentuiert. Auch die Mürzsteger Alpen habe ich ins Herz geschlossen, weil sie meine Erlebnisse mit einem Füllhorn von Impressionen und Panoramen bereichert haben. Bei den Streifzügen durch die waldreichen Fischbacher Alpen kam mir etliche Male ein »So schön!« von den Lippen, weil ich von den völlig unerwarteten Nah-, Fern- und Tiefblicken überrascht war. Der höchste – und gleichzeitig westlichste – Gipfel, den ich berücksichtigt habe, ist der 2396 m hohe Zirbitzkogel in den Seetaler Alpen.
Nur beim Großen Speikkogel (Koralpe) habe ich mich nicht ganz an die Gebietsvorgabe der »Grazer Hausberge« gehalten, aber dieser Gipfel ist von Graz aus leicht erreichbar und kann auf einer Route bestiegen werden, die ständig über der Waldgrenze verläuft. Das ist etwas Besonderes!
Ich habe die »Grazer Hausberge« in 60 einzigartige Teile zerlegt. Mögen alle, die jetzt losziehen wollen, bei jeder Tour die gleiche Freude haben, die ich hatte, als ich unterwegs war!

Teesdorf, im Frühling 2024 Rolf Majcen

Das Steintor bei der Kesselfallklamm (Tour 8).

INHALTSVERZEICHNIS

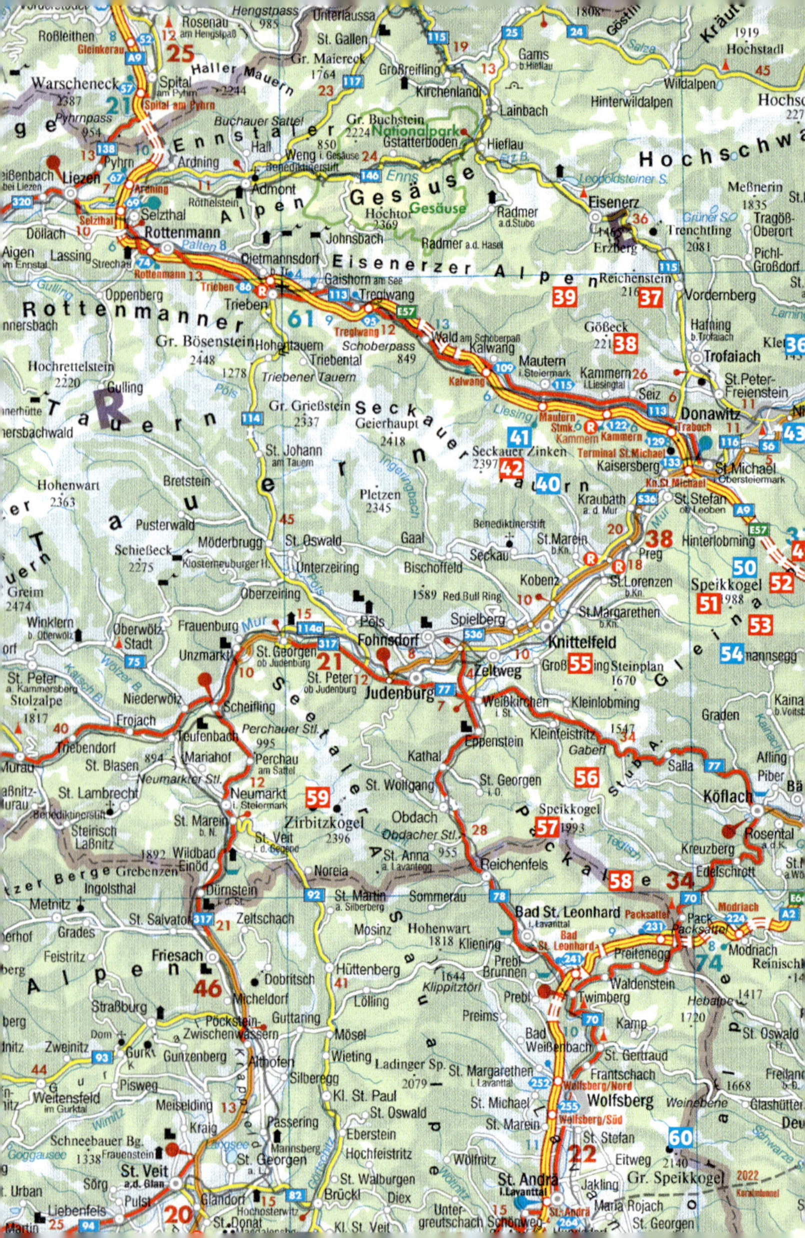

Roßleithen
Gleinkerau
Rosenau am Hengstpaß
Hengstpass 985
Unterlaussa
St. Gallen
Gr. Maiereck 1764
Großreifling
Kirchenlandl
Gams b.Hieflau
Göstling
Hochstadl 1919
Wildalpen
Hinterwildalpen
Warscheneck 2387
Spital am Pyhrn
Haller Mauern 2244
Pyhrnpass 954
Buchauer Sattel 850
Gr. Buchstein 2224
Nationalpark Gesäuse
Gstatterboden
Hieflau
Lainbach
Hochschwab
Ennstaler Alpen
Hall
Ardning
Weng i. Gesäuse
Benediktinerstift
Liezen
Pyhrn
Admont
Gesäuse
Hochtor 2369
Radmer a.d.Stube
Radmer a.d. Hasel
Leopoldsteiner S.
Eisenerz
Erzberg
Trenchtling 2081
Meßnerin 1835
Tragöß-Oberort
Pichl-Großdorf
Grüner S.
Selzthal
Rötheistein
Döllach
Rottenmann
Johnsbach
Lassing
Strechau
Dietmannsdorf
Gaishorn am See
Treglwang
Eisenerzer Alpen
Reichenstein 2165
Vordernberg
Oppenberg
Trieben
Rottenmanner Tauern
Gr. Bösenstein 2448
Hohentauern
Triebental
Schoberpass 849
Wald am Schoberpaß
Kalwang
Mautern i.Steiermark
Kammern i.Liesingtal
Gößeck 2214
Hafning b.Trofaiach
Trofaiach
St.Peter-Freienstein
Hochrettelstein 2220
Gulling
Triebener Tauern
Seiz
Donawitz
Trabach
Gr. Grießstein 2337
Geierhaupt 2418
Seckauer Tauern
Seckauer Zinken 2397
Kaisersberg
St.Michael Obersteiermark
Terminal St.Michael
St. Johann am Tauern
Hohenwart 2363
Bretstein
Pletzen 2345
Kraubath a. d. Mur
St.Stefan ob Leoben
Benediktinerstift
Pusterwald
Schießeck 2275
Möderbrugg
St. Oswald
Gaal
Seckau
St.Marein b.Kn.
Preg
Hinterlobming
Kloster Neuburger H.
Unterzeiring
Bischoffeld
Kobenz
St.Lorenzen b.Kn.
Speikkogel 1988
Greim 2474
Oberzeiring
Red Bull Ring 1589
St.Margarethen b.Kn.
Winklern b. Oberwölz
Oberwölz Stadt
Frauenburg
Pöls
Spielberg
Knittelfeld
Unzmarkt
St. Georgen ob Judenburg
Fohnsdorf
Zeltweg
Großlobming
Steinplan 1670
Gleinalpe
St. Peter a. Kammersberg
Niederwölz
St. Peter ob Judenburg
Judenburg
Weißkirchen i. St.
Kleinlobming
Kaina b.Voitsb.
Stolzalpe 1817
Frojach
Scheifling
Seetaler Alpen
Graden
Triebendorf
Teufenbach
Perchauer Stl. 995
Eppenstein
Kleinfeistritz
Gaberl 1547
Stubalpe
Murau
St. Blasen
Mariahof
Perchau am Sattel
Kathal
Salla
Afling
Piber
Neumarkter Stl.
St. Lambrecht
Neumarkt i. Steiermark
St. Wolfgang
St. Georgen i. O.
Köflach
Benediktinerstift
Speikkogel 1993
St. Marein b. N.
Zirbitzkogel 2396
Obdach
Steirisch Laßnitz
St. Veit i. d. Gegend
Obdacher Stl. 955
Packalpe
Rosental a.d.K.
Wildbad Einöd 1892
Grebenzen
St. Anna a. Lavantegg
Reichenfels
Kreuzberg
Edelschrott
Metnitzer Berge
Ingolsthal
Dürnstein
Noreia
St. Martin a. Silberberg
Sommerau
Bad St. Leonhard i. Lavanttal
Packsattel
Pack
Modriach
Metnitz
St. Salvator
Zeltschach
Mosinz
Hohenwart 1818
Klienning
Preitenegg
Reinischkogel
Grades
Feistritz
Friesach
Hüttenberg
Prebl Brunnen
Klippitztörl 1644
Waldenstein
Hebalpe 1417
Saualpe
Dobritsch
Micheldorf
Lölling
Prebl
Twimberg
1720
Alpen
Straßburg
Pöckstein-Zwischenwässern
Guttaring
Preims
Kamp
Mösel
Bad Weißenbach
St. Oswald
Dom
Zweinitz
Gurk
Gunzenberg
Althofen
Wieting
Ladinger Sp. 2079
St. Gertraud
Frantschach
St. Margarethen i. Lavanttal
Freiland
Silberegg
Kl. St. Paul
Wolfsberg/Nord
Wolfsberg
1668
Gurktal Weitensfeld im Gurktal
Pisweg
St. Michael
Weinebene
Glashütten
Meiselding
St. Oswald
St. Marein
Wolfsberg/Süd
St. Stefan
Koralpe
Kraig
Passering
Eberstein
Schneebauer Bg. 1338
Frauenstein
Mannsberg
Hochfeistritz
Wölfnitz
Eitweg
Gr. Speikkogel 2140
Koralmtunnel 2022
St. Veit a.d. Glan
St. Georgen a. L.
St. Walburgen
St. Andrä i. Lavanttal
Jakling
Sörg
Pulst
Glandorf
Hochosterwitz
Brückl
Diex
Maria Rojach
Urban
Liebenfels
St. Donat
Kl. St. Veit
Unter-greutschach
Schönweg
St. Georgen
Lavanttal
Klippitz
Gurk
Mur
Enns
Palten
Liesing
Pöls
Lavant
Salza
Steinplan

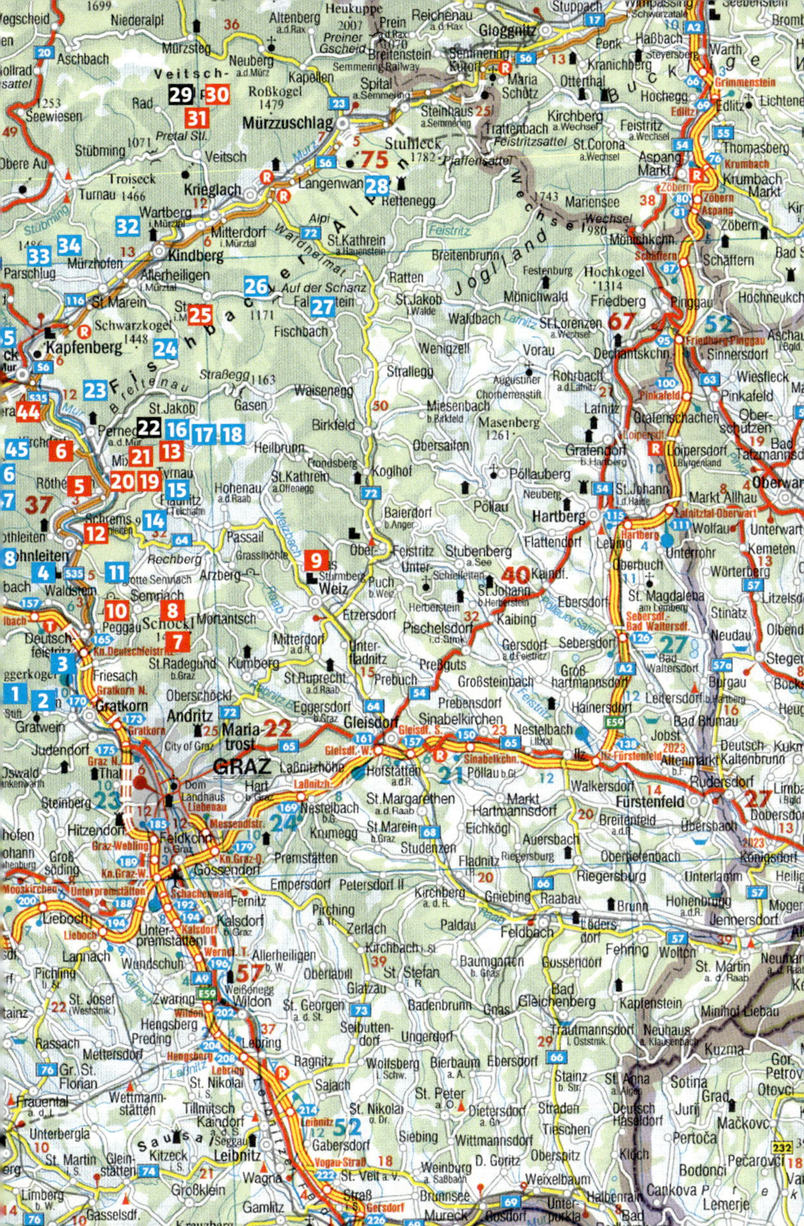

TOP-TOUREN

Kreuzkogel und Schiffall, 1221 m
Der fantastische Ausblick vom Gehöft Gunacker, die »Mini-Ferrata« im Gipfelbereich des Kreuzkogels, der mystisch wirkende Übergang zum Schiffall und der romantische Rückweg machen diese Tour bei Mixnitz zu einem großartigen Bergerlebnis. *(Tour 5, 4.45 Std.)*

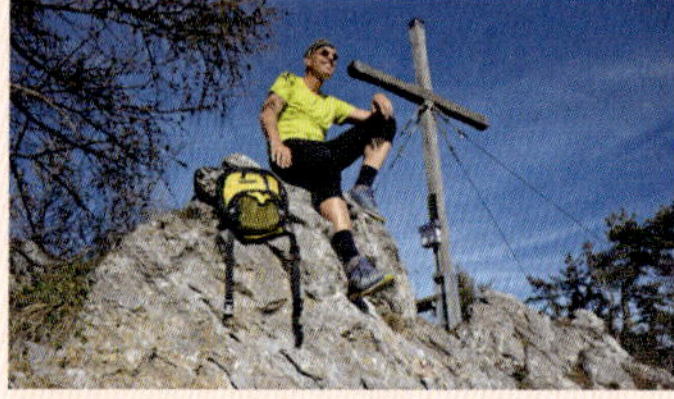

Schöckl-Überschreitung
Ein Paradebeispiel für die Kombination aus öffentlichen Verkehrsmitteln und einem großartigen Naturerlebnis auf zwei Beinen. Zwischen dem Start in Semriach und dem Ziel knapp vor Stattegg reihen sich zahlreiche konträre Streckenabschnitte nahtlos aneinander. So entsteht ein landschaftlich einzigartiges Kunstwerk! *(Tour 8, 7.15 Std.)*

Plankogel, 1531 m
Wenig Wald, viel Almlandschaft, zwei Gipfelkreuze und ein mächtiges Panorama kennzeichnen diese Rundwanderung auf der Sommeralm, die zudem gleich mehrere herzhafte Einkehrmöglichkeiten bietet. *(Tour 18, 4.15 Std.)*

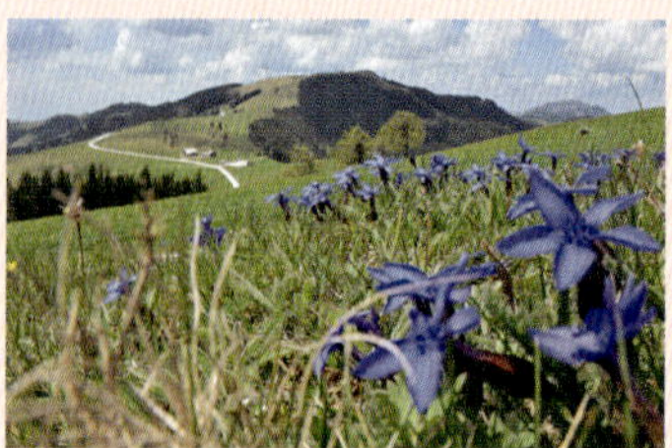

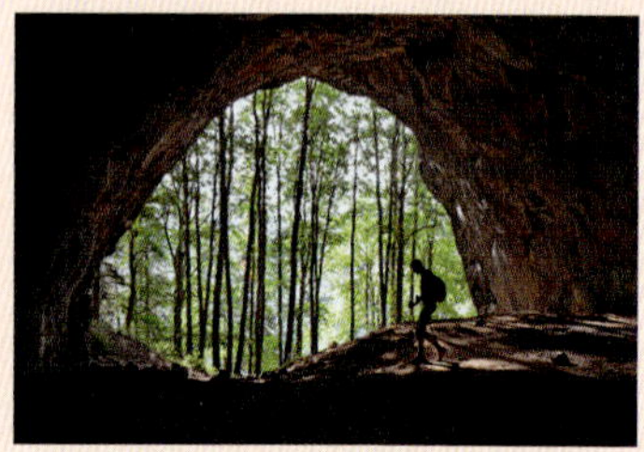

Drachenhöhle – Röthelstein, 1263 m
Schon der Aufstieg zur Drachenhöhle ist ein Erlebnis! Die Begeisterung steigt weiter, wenn man das kolossale Höhlenportal erblickt. Später: Nach einem urigen Pfad erreicht man knapp unterhalb des Gipfels ein kleines, famos über den Steilabbrüchen des Röthelsteins gelegenes, hochalpin wirkendes Plateau mit brillanter Szenerie – atemberaubend! *(Tour 19, 4.15 Std.)*

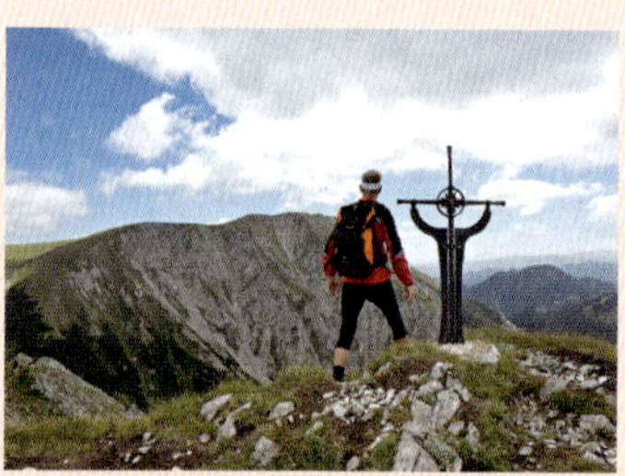

Hohe Veitsch, 1981 m, und Wildkamm-Überschreitung
Sogar der Gipfel der Hohen Veitsch wird hier zur Ouvertüre degradiert, denn die Attraktion ist die Wildkamm-Überschreitung. Sie fasziniert durch das alpine Ambiente und den kühnen Wegverlauf entlang der felsigen, teils ausgesetzten Schneide. Das Felsintermezzo endet bei der lieblichen Sohlenalm, von der ein langer, feiner Weg zurückführt. *(Tour 29, 7.30 Std.)*

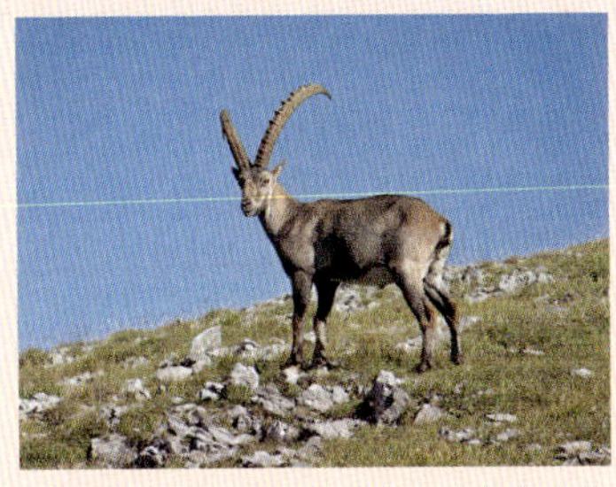

Gößeck, 2214 m
Das Gößeck ist der höchste Gipfel der Eisenerzer Alpen. Doch die eigentliche Motivation für die Besteigung sind die zahlreichen Steinböcke, die in der Gipfelregion leben. Wer die majestätischen Tiere mit ihren mächtigen Hörnern aus kürzester Distanz in freier Natur sehen möchte, ist hier genau richtig. *(Tour 38, 7.00 Std.)*

Hämmerkogel, 2253 m
Die formschöne Pyramide des Hämmerkogels ist ein stolzer Nachbar des Seckauer Zinken. Dem attraktiven Aufstieg durch das Weinmeisterkar folgt eine faszinierende Höhenwanderung. Die vorzügliche Runde endet schließlich wieder bei der Unteren Bodenalm. *(Tour 42, 5.15 Std.)*

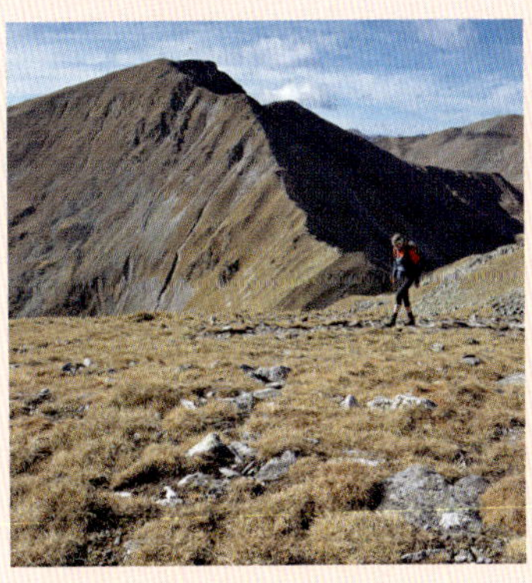

Gleinalpe – Überquerung
Moderne Mobilitätslösungen machen es möglich, die Gleinalpe vom Plotscherbauer über Fensteralm, Polsterkogel, Eiblkogel, Lärchkogel und Speikkogel bis zum Krautwasch an einem Tag zu überqueren. Der besondere Reiz der Tour: Oberhalb der Baumgrenze hat die Natur ein großartiges Mosaik geschaffen, das dem Betrachter ein Gefühl von Weite und Harmonie gibt! *(Tour 52, 9.30 Std.)*

In zwei Tagen über die Stubalpe
Von Kärnten führt die Route über den Peterer Sattel in die Steiermark. Mit Weißenstein, Ameringkogel, Größenberg und Hofalmkogel folgen alle vier Zweitausender der Stubalpe – welch traumhafte Höhenwanderung! Am zweiten Tag geht es über ästhetische Almen und den unschwierigen Blockgrat der Sankt Leonharder Alm zurück. *(Tour 57, 2 Tage)*

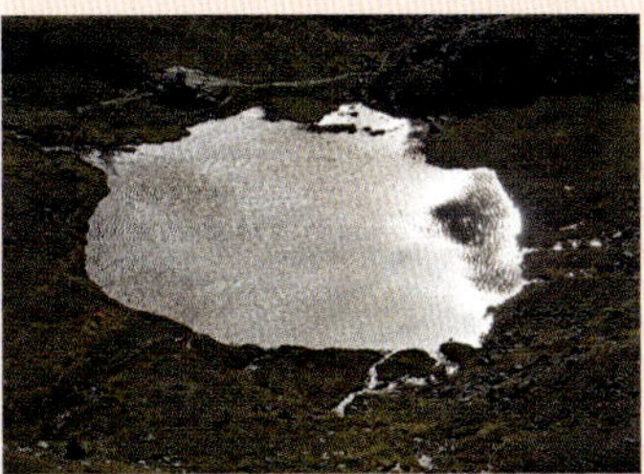

Zirbitzkogel, 2396 m
Der Hochgebirgsstock der Seetaler Alpen ist ein vielfältiges Wanderparadies, und die Runde von der Winterleitenhütte über Kreiskogel, Scharfes Eck, Zirbitzkogel – der höchste Gipfel dieses Wanderführers – und den Schreibersteig gehört bestimmt zu den schönsten Touren. Der hoch gelegene Ausgangspunkt und das am Zirbitzkogel stehende Schutzhaus dienen als zusätzliche Garanten für ein perfektes Bergerlebnis. *(Tour 59, 4.45 Std.)*

ALLGEMEINE HINWEISE

Tourenplanung

Grundsätzlich ist Wandern eine Ausdauersportart mit hohem gesundheitlichem Wert. Die körperliche Beanspruchung kann von mäßiger Belastung von Kreislauf und Muskeln bis hin zur Maximalbelastung in anspruchsvollem und steilem Gelände variieren. Eine entsprechende Tourenvorbereitung ist mehr oder weniger immer notwendig. Grundsätzlich ist auf gutes Schuhwerk zu achten, und auch wenn viele Touren auf den ersten Blick eher einfach erscheinen, so sollte eine Standardausrüstung (Rucksack, Trinkflaschen, Jause, Regenschutz, Erste-Hilfe-Ausrüstung, Wanderkarte, Mobiltelefon mit vollem Akku ...) immer mit dabei sein.

Anforderungen

Die Touren sind grundsatzlich so ausführlich beschrieben, dass sie ohne den Einsatz von technischen Geräten oder Hilfsmitteln wie GPS oder Smartphone-Apps problemlos gegangen werden können. Die meisten Routen verlaufen auf sehr gut markierten und auch instand gehaltenen Wegen und Steigen. 13 Touren integrieren mehr oder weniger lange Abschnitte auf Asphaltstraßen, doch die Straßen sind verkehrsarm und fast zur Gänze aussichtsreich! Die Wanderungen reichen im alpinistischen Sinne von leicht bis schwer. Nur sehr wenige Touren verlangen explizit Trittsicherheit, Schwin-

SCHWIERIGKEITSKATEGORIEN

■ = Leicht

Wanderungen auf meist gut markierten, ausreichend breiten Fahr- und Fußwegen. Diese sind nur mäßig steil und können auch bei Schlechtwetter unproblematisch begangen werden. Auch gut geeignet für Kinder und ungeübte Personen.

■ = Mittel

Wanderungen auf zumeist ausreichend markierten Pfaden und Steigen, die oft schmal und steil verlaufen und kurzzeitig ausgesetzt sein können. Trittsicherheit, Schwindelfreiheit und auch Orientierungsvermögen vorteilhaft.

■ = Schwierig

Anspruchsvolle Touren auf zum Teil ausgesetzten Steigen und schmalen Passagen, teils weglos. Oft wird die Zuhilfenahme der Hände notwendig, an versicherten Abschnitten kann zur Sicherheit auch ein Klettersteigset verwendet werden. Trittsicherheit, Schwindelfreiheit, Orientierungsvermögen und stabile Wetterverhältnisse sind Voraussetzung. Nur für bergerfahrene Geher geeignet.

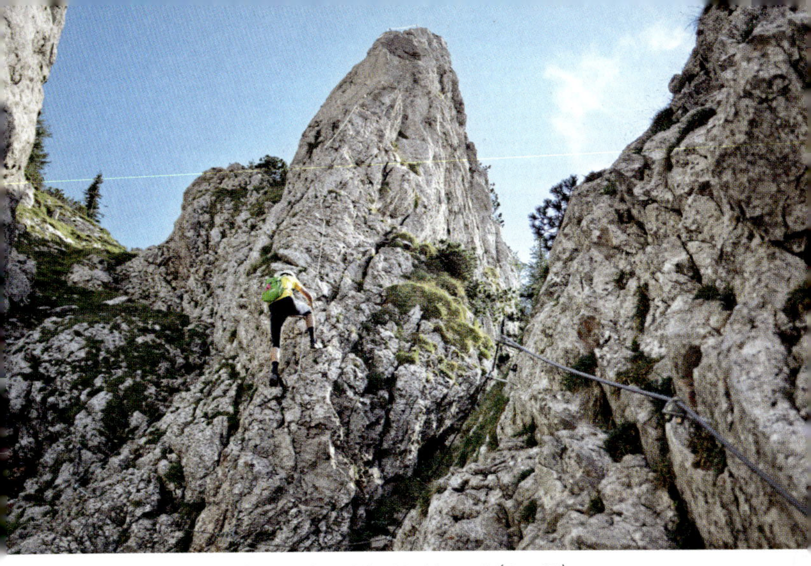

Die letzten Meter beim Klettersteig auf den Hochlantsch (Tour 22).

delfreiheit und Ausdauer. Bei einigen Touren führt der Weg zum Teil über unmarkierte Abschnitte, doch können diese ohne Orientierungsprobleme bewältigt werden, weil die natürlichen Gegebenheiten die »logische Linie« eindeutig vorgeben.

Vor allem Nebel, Regen, Schnee und Eis können manche Touren um einiges schwieriger gestalten bzw. sogar unmöglich machen. In Waldgebieten können Schlägerungen oder neu gebaute Forststraßen Änderungen der Routenführung notwendig machen; damit kann sich auch die Schwierigkeit der Tour ändern (siehe zudem die Informationen zu »Forstlichen Sperrgebieten« auf Seite 26). Wege über Hochflächen sollen grundsätzlich bei guter Sicht begangen werden, auch wenn die meisten dieser Höhenwege mit Stangen oder Steinmännchen zusätzlich gut markiert sind; Sturm und Kälte können für zusätzliche Schwierigkeiten und ernste Gefahren sorgen. Um die jeweiligen Anforderungen besser einschätzen und vergleichen zu können, sind die einzelnen Tourenvorschläge mit verschiedenen Farben gekennzeichnet.

Gehzeiten

Die Gehzeiten wurden mit einem Berechnungsschlüssel von Weglänge zu Höhendifferenz ermittelt (siehe nächste Seite) und sind Richtwerte. Mit dieser Zeitangabe ist ein Vergleich der Tourlängen möglich. Die Gehzeiten sind vom Gelände, der individuellen Kondition, dem Gepäck und den Wetterbedingungen abhängig. Bitte beachten Sie, dass Rast- und Fotopausen hinzugerechnet werden müssen. Die Gehzeit ergibt sich aus der Wegstrecke und den Höhenmetern im Auf- und Abstieg. In der Regel werden für 400 Höhenmeter im Aufstieg, 500 Höhenmeter im Abstieg und 4,5 km in der Ebene jeweils 1 Std. Gehzeit angesetzt. Auch die Geländebeschaffenheit wurde bei der Berechnung der Gehzeit berücksichtigt.

Varianten

Die vorgestellten Touren sind als Vorschläge zu sehen. Selbstverständlich sind Variationen denkbar, und jeder kann mithilfe einer geeigneten Karte eigenständig planen.

Höhenangaben und Namen der Gipfel

Alle Höhenangaben und Namen der Gipfel wurden den Freytag & Berndt-Wanderkarten weitgehend entnommen, auch wenn sie teilweise von ortsüblichen Höhenangaben und Namen abweichen.

Gefahren

Die meisten der hier beschriebenen Wanderungen folgen markierten Wegen oder Forststraßen; im Frühsommer ist vor allem bei den Touren in den Eisenerzer Alpen, in den Seckauer Alpen, in den Seetaler Alpen und in den östlichen Mürzsteger Alpen auf Altschneefelder zu achten. Steinschlaggefahr kann nie ausgeschlossen werden, ist aber nur bei sehr wenigen Touren wirklich erhöht. Im Sommer muss man mit plötzlich auftretenden Ge-

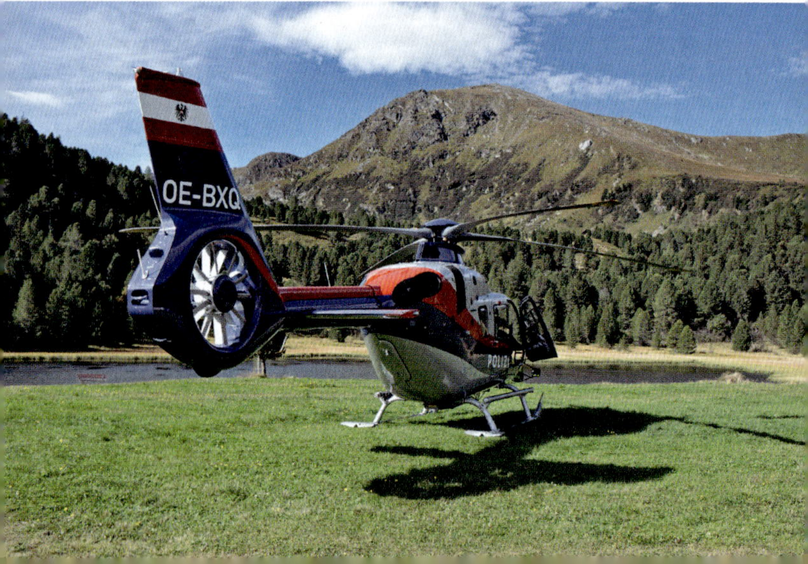

SYMBOLE

Symbole im Tourenkopf

- mit Bus/Sammeltaxi erreichbar
- Einkehrmöglichkeit
- für Kinder geeignet

Symbole im Höhenprofil

- Ort mit Einkehrmöglichkeit
- Einkehrmöglichkeit
- unbewirtschaftete Hütte
- Bushaltestelle
- Sammeltaxi-Station
- Seilbahnstation
- P eingerichteter Parkplatz
- † Gipfel
- † Wegkreuz, Bildstock
- Kirche, Kapelle, Kloster
-)(Joch, Passübergang
-)(Brücke
- Burg, Schloss, Ruine
- Aussichtsturm
- Denkmal
- ∴ archäologische Stätte
- Aussichtsplatz
- Picknickplatz
- Höhle
- Quelle
- Klettersteig

wittern rechnen, wobei Hagel und Blitze während einer Wanderung sehr unangenehm bis bedrohlich sein können. Bei aufkommenden Gewittern sollte man rechtzeitig einen Unterstand aufsuchen oder ggf. die Wanderung abbrechen. Wenn das Gewitter einen überrascht: Kauerstellung einnehmen und auf isolierende Unterlage (Rucksack) setzen. Wichtig ist, eine möglichst kleine Bodenfläche zu berühren (Füße eng geschlossen halten). Bei Starkregen ist auch auf stark anschwellende Bäche zu achten.
Abgesehen von Gewittern ist schlechte Sicht entlang der weitläufigen Bergrücken grundsätzlich eine Gefahrenquelle. Auf den Almflächen sind nur wenige Bodenmarkierungen vorhanden und die Steige oft nicht eindeutig erkennbar, was gerade bei Nebel dazu führen kann, dass man die Orientierung verliert. Wählen Sie grundsätzlich die Wanderung so, dass sie dem Wetter und Ihrer Kondition angepasst ist.
Abgesehen vom Wetter und der persönlichen Fehleinschätzung von Kondition und Bergerfahrung stellen Zecken eine potenzielle Gefahr dar. Man findet sie vornehmlich auf Sträuchern, hohen Gräsern, Farnen oder im Unterholz. Wichtig ist, dass man nach Wanderungen den gesamten Körper, insbesondere Körperfalten, Achselhöhlen und Bauchnabel auf Zecken absucht. Eine Zeckenzange oder Pinzette sollten in einem Erste-Hilfe-Bag dabei sein. Informieren Sie sich beim Arzt oder Apotheker, wie Zecken richtig entfernt werden. Grundsätzlich ist eine Zeckenimpfung (gegen FSME) empfehlenswert.

Polizeihubschrauber neben der Winterleitenhütte, mit Blick auf den Kreiskogel (Tour 59).

Der Umwelt zuliebe …

Auch beim Wandern hinterlassen wir einen ökologischen Fußabdruck, aber im Einklang mit der Natur unterwegs zu sein, ist gar nicht so schwer!

VORBEREITUNG UND ANFAHRT

- Sich vorab informieren, worauf in Bezug auf Natur und Umwelt in der jeweiligen Wanderregion besonders zu achten ist.
- Soweit möglich mit Bahn und Bus anreisen, Wander- und Rufbusse nutzen.
- Ist eine Anfahrt mit dem Auto nötig, Fahrgemeinschaften bilden.
- Bei weiten Anfahrten Mehrtagestouren planen oder von einem Quartier vor Ort aus mehrere Touren absolvieren.
- Flugreisen möglichst reduzieren und durch Beiträge zu Klimaschutzprojekten kompensieren.

KLEIDUNG UND AUSRÜSTUNG

- Beim Kauf von Outdoor-Kleidung auf umweltfreundliche und faire Herstellung achten und Kleidungsstücke möglichst viele Jahre nutzen.
- Ausrüstung kann man eventuell auch gebraucht kaufen oder ausleihen.
- Reparieren statt neu kaufen.

VERPFLEGUNG

- Beim Einkauf Bio-Ware, regionale und saisonale Erzeugnisse bevorzugen.
- Hütten und Gasthäuser auswählen, die regionale Produkte verwenden.
- Auf Einwegflaschen und Plastikverpackungen verzichten, stattdessen wiederverwendbare Trinkflaschen und Brotzeitboxen benutzen.

ÜBERNACHTUNG

- Bei lokalen Anbietern buchen, damit Menschen vor Ort profitieren.
- Auf Hütten und in anderen Unterkünften Strom und Wasser sparen.

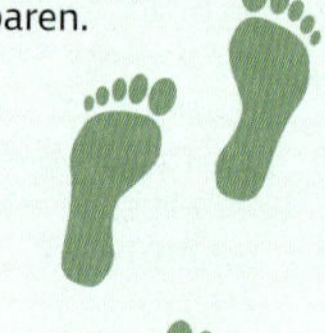

UNTERWEGS

- Wege benutzen und Abkürzer vermeiden.
- Sperrungen von Wegen und Schutzgebieten respektieren.
- Keine Blumen pflücken und keine Pflanzen entnehmen.
- Waldbrandgefahr beachten.
- Müll wieder mit nach Hause nehmen und dort entsorgen.
- Toilettengänge in freier Natur möglichst vermeiden.
- Lärm vermeiden.
- Hunde an die Leine nehmen.

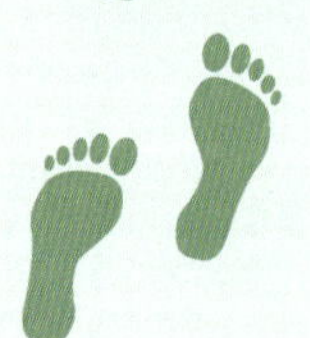

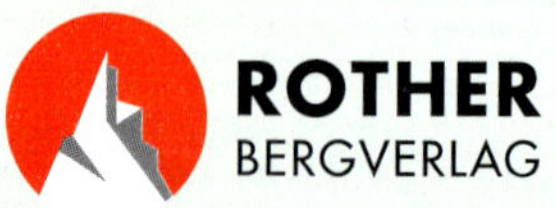

Bergrettung, Notruf

Über die Telefonnummer 140 (keine Vorwahl) kann in ganz Österreich die Bergrettung verständigt werden. Ebenso ohne Vorwahl und unabhängig vom Netzbetreiber bzw. Empfang ist die Europäische Notrufnummer 112 zu verwenden. Beim Absetzen eines Notrufs bitte Ruhe bewahren und an die 4-W-Regel denken: Wo ist was passiert? Was ist passiert? Wie viele sind verletzt? Wer ruft an?

Einkehr und Nächtigung

Bei jeder Tour sind unter »Einkehr« alle an der Route gelegenen Stützpunkte sowie weiterführende Informationen erwähnt, insbesondere die jeweilige Website oder eine Telefonnummer. Die Angabe von Öffnungszeiten und Ruhetagen versteht sich als Richtwert, weil sich kurzfristig Änderungen ergeben können. Es wird empfohlen, Öffnungszeiten im Zuge der Tourenvorbereitung direkt über die Website jedes Stützpunktes oder dort telefonisch zu recherchieren. Die Schutzhütten der alpinen Vereine sind grundsätzlich bewirtschaftet und bieten eine Nächtigungsmöglichkeit an. Im Gegensatz dazu sind Almhütten eher auf Tagestouristen ausgerichtet; ob auch genächtigt werden kann, sollte vorab direkt mit dem Betreiber der Almhütte abgeklärt werden. Für eine Nächtigung empfiehlt es sich generell, vorab zu reservieren.

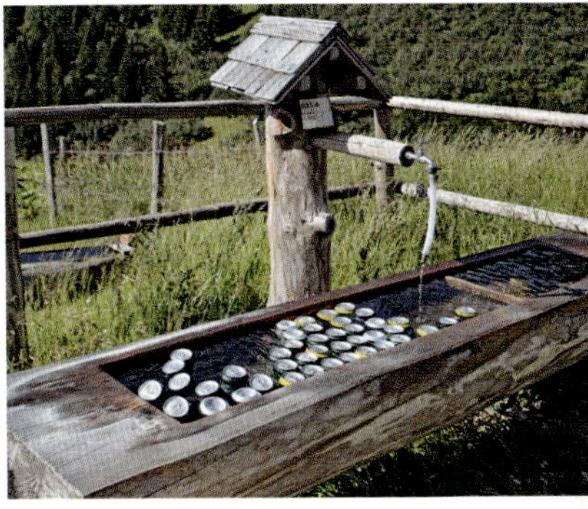

Auf der Moosalm (Tour 39) schmeckt ein kühles Bier besonders gut ...

Wanderkarten

Die Tourenkarten mit Routenverlauf und Wegpunkten sind wesentlicher Bestandteil dieses Wanderführers. Zusätzlich werden bei den einzelnen Touren Wanderkarten angeführt, die empfohlen werden (alle im Maßstab 1:50.000).

- Freytag & Berndt: WK 021 Fischbacher Alpen
- Freytag & Berndt: WK 041 Hochschwab
- Freytag & Berndt: WK 131 Grazer Bergland
- Freytag & Berndt: WK 132 Gleinalpe – Lipizzanerheimat – Leoben – Voitsberg
- Freytag & Berndt: WK 133 Graz und Umgebung
- Freytag & Berndt: WK 212 Seetaler Alpen – Seckauer Alpen – Judenburg – Knittelfeld
- Freytag & Berndt: WK 411 Steirisches Weinland – Südwest-Steiermark

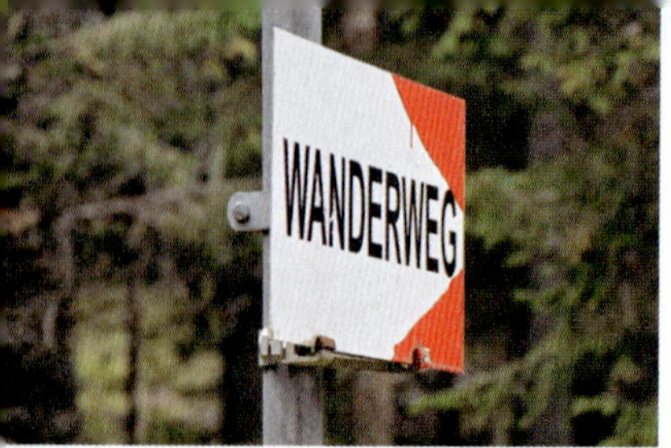

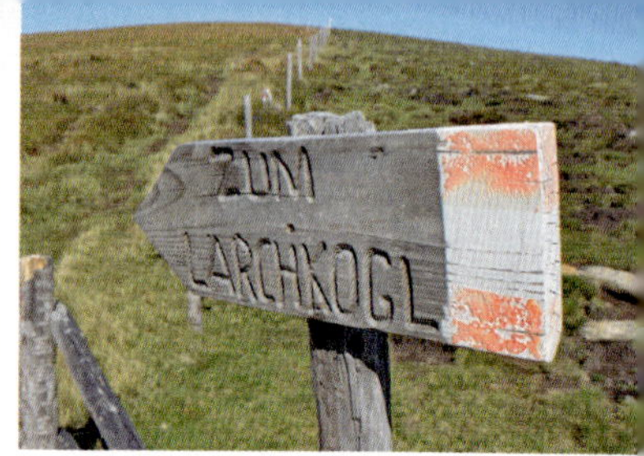

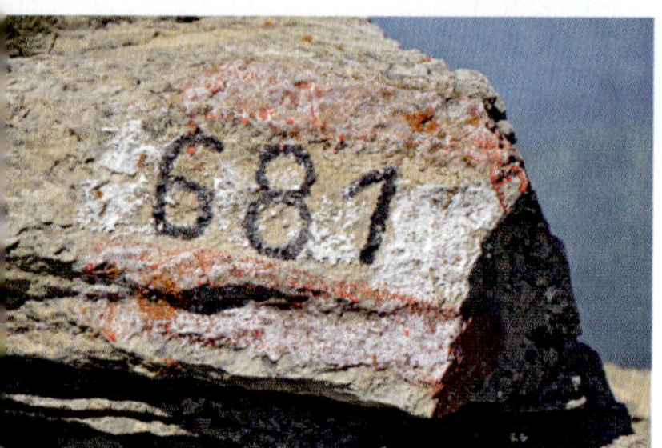

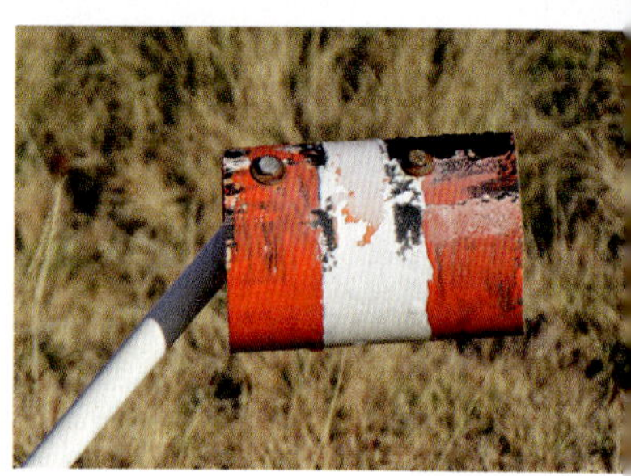

Bitte verlassen Sie sich nicht gänzlich auf Online-Karten, schon alleine aus Gründen der Verfügbarkeit unterwegs. Selbst wenn die Karte offline am Smartphone verwendet wird – auch das Smartphone kann aus unerfindlichen Gründen den Geist aufgeben. Kartenanbieter wie Google Maps sind für Wanderungen nicht geeignet. Daher die Empfehlung, stets eine Papierkarte in geeignetem Maßstab (mindestens 1:50.000) mitzunehmen.

Jahreszeiten, Wintertouren, Jagdsperre

Viele Touren können – wenn es die Schneelage erlaubt – auch ganzjährig gemacht werden. Bei höher gelegenen Touren gilt es neben den Schneeverhältnissen auch auf die Lawinenverhältnisse zu achten und die komplette Sicherheitsausrüstung mit Lawinenverschüttetensuchgerät (LVS), Sonde und Schaufel mitzutragen.
Während der Brunftzeit, zwischen Mitte September und Mitte Oktober, kann es zu Jagdsperren kommen. Dies gilt es in der Tourenplanung zu beachten.

Kinder

Für Kinder geeignete Wanderungen werden bei den jeweiligen Touren mit einem Symbol gekennzeichnet. Hierbei ist weniger die Schwierigkeit einer Tour ausschlaggebend als vielmehr die gebotene Abwechslung. »Fade« Strecken sind für junge Wanderer nicht gerade motivierend, eine weitere Tour in Angriff zu nehmen.

Anreise und öffentliche Verkehrsmittel

Mehr als die Hälfte aller Touren kann sehr gut mit öffentlichen Verkehrsmitteln bzw. unter Verwendung spezieller Mobilitätslösungen erreicht werden; dies gilt besonders für die Touren im östlichen und westlichen Grazer Bergland. Der Verkehrsverbund Steiermark (Verbund Linie) umfasst zahlreiche Verkehrsunternehmen und rund 500 Linien.

■ Alle Linien, Fahrpläne, Haltestellen und Fahrzeiten: verbundlinie.at

Spezielle Mobilitätslösungen: Neben den klassischen Taxis kommen in der Oststeiermark, im Bezirk Graz-Umgebung und im Bezirk Voitsberg günstigere Mobilitätslösungen (Sammeltaxi) mit fixen Haltepunkten infrage. Die Fahrten werden von SAM-Sammeltaxi Oststeiermark, GUSTmobil und VOmobil durchgeführt und können für alle telefonisch (Tel. 43 50 363738) oder via ISTmobil-App im Vorhinein bestellt werden; die relevanten Haltepunkte sind bei den jeweiligen Touren vermerkt.

■ istmobil.at; oststeiermark.at/sam

Im Bezirk Gratwein-Straßengel kann man mit dem flexiblen Rufmi-Taxi (Gemeindebus Gratwein-Straßengel, Tel. +43 3124 51300-700) kostengünstig zu verschiedenen Sammelpunkten gelangen (Montag–Freitag).

■ gratwein-strassengel.gv.at/buergerinnenservice/verkehr-mobilitaet

Wer sich mit dem Netz der zahlreichen Haltepunkte befasst, die die speziellen Mobilitätslösungen anbieten, kann Wanderungen auch individuell so gestalten, dass Ausgangspunkt und Endpunkt nicht identisch sind!
Idealbeispiele für herrliche Touren, bei denen die Anreise und Rückreise mit öffentlichen Verkehrsmitteln bzw. unter Verwendung spezieller Mobilitätslösungen jedenfalls zu empfehlen ist, sind die Schöckl-Überschreitung von

GPS-TRACKS UND KOORDINATEN DER AUSGANGSPUNKTE

Auf **gps.rother.de** stehen zu diesem Wanderführer GPS-Tracks und die Koordinaten der Ausgangspunkte zum kostenlosen Download bereit. Dieser QR-Code führt direkt zum Download.
6. Auflage, Passwort: **429206zDu**
Die GPS-Tracks können in die **Rother App** importiert werden. In der App kann man unterwegs stets sehen, wo man gerade ist und wo es langgeht. **Anleitungen dazu: rother.de/gps**
Trotz sorgfältiger Prüfung können wir Fehler und zwischenzeitliche Veränderungen nicht ausschließen. Verlassen Sie sich für die Orientierung niemals einzig und allein auf die GPS-Daten, sondern beurteilen Sie die Verhältnisse vor Ort.

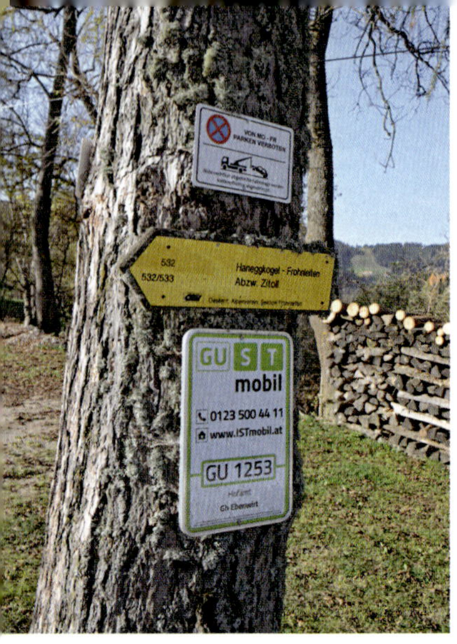

Mit Sammeltaxis, wie GUSTmobil, lassen sich individuelle Routen zusammenstellen.

Semriach bis knapp vor Stattegg (Tour 8) und die Gleinalm-Überschreitung vom Plotscherbauer bis zum Krautwasch (Tour 52).

Anfahrt mit dem Auto

Bei der Anreise mit dem Auto muss berücksichtigt werden, dass einzelne Parkplätze gebührenpflichtig sind bzw. das Parken nur zu gewissen Zeiten erlaubt ist. Es kann festgehalten werden, dass mit Ausnahme der Touren 5, 9, 33, 36 und 57 (eingeschränkte Parkmöglichkeiten) sehr gute und ausreichend Parkmöglichkeiten vorhanden sind.

Freizeit-Ticket Steiermark

Das Freizeit-Ticket Steiermark wird ganzjährig an allen Samstagen, Sonntagen und Feiertagen zum Preis von 12 Euro (Stand Januar 2024) für eine Person auf allen steirischen Verbundlinien im Nahverkehr angeboten.

- verbundlinie.at/de/tickets/verbundfahrkarten/freizeit-ticket

Steiermark-Card

Freier Eintritt in über 170 Ausflugziele! Für das Gebiet der Grazer Hausberge interessant sind z.B. der AlmErlebnispark Teichalm, das Lipizzanergestüt Piber, der Schöckl Kletterpark (samt Bogenschießen), der Sport- und Freizeitpark Frohnleiten, Stift Rein, das Österreichische Freilichtmuseum, der Wipfelwanderweg Rachau, die Badewonne Kapfenberg, Burg Oberkapfenberg, Wildpark Mautern, zahlreiche Museen und vieles mehr.

- steiermark-card.net.

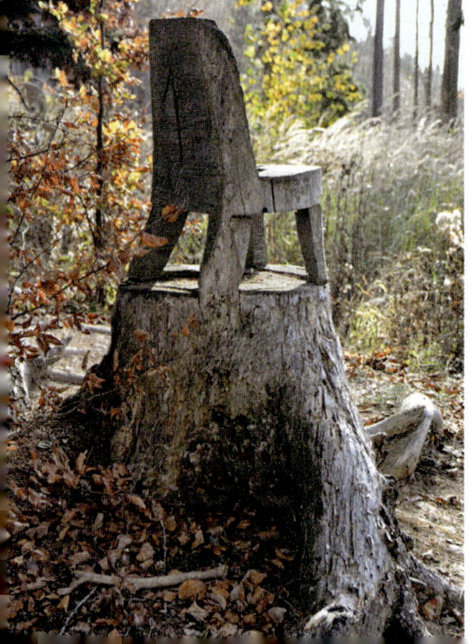

Am Weg zum Ebenwirt (Tour 4).

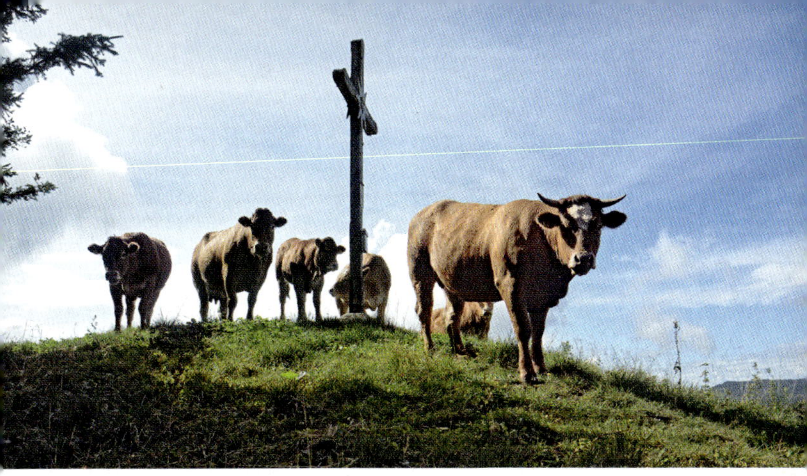

Beim Gipfel des Ebenschlag (Tour 25).

UMGANG MIT WEIDEVIEH

Viele Wanderungen führen durch Weidegebiet. Das Bundesministerium für Nachhaltigkeit und Tourismus hat gemeinsam mit Landwirtschaftskammer, Wirtschaftskammer und Alpenverein den Aktionsplan »Miteinander sicher auf Österreichs Almen« mit zehn Verhaltensregeln für den Umgang mit Weidevieh gestaltet. So verhalten wir uns richtig:

- Kontakt zum Weidevieh vermeiden, Tiere nicht füttern, sicheren Abstand halten!
- Ruhig verhalten, Weidevieh nicht erschrecken!
- Mutterkühe beschützen ihre Kälber, Begegnung von Mutterkühen und mitgeführten Hunden vermeiden!
- Hunde immer unter Kontrolle halten und an der kurzen Leine führen. Ist ein Angriff durch ein Weidetier abzusehen: Sofort ableinen!
- Wanderwege auf Almen und Weiden nicht verlassen!
- Wenn Weidevieh den Weg versperrt, mit möglichst großem Abstand umgehen!
- Bei Herannahen von Weidevieh: Ruhig bleiben, nicht den Rücken zukehren, den Tieren ausweichen!
- Schon bei ersten Anzeichen von Unruhe der Tiere Weidefläche zügig verlassen!
- Zäune sind zu beachten! Falls es ein Tor gibt, dieses nutzen, danach wieder gut schließen und Weide zügig queren!
- Begegnen Sie den hier arbeitenden Menschen, der Natur und den Tieren mit Respekt!

DAS GEBIET DER GRAZER HAUSBERGE

Das Gebiet der das Mur- und Mürztal einschließenden Grazer Hausberge umfasst mehrere Gebirgsgruppen, die sich in vielerlei Hinsicht voneinander unterscheiden. Genau wegen ihrer naturräumlichen Vielfalt sind die Grazer Hausberge für den Wanderer so interessant! Selbst innerhalb der Gebirgsgruppen herrscht Uneinheitlichkeit im Landschaftsbild; diese Heterogenität ist besonders typisch für das Grazer Bergland, die Mürzsteger Alpen und die Südseite der Eisenerzer Alpen, wobei nur das Grazer Bergland zur Gänze von den Grazer Hausbergen erfasst wird. Das Grazer Bergland beherbergt nicht nur eine der größten Almlandschaften der Alpen, sondern stellt auch steile Felswände und markante Bergstöcke zur Schau. Auch die Mürzsteger Alpen sind kontrastreich: Man denke etwa an den Hochgebirgscharakter der Karstplateaus auf der Veitschalpe und deren schroffe Felswände und die ausgedehnten Wälder, die die Region weithin bedecken. Auch das der Grauwackenzone zugeordnete Hochgebirge der Eisenerzer Alpen zeichnet sich durch seine Uneinheit-

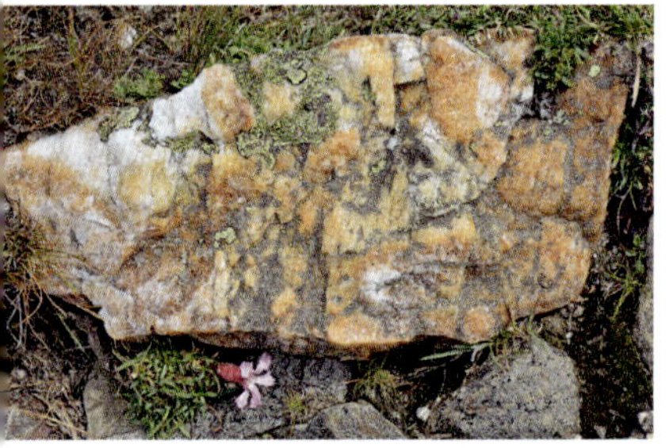

Foto unten: Die Südwände der Hohen Veitsch (Tour 29).

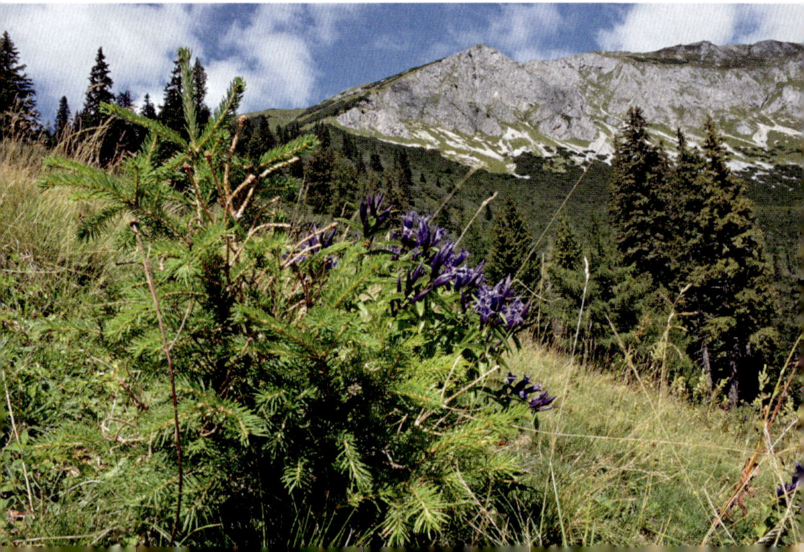

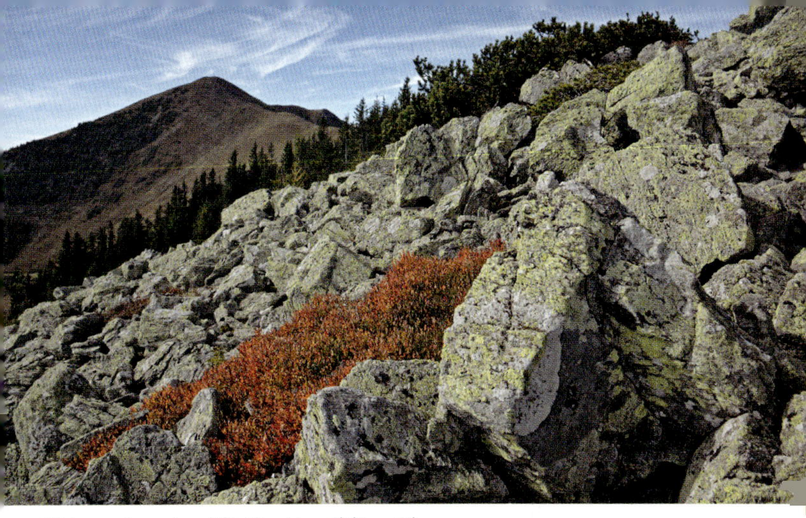

Blick zum Pussorkogel (Roßbachkogel) (Tour 53).

lichkeit im geologischen Aufbau und im morphologischen Erscheinungsbild aus. Das Grazer Bergland wird im Westen, Nordwesten und Norden von Stubalpe, Gleinalpe und Fischbacher Alpen umrahmt, die einen Großteil des weiten Gebirgsbogen des Steirischen Randgebirges ausmachen. In den waldfreien Hochlagen von Stubalpe und Gleinalpe dominieren rundliche, begraste, sanft wirkende Kuppen und Bergrücken, auf denen kaum größere Felsformationen anzutreffen sind. Als ein charakteristisches Landschaftselement des Steirischen Randgebirges sind kleine Felsburgen auf Kuppen und entlang der Bergrücken zu erwähnen, sogenannte »Öfen«.
Jenseits des Mur-Durchbruchstales südlich von Bruck an der Mur findet das Steirische Randgebirge seine Fortsetzung in den Fischbacher Alpen, einem Mittelgebirge mit zum Teil behäbigen, geräumigen Rücken, zwischen denen waldreiche Kerbtäler eingeschnitten sind, und das nur an seinem höchsten Gipfel, dem Stuhleck, 1782 m, Andeutungen von Hochgebirgscharakter aufweist. Das Gebiet der Grazer Hausberge streift zudem die südlichen Seckauer Alpen sowie die nordöstlichen Seetaler Alpen, wo sich die höchsten Erhebungen befinden. Die Seckauer Alpen sind aus Graniten bzw. Granitgneisen aufgebaut und stehen in schroffem Gegensatz zu den Gesteinsserien der umgebenden Gebirgsgruppen, insbesondere zum Geinalm-Stubalm-Kristallin im Süden. Zu guter Letzt darf auch die Hochschwabgruppe nicht unerwähnt gelassen werden, wenngleich nur deren südlichste, felswandfreie Ausläufer bei Bruck an der Mur dem Gebiet zugeordnet werden können. Zwar schon außerhalb der vorgegebenen Grenzen, doch aufgrund der Nähe zu Graz ist auch die Koralpe Teil dieses Wanderführers.

Kleinod Gleinalpe: Einzigartigkeit und Schutzwürdigkeit

Die wälder- und almenreiche Gleinalpe liegt nordwestlich von Graz und bedeckt eine Fläche von etwa 50 x 30 km zwischen den Bergbau-Städten Leoben und Köflach sowie Frohnleiten und Knittelfeld. Der Abschnitt vom Gleinalm-Schutzhaus über Speikkogel, Lenzmoarkogel, Lärchkogel, Eiblkogel bis zur Fensteralm umfasst ihre höchsten Gipfel und ist ein Naturjuwel. Dieses Kleinod, das die Natur hier geschaffen hat, zeichnet sich durch eine die Fauna und Flora umfassende ökologische Unberührtheit und die jagdliche und forstliche Einzigartigkeit aus, und zwar sowohl südlich als auch nördlich des breiten Gebirgskammes. Offenlandflächen ohne Almbewirtschaftung sind hier noch als Primärlebensraum vorhanden.
Das Gebiet liegt auf einem international bedeutsamen Wildtierkorridor; es kommt hier nahezu das vollständige natürliche Repertoire aller Arten vor, lediglich Wildkatze und Luchs fehlen. Der Lebensraum ist zwar eher klein, aber hochwertig. Die Kombination aus waldfreier Kammlage und den dort sehr häufigen starken Aufwinden sowie dem guten Nahrungsangebot machen den Kammbereich insbesondere für Greifvögel besonders attraktiv. Die ganz besondere Lage dieses Gebietes beweisen wichtige Vorkommen zahlreicher von der europäischen Vogelschutzrichtlinie erfassten Vogelarten, u.a. Raufußhühner wie Birk- und Schneehuhn, Steinadler und Wanderfalke, sowie der auffällige Schmetterlingsdurchzug.

Gleinalm-Schutzhaus und Wallfahrtskirche Maria Schnee (Tour 51 und 52).

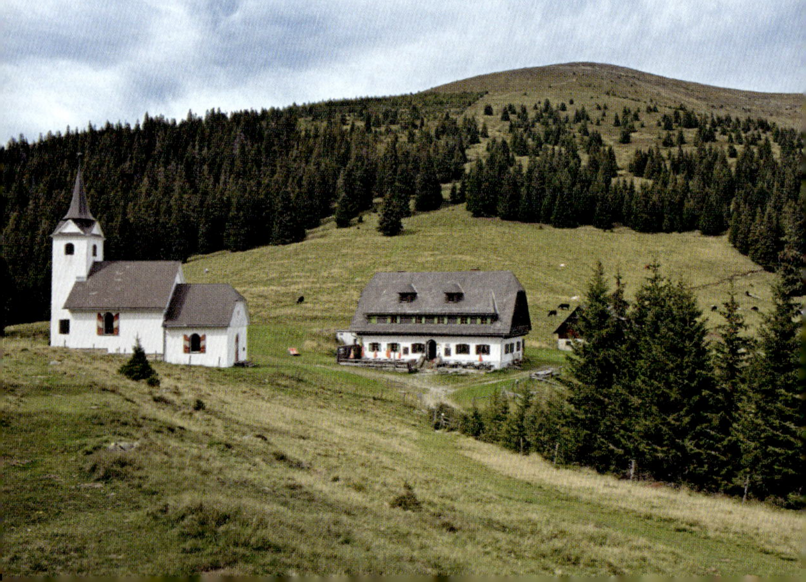

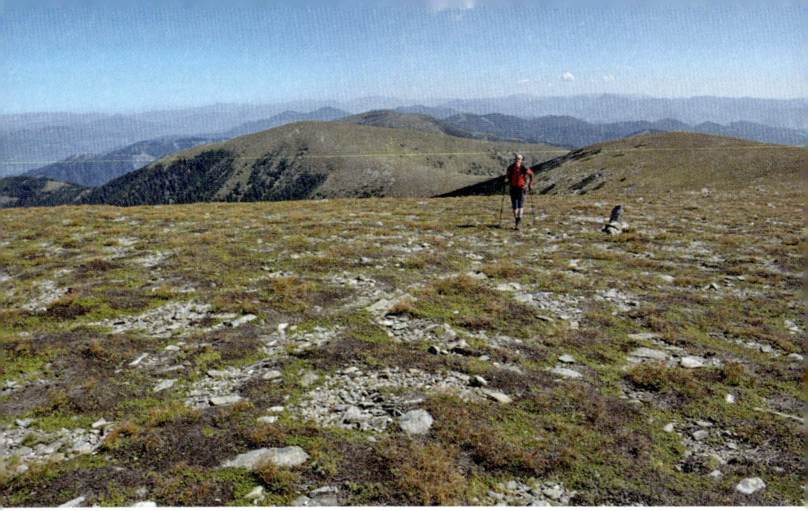

Beim Aufstieg zum Speikkogel, im Hintergrund der Lärchkogel (Tour 52).

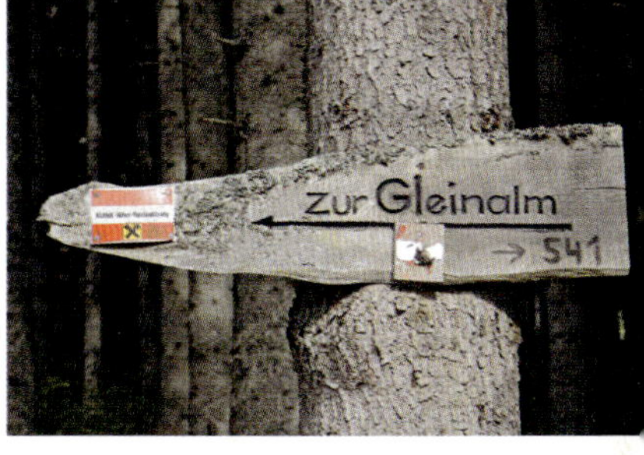

Auch in Hinblick auf Zugvögel kommt der Gleinalpe – über den Bereich der höchsten Gipfel hinaus – eine Schlüsselrolle zu, weil der Gleinalmstock die letzte Gebirgserhebung der Ostalpen vor dem ostwärts angrenzenden Hügel- und dem dann folgenden Tiefland ist.

Die Gleinalpe bildet zudem eine zentrale Sichtachse mit landschaftsprägender Sichtbeziehung; durch ihre Lage ist sie jenes Gebirge in der Steiermark, von dessen Kamm man den größten Teil des Bundeslandes – und noch weit darüber hinaus – überblicken kann. Man sieht vom Kamm der Gleinalpe (und vice versa) die Pack, die Koralpe, die Karawanken, die Südsteiermark, das Grazer Becken, die Oststeiermark (an klaren Tagen kann man sogar die Riegersburg erkennen), über das Leithagebirge die Ungarische Tiefebene, das Hochschwab-Gebiet und die Tauernkette. Ihre gesamte südliche Flanke sowie der Kammbereich sind ungehindert von Weitem einsehbar. Dasselbe gilt, von Norden aus gesehen, für die nördliche Gebirgsflanke. Man sieht den Gleinalmzug in seiner gesamten Erstreckung aus allen Himmelsrichtungen und sogar von sehr prominenten Ausflugszielen, wie beispielsweise vom Grazer Schlossberg.

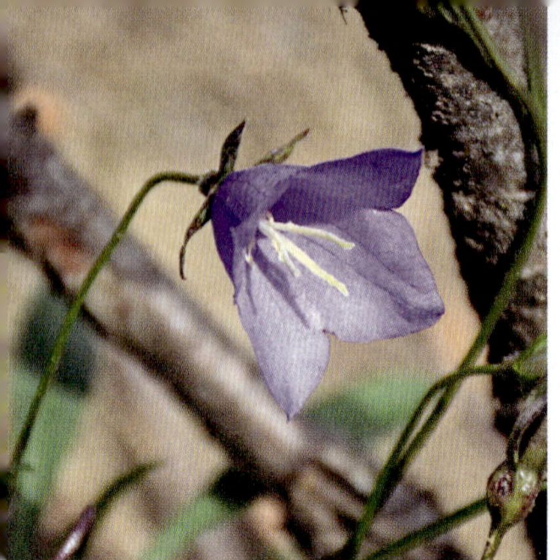

Glockenblume.

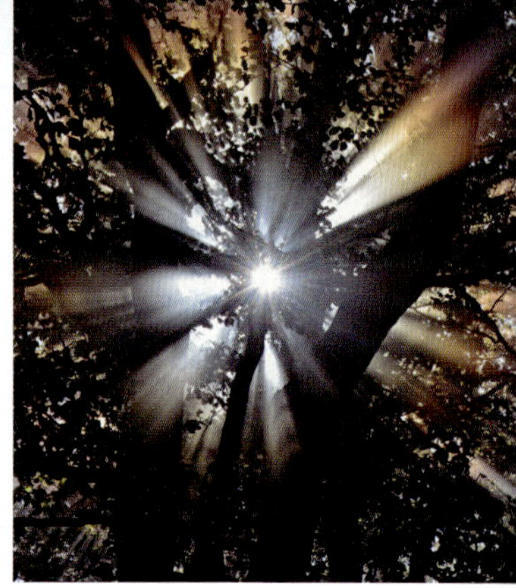

Sonnenstrahlen am Hochtrötsch (Tour 11).

Tourismusverbände

Durch die Tourismus-Strukturreform 2021 wurden die Tourismusverbände in der Steiermark neu geregelt. Seit Oktober 2021 gibt es insgesamt elf Tourismusverbände. Dabei wurden Tourismusgemeinden, die ein gemeinsames oder gleichartiges Tourismusangebot haben und die als Region eine Einheit bilden, zu einem gemeinsamen Tourismusverband zusammengeschlossen. Im Gebiet der Grazer Hausberge sind die folgenden fünf Tourismusverbände von Bedeutung:

- TV Erzberg-Leoben, erzberg-leoben.at, Tel. +43 3842 48148
- TV Murtal, murtal.at, Tel. +43 3577 26600
- TV Hochsteiermark, hochsteiermark.at, Tel. +43 3862 55020
- TV Oststeiermark, oststeiermark.com, Tel. +43 3113 20678
- TV Region Graz, regiongraz.at, Tel. +43 316 8075 23

Die Aufgaben der Tourismusverbände sind vielfältig und beinhalten auch die Gästebetreuung.

Höhlen in den Grazer Hausbergen

Es gibt mehrere Hundert Höhlen, doch nur drei davon (Lurgrotte, Katerloch und Grasslhöhle) sind Schauhöhlen: Die Lurgrotte ist die größte wasserdurchströmte Tropfsteinhöhle Österreichs. Sowohl vom oberen Einstieg bei Semriach wie auch vom unteren Zugang bei Peggau kann man im Zuge von unabhängigen Führungen jeweils etwa zwei Kilometer tief in das geheimnisvolle Höhlensystem eindringen. Die tropfsteinreichste heimische Höhle ist das Katerloch bei Weiz, knapp neben der Grasslhöhle, die als »älteste Schauhöhle« der Alpenrepublik gilt. Der Namensteil »Loch« missdeutet die atemberaubende Wunderwelt, die man im Katerloch bestaunen kann!

Viele geschützte Höhlen (Naturhöhlengesetz)
Die Grazer Hausberge sind besonders reich an geschützten Höhlen; außer in Peggau findet man solche auch noch in Pernegg an der Mur, Frohnleiten, Semriach, Weißkirchen, Judenburg, Köflach, Salla, Gradenberg, Fischbach, Gutenberg-Stenzengreith, Passail, Naas, Rettenegg, Weinitzen und Fladnitz an der Teichalm. Die wohl bekannteste geschützte Höhle ist die Drachenhöhle bei Mixnitz (siehe Tour 19).

Ein Wort zur Befahrung von Höhlen
Wie bei anderen Aktivitäten in freier Natur gibt es auch bei der Befahrung von Höhlen Konfliktsituationen mit Grundeigentümern; zusätzlich muss eine Versicherungslücke (Schutz durch die Mitgliedschaft bei alpinen Vereinen deckt grundsätzlich keine Höhlenunfälle) bedacht werden! Höhlen gehören als unterirdischer Hohlraum dem Eigentümer des darüber liegenden Grundstückes. Das Befahren ist daher nur mit Zustimmung ihres Eigentümers erlaubt. Auf die Wegefreiheit gemäß § 33 Forstgesetz kann man sich nicht berufen: Bereits ein Blick auf die Legaldefinition des § 1a (1) Forstgesetz sollte klar machen, dass Höhlen nicht als »mit bestimmten Holzgewächsen bestockte Grundflächen« angesehen werden können. Auch das »freie Betretungsrecht für Ödland« greift nicht, denn als »Ödland« gilt die Erdoberfläche, nicht der Hohlraum darunter. Um Haftung der Eigentümer für Unfälle abzuwenden, sind bei Höhlen Hinweise auf Privateigentum und Betretungsverbot angebracht.

Die »Drei Zinnen« in der Lurgrotte bei Peggau – der Tropfstein heißt wirklich so!

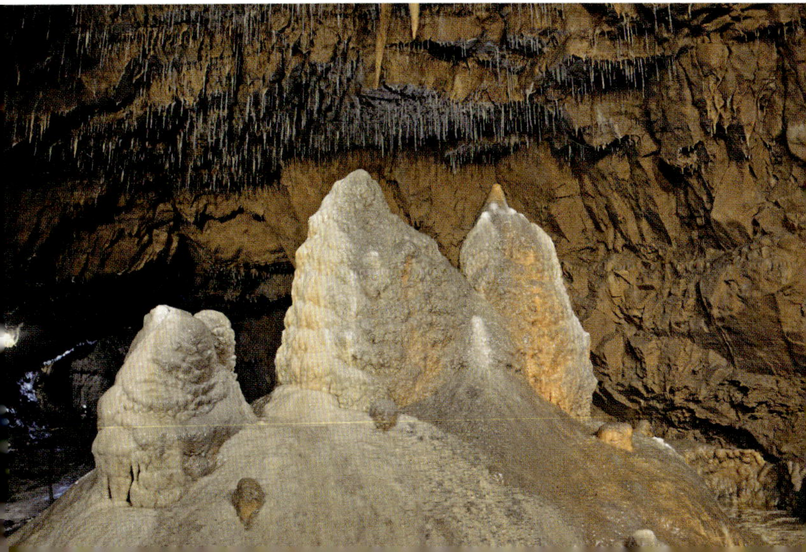

Bergseen in den Grazer Hausbergen

Gebirgsseen sind in den Grazer Hausbergen äußerst rar; nur die Umgebung des Zirbitzkogels, 2396 m, ist seenreich: Großer Winterleitensee, 1843 m, Kleiner Winterleitensee, 1800 m, Lindersee, 2051 m, Wildsee, 1981 m, Lavantsee, 2053 m, Frauenlacke, 1811 m, und die aus mehreren Seen bestehende Ochsenlacke, ca. 2050 m (siehe Tour 59). In den von diesem Wanderführer umfassten Gebiet der Seckauer Alpen finden sich nur die Goldlacke, 1958 m, südwestlich des Hämmerkogels (siehe Tour 42), und der kleine See im Oberen Weinmeisterboden bei der Oberen Bodenhütte (siehe Tour 41 und 42), in jenen der Eisenerzer Alpen nur der Krumpensee, 1444 m, an der Südostseite des Eisenerzer Reichensteins (siehe Tour 37). Auf der Stubalpe gibt es bei der Rosseben einen kleinen Speichersee, 1710 m, für die Beschneiungsanlage (am Salzstiegl) im Winter (siehe Tour 57). Der Teichalmsee, 1200 m, auf der Teichalm fungiert eigentlich als Hochwasser-Rückhaltebecken für die Bärenschützklamm und wurde durch einen Damm aufgestaut; durch den menschlichen Eingriff handelt es sich streng genommen nicht um einen See, sondern um einen Teich (siehe Touren 16, 17). Nur der Vollständigkeit halber sollen noch der Packer Stausee, 867 m, in Hirschegg-Pack, der Hirzmann-Stausee, 708 m, bei Edelschrott und der Tieber See, 449 m, bei Röthelstein genannt werden.

Forstliche Sperrgebiete

Die Steiermark ist mit 60 % Waldfläche Österreichs waldreichstes Bundesland, und auch im Gebiet der Grazer Hausberge spielen Wald und Waldarbeit eine sehr große Rolle! Das Aufstellen der gelben Tafeln »Befriste-

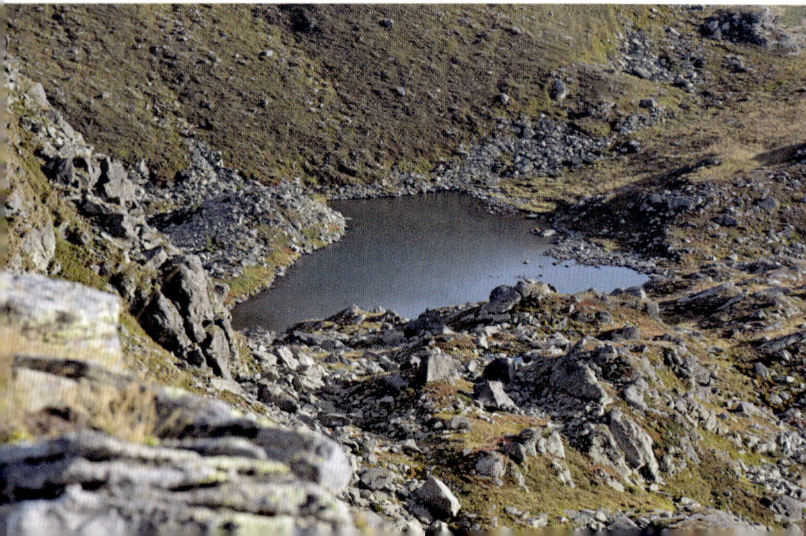

tes forstliches Sperrgebiet, Betreten verboten« mit oder ohne Zusatz »Gefahr durch Waldarbeit« ist gemäß § 34 (2) Forstgesetz insbesondere für Gefährdungsbereiche der Holzfällung und -bringung bis zur Abfuhrstelle und Waldflächen, in denen durch atmosphärische Einwirkungen Stämme in größerer Anzahl geworfen oder gebrochen wurden und noch nicht aufgearbeitet sind, zulässig. Wer gesperrte Waldflächen oder Wege benutzt, begeht eine Verwaltungsübertretung und kann gemäß § 174 (3) lit e, Z 1 Forstgesetz mit einer Geldstrafe bis zu 150 Euro bestraft werden. Viel wichtiger als die angedrohte Strafsanktion ist aber die (Lebens-)Gefahr, in die man sich begibt, wenn man solche Betretungsverbote missachtet!

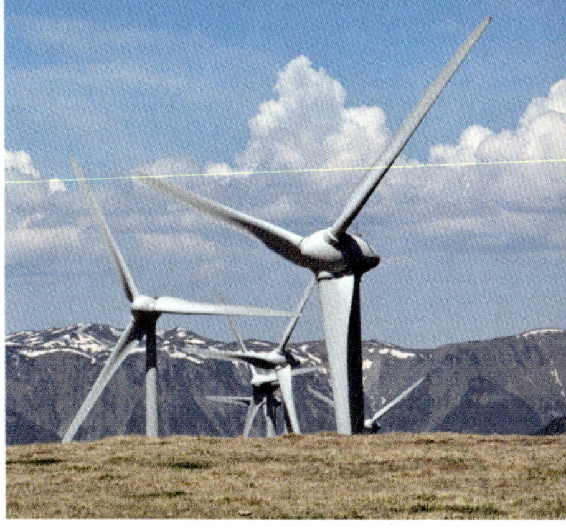

Windpark auf der Pretulalpe (Tour 28).

Windräder

Das erste Windrad der Steiermark wurde 1999 im Gebiet der Grazer Hausberge auf der Sommeralm am Fuß des Plankogels errichtet. Mittlerweile hat der Windkraftausbau volle Fahrt aufgenommen (Windpark Pretul, Windkraftanlagen Salzstiegl, Windpark Hochpürschtling etc.), die Palette reicht von einzelnen Windkraftanlagen bis hin zu großen Windparks. Auch wenn sie massive Eingriffe in die Natur darstellen, möge man sich nicht davon abhalten lassen, die dort befindlichen Wanderwege zu besuchen, denn abseits der Anlagen ist das Naturerlebnis gegeben! Vorsicht: Gefahr des Eisabfalls von stillstehenden Rotorblättern. Der Stillstand einer Anlage im Vereisungsfall wird dem Wegbenützer mittels Warnschild und Warnleuchte zur Kenntnis gebracht.

Steinböcke und Gämsen

Der Alpensteinbock gehört zu den imposantesten Tieren in den Bergen, doch das Steinwild entging nur knapp der Ausrottung! Basierend auf Wilderei und Aberglaube waren die agilen Kletterkünstler Anfang des 18. Jahrhunderts aus den österreichischen Alpen verschwunden. 1924 begannen Jäger, Steinbock-Kolonien in Österreich zu gründen. Auch steirische Ansiedlungsprojekte waren erfolgreich: Die zweitälteste Kolonie in den Ostalpen ist jene von Wildalpen. Heute gibt es wieder knapp ein Dutzend

Die Ochsenlacke beim Zirbitzkogel (Tour 59).

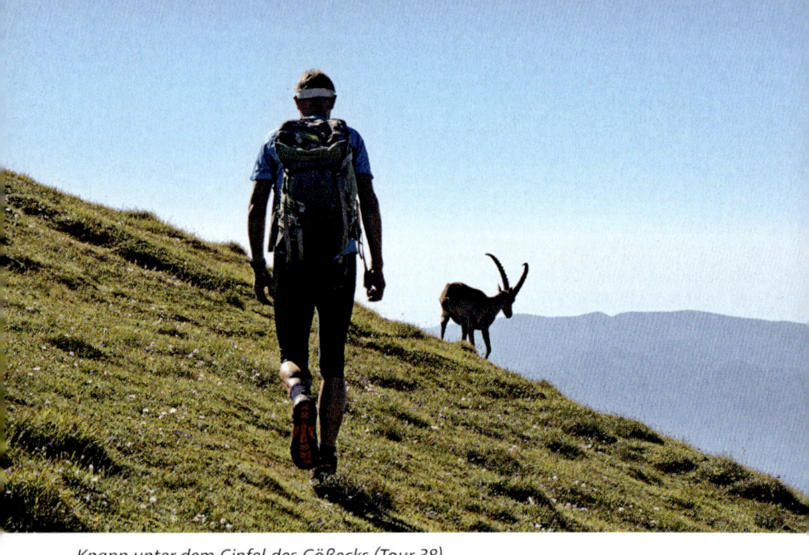

Knapp unter dem Gipfel des Gößecks (Tour 38).

Kolonien in der Steiermark, wobei die zahlenmäßig stärksten Bestände um Hochlantsch, Röthelstein und Rote Wand sowie im Hochschwab zu finden sind; zwei Populationen mit etwa 200 Steinböcken sind zudem am Bergmassiv des Reiting (Gößeck) sowie im Bergland rund um Wald am Schoberpass zu Hause. Die Steiermark ist auch das »Gamsland Nr. 2« in Österreich; besonders die Reviere rund um den Hochschwab wurden bekannt, weil sich Erzherzog Johann dort sehr für die Hege der Wildart eingesetzt hat. Aber auch in vielen Gebieten der Grazer Hausberge können wir Gämsen sehen. Nicht umsonst beginnt die zweite Strophe der steirischen Landeshymne mit den Worten »Wo die Gemse keck von der Felswand springt …«

Wem gehören Pilze (»Schwammerl«) und Beeren?

Die Wälder im Gebiet der Grazer Hausberge sind reich an Pilzen (Steinpilze, Eierschwammerl, Parasole etc.) und Beeren. Diese stehen grundsätzlich im Eigentum des Waldbesitzers. Wenn der Waldeigentümer das Sammeln von Pilzen und Beeren nicht ausdrücklich (etwa durch Hinweistafeln) untersagt oder beschränkt, ist das Aneignen derselben zivilrechtlich zulässig. Trotzdem müssen die Bestimmungen des Forstgesetzes beachtet werden! Nach dem Forstgesetz (§ 174 Abs. 3 lit. b Z 2) begeht eine Verwaltungsübertretung, wer sich unbefugt Pilze in einer Menge von mehr als 2 kg pro Tag aneignet. Für Beeren sieht das Forstgesetz keine derartige Grenze vor, strafbar ist jedoch das unbefugte Aneignen von Beeren zu Erwerbszwecken.

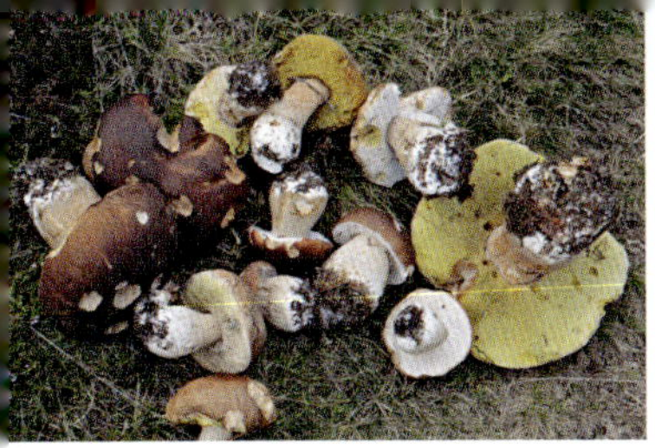

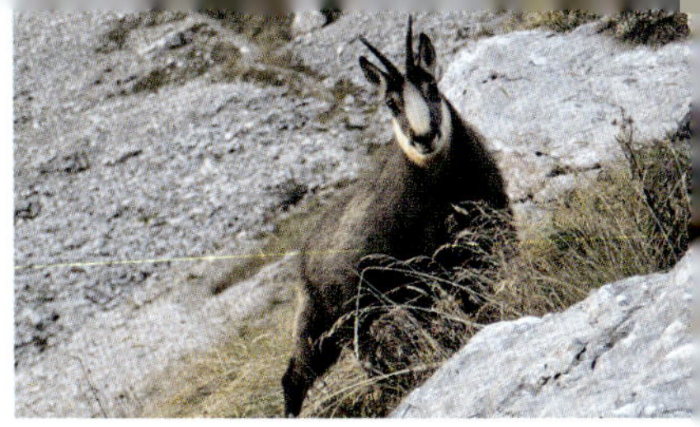

Alpendohlen und Ameisen

Das Gebiet der Grazer Hausberge ist reich an Alpendohlen und großen Ameisenhaufen. Alpendohlen sind gesellige Vögel, die mit ihren beeindruckenden Flugkünsten mühelos um die Gipfel segeln und allen Winden trotzen. Die in den Alpen weit verbreiteten zutraulichen schwarzen Vögel versuchen oft, beinahe handzahm, einen Teil der Mahlzeit des jausnenden Wanderers zu erwischen. Ameisenhaufen sind vor allem in sonnigen Randlagen am Wald anzutreffen, denn Waldameisen sind sehr wärmeliebend. Je höher und breiter ein Ameisenhaufen ist, desto mehr Fläche kann von der Sonne bestrahlt und aufgeheizt werden. Ameisenbauten sind streng geschützt und dürfen keinesfalls zerstört werden!

Foto oben links: Steinpilze auf der Stubalpe. – Rechts: Gämse in den Eisenerzer Alpen. – Mitte: Heidelbeeren in den Mürzsteger Alpen. Unten rechts: Bergdohle bei der Roten Wand. – Links: Ameisenhaufen bei der Fensteralm.

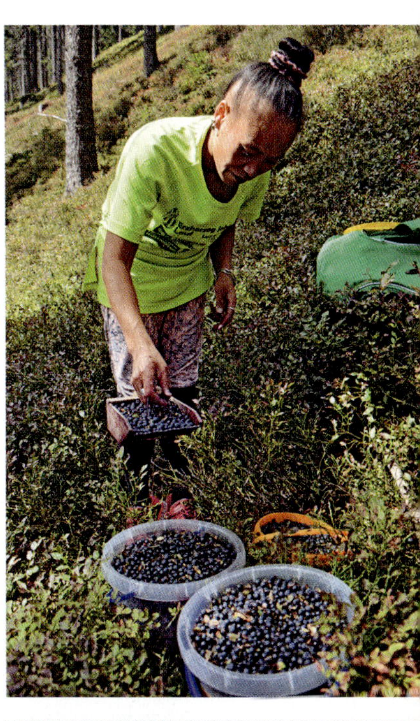

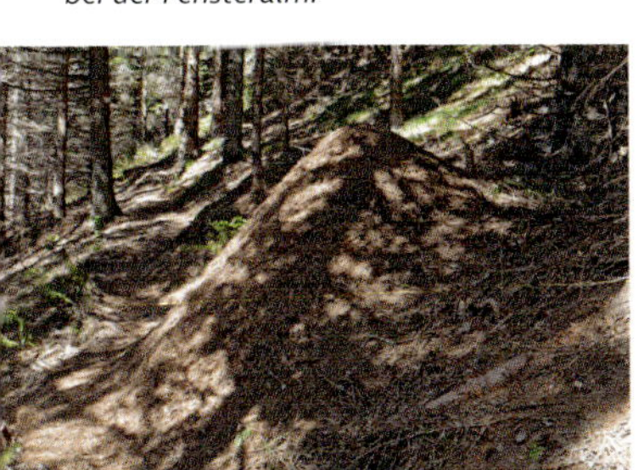

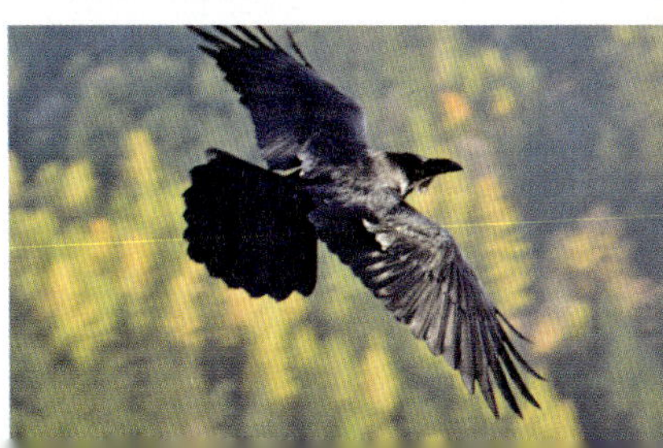

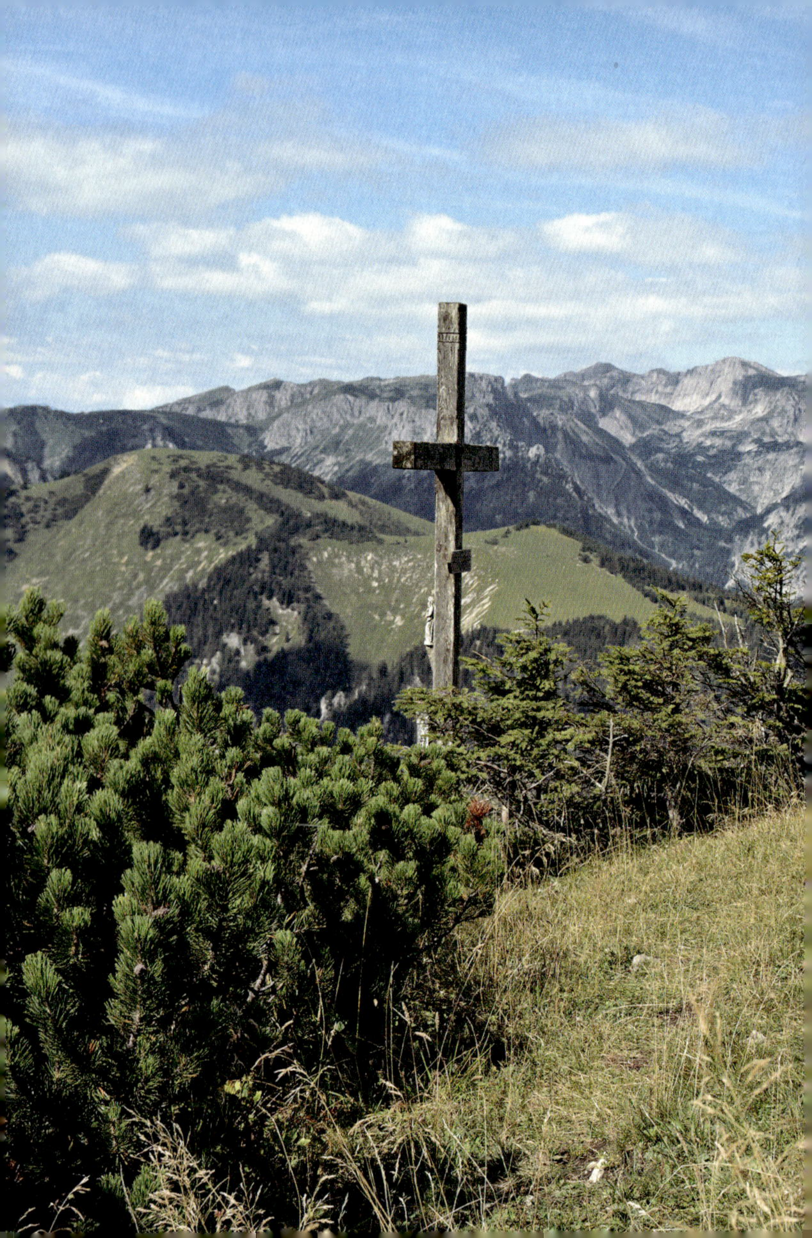

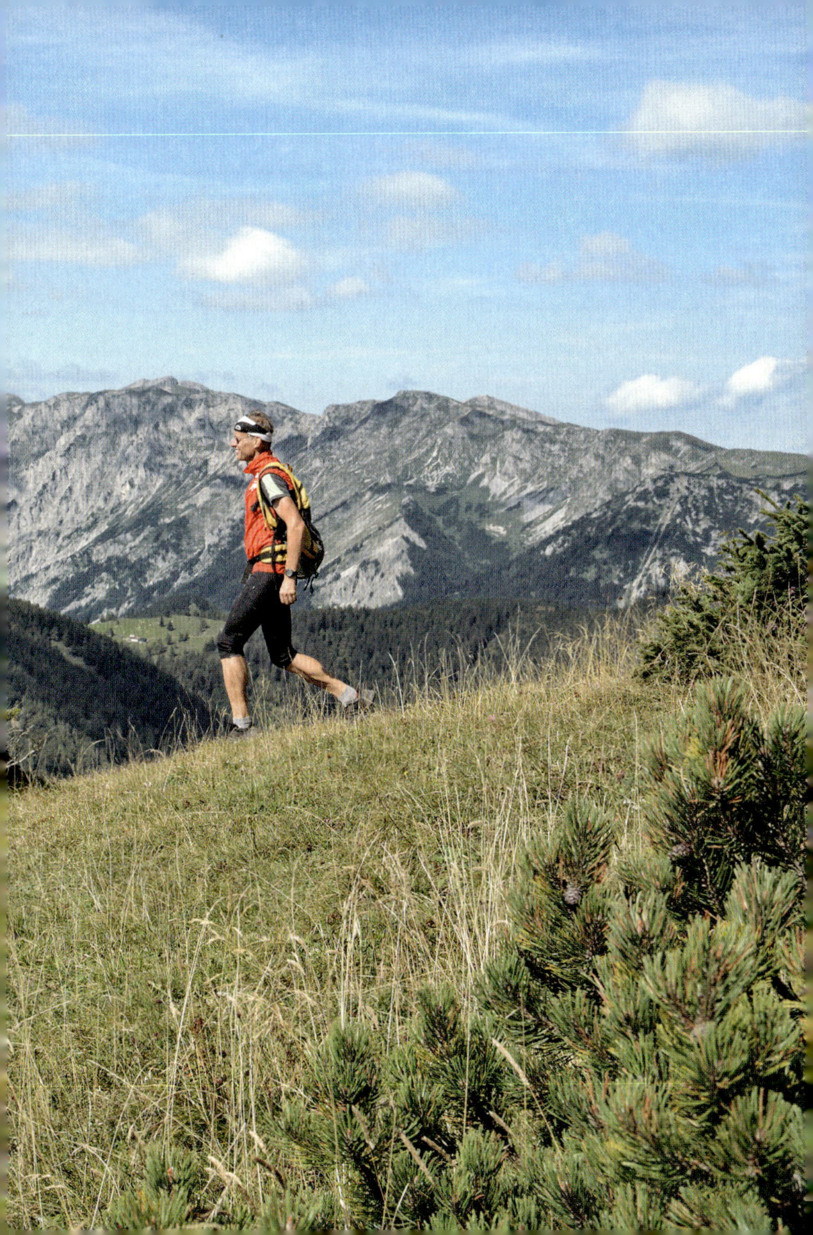

↗ 300 m | ↘ 300 m | 11.6 km

1 Heiggerkogel, 1098 m

3.15 h

Viel Aussicht zwischen Pleschkogel und Mühlbacher Kogel

»Im Bereich des Plesch, des Walzkogels und des Pfaffenkogels wird ein in den Gemeinden Deutsch-Feistritz, Großstübing, Stiwoll, Eisbach und Gschnaidt, Politischer Bezirk Graz-Umgebung, und in den Gemeinden Geistthal und Södingberg, Politischer Bezirk Voitsberg, gelegenes Gebiet zum Zweck der Erhaltung seiner besonderen landschaftlichen Schönheit und Eigenart, seiner seltenen Charakteristik und seines Erholungswertes zum Landschaftsschutzgebiet nach dem Steiermärkischen Naturschutzgesetz 1976 erklärt.« So lautet § 1 einer Verordnung vom 29. Juni 1981. Unsere Wanderung führt uns durch die Mitte dieses wunderschönen Gebietes und zeigt uns, wie vielfältig die Grazer Hausberge selbst in Tuchfühlung zur Landeshauptstadt Graz sein können.

Ausgangspunkt: Parkplatz beim Gehöft Höfer (dort gibt es Haflingerpferde), 911 m; Zufahrt von Gratwein über Rein zum Pleschwirt, dort rechts abbiegen und der Asphaltstraße (gleichzeitig Wanderweg Nr. 562) 1,8 km folgen.

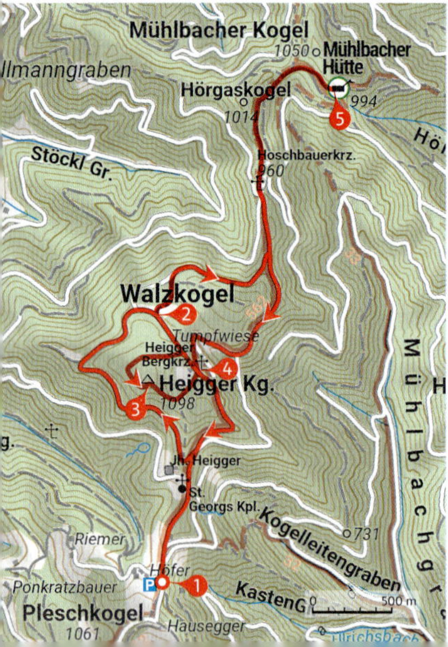

ÖPNV: Verbund Linie 100 (Graz – Bruck an der Mur) bis Rein, Haltestelle Rein Stift Rein, ab dort mit Rufmi-Taxi (Gemeindebus Gratwein-Straßengel, Tel. +43 3124 51300) zum Sammelpunkt 412 Höfer.
Anforderungen: Forststraßen, Wald- und Wiesenwege; Abschnitt Heiggerkogel unmarkiert, durch die natürlichen Gegebenheiten (Forststraße, deutlicher Steig) aber leicht zu finden; sonst gut markiert.
Einkehr: Mühlbacher Hütte, Tel. +43 664 3984060, geöffnet 1.5.–26.10., nur samstags, sonntags und feiertags.
Karte: f&b WK 132.
Tipp: Freilichtmuseum Stübing: Als eines der größten Freilichtmuseen in Europa bietet es mit 100 Objekten einen Überblick über Hauslandschaften aus sechs Jahrhunderten.

Vom **Parkplatz** ❶, 911 m, führt eine Forststraße leicht bergauf; zu Beginn lotst uns ein Wegweiser in das Landschaftsschutzgebiet Richtung »Walz/Mühlbacherkogel«, Weg Nr. 562. Wir wandern an der kleinen Sankt-Georgs-Kapelle (Heiggerkapelle) vorbei und biegen nach der Zufahrtsstraße zum Jagdhaus Heig-

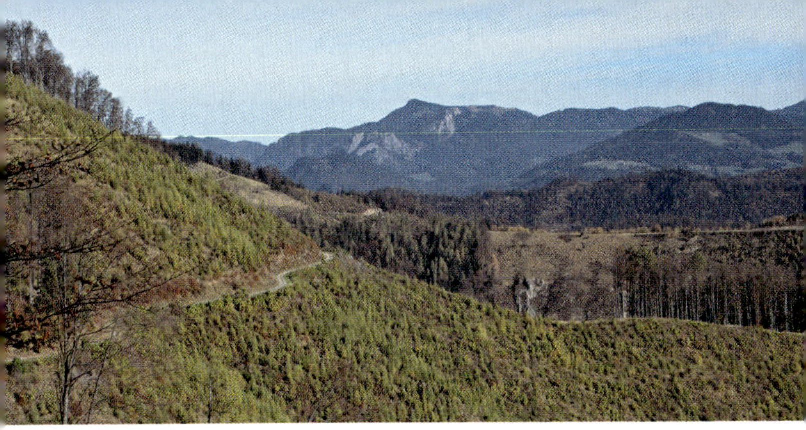

Herrliche Fernsicht zu Röthelstein, Hochlantsch und Roter Wand (Bildmitte).

ger vom markierten Weg nach links auf die Forststraße ab (Tafel mit dem Hinweis »Wildschutzgebiet 1.4.–30.9.«). Die Forststraße verläuft im Uhrzeigersinn flach um den Heiggerkogel herum und bietet hervorragende Aussicht zur Gleinalpe; deutlich zu erkennen ist der Brendlstall am Südosthang des Pussorkogels (Roßbachkogel) mit der Brendlalm. Das Gebiet dient als Sommerweide der Lipizzanerstuten aus dem Bundesgestüt Piber.
Immer der flachen, aussichtsreichen Forststraße folgend gelangen wir zur **»Nordkurve«** 2, 1040 m, mit schöner Wiese und wenig später, schon auf der Nordseite des **Heiggerkogels**, zu einem scharf rechts wegführenden Weg, über den wir zum **Gipfelplateau** 3, 1098 m, aufsteigen. Wir überschreiten den Heiggerkogel auf dem guten Steiglein hangabwärts nach Südosten, nehmen dann die Forststraße nach links und gelangen am Rand einer kleinen Alm (Hütte aus dunklem Holz) vorbei zum großen **Heigger Bergkreuz** 4, 1028 m. Auf der Forststraße links vom Kreuz kommen wir wieder zurück zur **»Nordkurve«** 2, wo wir nun rechts abbiegen und zuerst westlich des Walzkogels, 1080 m, dann an seiner Nordseite weiterwandern. Später stoßen wir wieder auf Weg Nr. 562, der uns – vorbei am Hoschbauerkreuz – zur **Mühlbacher Hütte** 5, 994 m, bringt (kurzer Abstecher zum Mühlbacher Kogel, 1050 m, möglich). Um wieder zum **Ausgangspunkt** 1 zu kommen, marschieren wir auf Weg 562 zurück und verlassen ihn nicht mehr; landschaftlich besonders schön ist der Abschnitt zwischen Walzkogel und Heiggerkogel mit der Sicht über den Hochstein, 925 m, hinweg zur Roten Wand.

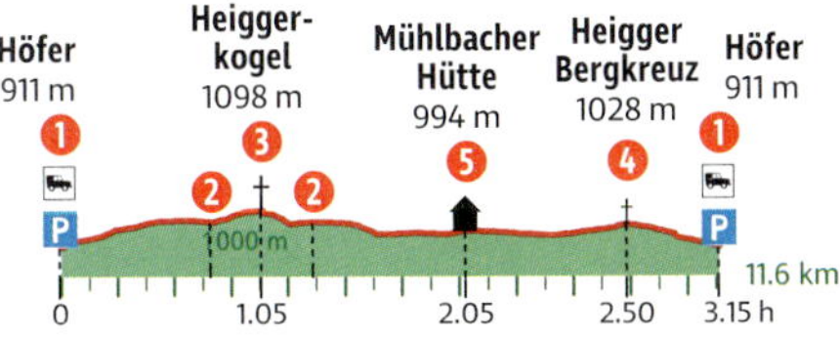

↗ 660 m | ↘ 660 m | 13.9 km

2 Mühlbacher Kogel, 1050 m

5.00 h

Ab Stift Rein: Kaschlsteig rauf, Jägersteig runter

Nur ein paar Kilometer von Graz entfernt bieten der Kaschlsteig und der Jägersteig in Kombination mit der Mühlbacher Hütte, dem Mühlbacher Kogel und dem Hochstein ein herrliches Bergerlebnis, das man bei der geringen Seehöhe, die man erreicht, nicht unbedingt erwarten würde. Nur ein Bruchteil der Rundwanderung mit Start und Ziel beim Stift Rein, das mit seiner 900-jährigen Geschichte das älteste noch bestehende Zisterzienserkloster ist, befindet sich über der 1000-Meter-Höhenlinie. Wegabschnitte, die an Felsen vorbeiführen, sorgen für Spannung und befriedigen den leidenschaftlichen Alpinisten. Aussicht und Bergpanorama entzücken. Das vermutlich kleinste Gipfelkreuz der Grazer Hausberge verleiht seinem Standort eine ganz besondere Note, und so manch einer wird sich auch an dessen Fotogenität erfreuen. Man muss diese schöne Landschaft mit offenen Augen sehen. Nicht zu Unrecht schrieb Franz Heritsch 1916 in seinen Untersuchungen zur Geologie des Paläozoikums von Graz, dass »Dolomite in gewaltiger Mächtigkeit die Berge in der Umgebung von Rein aufbauen«, dabei meinte er auch den Hochstein.

Stift Rein.

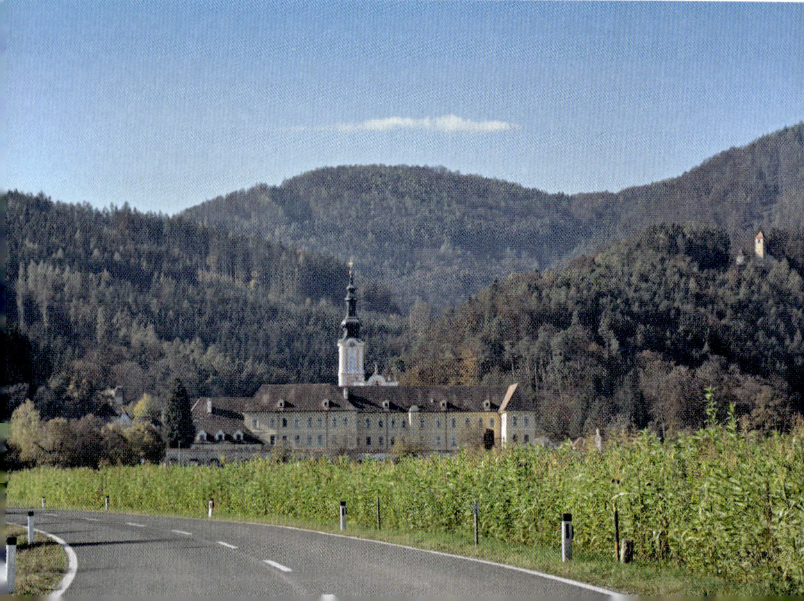

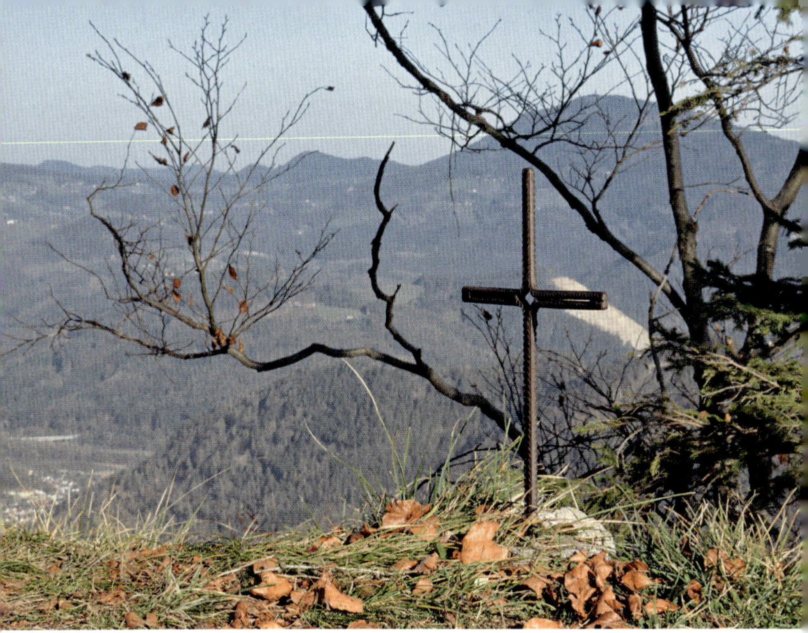

Am Gipfel des Hochsteins.

Ausgangspunkt: Bushaltestelle der Linie 100 Stift Rein in Rein (Gemeinde Gratwein-Straßengel), 453 m, gegenüber der Stiftstaverne, Parkplatz beim Stift Rein.
ÖPNV: Verbund Linie 100 (Graz – Bruck an der Mur) bis Rein, Haltestelle Rein Stift Rein.
Anforderungen: Asphaltstraßen, Forststraßen, (mitunter steile) Waldwege, Kaschlsteig stellenweise felsdurchsetzt. Abstieg über den Hochstein teilweise unmarkiert, aber durch die natürlichen Gegebenheiten (deutlicher Steig) gut zu finden; sonst gut markiert.
Einkehr: Mühlbacher Hütte, Tel. +43 664 3984060, geöffnet 1.5.–26.10., nur samstags, sonntags und feiertags.
Karte: f&b WK 132.
Tipp: Besuch von Stift Rein (weltältestes Zisterzienserkloster).

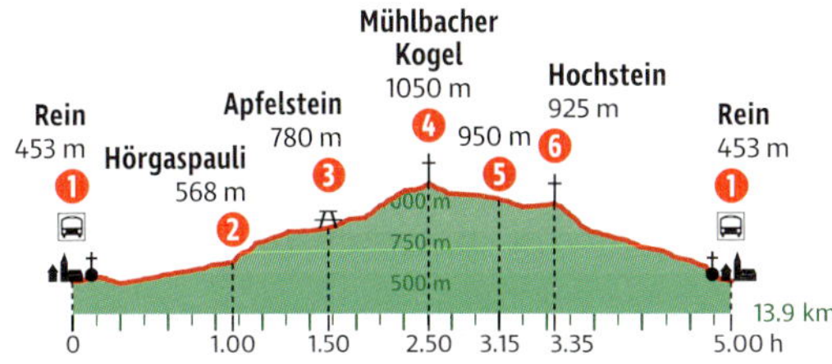

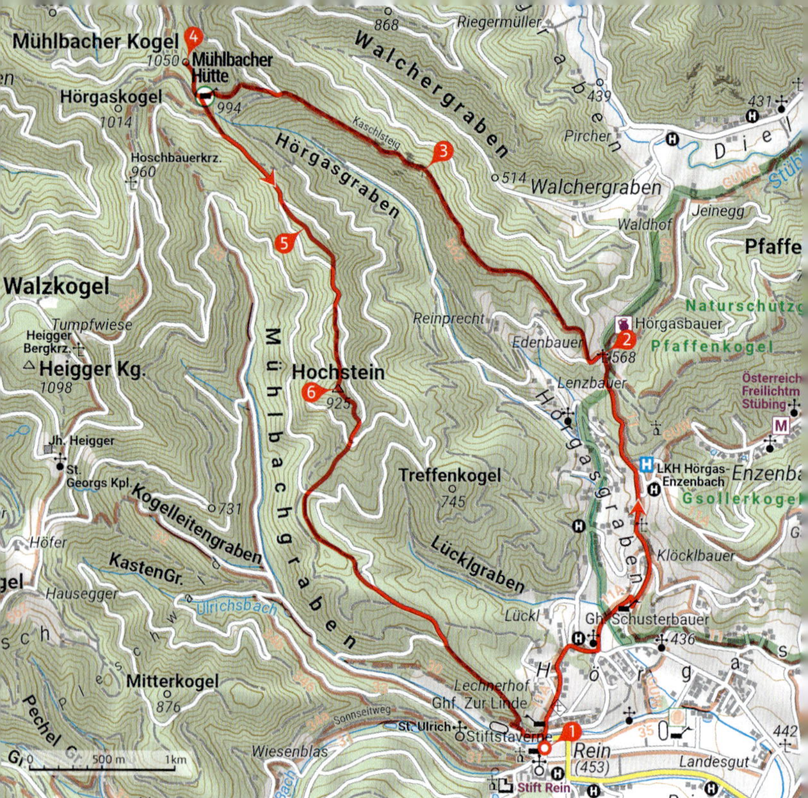

Im Bereich der **Bushaltestelle** ❶, 454 m, geben deutliche Wegweiser viel Information über die örtlichen Wandermöglichkeiten; auch unser Aufstieg über den Kaschlsteig zur Mühlbacher Hütte, die knapp unter dem Gipfel des Mühlbacher Kogels steht, ist ausgewiesen. Wir wandern am Asphalt an der Feuerwehr vorüber und später im Hörgasgraben auf einem Schotterweg durch weitläufige Wiesenflächen. Mit schönem Blick zum felsdurchzogenen Hochstein geht es am LKH Graz II Enzenbach vorbei bis zum Wegweiser, der als **»Hörgaspauli«** ❷, 568 m, vermessen ist.

Nach einer Links-rechts-Kombination beginnt bei einem Wiesenhang der Kaschlsteig; er verwöhnt uns mit Tiefblicken in den Walchergraben, Aussicht zum Schartnerkogel und – schon in Hüttennähe – dem einzigartigen Panorama über den Hochstein hinweg. Beim **Apfelstein** ❸, 780 m, entzückt die romantische Felsszenerie um ein Bankerl; der dort auf einer

Metallplatte eingravierte Spruch wird wohl gerne umgesetzt: »Hier bei diesem Apfelstein soll dein erster Rastplatz sein!« Ab der **Mühlbacher Hütte**, 994 m, sind es nur mehr ein paar Minuten zum Gipfel des **Mühlbacher Kogels** ❹, 1050 m; Gipfelkreuz und schöner Blick zur Gleinalpe.
Für den Abstieg nehmen wir Weg Nr. 34. Der Steig beginnt bei der Mühlbacher Hütte und mündet in eine Forststraße, die am aussichtsreichen Höhenrücken zwischen Hörgasgraben (links) und Mühlbachgraben (rechts) verläuft; wir verlassen sie kurz nach links, um die **Höhenkote 950** ❺ auf nettem Steig zu überschreiten. Kaum wieder auf der Straße angekommen, trennen wir uns erneut von ihr, um über einen Steig in direkter Linie (unmarkiert) den **Hochstein** ❻, 925 m, zu erklimmen; dort sehr kleines Gipfelkreuz aus Moniereisen (30 Zentimeter) und große Aussicht!
Wir setzen die aussichtsreiche Überschreitung abwärts fort und stoßen auf eine Forststraße. Hier beginnt der Jägersteig. Vorsicht: Um zum markierten Weg Nr. 34 zu gelangen, muss man auf der Straße einige Meter nach rechts gehen und dann links abbiegen. Wir können die Straße aber auch sofort überqueren und den Steigspuren durch den Wald folgen; beide Wege münden etwa 100 Höhenmeter tiefer im selben Bereich in eine Forststraße, die wir geradeaus überqueren, um danach auf einem Waldweg weiterzugehen; wenn wir die nächste Forststraße erreichen, werden die Markierungen wieder deutlicher.
Im letzten Waldstück der Tour bleiben wir bei einer Wegteilung rechts (links geht es Richtung Lechnerhof), steigen über steile Serpentinen in den Mühlbachgraben ab, erreichen **Rein** und kurz danach den **Ausgangspunkt** ❶.

Zwischen Mühlbacherhütte und Hochstein, im Hintergrund der Mühlbacherkogel.

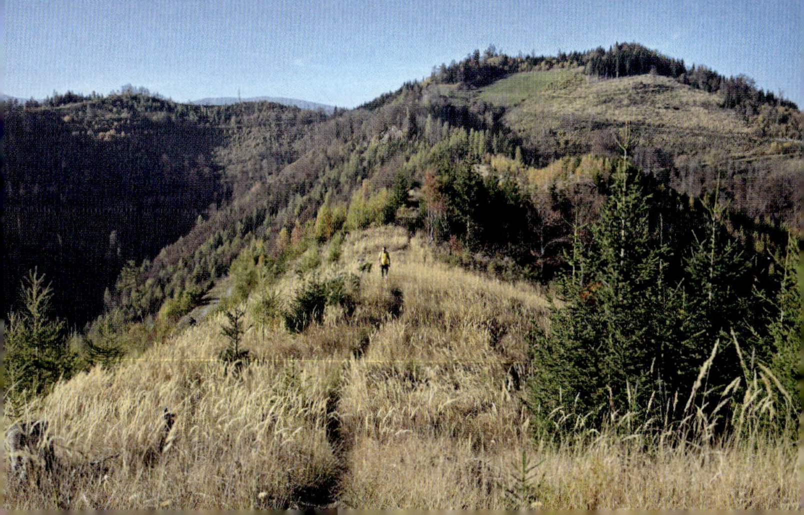

↗ 600 m | ↘ 600 m | 9.2 km

3 Schartnerkogel, 931 m, und Gamskogel, 859 m

3.45 h

Durch den Königgraben zum Hagensattel und zur Bärenhöhle

Den Schartnerkogel kennen viele Wanderer vielleicht nur aus dem Verkehrsservice, weil unter ihm, im 1167 m langen Schartnerkogeltunnel, die Phyrnautobahn durchführt. Die Gipfelregion, die 1994 zum Pflanzenschutzgebiet erklärt worden ist, wurde 2008 vom Sturmtief Paula komplett verändert; der durch den Orkan erzwungene Kahlschlag hat den Berg zu einem feinen Aussichtsberg gemacht. Kaum zu glauben, dass wir uns bei all den Fernblicken, die wir haben, nie über 1000 Meter Seehöhe bewegen. Und wenn wir später vor dem Gamskogel die Bärenhöhle sehen, stellt sich vielleicht die Frage, welcher Bär am Felskamm gelebt hat. Immerhin erwähnte Helmut W. Flügel 1975 in seinem Bericht über die »Geologie des Grazer Berglandes«, dass »die lößartigen Sedimente der kleinen Bärenhöhle am Gamskogel bei Stübing am rechten Murufer nur wenige Bärenreste lieferten«. Die ersten zwei nachgewiesenen Funde stammen aus dem Jahr 1949. Apropos Felskamm: Dieser ist sehr malerisch und wirklich sehenswert!

Ausgangspunkt: Parkplatz am Straßenende im Königgraben, 492 m; Zufahrt über die L334 (Kleinstübingerstraße) bis Kleinstübing oder Deutschfeistritz, dort direkte Abzweigungen.
ÖPNV: Verbund Linie 100 (Graz – Bruck an der Mur), bzw. 130 (Graz – Sankt Pankrazen), jeweils bis Deutschfeistritz, Hst. Roseggergasse (von dort 2 km zu Fuß).

Anforderungen: Bergwege, Forststraßen, gut markiert.
Einkehr: Im Königgraben Gasthof Bernthaler, gh-bernthaler.at, Mo, Di Ruhetag.
Karte: f&b WK 131.
Tipp: Besuch der nahe gelegenen Lurgrotte in Peggau, größte Tropfsteinhöhle Österreichs.

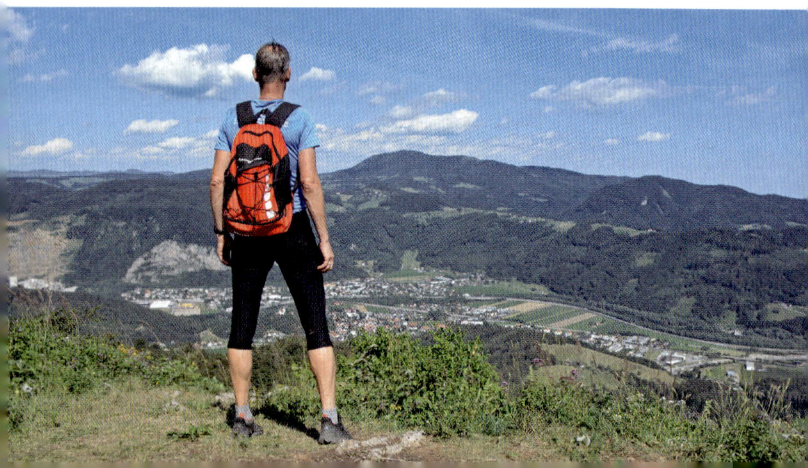

Wir verlassen den **Parkplatz** ❶, 492 m, bei dem ein als Naturdenkmal gekennzeichneter Baum steht, überqueren den Königgrabenbach und wandern gut markiert durch die Bachschlucht. Die Route verläuft im unteren Teil in überraschend lichtem Gelände, begleitet vom Plätschern des Baches. Am Wegrand wächst formschönes hohes Gras, und einige Bäume sind von Efeu bewachsenen, was dem Graben eine wildromantische Note gibt.

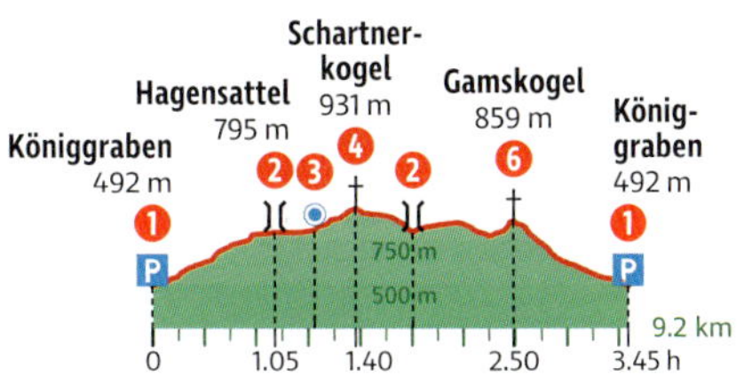

Im **Hagensattel** ❷, 795 m, zweigen wir rechts Richtung »Deutschfeistritz« ab und bleiben auf der Forststraße (Weg Nr. 535); Weg 19A (»Schartnerkogel 931 m«) nützen wir für den Rückweg. Im Forststraßen-Abschnitt treffen wir auf eine kleine **Quelle** ❸, 805 m, mit Trinkbecher. Ein paar Meter danach verlassen wir den markierten Weg nach links, steigen auf dem Forstweg bergauf (Abkürzung) und stoßen wenig später auf den von rechts kommenden markierten Steig. Wir folgen ihm nach links – relativ steil – bergauf. In der Gipfelregion des **Schartnerkogels** treten wir aus dem Hochwald und gelangen auf einem Steiglein zum **Gipfelkreuz** ❹, 931 m, das sich hinter einer Baumgruppe versteckt. Hier oben hat das Landschaftsbild fast südländischen Charakter; einzelne, schmalwüchsige Bäume überragen die Flora signifikant. Die Aussicht vom Gipfelplateau begeistert!

Danach gehen wir auf Weg Nr. 19A in direkter Linie zum **Hagensattel** ❷, ein romantischer Wegabschnitt! Vom Sattel geht es auf Weg Nr. 19 Richtung »Gamskogel, Kleinstübing«. Landschaftlicher Höhepunkt auf dem Weg zum Gipfel des **Gamskogels** ist der Steig entlang des bizarren Felskammes, der verblüffende Blicke zurück zum eigenwilligen Gipfelbau des Schartnerkogels ermöglicht. Nach der kleinen **Bärenhöhle** ❺, 805 m, erreichen wir das **Gipfelkreuz** ❻, 859 m. Von dort geht es gut markiert bergab, bis wir nach dem ersten Haus auf eine Forststraße gelangen und kurz danach links abzweigend zum letzten Mal einen schmalen Waldweg betreten; der Wanderweg überquert in der Folge die Forststraße, doch wir ignorieren jetzt die Markierung und benützen genau diese Forststraße, um auf ihr links abwärts direkt zum **Ausgangspunkt** zu wandern ❶.

Tiefblick vom Schartnerkogel in das Murtal.

↗ 750 m | ↘ 750 m | 12.9 km

4 Haneggkogel, 1088 m

5.00 h

Von Adriach über den Jöllersattel zum Ebenwirt und retour

In Adriach steht mit der St.-Georgs-Kirche eine der ältesten Kirchen der Steiermark. Sie wurde zu Beginn des 11. Jh. von Graf Markwart IV. erbaut. Auch der Haneggkogel taucht bereits in einer Urkunde aus dem 13. Jh. auf: Sie dokumentiert die Schenkung eines Waldstücks bei Waldstein (Ort in der Gemeinde Deutschfeistritz) durch Ottokar, Markgraf der Steiermark, wobei ein Teil der Grundstücksgrenze »an der rechten Seite den Hohenekke-Berg hinauf« verlief. Der als Monte Hohenekke bezeichnete Berg ist der Haneggkogel. Wir besteigen diesen schönen Aussichtsberg mit dem großen Gipfelkreuz von Adriach aus, marschieren dann über einen lang gezogenen Höhenrücken zum Ebenwirt und über den »Panoramaweg« zurück nach Adriach.

Ausgangspunkt: Parkplatz in Adriach bei der Kirche bzw. beim Friedhof, 468 m, ca. 2 km vom Zentrum Frohnleitens.
ÖPNV: ÖBB, Verbund Linie 100 (Graz – Bruck an der Mur) bis Bahnhof von Frohnleiten, GUSTmobil Halteplatz GU 1201 Adriach – Dorfplatz.

Anforderungen: Bergwege, Forststraßen, gut markiert.
Einkehr: Gasthaus Ebenwirt, Tel. +43 3125 2012, Mo Ruhetag.
Karte: f&b WK 132.
Tipp: Die Parkmöglichkeit am Jöllersattel, 746 m, verkürzt die Tour.

Die Markierung beginnt auf der Forststraße neben der **Kirche** ❶, 468 m. Nach kurzer Zeit zweigen wir bei einem Wegweiser vom Panoramaweg rechts in den steilen Waldsteig ab (Abkürzung) und gelangen direkt zum **Jöllersattel** ❷, 746 m; dort Wiedervereinigung mit dem Panoramaweg. Gut markiert geht es weiter bis zu einer **Wegkreuzung** ❸, 865 m, vor dem links unten liegenden Gehöft Haneggruber, wo wir den markierten Weg mit einer starken Rechtsdrehung in eine andere Forststraße verlassen und uns von dieser bei der ersten von links einmündenden Forststraße verabschieden; auf dieser links bergauf führenden Forststraße gelangen wir – immer die Richtung beibehaltend – zum unteren Rand eines schönen, weiten Wiesenhanges; dort Zaunüberstieg und kleine Holzhütte.

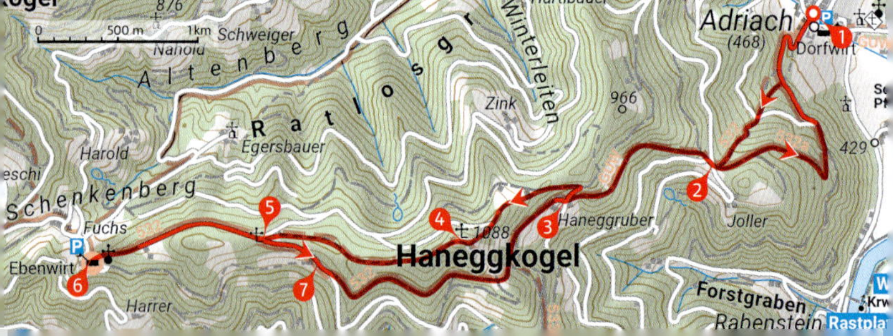

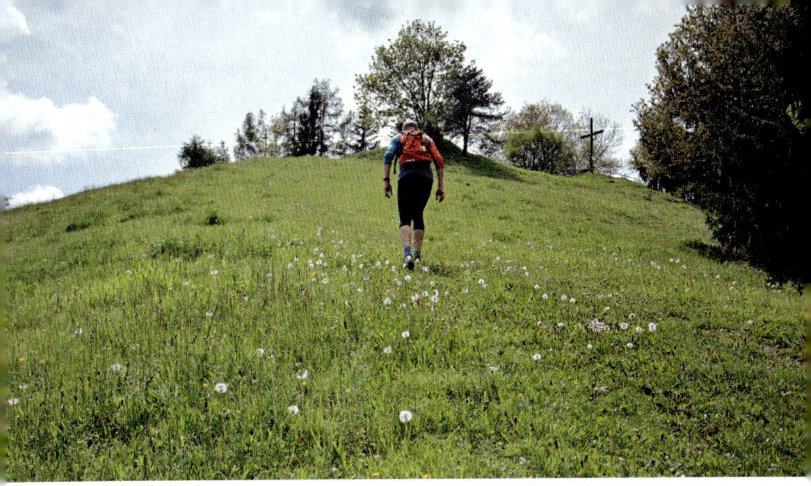

Die letzten Meter zum Gipfel des Haneggkogels.

Der deutliche Weg zieht in direkter Linie zur almartigen Gipfelkuppe hinauf; die Aussicht hier ist vorzüglich! Beim **Gipfel** ❹, 1088 m (Gipfelkreuz, Bänke, Tische), treffen wir wieder auf Markierungen und marschieren Richtung »Schenkenberg, Gams«, um so den Ebenwirt zu erreichen. Die aussichtsreiche Höhenwanderung führt an einem kleinen, in einen Baumstamm geschnitzten Stuhl vorbei. Wegweiser leiten uns beim **Rettungspunkt Nr. 607** ❺, 981 m, auf Weg Nr. 532 zum »Ebenwirt«. Auf dem Weg dorthin queren wir eine aussichtsreiche Fläche und passieren eine kleine Kapelle.

Vom **Ebenwirt** ❻, 905 m, der uns mit hausgemachten kalten Spezialitäten und frischen Mehlspeisen verwöhnen kann, gehen wir zurück zum **Rettungspunkt Nr. 607** ❺ und folgen dort dem Schild »Unterm Haneggkogel/Frohnleiten«. Die Route führt am **Hermann-Fellner-Kreuz** ❼, 958 m, vorbei und mündet schließlich in die **Kreuzung** ❸ beim Haneggruber; auf bekannter Strecke geht es zum **Jöllersattel** ❷, wo wir uns entweder für den direkten Abstieg nach **Adriach** ❶ oder für den etwas längeren Panoramaweg, mit Ausblicken zu Gschwendberg und Schiffall, entscheiden.

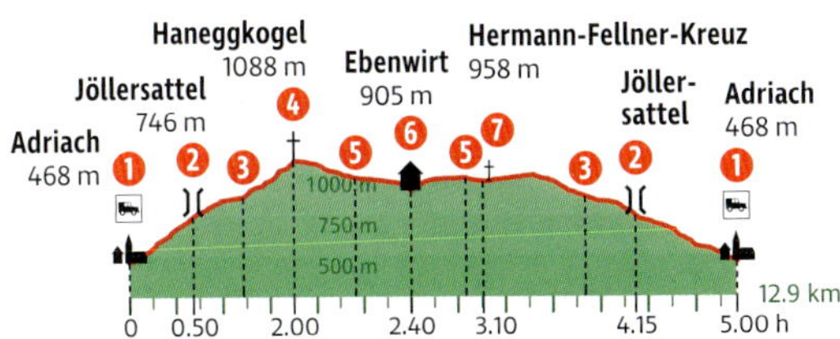

TOP 5

Kreuzkogel, 1181 m, und Schiffall, 1221 m

↗ 760 m | ↘ 760 m | 10.9 km

4.45 h

Von Mixnitz zum Gehöft Gunacker und eine »Mini-Ferrata«

Es ist nicht nur der atemberaubende Blick zu den grob abfallenden Felswänden des gegenüberliegenden Röthelsteins, sondern auch die leichte, versicherte Kraxelei am kurzen Grat des Kreuzkogels und der imponierende felsdurchsetzte Übergang zum Schiffall (auch »Schifffall«), die unsere von Mixnitz ausgehende Wanderung zum außergewöhnlichen Erlebnis machen. Kreuzkogel und Schiffall gehören gemeinsam mit Hochlantsch, Roter Wand und Röthelstein zu ein und derselben geologischen Einheit, den sogenannten Hochlantschkalken. Doch ihr Kalkgestein ist in sich stark zerbrochen, was der Landschaft eine wildromantische Note gibt. Beim Abstieg vom Schiffall, der nach frühesten Aufzeichnungen aus dem Jahr 1490 »Podschibalun« genannt wurde (der Name geht auf das slowenische Wort »počivalo« zurück, was »Raststätte für das Vieh beim Almauftrieb« bedeutet), begeistern liebreizende Almflächen, und das glänzende Panorama beim Gehöft Gunacker (oder »Gundakar«) darf beim Abstieg gerne ein zweites Mal erlebt werden.

Blick über das Gehöft Gunacker zum imposanten Röthelstein.

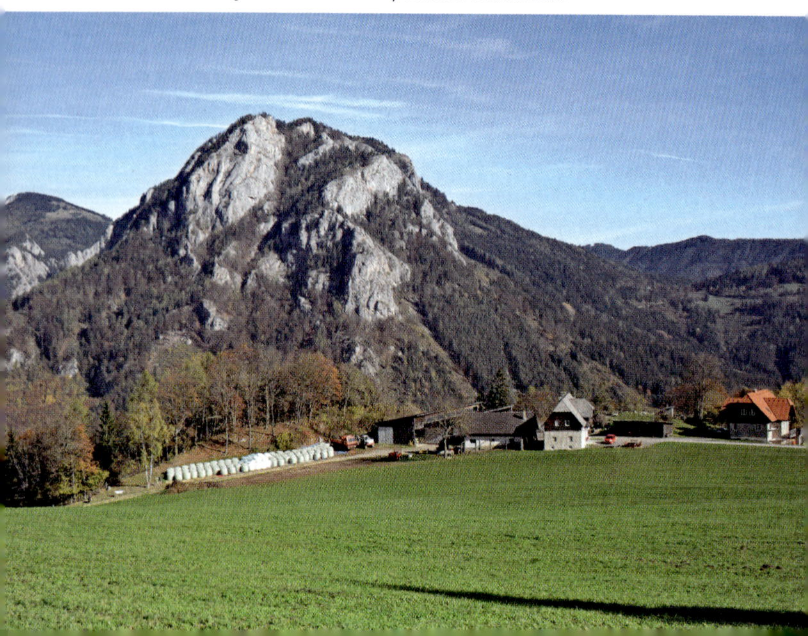

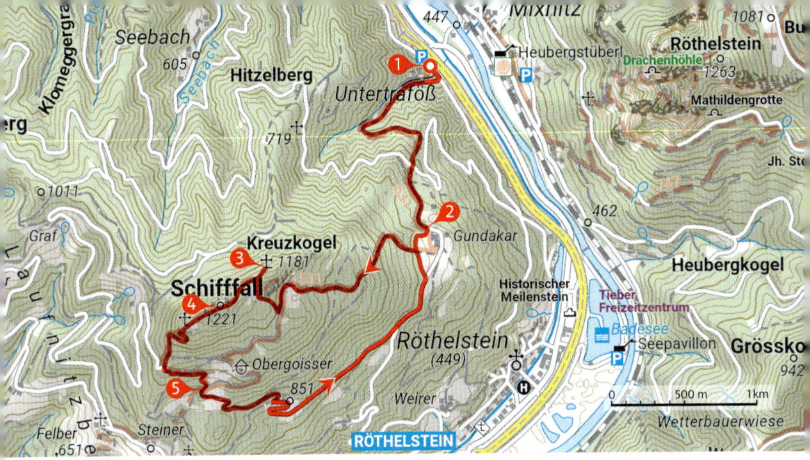

Ausgangspunkt: Parkplatz beim Grundstück Göberlmoar 2, 468 m, Gemeinde Pernegg an der Mur; Zufahrt von Mixnitz durch die Unterführung (gelbe Tafel mit Nr. 12.948) der S 35 (Brucker Schnellstraße), sofort danach links zum Parkplatz.
ÖPNV: ÖBB, Verbund Linie 100 (Graz – Bruck an der Mur) bis Bahnhof Mixnitz.
Anforderungen: Berg- und Waldwege, Forststraßen, im felsigen Gipfelbereich des Kreuzkogels ein paar Sicherungen, gut markiert.
Einkehr: Keine während der Tour.
Karte: f&b WK 131.
Tipp: Schiffall und Kreuzkogel können auch ab Laufnitzdorf bestiegen werden.

Wir verlassen den **Parkplatz** ❶, 468 m, über die Brücke, folgen dem Wegweiser »Kreuzkogel, Schiffall« nach rechts und wandern gut markiert und mitunter steil durch den Wald bis unmittelbar vor das **Gehöft Gunacker** ❷, 765 m, das am unteren Rand einer prächtigen Weide liegt. Dort beachten wir den Hinweis auf die »neue Wegführe«, steigen sofort rechts am Wiesenrand auf – nicht durch das Anwesen – und haben einen erstklassigen Blick über den Hof hinweg zum Röthelstein. Die Aussicht ist phänomenal! Immer bestens beschildert und markiert gewinnen wir im Waldgelände, das weiter oben durch idyllische Grünflächen aufgelockert ist, an Höhe. Wenn

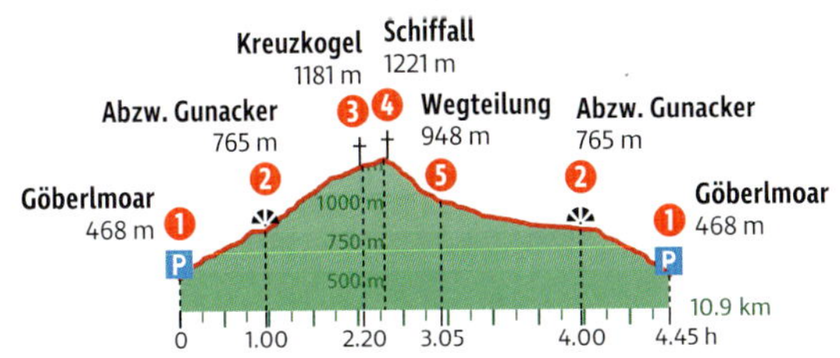

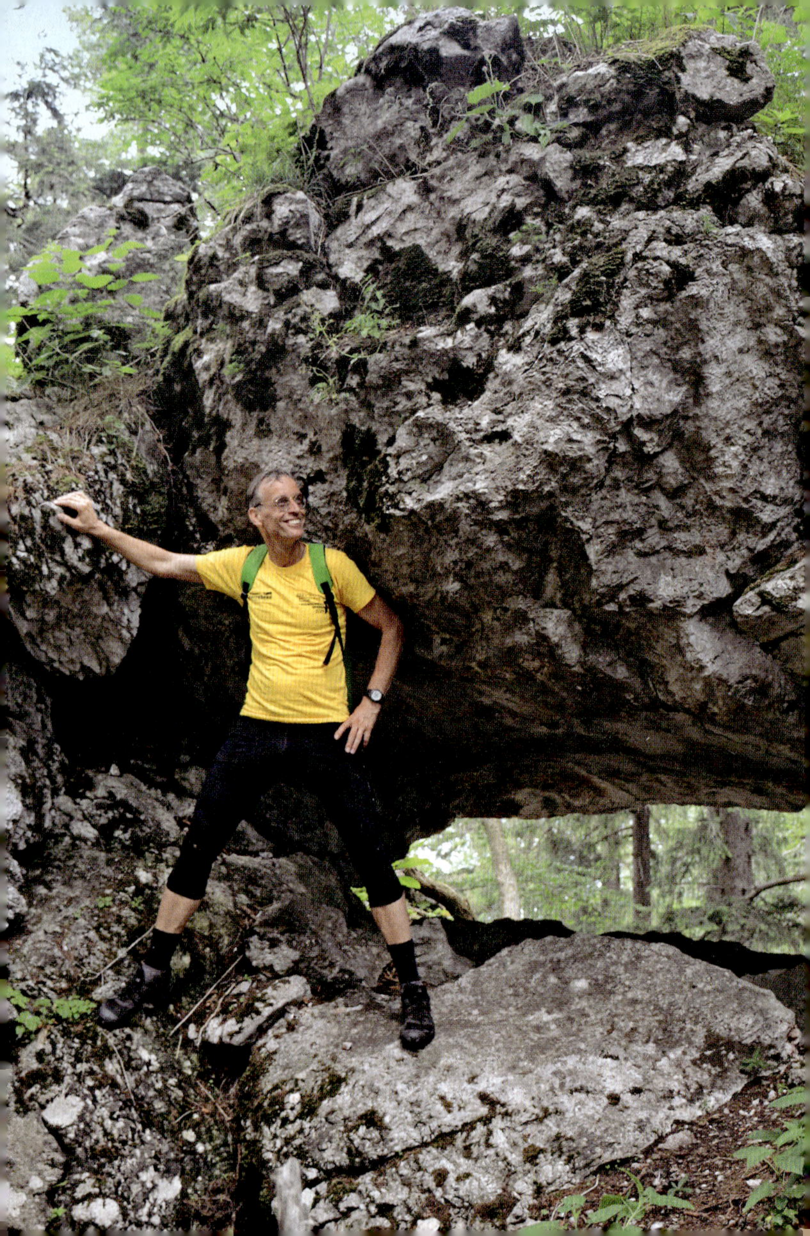

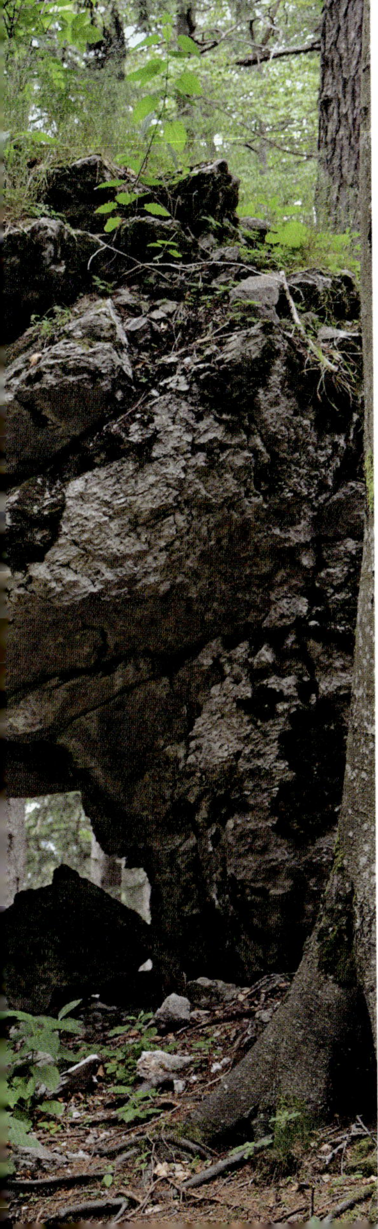

wir die Felsen im obersten Bereich des kleinen Bergmassivs erreichen, ist die Wegteilung »Schiffall/Kreuzkogel« aussagekräftig. Wir bleiben rechts und klettern über einen auf den letzten Metern mit Drahtseilen versicherten Felskamm zum Gipfelkreuz des **Kreuzkogels** ❸, 1181 m; erneut mitreißende Aussicht!

Danach zurück zur Wegteilung und weiter zum »Schiffall«. Rechter Hand gefällt ein Steinfenster, und wir staunen über die spannende Wegführung durch die bizarre und zum Teil von Moos überzogene Felslandschaft. Am kleinen bewaldeten Gipfelplateau, das an einigen Stellen sogar Fernsicht durch die Bäume hindurch bis zum Hochschwab zulässt, steht kein Gipfelkreuz; nur die Tafel **»Schiffall, 1221 m«** ❹ und das Gipfelbuch geben uns Bescheid, dass wir uns am Schiffall befinden.

Sodann geht es bergab Richtung »Laufnitzdorf« (Weg Nr. 531). Bald nach dem Wald haben wir packende Tiefblicke ins Murtal um Frohnleiten und erreichen nach einer steil talwärts führenden, grobsteinigen Straße ein romantisches, von Felsblöcken durchzogenes Almgelände unterhalb vom Gehöft Obergoisser, in dessen unterem Abschnitt wir bei der **Wegteilung** ❺, 948 m, nach »Mixnitz« weitergehen. Über eine Forststraße mit staunenswerter Aussicht und vorbei an mehreren Jägersitzen nähern wir uns wieder dem **Gehöft Gunacker**; von dort – erneut den Hof am Wiesenrand umgehend ❷ – wie beim Aufstieg zurück zum **Parkplatz** ❶.

Zwischen Kreuzkogel und Schiffall.

↗ 400 m | ↘ 400 m | 5.0 km

6 Predigtstuhl, 853 m

2.15 h

Aussichtskanzel hoch über Pernegg mit Verlängerungspotenzial

Predigtstühle gibt es in den Alpen einige, darunter etwa jenen 1613 m hohen Aussichtsberg bei Bad Reichenhall, auf den die älteste Großkabinenbahn der Welt schwebt, oder die 2543 m hohe, sehr begehrte Felskanzel in den Schladminger Tauern oder jenen, der mit 1902 m zu den höchsten Gipfeln der Rax gehört. Auch die Grazer Hausberge besitzen einen Predigtstuhl! Wenngleich er mit seinen 853 m wohl zu den niedrigsten von allen gehört, ist auch seine Besteigung lohnend: Neben stellenweise überraschend schöner Aussicht von Hochlantsch zu Hochschwab und darüber hinaus wird die unerwartet markante, felsige Gipfelkuppe von einem anziehenden Gipfelkreuz geschmückt. Kiefern und eine Sitzbank verleihen dem ohnehin schon sehr idyllischen Platz noch mehr Ausdruckskraft. Schließlich findet sich dort oben auch noch eine schöne Orientierungstafel, und der Tiefblick auf die beiden Kirchen von Kirchdorf und Pernegg – Maximiliankirche und Frauenkirche – trägt zur weiteren Begeisterung bei.

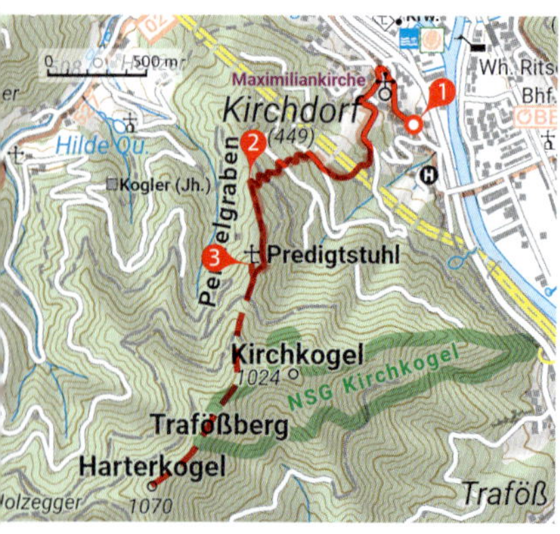

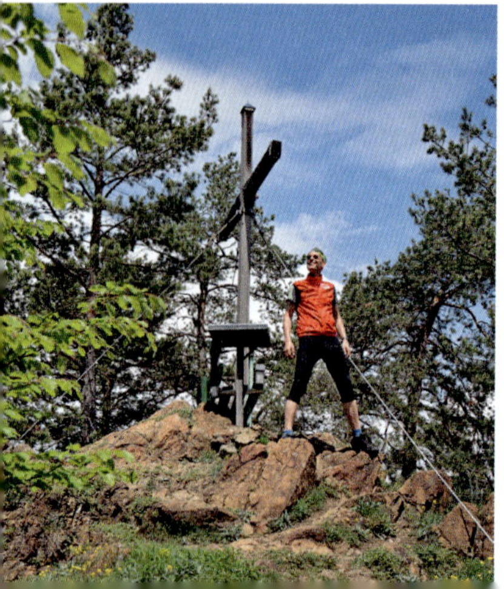

Ausgangspunkt: Parkplatz bzw. Bushaltestelle Kirchdorf Ort, 463 m, in der Gemeinde Pernegg an der Mur, unweit der Wehrkirche (Maximiliankirche); Zufahrt über die S 35 (Brucker Schnellstraße).
ÖPNV: Verbund Linie 100 (Graz – Bruck an der Mur) bis Kirchdorf, Haltestelle Kirchdorf Ort, SAM-Taxi Haltepunkt BM 3501 Kirchdorf – Ort.
Anforderungen: Kurze Tour im überwiegend steilen Waldgelände.
Einkehr: Keine während der Tour.
Karte: f&b WK 131.
Variante: Verlängerung der Tour über Kirchkogel, 1024 m, und Trafößberg, 1053 m, bis zum Harterkogel, 1070 m, möglich. Stellenweise überraschend gute Aussicht!

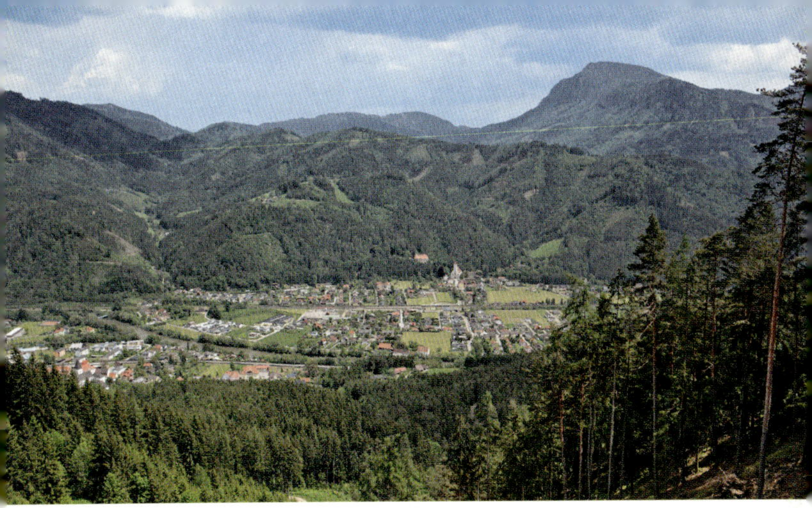

Foto oben: Blick ins Murtal und zum Hochlantsch.
Links unten: Am Predigtstuhl steht sogar ein Gipfelkreuz!

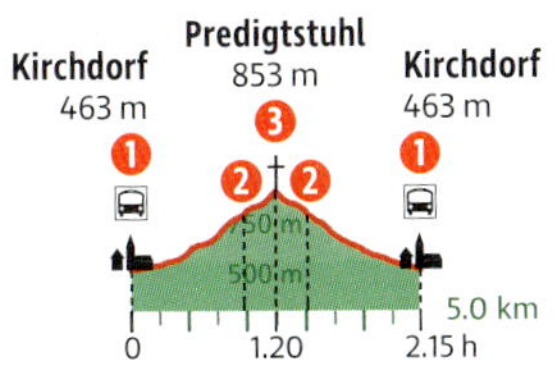

Wir gehen vom **Ausgangspunkt** ❶, 463 m, auf dem Mittelweg an der Maximiliankirche vorbei. Gelbe Tafeln mit der Aufschrift »Predigtstuhl« (Weg Nr. 9) helfen uns bei der Orientierung. Schon bald verlassen wir das schmale Asphaltband, wandern noch kurz auf der Forststraße, befinden uns für einen Augenblick direkt über dem zweiröhrigen »Tunnel Kirchdorf« der Brucker Schnellstraße und biegen dann sofort rechts auf einen Waldweg ab. Immer gut markiert geht es im Wald steil bergauf bis zum Erreichen eines **Bergrückens** ❷, 738 m, wo die Steigung vorübergehend abnimmt und kleine Felsen die Attraktivität des Geländes noch steigern. Die bald folgende Hangquerung ist aussichtsreich. Besonders schön erkennbar ist die vom Hochlantsch über die Ranerwand zum Harterkogel ziehende Felszone. Der Tiefblick nach Pernegg besticht ebenso wie die gute Aussicht zum Rennfeld und zum Hochschwab. Nach der Querung wird es wieder steil, und kurz nach einer schmalen Serpentine, die rechts mit einem Holzgeländer abgesichert ist, erblickt man – völlig überraschend – rechts außen die Felskuppe des **Predigtstuhls** ❸, 853 m, mit dem schönen Gipfelkreuz – ein wunderschöner Platz! Gipfelbuch, Orientierungstafel und bequeme Sitzgelegenheit ergänzen dieses kleine, aussichtsreiche Paradies. Mangels Alternativen erfolgt der Rückweg auf dem Anstiegsweg.

↗ 700 m | ↘ 700 m | 10.0 km

7 Schöckl, 1445 m

4.30 h

Eine untypische Schleife über die Schneidwiese zum Ostgipfel

Der frei stehende Schöckl ist kein Riese. Aber der mächtige Kalkstock übt aufgrund der Form sowie der lang gestreckten, almartigen, flachkuppigen Hochfläche und des umfassenden Panoramas eine magische Anziehungskraft aus. Thomas Untersweg hat 1982 in seiner morphologischen Studie über das Schöcklgebiet festgehalten, dass »die Hochfläche des Schöcklplateaus ihre Waldfreiheit nicht dem Gipfelphänomen verdankt, vielmehr handelt es sich um einen pseudoalpinen Gipfel«. Unser Aufstieg auf den Grazer Hausberg beginnt im Luftkurort St. Radegund und erreicht nach einem Teilstück des sehr beliebten Weges Nr. 21 eine Forststraße, über die wir später zur Schneidwiese gelangen. Von dort steigen wir zum Schöckl-Westgipfel auf, wo das große Gipfelkreuz das Ende der Steigungen symbolisiert. Danach überqueren wir die ausgedehnte Hochfläche, kommen an der kleinen Johanneskapelle vorbei, die im Jahr 2015 am höchsten Punkt des ostseitigen Plateauabschnittes errichtet wurde, und steigen über die knackige Ostseite hinunter zum Schöcklbartl, von wo es zurück nach St. Radegund geht.

Sender und Johanneskapelle.

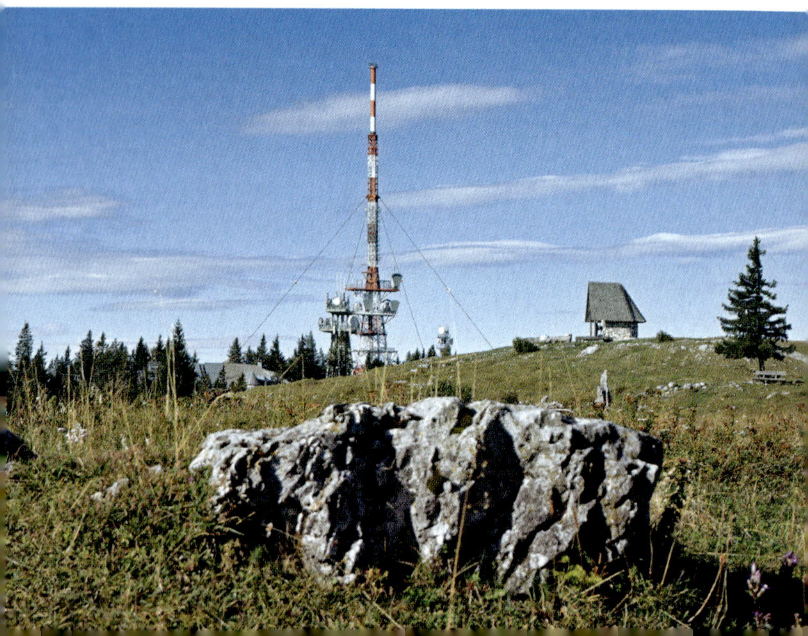

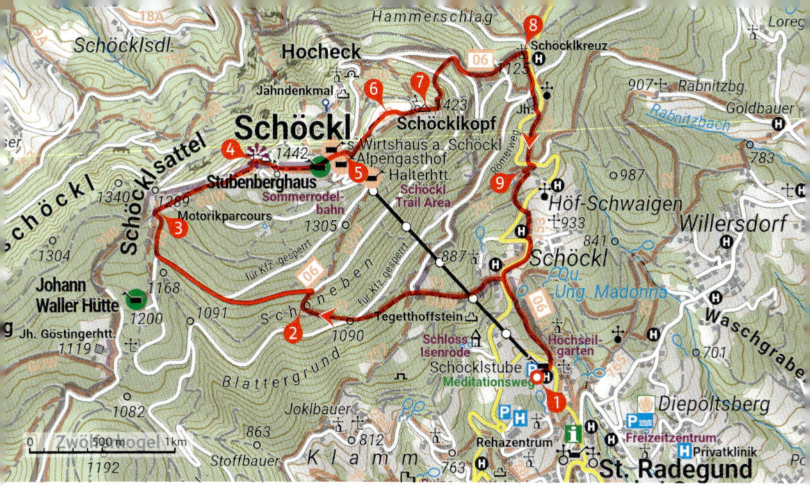

Ausgangspunkt: Talstation Schöckl-Seilbahn in St. Radegund, 780 m; Anfahrt über Rinnegg oder Faßlberg, Parkplatz vorhanden.
ÖPNV: Verbund Linie 250 (Graz – Plenzengreith) nach St. Radegund, Haltestelle St. Radegund Seilbahn.
Anforderungen: Waldwege, Almgelände, Forststraßen; Straßenstück nach »Rechtskurve« unmarkiert, aber problemlose Orientierung. Abstieg vom Schöcklkopf felsdurchsetzt (Trittsicherheit); viele einfachere Alternativen für den Abstieg, auch Gondel.
Einkehr: Stubenberghaus, stubenberghaus.com; Alpengasthof am Schöckl, alpengasthofamschoeckl.at; S'Wirtshaus am Schöckl, Tel. +43 3132 4423, Mo, Di Ruhetag; Halterhütte 70 Hm unterhalb der Bergstation, Tel. +43 3132 2323, geöffnet Fr–So und an Feiertagen); Stoawandhütte (nähe Westgipfel), Halterhütte während der Weidezeit.
Karten: f&b WK 133 bzw. 131.
Tipp: Kalvarienberg in St. Radegund (kein anderer Kalvarienberg im alpenländischen Raum ist so reich an Kapellen und Figuren!); Verlängerung der Tour um die »Innere Ungarische Runde« ab Zentrum St. Radegund: Der liebevoll gestaltete Steig führt am Doktor-Teich vorbei und kurvt dann entlang eines Baches und an mehreren schön gefassten Quellen hinauf zur Seilbahn-Talstation).

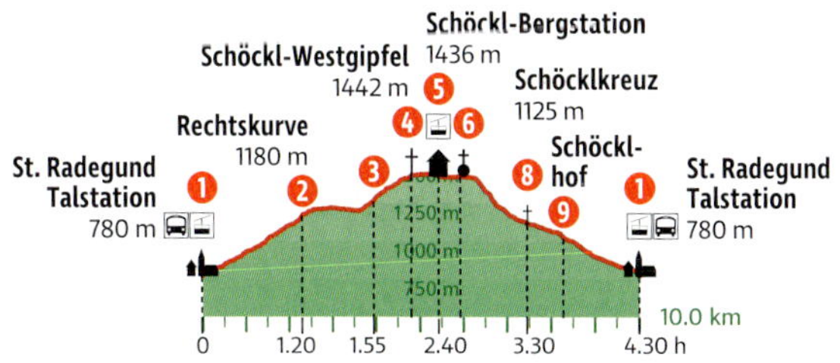

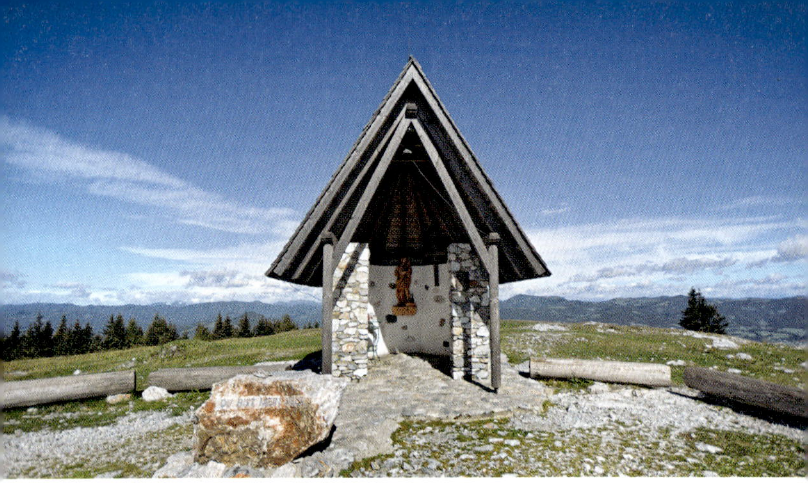

Johanneskapelle.

Wir beginnen die Tour in der Wiese gegenüber der Schranke bei der Einfahrt zur **Talstation der Schöckl-Seilbahn** ❶, 780 m. Dort lenken Wegweiser zum Weg Nr. 21, der in den Wald zieht und später auf die Asphaltstraße stößt. Am Asphalt etwa 170 m bergauf, dann links (Wegweiser) in den Karrenweg und über einen urigen Wurzelsteig weiter. Wir unterqueren die Seilbahn, steigen später erneut über großflächiges Wurzelgelände und kreuzen die ehemalige Schöckl-Mautstraße. Der abwechslungsreiche Weg Nr. 21 schlängelt sich danach über Gesteinsplatten bis zu einer markanten **Rechtskurve** ❷, 1180 m.
Nach der Kurve bleiben wir noch etwa 140 m auf dem Weg, bis dieser eine flache Forststraße, 1215 m, erreicht. Hier verlassen wir – vorübergehend – die Markierungen, scheren nach links auf die Forststraße aus und bleiben auf ihr bis zur Einmündung in die ehemalige Schöckl-Mautstraße, 1237 m. Schönes Panorama nach dem Windbruch, den das Sturmtief Paula 2008 verursacht hat! Am Asphalt geht es ein Stück bergab bis zur nächsten Linkskurve. Genau in der Kurve zweigt rechts ein steiler Karrenweg ab, der uns in wenigen Minuten aus dem Wald zur Vereinigung mit dem links von der Johann-Waller-Hütte heraufziehenden **Weg Nr. 730** führt ❸, 1272 m. Wir steigen knapp unter dem Schöcklsattel, 1289 m, nach rechts und über die almartige Schneidwiese auf beliebiger Route bis zum **Schöckl-Westgipfel** mit dem **Gipfelkreuz** ❹, 1442 m, auf.
Von dort überqueren wir das gesamte aussichtsreiche, schwach gekuppte Hochplateau! Zuerst gehen wir zwischen ORF-Sender (96,5 m Höhe) und dem denkmalgeschützten Stubenberghaus hindurch zur **Seilbahn-Bergstation** ❺, 1436 m, wo der »barrierefreie alpine Wanderweg zum Ostgipfel«

(Wegweiser) anschließt. Auf dem Weg zum Ostgipfel (Schöcklkopf) mit der kleinen Sendeanlage kommen wir bei der schmucken **Johanneskapelle 6**, 1435 m, dem jüngsten Schöckl-Wahrzeichen, vorbei. Der kleine offene Bau mit dem Lärchenholzdach beschützt eine vom oststeirischen Holzschnitzer Hans Pendl geschaffene Johannes-Skulptur. Wieder haben wir ein herrliches Rundum-Panorama und einen schönen Blick auf Graz und gehen zum **Schöcklkopf 7**, 1423 m.

Ca. 20 m unterhalb der Stange mit der Fahne (Windmesser) versteckt sich der Wegweiser zum »Schöcklkreuz«, dem wir nach links folgen. Nun beginnt der alpinste Teil unserer Wanderung, denn es geht – teilweise über Felsen und beim Großen Wetterloch vorbei – steil bergab (Nikosteig). Wenn es wieder flach wird, helfen uns die Wegweiser bei der Forststraße, den weiteren Abstieg zum **Schöcklkreuz 8**, 1125 m, zu finden, von wo es auf Weg Nr. 753 Richtung »Seilbahn Talstation« geht.

Dazu biegen wir 190 m nach dem Schöcklkreuz rechts auf den Parkplatz ab und gelangen so zum Beginn eines Steiges (Weg Nr. 753), der der Asphaltstraße geschickt ausweicht, nach dem **Gut Schöcklhof 9**, 1032 m, einen schönen Wiesenhang mit viel Aussicht direkt unter dem Schöcklkopf quert und als netter Waldsteig letztendlich bei der Bushaltestelle Schöckl Schwaigen in die Autostraße mündet; schon 500 m später verlassen wir die Straße nach links und erreichen nach dem Waldstück den **Ausgangspunkt 1**.

Beim Schöcklkopf mit Blick auf Graz.

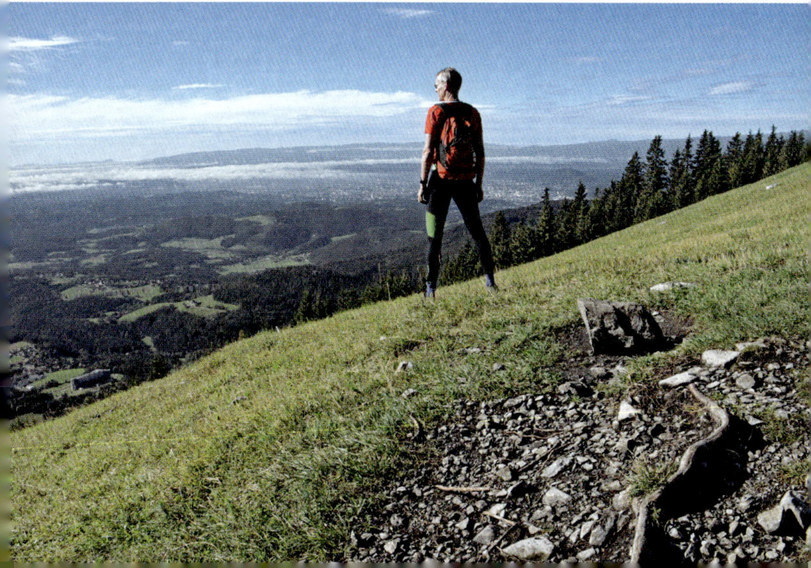

TOP

↗ 1000 m | ↘ 1060 m | 18.4 km

8 Schöckl-Überschreitung, 1445 m

7.15 h

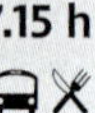

Kesselfallklamm, Jägersteig, Schöckl und Niederer Schöckl

Die unkomplizierte Busverbindung macht unsere Schöckl-Überschreitung zum großen Erlebnis! »Der Schöckel ist wohl die wichtigste Berggestalt in der näheren Umgebung von Graz. Um mehr als tausend Meter ragt er über das umgebende Hügelland unmittelbar empor und übertrifft an Höhe weitaus die benachbarten Berge … Daher ist es nicht weiter verwunderlich, dass der Schöckel seit den ältesten Zeiten die Gedankenwelt der Grazer immer wieder beschäftigt hat. In den bösen Ungarnzeiten waren seine schwer zugänglichen Wälder der Zufluchtsort der Bauern, in den drangvollen Tagen des 15. Jahrhunderts diente er als Schlupfwinkel für Räuber und allerhand Gesindel, gegen das die Grazer Bürgerwehr förmliche Streifungen veranstalten musste. In der Zeit der Türkennot leuchteten von seinem Gipfel die Kreidfeuer, die das Nahen der Feinde verkündeten und das Landesaufgebot zusammenriefen. Kartenzeichner wie Johannes Clobucciarich oder Gelehrte wie Johannes Kepler nützten die prächtige Sicht für ihre Untersuchungen und Arbeiten aus. Im Aberglauben war er der Hexentanzplatz, auf dem die gefürchteten Hagelwetter zusammengebraut wurden, die die Fluren der Mittelsteiermark verwüsteten und um ihre reichen Ernteerträge brachten. Seine Wälder beutete der Hof der innerösterreichischen Habsburger aus. Die einsamen Schöckelbauern erzeugten den beliebten Schöckelkäse, der durch viele Jahrhunderte hindurch auf den Grazer Wochenmärkten einen gewissen lokalen Ruf besaß. In der Zeit der anbrechenden Touristik hat der Schöckel seinen Ruf als Ausflugsort beträchtlich erweitert.« Mit diesen Worten leitet Fritz Popelka sein Werk »Die Deutungen des Namens Schöckel« (1947) ein, die uns bei der Tour über den Schöckl (ohne »e«) vielleicht wieder in Erinnerung kommen. Den Auftakt zur Überschreitung macht die romantische Kesselfallklamm bei Semriach. Dann geht es am steilen Jägersteig zum Schöckl-Hochplateau hinauf. Dem Abstieg über die Schneidwiese folgt ein idyllischer Weg über den lang gezogenen Niederen Schöckl; den Abschluss bildet der »Lange Weg« zur Bushaltestelle »Fuß der Leber« nördlich von Stattegg bei Graz.

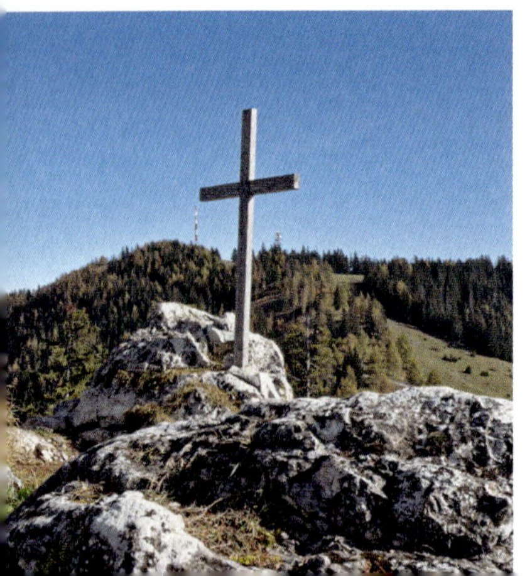

Niederer Schöckl.

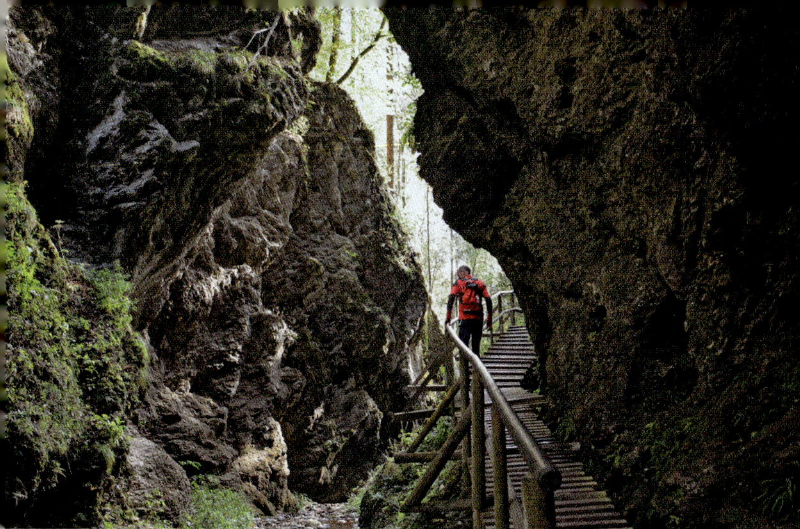

Kesselfallklamm.

Ausgangspunkt: Gasthaus Sandwirt, 545 m, im Augraben bei Semriach; Zufahrt von Friesach (zwischen Peggau und Deutschfeistritz) Richtung Semriach; gute Hinweisschilder, Parkplatz vorhanden.
Endpunkt: Fuß der Leber, 487 m.
ÖPNV: Verbund Linie 140 (Graz – Semriach) ab Haltestelle Graz Weinzödlbrücke (Parkplatz vorhanden) bis Semriach, Haltestelle Augraben Sandwirt. Rückfahrt: Grazer Stadtbus Linie 53 Haltestelle Stattegg Fuß der Leber bis Haltestelle Graz St. Gotthard, von dort nur 700 m zu Fuß nach Westen bis Graz Weinzödlbrücke bzw. bis Parkplatz.

Anforderungen: Brücken und (steile) Leitern in der Kesselfallklamm, Wald- und Wiesenwege, (mitunter steile) Bergsteige, Forststraßen, gut markiert bis auf den Abschnitt über den Niederen Schöckl, wo man dem Wegverlauf stellenweise mehr Aufmerksamkeit widmen muss.
Einkehr: Siehe Tour 7.
Karte: f&b WK 131.
Hinweis: Für die Kesselbachklamm sind 2 Euro Eintritt zu bezahlen.
Tipp: Die Tour kann verkürzt werden, indem man vom Schöcklsattel dem markierten Weg über die Johann-Waller-Hütte zur Hst. Fuß der Leber folgt.

Beim **Alten Sandwirt** ❶, 545 m, überqueren wir die Brücke; gleich danach links über die Wiese zum Eingang der Kesselfallklamm (Weg Nr. 740), Hinweistafel: »Hochalpines Gelände«, Eintritt 2 Euro. Beim Klammende machen wir einen Abstecher nach rechts zum **»Steintor«**. Wieder zurück beim Ende der Klamm gehen wir über die Brücke zur Kerschbaummühle und im Rötschgraben aufwärts; wir überqueren die Asphaltstraße, setzen die Tour neben dem Rötschbach fort und biegen beim Wegweiser »Gh. Jägerwirt über Eibegger« auf Weg Nr. 19A ab. Nach einer Rechtskurve öffnet sich das

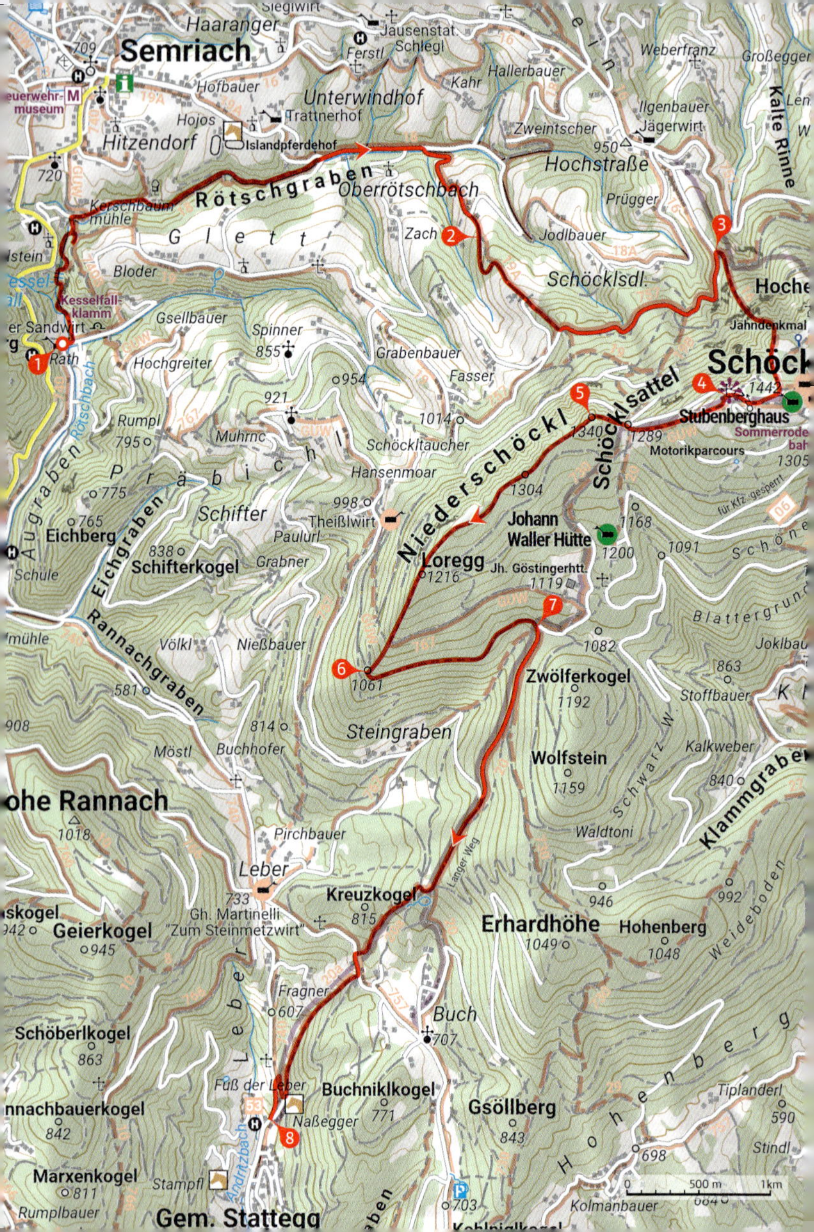

Semriach
Haaranger
Jausenstat. Schlegl
Ferstl
Weberfranz
Großegger
Hofbauer
Unterwindhof
Kahr
Hallerbauer
Feuerwehr-museum
Hojos
Trattnerhof
Ilgenbauer
Jägerwirt
Kalte Rinne
Hitzendorf
Islandpferdehof
Zweintscher
Hochstraße
Rötschgraben
Oberrötschbach
Prügger
Kerschbaum-mühle
Glett
Zach
Jodlbauer
Bloder
Schöcklsdl.
Kesselfall-klamm
Sandwirt
Gsellbauer
Spinner
Jahndenkmal
Rath
Hochgreiter
Grabenbauer
Fasser
Schöckl
Stubenberghaus
Sommerrodelbahn
Motorikparcours
Niederschöckl
Schöcklsattel
Rumpl
Muhrnc
Schöckltaucher
Hansenmoar
Präbichl
Augraben
Rötschbach
Schifter
Theißlwirt
Paulurl
Johann Waller Hütte
Eichberg
Eichgraben
Schifterkogel
Grabner
Loregg
Jh. Göstingerhtt.
Schule
Rannachgraben
Völkl
Nießbauer
Blattergrund
Joklbau
Zwölferkogel
Stoffbauer
Möstl
Buchhofer
Steingraben
Kalkweber
Wolfstein
Schwarz W
Klammgraben
Hohe Rannach
Pirchbauer
Waldtoni
Leber
Kreuzkogel
Langer Weg
Erhardhöhe
Hohenberg
Weideboden
Geierkogel
Gh. Martinelli "Zum Steinmetzwirt"
Fragner
Buch
Schöberlkogel
Fuß der Leber
Buchniklkogel
Gsöllberg
Tiplanderl
Naßegger
Stindl
Marxenkogel
Stampfl
Andritzbach
Rumplbauer
Gem. Stattegg
Kolmanbauer
0 500 m 1km

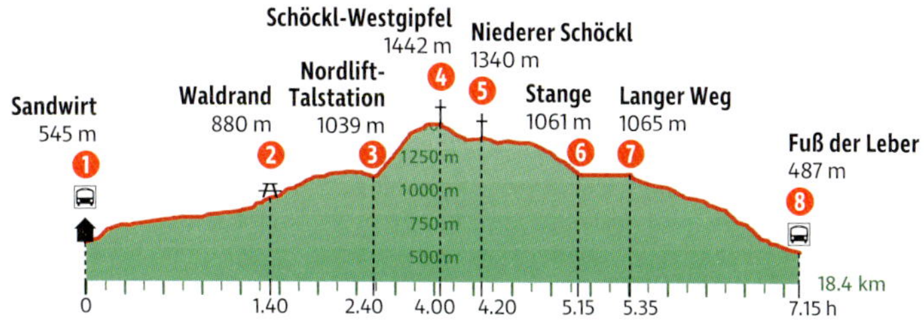

Gelände – sehr schöner Blick zur Gleinalpe! Bei einem Gehöft steigen wir über den breiten Wiesenhang (Weg Nr. 19A) zum **Waldrand** ❷ mit Bankerl, 880 m, auf und gelangen bald nach der nächsten aussichtsreichen Wiese auf eine Asphaltstraße; nun immer den Wegweisern zum »Ehem. Nordlift« bzw. »Jägerwirt« folgend auf der Asphaltstraße zur ehemaligen Talstation des aufgelassenen **Schöckl-Nordliftes** ❸, 1039 m, wo wir rechts zum »Jägersteig« (Wegweiser) abbiegen.

Danach achten wir auf die Markierung Nr. 16, die uns bald rechts von Weg Nr. R 14 emporsteigen lässt; nun sind wir am Jägersteig. Auch wenn bei der nächsten kleinen Weggabelung mangels dortiger Markierung Unklarheit über den Wegverlauf besteht, spielt das keine Rolle, denn die beiden relativ parallel verlaufenden Steige (der rechte ist markiert) vereinen sich später wieder. Der steile Anstieg endet auf einem schönen Plateau, das in einen Rasenhang übergeht; sehr schöne Aussicht! Direkt beim ORF-Sender leiten uns Wegweiser nach rechts Richtung »Theisslwirt«; über die pseudoalpine Hochfläche gelangen wir zum großen Gipfelkreuz am **Schöckl-Westgipfel** ❹, 1442 m, und steigen über die prächtige Schneidwiese zum Schöcklsattel, 1289 m, ab; dort Wegweiser »Niederschöckl – Gh. Theisslwirt«.

Nun folgt ein längeres unmarkiertes Stück: Den idyllischen Gipfel des **Niederen Schöckl** ❺, 1340 m, ziert ein hübsches Gipfelkreuz, dann geht es bergab; brillantes Panorama! Ein Felsabschnitt wertet die Tour alpin auf. Immer in direkter Linie bergab und links einer Bank (Straßenkurve) vorbei, stoßen wir auf einen quer verlaufenden **Steig** ❻, 1061 m, dort mehrere Meter hohe Eisenstange, rechts daneben Metallpfahl mit gelber Markierung; nun links. Unser Steig wird nach wenigen Metern zur Forststraße, die später eine **Kreuzung** ❼, 1065 m, knapp westlich vom Steinernen Haus erreicht, bei der wir uns rechts halten, einen markierten Wanderweg erreichen und dem zweiten Wegweiser folgend Richtung »Fuß der Leber (Bus)« absteigen. Am »Langen Weg« geht es gemütlich dahin bis zur Schranke, dort rechts, am Hochbehälter vorbei, bis wir später eine Asphaltstraße erreichen; dort links. Gute Hinweisschilder lassen uns dann noch einmal rechts zu einem Waldsteig abzweigen, über den wir zur Bushaltestelle **Fuß der Leber** ❽, 487 m, gelangen.

↗ 720 m | ↘ 720 m | 11.5 km

9 Patschaberg, 1271 m

4.45 h

Über der Weizklamm: Jägersteig, Rablloch und Patscha-Nase

Gleich nach dem Losgehen reizt der Jägersteig mit seiner aufregenden und teils versicherten Wegführung über felsiges Terrain, und bald schon mausert sich die schön geformte Felswand des Rablgrats (Sportklettergebiet), an deren Fuß wir später steil bergauf wandern, zum Blickfang. Hoch über der Weizklamm geht es in wildromantischer Szenerie durch den imposanten Wagenhütten-Torbogen – eine kleine Durchgangshöhle mit drei großen Öffnungen – weiter. Nach dem Abstecher zum Rablloch, einer besonders geschützten Höhle, Naturdenkmal und wahrscheinlich die bekannteste Höhle der Weizklamm, steigen wir unmarkiert über ein alpines Steiglein in eindrucksvoller Felslandschaft bis zur Felsformation der Patscha-Nase (auch »Gamsköpfl«) hinauf, die steil abfallend und aussichtsreich über der Weizklamm herrscht. Danach geht es gemütlich – und wieder gut markiert – zum Patschagipfel mit großem Gipfelkreuz, schöner Gipfelwiese und Prachtblick zum Schöckl! Der einfache Abstieg führt uns an der Voglhütte vorbei und später am Gösserbach entlang zum Ausgangspunkt.

Wagenhütten-Torbogen.

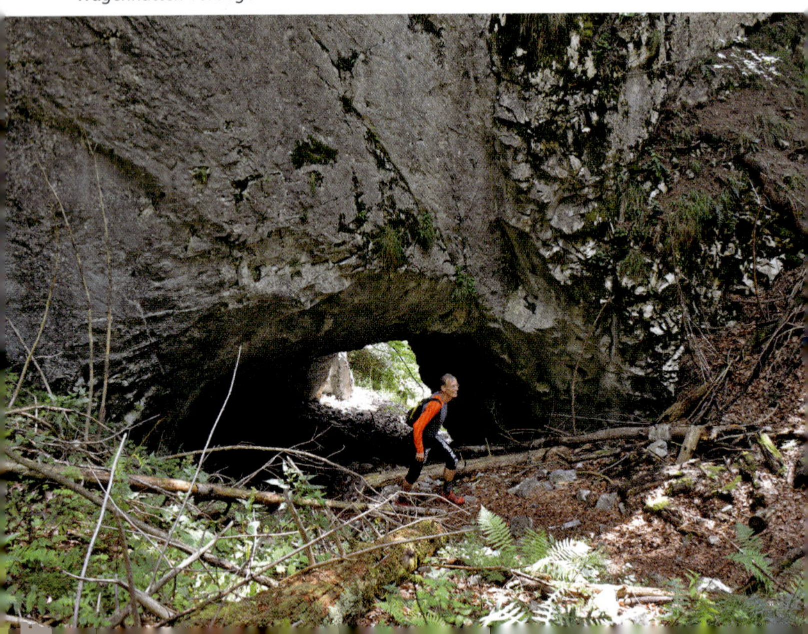

Ausgangspunkt: Parkplatz Jägersteig (Weizklamm-Süd), 562 m, ca. 1 km nördlich von Naas (bei Weiz) direkt bei der Abzweigung in das Gössental; Anfahrt über Weiz bzw. Passail über die B 64 (Rechbergstraße).
ÖPNV: Verbund Linien 205 (Weiz – Heilbrunn), 206 (Weiz – Fladnitz), jeweils bis Naas, Haltestelle Felsenkeller.
Anforderungen: Trittsicherheit am teilweise versicherten, markierten Jägersteig; danach steiler Waldsteig, unmarkiert, kurz über Felsen (Orientierung problemlos!) bis zur Patscha-Nase (Gamsköpfl), ab dort markiert und unschwierig zum Gipfel. Einfacher Abstieg über die Voglhütte.
Einkehr: Keine. Die Voglhütte ist eine Selbstversorgerhütte (Tel. +43 316 8031961).
Karte: f&b WK 131.
Tipps: 1. Der markante Steinmann am höchsten Punkt des Jägersteigs kann auch vom Nordende der Weizklamm ab Parkplatz Kreuzwirt über eine Hängebrücke erreicht werden.
2. Grasslhöhle (älteste Schauhöhle Österreichs) 7 km von Naas entfernt, unweit davon die phänomenale Tropfsteinhöhle Katerloch.

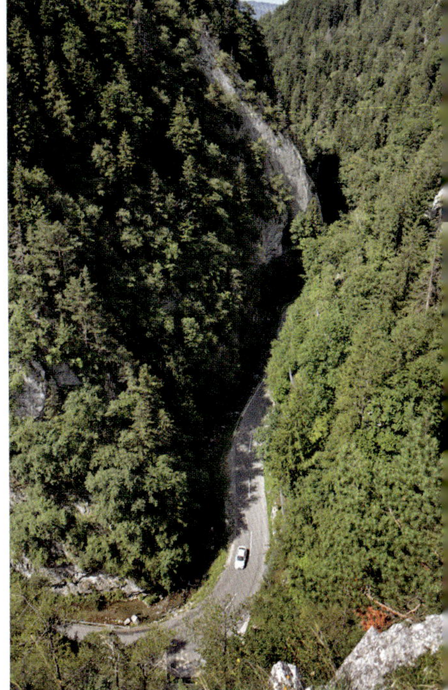

Tiefblick in die Weizklamm.

Die Wanderung beginnt beim **Parkplatz Jägersteig** ❶, 562 m, am Südende der Weizklamm. Gegenüber lotst eine große Holztafel zum »Jägersteig«, der als Weg Nr. 20 teilweise versichert oberhalb der Weizklamm durch die faszinierende Felslandschaft führt und packende Tiefblicke auf die Autostraße freigibt. Wir gehen an der »Herdplatte« vorbei und haben vor uns beste Sicht zum formschönen Felsen des Rablgrats. Knapp links oberhalb des Rablgrats klebt die Patscha-Nase (Gamsköpfl) förmlich über dem Abgrund. Wegweiser leiten uns Richtung »Rablgrat – Dachl«, später durchqueren wir den Wagenhütten-Torbogen (eindrucksvolle Durchgangshöhle mit mehreren Öffnungen!) und gelangen im Wald zu einem Sattel mit mächtigem Steinmann und Holzpfeil »Rablgrat«. Dort auf Weg Nr. 20A rechts bergauf bis zum **Rablloch** ❷, 770 m (Höhle, Länge 195 m, Höhenunterschied 27 m; bedeutendes Schwärm- und Winterquartier für Fledermäuse).
Nach dem kleinen Abstecher zur Höhle gehen wir ein paar Meter auf demselben Weg zurück und wandern dann links auf einem unmarkierten Steiglein steil bergauf. Bald sehen wir linker Hand eine kleine hölzerne Plattform

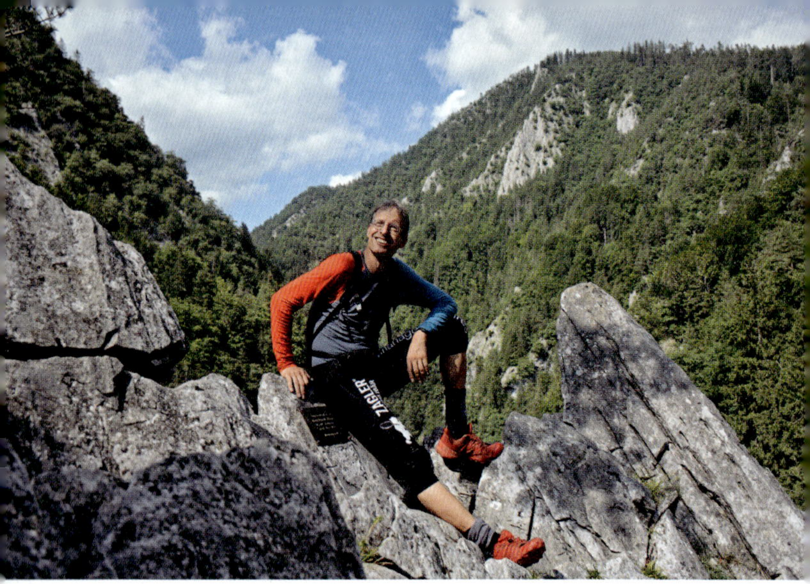

Bei der »Herdplatte« mit Blick zum Rablgrat, die Patscha-Nase ist links vom Grat.

(Standplatz für Kletterer), die wir nicht weiter beachten; stattdessen gehen wir bergauf, bis wir auf ein ebenes Plätzchen stoßen, das von Felswänden eingerahmt ist (zwei Gedenktafeln). Nun problemlos kurz nach rechts und auf Waldboden steil bergauf zu einer markanten Felswand mit bodennahem Überhang, die wir rechts über harmlose Schrofen (versicherte Stelle) umgehen. Gelbgrüne Farbpunkte an Bäumen geben klar die Aufstiegsrichtung vor. Die Steigung lässt nach, der Weg zieht nach links über eine Wiese direkt zum oberen Ausläufer des Rablgrats.

Rechts oben sehen wir die markante felsige **Patscha-Nase** ❸, 999 m (»Weizklammblick«), die wir dem Kammverlauf folgend unschwierig erreichen. Top-Panorama! Danach geht es wieder markiert auf Weg Nr. 763A bergauf zum Patschasattel (»Am Sattel«) mit Rastplatz und Wegkreuz, 1022 m, und

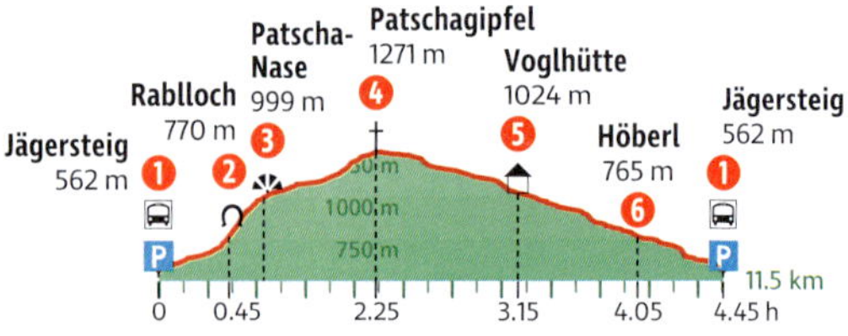

in der Folge immer der Bezeichnung »Patschaberg/Gschaid« (Weg Nr. 763, 745a) – mit großartigen Blicken zum Schöckl und zur Roten Wand – zum **Patschaberg** mit großem **Gipfelkreuz** 4, 1271 m. Sehr schöne Gipfelwiese!

Für den Abstieg wandern wir nur ein Stück über den Waldsteig und einen Karrenweg im Wald Richtung Gschaid bergab bis zu einer auffälligen Wegkreuzung mit Wegweisern. Dort gehen wir Richtung »Vogelhube/Weiz« (Weg Nr. 745) auf dem Forstweg weiter bis zur **Voglhütte** 5, 1024 m, folgen der asphaltierten Zufahrtsstraße bis zur ersten Linkskurve und biegen dort auf Weg Nr. 3 ab. Auf diesem halten wir uns knapp nach dem **Gehöft Höberl** 6, 765 m, rechts und marschieren entlang des Gösserbaches – markiert – bis zum **Ausgangspunkt** 1 hinab.

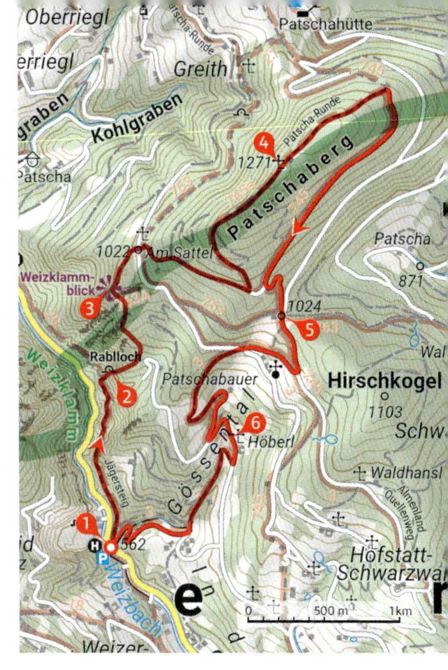

Kurz unter dem Gipfel des Patschabergs mit Blick zum Schöckl.

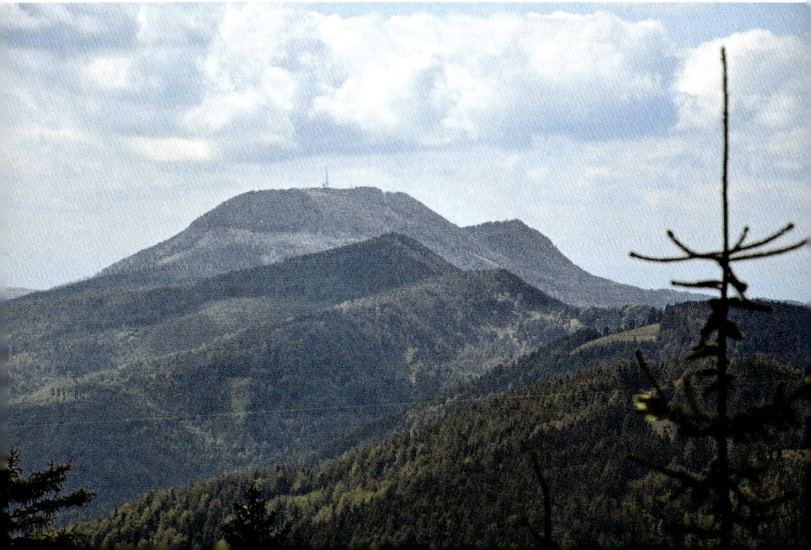

↗ 590 m | ↘ 590 m | 15.9 km

10 Rund um den Tannebenstock

5.15 h

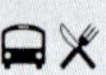

Epochal: ein Urwald, eine Höhle und ein Römergrab

Die Tanneben ist ein weitgehend klar umgrenzter zerklüfteter Kalkstock zwischen dem Murtal bei Peggau im Westen und Semriach im Osten und zeichnet sich durch eine beeindruckende Karstlandschaft und große naturwissenschaftliche und kulturhistorische Bedeutung aus. Wir umrunden den Tannebenstock, der mit über 232 Höhlen das Gebiet mit der größten Höhlendichte Österreichs ist. Unsere abwechslungsreiche Rundwanderung beginnt in Badl bei Peggau und führt uns zuerst durch den sehr naturbelassenen Badlgraben zum Eingang der Semriacher Lurgrotte hinauf. Der Badlgraben ist eine zum Teil klammartige Schlucht, die an manchen Stellen mit Seilen und Stiften versichert ist. Bedingt durch die Steilflanken ist eine forstwirtschaftliche Nutzung des Grabens nicht möglich, und dementsprechend beachtlich sind die Mengen an liegendem und stehendem Totholz. Zu beiden Seiten des Badlgrabens fanden sich zudem die ältesten Nachweise menschlicher Anwesenheit in der Steiermark (Badlhöhle, Repolusthöhle). Von der Semriacher Lurgrotte wandern wir über die Tanneben, vorbei am Römergrab, zur Taschen, dem Übergang von Semriach in das Murtal, wo der schöne Abstieg nach Peggau beginnt; dabei sehen wir auch die kleine Burgruine Peggau, die als eine der ältesten Wehrburgen der Steiermark gilt.

Zwischen Römergrab und Taschen hat man einen herrlichen Blick zum Schöckl.

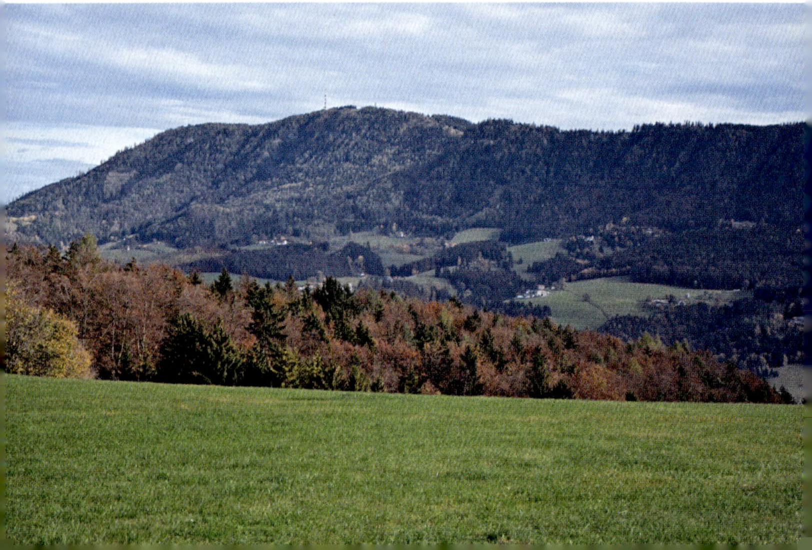

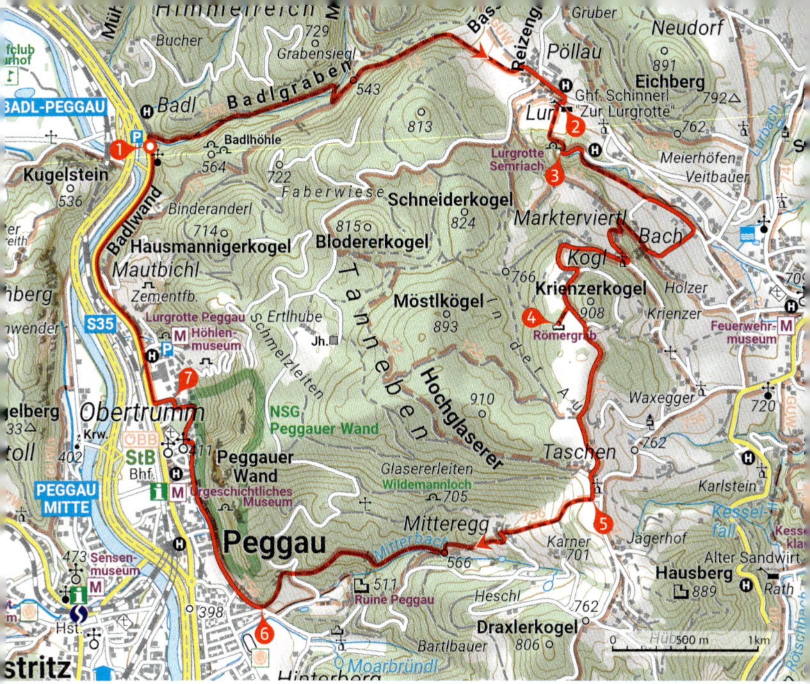

Ausgangspunkt: Parkplatz, 420 m, im Ort Badl direkt neben der L 121 (Brucker Begleitstraße); Anfahrt über die S 35 (Brucker Schnellstraße) bis zur Ausfahrt Badl-Peggau.
ÖPNV: ÖBB bis Bahnhof Mixnitz, Verbund Linie 100 (Graz – Bruck an der Mur) bis Badl, Haltestelle Badl Ort; GUSTmobil Haltestelle 1213 Schrauding – Badlgraben.
Anforderungen: Schmaler, kurz versicherter Steig im Badlgraben (Trittsicherheit); Wiesen, schmale Waldsteige, zwischendurch sowie zuletzt von Peggau bis Badl Asphalt, gut markiert.
Einkehr: Gasthaus Schinnerl »Lurgrotte«, Tel. +43 3127 8319, Mo Ruhetag (ausgenommen Feiertag).
Karte: f&b WK 131.
Tipp: Besuch der Lurgrotte in Semriach, der größten Tropfsteinhöhle von Österreich.

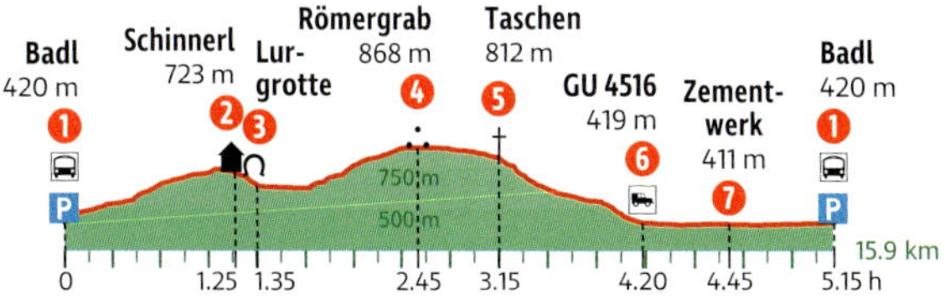

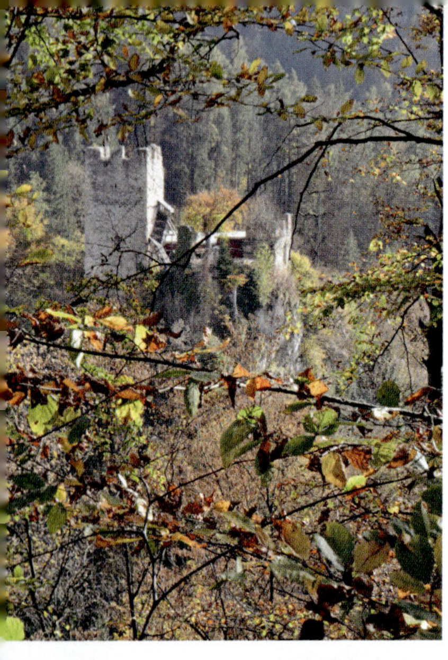

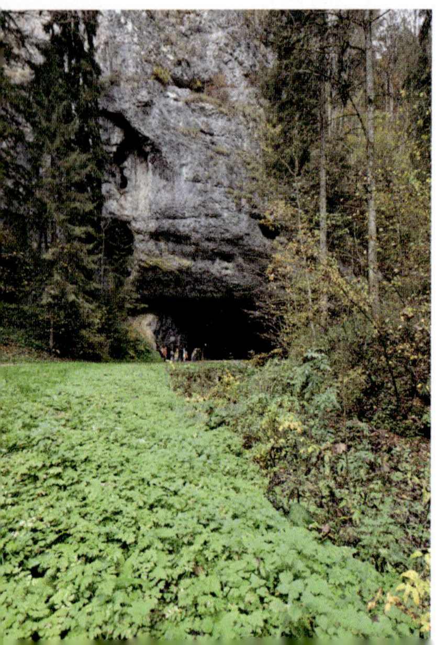

Wir gehen vom **Parkplatz** ❶, 420 m, über die Straße und folgen den Wegweisern in den Badlgraben; der Steig Nr. 750 ist nicht zu verfehlen. Der heutige Charakter des Natur(ur)waldes lässt kaum glauben, dass bis in die 1970er-Jahre eine schmale Fahrstraße durch den Badlgraben führte. Unwetter zerstörten den Fahrweg; nur abschnittsweise sehen wir heute noch Relikte davon (Betonbrücke).

Beim Aufstieg durch die klammartige Schlucht queren wir öfter den Badlgrabenbach, kommen an der kleinen Badlbachhöhle vorbei und überwinden Steilstufen mithilfe von Sicherungen und Trittstiften. Der abenteuerliche Weg durch den Schluchtwald endet schließlich in einer markanten Rechtskurve, ab der wir uns vom Bach entfernen und auf den Weg Nr. 13 gelangen; diesem immer bergauf folgend erreichen wir über einen Wiesenhang die Ortschaft Pöllau und knapp danach das **Gasthaus Schinnerl** ❷, 723 m.

Dort orientieren wir uns am Wegweiser »Lurgrotte«, queren zuerst eine weitere schöne Wiese und steigen dann auf einem Steig mit Holzgeländer zum Eingang der **Semriacher Lurgrotte** ❸, 640 m, ab; das mächtige Höhlenloch macht großen Eindruck! Beim Kassahaus links, gleich nach dem Parkplatz rechts auf die Brücke über den Lurbach und weiterhin auf Weg Nr. 13 Richtung Semriach. Nach dem Waldstück betreten wir eine große Wiese, sehen die Kirche von Semriach und

Foto oben: Ruine Peggau.
Unten: Eingang zur Lurgrotte in Semriach.

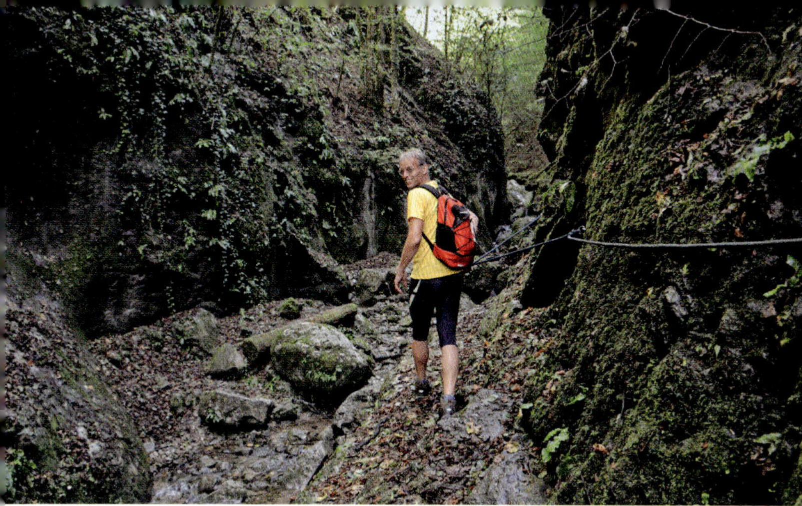

Versicherte Passage im Badlgraben.

gelangen auf eine schmale Teerstraße, auf der wir dann rechts in den Auweg abbiegen, den wir aber später nach links (Wegweiser »R7«) verlassen. In der Folge dringen wir zu einer weiteren Autostraße vor (Weg Nr. 11), über die wir uns dem **Römergrab** ❹, 868 m, nähern, das versteckt am Waldrand liegt (dorthin Wegweiser); schöne Sicht zum Hochtrötsch. Nach dem Kurzabstecher zu diesem römischen Hügelgrab, das 1962 entdeckt wurde und welches das einzige »in situ« restaurierte Hügelgrab Österreichs ist, bewegen wir uns auf Weg Nr. 11 noch ein Stück auf der Westseite des Krienzerkogels, 908 m; dann erreichen wir den als **Taschen** ❺, 812 m, bezeichneten Übergang von Semriach zum Murtal, wo wir Richtung Peggau abzweigen (Wegweiser, Weg Nr. 756) und beim Abstieg ein sehr attraktives Landschaftsbild vermittelt bekommen. Der Weg über den ob seiner Weitläufigkeit und interessanten Aussicht imponierenden Grashang wird von einem Waldweg abgelöst; schöne Blicke auf die kleine Ruine Peggau, 511 m, einst eine viel weiter ausgedehnte Burganlage.

Am Ortrand von **Peggau** fällt uns die **GUSTmobil Haltestelle GU 4516** ❻, 419 m, auf; wenn wir uns nicht mit GUSTmobil zum Ausgangspunkt chauffieren lassen, bleiben wir so lange auf der Alten Landstraße, bis diese beim Verkehrszeichen »Sackgasse« eine Linkskurve formt; der ruhige Weg dorthin verläuft neben der unter Naturschutz stehenden Peggauer Wand und lässt uns ihre einzigartige Struktur aus nächster Nähe bewundern. Über die Sankt-Margarethen-Straße geht es bis vor die **Peggauer Zementwerke** ❼, 411 m; dort links zur Bundesstraße und auf ihr nach rechts – vorbei an Badlgallerie und Badlwand – zum **Parkplatz** in **Badl** ❶.

↗ 430 m | ↘ 430 m | 8.8 km

11 Hochtrötsch, 1239 m

3.15 h

Vom Trötschwirt über hübsche Almen zum kreativen Durstlöscher

Der Hochtrötsch bildet ein kleines Gebirgsmassiv mit dem südwestlich vorgelagerten Rinnweberkogel, 1041 m, und dem südöstlich anschließenden Fragnerberg (oder »Niedertrötsch«), 1109 m, von dem ihn der Trötschsattel trennt. Auf seinem Gipfel wurde 1931 die erste in Österreich als regulär angesehene Postrakete gezündet; dem in Graz lebenden Forscher Friedrich Schmiedl schwebte vor, Postraketen (mit kleinen Fallschirmen) zur Beförderung von Poststücken zwischen schwer erreichbaren Gebirgsdörfern und zwischen großen Städten einzusetzen, die Idee fand jedoch bei den zuständigen österreichischen Postfunktionären keinen Anklang. Wir wandern vom Trötschwirt über den langen Almboden des Fragnerberges zum steilen Gipfelaufbau des Hochtrötsch und an hoch gelegenen Bauernhöfen vorbei zurück zum Start. Der Spruch beim Friedenskreuz am Niedertrötsch ist aktueller denn je: »Gib Du den Frieden, den die Welt nicht geben kann.«

Ausgangspunkt: Gasthaus Trötschwirt, 870 m, in Hollegg (Gemeinde Semriach); Zufahrt vom Rechberg über Schönegg bzw. von Semriach über Mitterdorf am Trötsch, auch nahe gelegene Parkplätze vorhanden.
ÖPNV: GUSTmobil Haltestelle GU 1436 Dreihöfen – Dreihöfen (Trötschwirt).

Anforderungen: Forststraßen, Bergwege (abschnittsweise steil), Weidegebiet, großteils gut markiert.
Einkehr: Gasthaus Trötschwirt, Tel. +43 3127 88368, ganzjährig geöffnet.
Karte: f&b WK 131.
Tipp: Bei Semriach Besuch von Lurgrotte, Kesselfallklamm und Steintor.

Los geht's beim **Trötschwirt** ❶, 870 m. Nach kurzem Anstieg auf Asphalt biegen wir links in den Niedertrötschweg ab (Wegtafel »R8a Rundweg über Hochtrötsch«) und gelangen nach dem Waldstück zur kleinen **»Oldi Hulzhitt'n«** ❷, 1062 m. Direkt bei der Hütte stehend sehen wir in der ausgedehnten Wiese ein Holzhaus und rechts davon einen großen frei stehenden Baum (Markierung am Baumstamm). Wir wandern über die Almfläche leicht rechts haltend

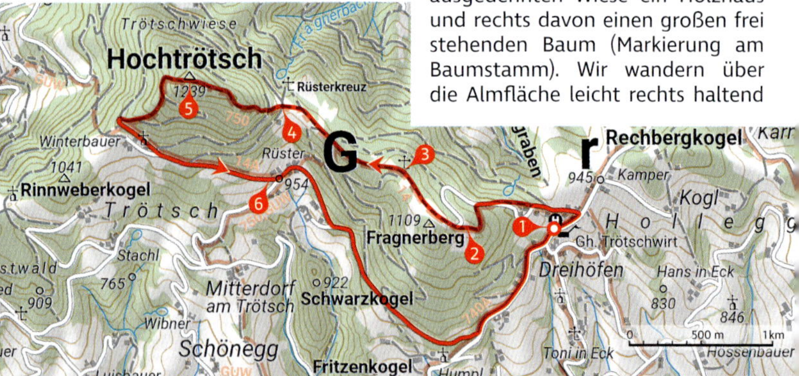

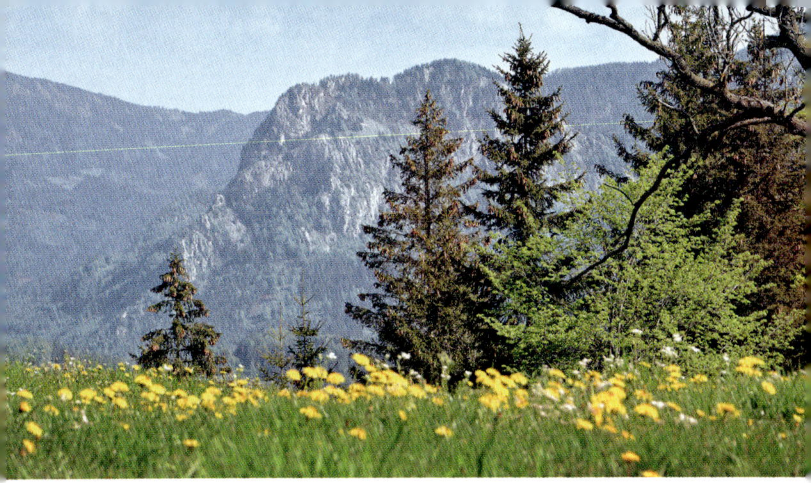

Beim Trötschsattel hat man einen tollen Blick zum Röthelstein.

bergauf (Markierungen werden wieder besser!), erreichen eine Hochfläche und haben im Rückblick faszinierende Sicht zum Schöckl.

Nach einem weiteren Waldstück kommen wir zum **Friedenskreuz** am **Niedertrötsch** ❸, 1100 m, und folgen den Wegweisern »Trötsch« bzw. »Hochtrötsch«. Schon bald erreichen wir die nächste hübsche Weide. Die Abzweigung in den Badlgraben (links, Weg Nr. 750) bleibt ebenso unbeachtet wie später im **Trötschsattel** ❹ (Rüster-Sattel), 1067 m, der Hinweis »R8 Abkürzung zum Trötschweg«. Wir steigen aus dem Sattel auf Weg Nr. R8a steil auf und kommen bei einem originellen »Durstlöscher« (Getränke, Aussichtsbank) vorbei; danach wird das Gelände flacher und gibt uns schöne Sicht zur Roten Wand und zum Röthelstein. Vom Gipfelkreuz des **Hochtrötsch** ❺, 1239 m, geht es – weiterhin auf Weg Nr. R8a – durch den Wald steil bergab zu einer Forststraße, auf der wir bei einer Linkskehre Weg Nr. 750 ignorieren und dann bald auf ein schmales Asphaltband gelangen. Nach dem **Gehöft Rüster** ❻, 954 m, wandern wir beim GUSTmobil Halteplatz GU 1439 nach links zum Gehöft Scheibl und dann immer entlang der Markierung »Hollegg – Gh. Trötschwirt« auf der Forststraße (Trötschweg) bis zur Einmündung in die zum **Trötschwirt** ❶ führende Asphaltstraße (Holleggstraße), auf der wir aufsteigen und dabei bemerkenswerte Ausblicke über weite Wiesen hinweg zum Schöckl und in die Oststeiermark haben.

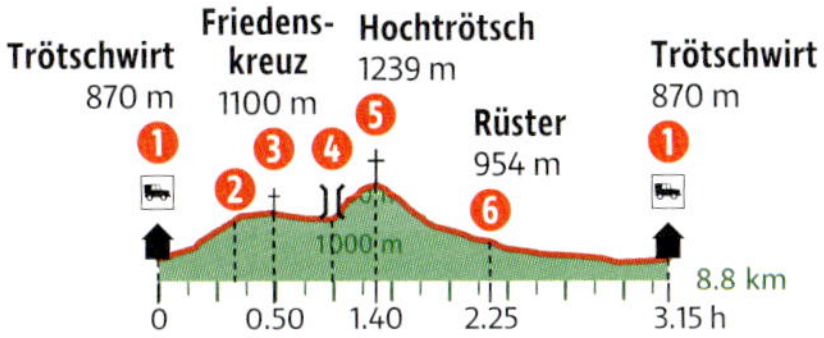

↗ 590 m | ↘ 590 m | 8.1 km

12 Gschwendtberg, 993 m

3.45 h

Felsintermezzo zwischen Frohnleiten und Maria Ebenort

Der markante Gschwendtberg-Zug liegt zwischen dem Murtal bei Frohnleiten und dem Tyrnauer Graben. Die höchsten Gipfel sind der Gschwendt, 1000 m, und der um sieben Meter niedrigere Gschwendtberg. Unser Ziel ist die Überschreitung des Gschwendtbergs. Ausgehend von Frohnleiten steigen wir auf seiner Südwestseite empor und werden mit faszinierenden Ausblicken auf das Mur-Durchbruchstal und die historischen Häuserzeilen von Frohnleiten verwöhnt. Felsen und Steilabbrüche geben dem nicht einmal 1000 Meter hohen Berg eine unerwartet schroffe Szenerie! Vom Gipfelkreuz steigen wir, den nicht so attraktiven Gschwendt rechts liegen lassend, zum Gehöft Schlögelmoar ab und gelangen nach Maria Ebenort, von wo es am Fuß des Bergstocks zurück nach Frohnleiten geht.

Ausgangspunkt: Parkplatz in der Josef-Ortis-Straße in Frohnleiten unter der Brücke der S 35, 425 m (Brucker Schnellstraße); Abfahrt von der S 35 bei Frohnleiten Süd, vor der Murbrücke bei der Ampel rechts in die Josef-Ortis-Straße.
ÖPNV: ÖBB, Verbund Linie 100 (Graz – Bruck an der Mur) bis Bahnhof Frohnleiten (von dort noch 550 m zu Fuß).
Anforderungen: Forstwege, Bergwege (abschnittsweise steil), ab Maria Ebenort Asphalt, gut markiert.
Einkehr: Keine während der Tour.
Karte: f&b WK 131.
Tipp: Schöner Blick auf die fast 900 Jahre alte Burg Rabenstein (südlich von Frohnleiten) beim Sport- und Freizeitpark Frohnleiten, erreichbar von Frohnleiten über die L 121 (Brucker Ersatzstraße) Richtung Graz.

Tiefblick auf Frohnleiten.

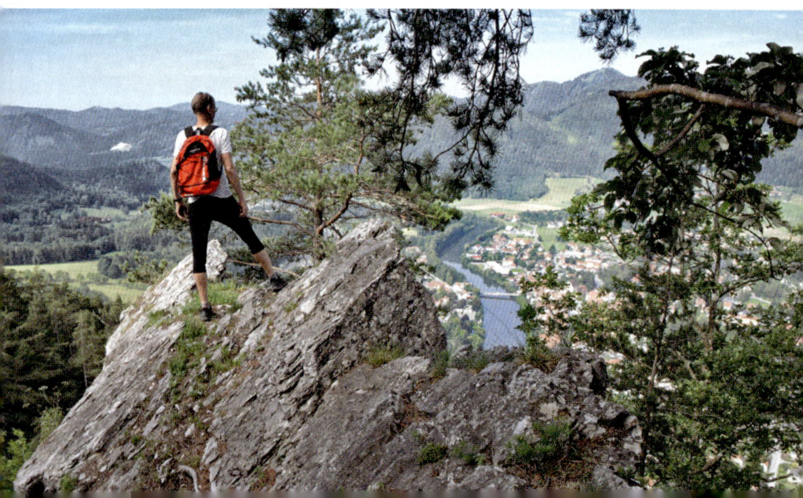

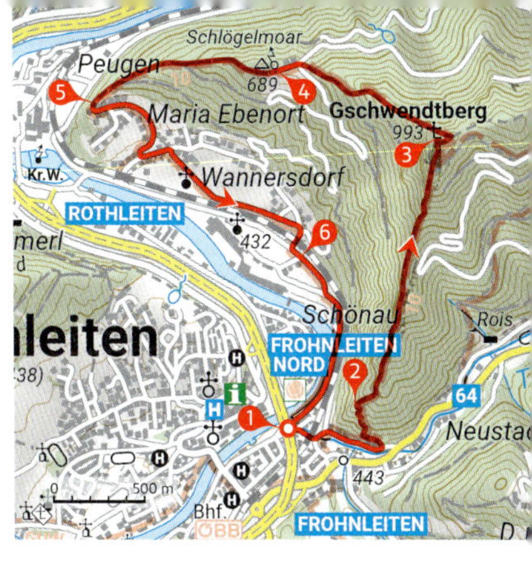

Beim **Parkplatz ❶**, 425 m, sind an einer Straßengabelung zwei Straßen als »Brunnhof« ausgewiesen. Wir wählen die rechte; dort Müllcontainer und Wegweiser »Gschwendt 2 h«, Weg Nr. 10. Unser Wanderweg ist zu Beginn mit der als »Nord-West-Tour« beschilderten Radroute identisch, was die Orientierung einfach macht. Auf schmalem Asphaltband geht es einer Tischlerei vorbei, rechts sprudelt der Tyrnauer Bach.

Nach einem Steilstück biegen wir links in den Wald zu Weg Nr. 10 ab (Wegweiser »Gschwend«) und verlassen so den zur Roten Wand führenden Weg Nr. 748 und die Radroute. Der schmale, gut angelegte Steig schlängelt sich ziemlich direkt recht steil bis zum Gipfelkreuz des Gschwendtbergs hinauf und ist ein großes Erlebnis: Auf dem Weg dorthin können wir von der **Julius-Warte ❷**, 562 m, die Häuser von Frohnleiten aus der Vogelperspektive betrachten; die erstmals im Jahr 1898 errichtete Warte verdankt ihren Namen dem ehemaligen Frohnleitner Bürgermeister und Arzt Julius Valentin. Vorbei an der Tafel »Verbotener Weg« erreichen wir später eine Holzbank, die wie ein Adlerhorst auf einer Felsplatte vor dem luftigen Abgrund thront; noch besseres Panorama! Das **Gipfelkreuz ❸**, 993 m, steht im Wald, wird von einem mächtigen Steinmann und einer Sitzbank flankiert und trägt den Namen »Gschwendt«; hier beginnt der Abstieg. Bei der ersten Weggabelung bleiben wir links (»Maria Ebenort – Frohnleiten«) und steigen im Zickzack in felsiger Umgebung steil hinunter. Beim Gehöft Schlögelmoar mit dem **Funkmast ❹**, 689 m, treffen wir auf eine feine Alm.

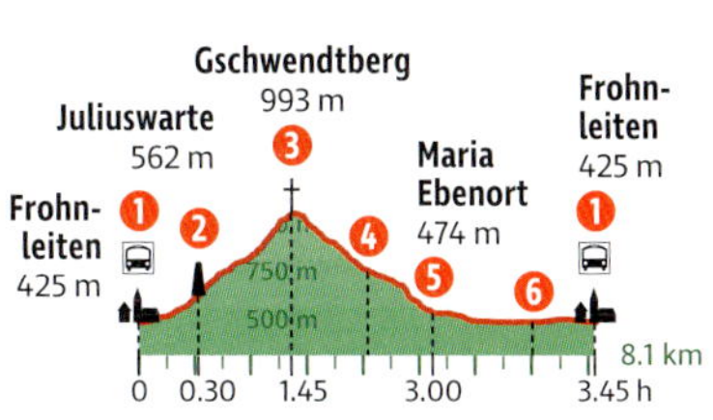

Gut markiert geht es weiter ins Tal hinab; später Vorsicht, damit wir die Abzweigung nach links nach **Maria Ebenort** nicht übersehen, denn dort fehlt ein Wegweiser; ohne abzuzweigen würden wir nach Peugen kommen. Wir müssen im Bereich der Tafel »Gschwendt über Schlöglmoar, 1h 15min« (Aufstiegsrichtung) nach links gehen und stoßen gleich danach bei einem **Haus ❺**, 474 m, auf Asphalt. Auf der talwärts führenden Straße bis zur ausgeprägten Linkskurve in Wannersdorf und dort links weiter (nicht nach rechts zur Mur bzw. Autobahn). So kommen wir auf Weg Nr. 10 (Wannersdorfer Straße) an der **Papierfabrik ❻**, 427 m, vorbei zurück zum **Parkplatz ❶**.

↗ 650 m | ↘ 650 m | 10.6 km

13 Rote Wand, 1505 m

4.15 h

Vom Tyrnauer Graben über die Tyrnauer Alm zu den Steinböcken

Der Name »Rote Wand« stammt von ihrem nach Südosten ausgerichteten, ungemein exponierten und bei Kletterern sehr beliebten Felsabbruch, der aus zum Teil rotfarbigem Kalk besteht. Sie ist ein typisches Beispiel dafür, dass bereits kleinste Mengen von oxidiertem Eisen ausreichen, um dem Gestein substanzielle Rotfärbungen zu geben. Der formschöne, lang gezogene Felsstock, in dessen Nischen der geschützte Petergstamm zu Hause ist, ist auch die Heimat einer großen Steinbock-Kolonie. Dass wir die »Könige der Alpen« zu Gesicht bekommen, ist beim Abstieg vom großen Gipfelkreuz durchaus möglich, denn das Steinwild scheint keine große Fluchtdistanz vor Wanderern zu haben. Auf die Rote Wand führen viele Wanderwege; wir wählen als Ausgangspunkt den Parkplatz »Rote Wand« im Tyrnauer Graben und wandern unter den steil emporragenden Felswänden zur inspirierend gelegenen Tyrnauer Alm. Von dort aus überqueren wir die Rote Wand zum Buchebensattel, von wo es gemütlich zurück zum Ausgangspunkt geht.

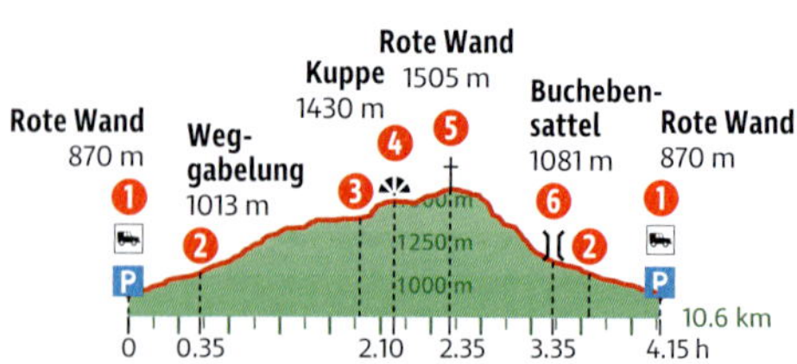

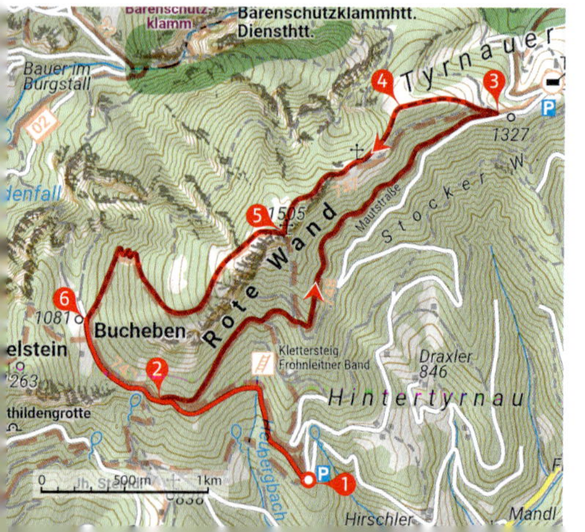

Ausgangspunkt: Parkplatz Rote Wand, 870 m; Anfahrt von Schrems bei Frohnleiten durch den Tyrnauer Graben bis knapp nach Tyrnau, dort Tafel zum Parkplatz; oder über Fladnitz an der Teichalm und das Nechnitz-Hochplateau.
ÖPNV: SAM-Taxi Haltepunkt WZ 3442 Tyrnau – Parkplatz Rote Wand.
Anforderungen: Forstwege, Bergwege (mitunter steil), im Felsbereich der Gipfelzone etwas Vorsicht geboten, meist gut markiert.
Einkehr: Tyrnauer Almhütte, almerich.at, 1.5.–26.10.
Karte: f&b WK 131.
Tipp: Beim Abstieg vom Gipfelkreuz kann man – parallel zum markierten Weg – auch den Steig am Rand der Felsabbrüche wählen (Vorsicht!); die Wege vereinen sich später bei einer geländebedingt starken Drehung nach rechts.

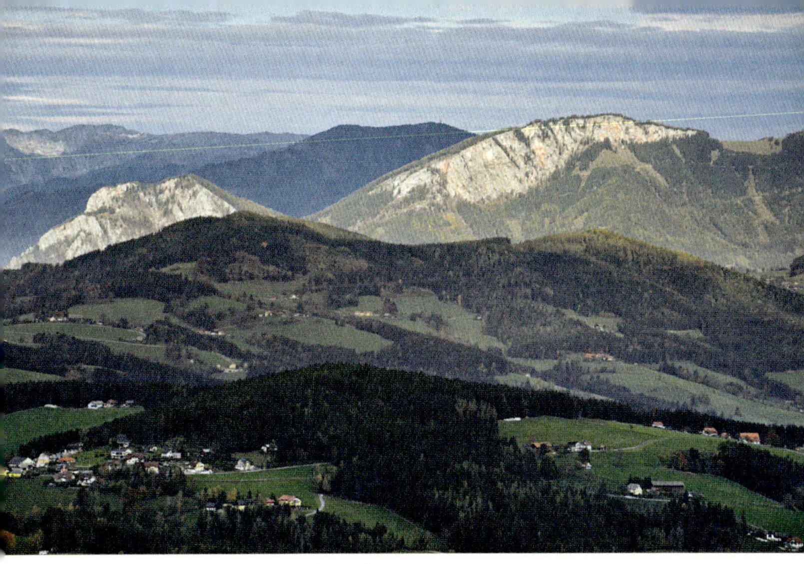

Röthelstein (links) und Rote Wand (rechts).

Vom **Parkplatz Rote Wand ❶**, 870 m, folgen wir dem Weg Nr. 747 mäßig ansteigend Richtung »Buchebensattel«bzw. »Röthelstein/Rote Wand« und zweigen später bei einer breiten **Weggabelung ❷**, 1013 m, vom Forstweg rechts in den Weg Nr. 748 ab. Nun geht es unter den Wänden der Roten Wand stetig leicht bergauf zum Weidegebiet der **Tyrnauer Alm**, dort **Wegweiser ❸**, 1330 m; rechts unten Parkplatz (Mautstraße).

Beim Wegweiser zweigen wir scharf links Richtung »Rote Wand 1h« (Weg Nr. 747) ab und verlassen den markierten Wanderweg 170 m später nach halb rechts, um über gut erkennbare Steigspuren (unmarkiert), immer rechts vom Wald, in freiem, steilem Gelände über den aussichtsreichen Grashang anzusteigen. Am Höhenrücken haben wir bald einen fantastischen Blick zum Gipfelaufbau der Roten Wand, steigen vom höchsten Punkt der **namenlosen Kuppe ❹**, 1430 m, links ab und stoßen so wieder auf den Weg Nr. 747 (Wegweiser), über den wir zum Gipfelkreuz der **Roten Wand ❺**, 1505 m, gelangen. Top Aussicht!

Beim Kreuz ist der Wegweiser »Parkplatz Rote Wand über Buchebensattel« aussagekräftig genug; mit prächtigen Ausblicken ins Murtal und zu den exponierten Südabstürzen der Roten Wand steigen wir – vielleicht sogar an Steinböcken vorbei – zum **Buchebensattel ❻**, 1081 m, ab. Dort halten wir uns links und folgen der Forststraße und den Wegweisern »Parkplatz Rote Wand« zurück zum **Ausgangspunkt ❶**; ab der **Weggabelung ❷** entspricht der Abstieg dem Aufstieg.

↗ 290 m | ↘ 290 m | 12.8 km

14 Sulberg-Kreuz, 1082 m

3.30 h

Im Bann der Roten Wand: über den Harterberg zur Nechnitz

»Das Gipfelkreuz wurde 1999 errichtet … Die Sulbergbauern wünschen euch auf diesem Platzerl noch einzigartige Eindrücke! …«. So steht es im Gipfelbuch, das in einer Kassette steckt, die am mächtigen Sulberg-Kreuz befestigt ist. Der Blick schweift über die im Weidegebiet liegende Kuppe hinweg zu den Felswänden von Röthelstein und Roter Wand, denen eine starke landschaftsprägende Bedeutung zukommt und die durch den Buchebensattel voneinander getrennt sind. Was für ein faszinierender Platz! Auch am Harterberg steht (seit 1974) ein Gipfelkreuz; es wird im Volksmund liebevoll als »Stehaufmanderl« bezeichnet, weil es bereits dreimal neu errichtet werden musste. Harterberg und Sulberg befinden sich zwischen der Hochebene der Nechnitz, unserem Startpunkt, und der Rechberg-Passhöhe. Sie flankieren den Gschieskogel, 1142 m, den wir bei unserer Tour zu den beiden Gipfelkreuzen komplett umrunden. Auch zwischen den Bergen gibt es viel zu sehen. Besonders schön ist der Ausblick oberhalb vom Gehöft Pölzweber über den Passailer Kessel hinweg zu den Sattelbergen (mit dem markanten Gösser), die die inneralpine Senke nach Weiz hin abschirmen.

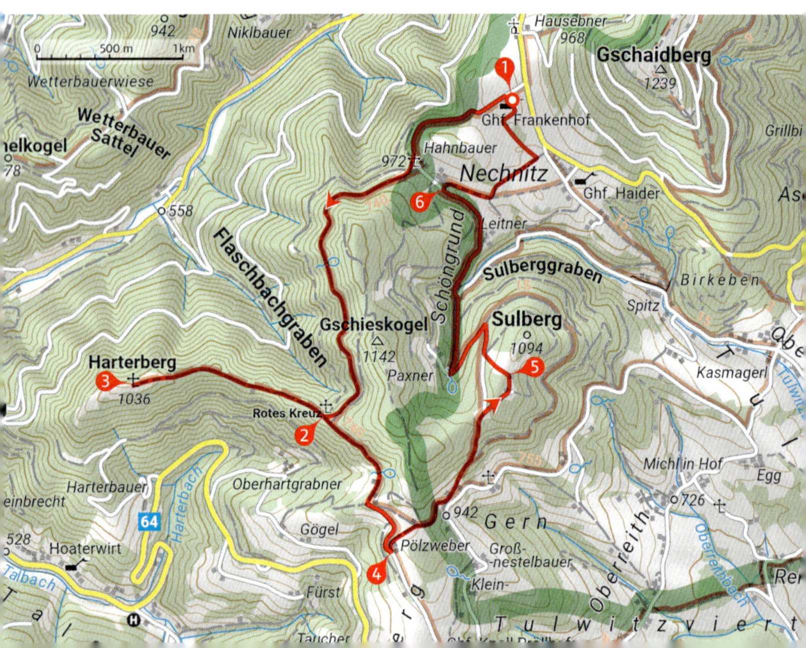

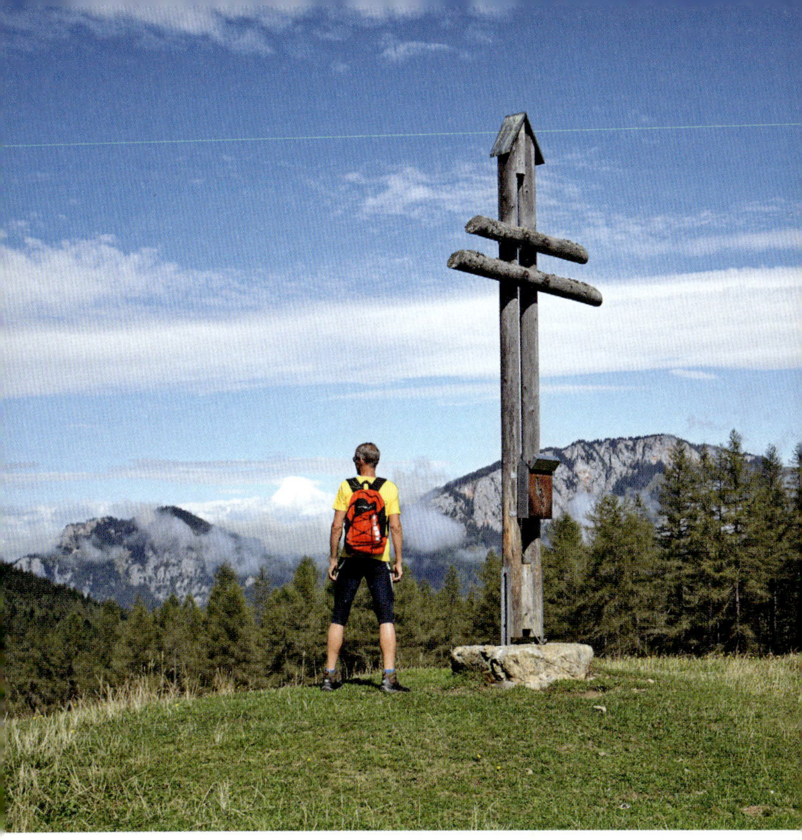

Beim Sulberg-Kreuz hat man einen unerwartet guten Ausblick zum Röthelstein und zur Roten Wand.

Ausgangspunkt: Gasthof Frankenhof, 968 m; Zufahrt von Fladnitz an der Teichalm bzw. von Frohnleiten über Tyrnau zum Nechnitz-Hochplateau, Parkplatz vorhanden.
ÖPNV: Verbund Linie 216 (Frohnleiten – Passail), Haltestelle Nechnitz Holzskulpturenpark, von dort ca. 800 m zum Gasthof Frankenhof; SAM-Taxi Haltepunkt WZ 3414 Nechnitz – GH Frankenhof.

Anforderungen: Forstwege, Wald- und Wiesenwege, etwas Asphalt, gut markiert.
Einkehr: Gasthof Frankenhof, frankenhof.at, Mo, Di Ruhetag; Gasthof Haider, almenlandwirt-haider.at, Di, Mi Ruhetag (November–März auch Do).
Karte: f&b WK 131.
Tipp: Am Pfingstsonntag wird am Harterberg eine Bergmesse gefeiert, Bläser des Musikvereins Frohnleiten sorgen für die musikalische Umrahmung.

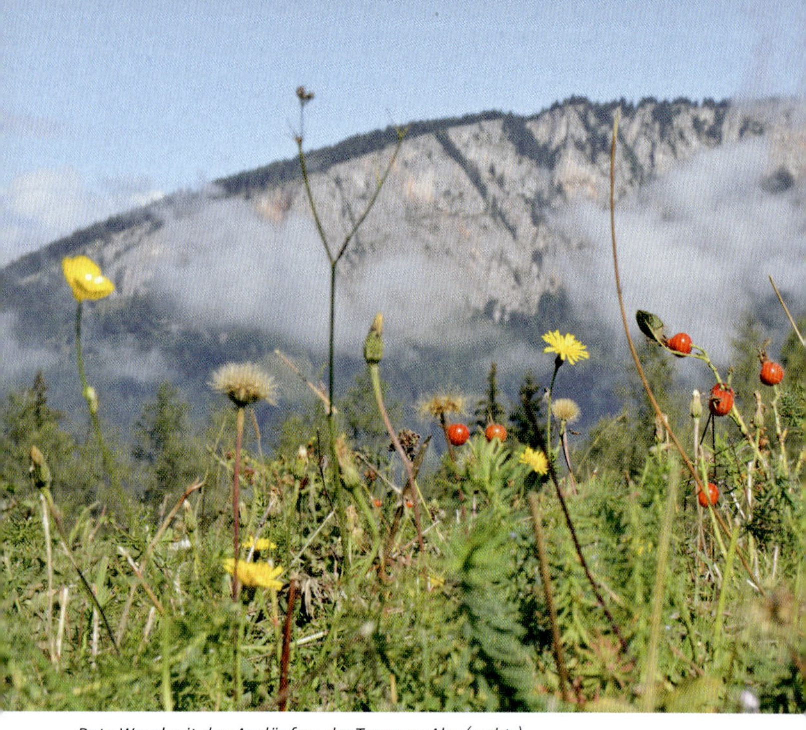

Rote Wand mit den Ausläufern der Tyrnauer Alm (rechts).

Ausgehend vom **Parkplatz** beim **Frankenhof** ❶, 968 m, wandern wir auf der nach Südwesten führenden schmalen Asphaltstraße über das kleine Hochplateau der Nechnitz, das durch grüne Wiesen, dichte Wälder, weite Almflächen und die herrliche Sicht zu den exponierten Felswänden von Röthelstein und Roter Wand gekennzeichnet ist, bis wir nach dem Waldstück beim ersten Gehöft (Hahnbauer), 972 m, rechts Richtung »Rechberg« (Weg Nr. 740) abbiegen und auf einer durch Wald führenden Forststraße ohne viel Höhenunterschied die Wegkreuzung beim schönen **Roten Kreuz** ❷, 1000 m, erreichen.

Dort biegen wir rechts Richtung »Hoaterberg« ab, sehen rechts die Rote Wand aus einem neuen Winkel und links unter uns die Kehren der Rechbergstraße. Ohne Schwierigkeiten erreichen wir die fast baumfreie Gipfelwiese des **Harterbergs** ❸, 1036 m. Es lohnt sich wegen der besseren Aussicht, vom höchsten Punkt aus noch ein Stück auf die Weide hinauszutreten.

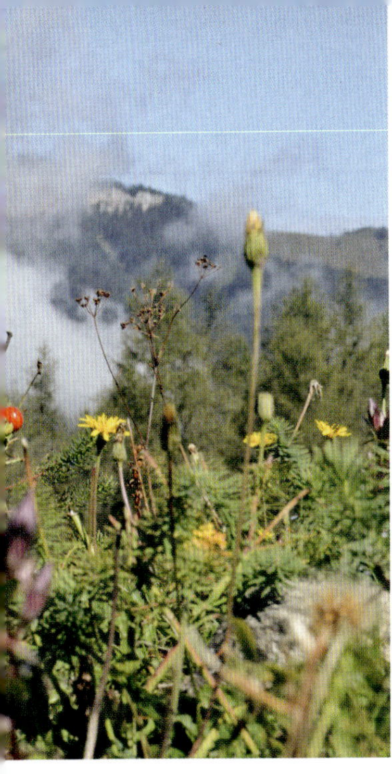

Vom Gipfelkreuz geht es zurück zum **Roten Kreuz** ❷ und weiter Richtung »Rechberg«. Unter dem Gehöft Pölzweber biegen wir beim **GUSTmobil Halteplatz GU 1549** ❹, 959 m, scharf links ab, erreichen aufsteigend über den zwischen Wiesen verlaufenden Schotterweg das nächste Gehöft (Ziegengehege) und biegen beim Strommast auf der »Sulberg Runde« nach rechts in die Wiese ab. Weitreichender Blick über das Passailer Becken hinweg!

In der Folge führt uns Weg Nr. 1 links haltend steil nach oben, und wir erreichen nach einem Zaundurchlass eine ausgedehnte Hochfläche am Südhang des Sulbergs. Der Forststraße nach rechts folgend gelangen wir zu einem Rasenhang (kleine Hütte) und steigen zum großen **Sulberg-Kreuz** ❺, 1082 m, hinauf. Dieses thront auf einer weitläufigen Almkuppe knapp unter dem Gipfel des Sulbergs, 1094 m; großartiger Logenplatz mit Blick zur Roten Wand und zum Röthelstein.

Wir überschreiten die Kuppe nach Nordwesten (halb links), gelangen im Abstieg auf die Forststraße (Weg Nr. 1) und folgen den bergab führenden Markierungen durch den Schöngrund Richtung »Nechnitz« bzw. »Frankenhof«. Beim Gehöft der Familie Christandl vulgo **Holzschuh** ❻, 954 m, biegen wir scharf rechts ab (Wegweiser), halten uns eng am straßennahen Gebäude (Wegweiser etwas abseits!) und wandern von dort über schöne Wiesen (mehrere Durchlässe) fast eben weiter. Nach einem scharfen Linksschwenk müssen wir noch einen kleinen Hügel überwinden, bevor wir den letzten Wegweiser zum nahen **Frankenhof** ❶ sehen.

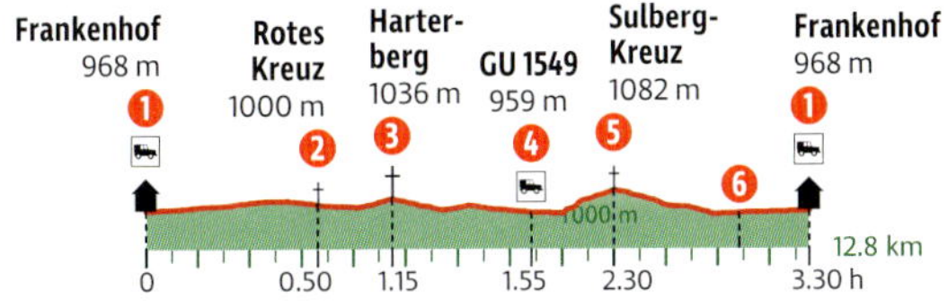

↗ 710 m | ↘ 710 m | 16.9 km

15 Gschaidberg, 1239 m, und Gerlerkogel, 1324 m

5.45 h

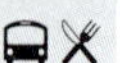

»Oha«-Effekt: Holzskulpturenweg, Hubenhalt und Hintereben

Erich Haider-Harrer liebt die Holzschnitzerei; mehrere Dutzend großartig geschnitzte Holzfiguren und eine Holzkapelle säumen den von ihm geschaffenen Holzskulpturenweg und sind Zeugnisse seines außergewöhnlichen Talents. Der Holzskulpturenweg bildet den Auftakt zu unserer Wanderung; über ihn gelangen wir von der Nechnitz zum Gipfel des Gschaidbergs (auch »Gschaid-Nock«). Der Gschaidberg bildet den südlichen Ausläufer eines von der Teichalm nach Südwesten ziehenden Hügelkammes, und seine baumfreie Gipfelwiese mit dem großen Gipfelkreuz begeistert ob der eindrucksvollen Aussicht. Dann durchqueren wir idyllisches Weidegebiet, gelangen zur landschaftlich inspirierenden Hubenhalt und – vorbei an mehreren Gehöften im Ortsteil Hintereben – zur Teichalmstraße. Die Autostraße aber gleich wieder verlassend geht es hinauf zur aussichtsreichen Kuppe des Gerlerkogels und über die Gerlerkogelhütte zurück zur Hubenhalt. Der Weg Richtung Frankenhof bringt uns schließlich zur Nechnitz-Hochebene zurück, von wo es nicht mehr weit bis zum Ausgangspunkt ist.

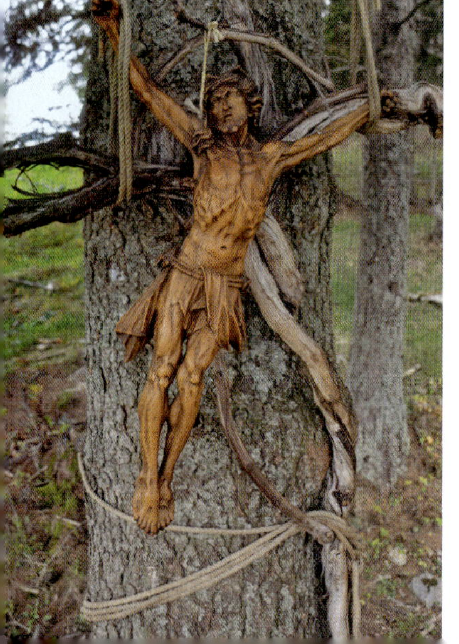

Jesusfigur nicht weit vom Raith-Kreuz entfernt.

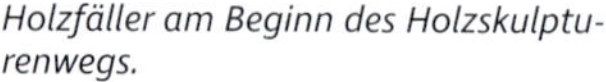

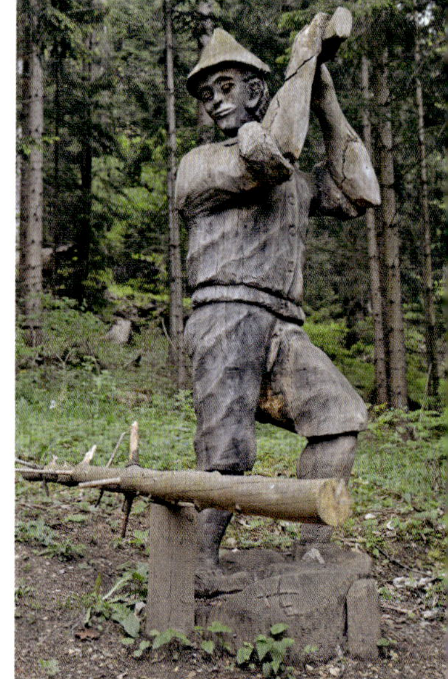

Holzfäller am Beginn des Holzskulpturenwegs.

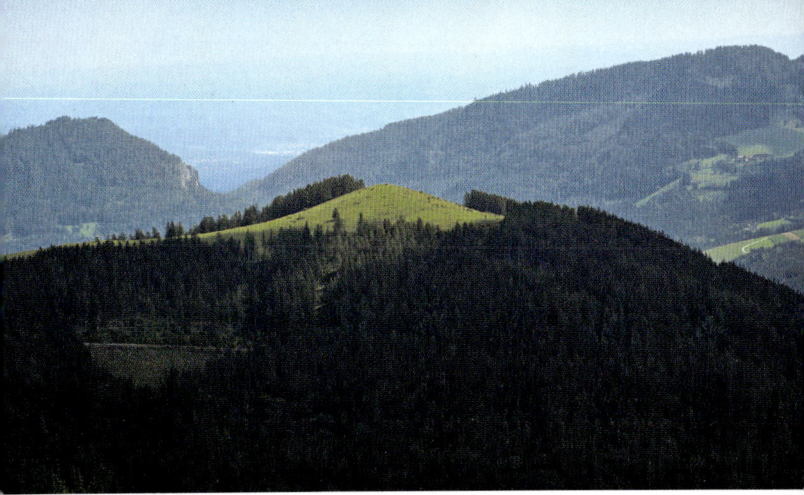

Der baumlose Gipfel des Gschaidbergs liefert ein fantastisches Panorama!

Ausgangspunkt: Gasthof Haider, 950 m, am Nechnitz-Hochplateau; Zufahrt von Fladnitz an der Teichalm bzw. von Frohnleiten über Tyrnau, Parkplatz vorhanden.
ÖPNV: Verbund Linie 216 (Frohnleiten – Passail), Haltestelle Nechnitz Holzskulpturenpark; SAM-Taxi Haltepunkt WZ 3413 Nechnitz – GH Haider-Harrer.
Anforderungen: Forstwege, Almsteige, Weiden, gut markiert.
Einkehr: Gasthof Haider, almenlandwirt-haider.at, Di, Mi Ruhetag (November–März auch Do); Gerlerkogelhütte, Tel. +43 681 20673100, geöffnet 1.5.–30.10. Mo–Mi Ruhetag; Gasthof Frankenhof, frankenhof.at, Mo, Di Ruhetag.
Karte: f&b WK 131.
Tipps: 1. Abstieg von der Gerlerkogelhütte zum Teichalmsee und Rückfahrt mit SAM-Taxi (Haltestellen: WZ 3423 Teichalm – Latschenhütte, WZ 3413 Nechnitz – GH Haider-Harrer). – 2. Der Holzskulpturenweg alleine ist auch für Kinder eine spannende Wanderung!

Der Zugang zum Holzskulpturenweg befindet sich unübersehbar neben der Tyrnauerstraße beim **Gasthof Haider** ❶, 950 m. Der Weg führt uns steil und serpentinenreich an den Holzfiguren vorbei zum Gipfel des **Gschaidbergs** ❷, 1239 m; Gipfelkreuz, phänomenale Aussicht! Danach überqueren wir die sich nach Nordosten erstreckende Alm auf schwach ausgeprägtem Pfad. Zwei markante Jägersitze, an denen es rechts vorbeigeht, dienen ergänzend zur Markierung als Orientierung; ein Gehöft lassen wir rechts liegen.
Unser Wiesenweg ist bald viel deutlicher und die Beschilderung im weiteren Verlauf der Tour vorbildlich. Vorerst immer Richtung »Teichalm, Hubenhalt« marschierend stoßen wir nach einem Zaundurchgang bei einer kleinen Holzhütte auf einen netten Rastplatz (Holzkreuz), später mündet

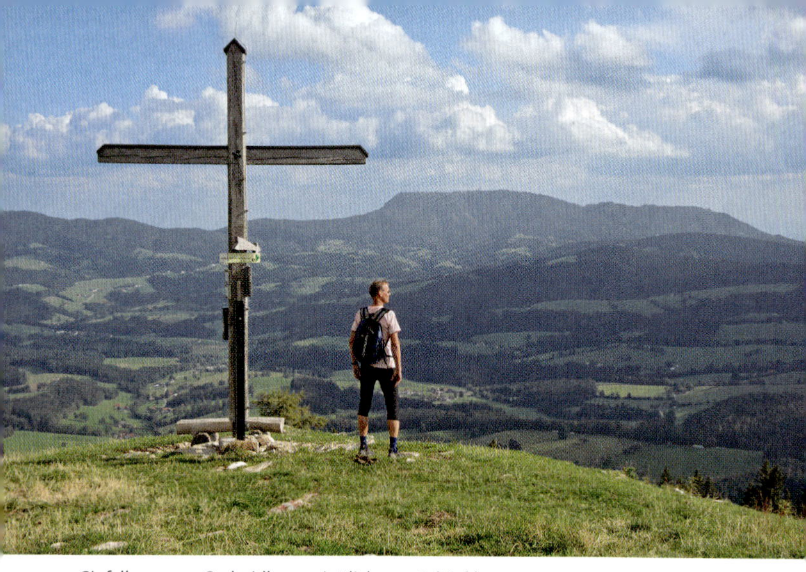

Gipfelkreuz am Gschaidberg mit Blick zum Schöckl.

der Weg vom/zum Gasthaus Frankenhof (unser Rückweg) in unseren Weg. Eine bildhübsch geschnitzte Jesusfigur an einem Baum ruft Bewunderung hervor, danach ein hinreißender Pfad über die kurzhalmige Grasflur und das Raith-Kreuz, 1199 m.

Bei der Wegkreuzung auf der **Hubenhalt** 3, 1186 m, biegen wir nach rechts Richtung »Fladnitz, Schrems« ab. Auf der Forststraße wandern wir später an einem Wildzaun entlang und gehen beim Gehöft Greitbauer Richtung »Fladnitz/T« weiter; schöne Aussicht zum Schöckl. Beim Gehöft Groß Wild links Richtung »Fladnitz/T, Schoberegger« abbiegen. Am linken Rand einer großen Wiese vorbei erreichen wir einen Forstweg. Achtung: Der dortige Wegweiser ist irreführend! Wir gehen auf der Forststraße rechts bergab, stoßen nach mehreren Bienenhäuschen zu einem Stromhäuschen (mit der Nummer E555033) und zweigen dort scharf links Richtung »Teichalm« ab.

Nun steiler bergauf Richtung »Ecktoni/Teichalm«. Auf dem Weg liegt ein romantisches Holzhaus, das von einem formschönen Bänderzaun umgeben ist. Der Name »Bänderzaun« kommt von den Fichtenästen, die »Bänder« genannt werden und, um die Steher gewickelt, dem Zaun die richtige Festigkeit geben. Über die Linkskurve hinter dem Haus gewinnen wir an Höhe, erreichen die **Teichalmstraße** 4, 1175 m, vor dem Rastplatz Ecktoni und folgen den Wegweisern zum »Gerlerkreuz«. Schöne Blicke zum Osser! Vom Gerlerkreuz kurzer Abstecher über den Wiesenhang zur Gipfelkuppe des **Gerlerkogels** 5, 1324 m; prima Panorama über die Teichalm.

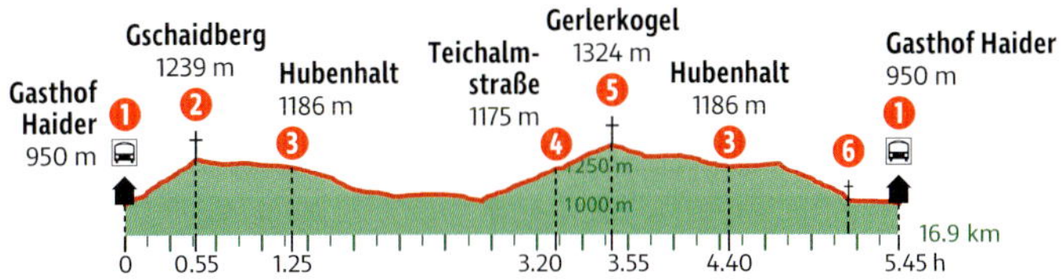

Nach dem Abstecher geht es vom Gerlerkreuz zur nahen **Gerlerkogelhütte** (bodenständige Jause, Mehlspeisen). Auf dem Forstweg wandern wir ein Stück westwärts und folgen den Wegweisern Richtung »Holzskulpturenweg« bzw. »Hubenhalt«. An der Westseite des Wildkogels, 1288 m, vorbei, kommen wir wieder zur Wegkreuzung bei der **Hubenhalt** 3, wo wir Richtung »Nechnitz« abbiegen, später Richtung »Frankenhof«. So gelangen wir – mit schönem Blick zur Roten Wand – beim reizvollen rosaroten **Bildstock** 6, 968 m, gegenüber dem Anwesen Hausebner, auf die Tyrnauerstraße (Nechnitz), halten uns dort links und marschieren auf ihr immer geradeaus zum nahen **Ausgangspunkt** 1.

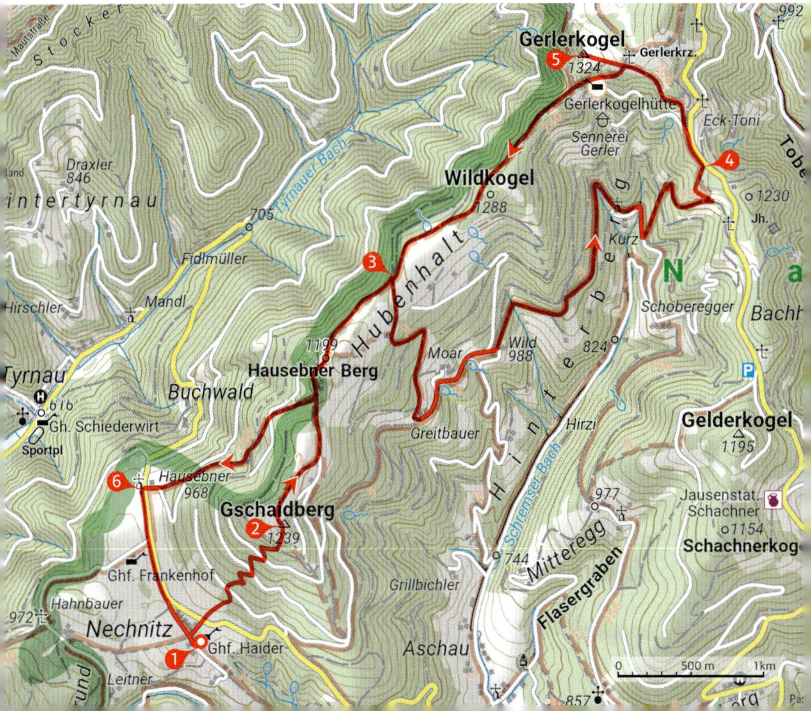

↗ 620 m | ↘ 620 m | 11.0 km

16 Hochlantsch, 1720 m, ab der Teichalm

4.30 h

Hoch, höher, am Hochlantsch!

Die Teichalmregion ist das Kernstück des Naturparks Almenland, der mit dem Hochlantsch seinen höchsten Punkt erreicht. Der Hochlantsch ist zudem der höchste Gipfel im Grazer Bergland und die höchste Erhebung im steirischen Landschaftsschutzgebiet Nr. 41, das sich nordwestlich von Graz erstreckt. Vom Teichalmsee sind es gerade einmal 548 Höhenmeter bis zum Gipfelkreuz des Felsriesen, der nach Norden steil in die wandbildenden Lantschmauern abfällt, womit er morphologisch im krassen Gegensatz zu den sanften Formen der Teichalm und der Tyrnauer Alm steht. Wir besteigen den famosen Aussichtsberg über seine den Felsen abgewandte Ostseite, können die Felswandbildungen aber in der Gipfelregion bewundern. Der Abstieg führt uns am frech auf der westseitigen Felsmauer errichteten Gasthaus Steirischer Jockl vorbei zum Mixnitzbach; der Bachverlauf ist spektakulär: Er entspringt im Bereich der Sommeralm, wird danach zum Teichalmsee (von Menschenhand errichteter Teich) aufgestaut, bildet flussabwärts zwischen dem der Tyrnauer Alm im Osten vorgelagerten Schweinegg und dem Hochlantsch ein enges Kerbtal, formt danach mit Wasserfällen, Kolken und Strudeltöpfen die Bärenschützklamm und mündet nach dem Ortsgebiet von Mixnitz in die Mur. Wir dürfen uns an seiner Sanftmütigkeit beim Weg durch das idyllische Kerbtal zurück zum Teichalmsee erfreuen.

Vom Hochlantsch hat man einen herrlichen Tiefblick auf Teichalm und Teichalmsee.

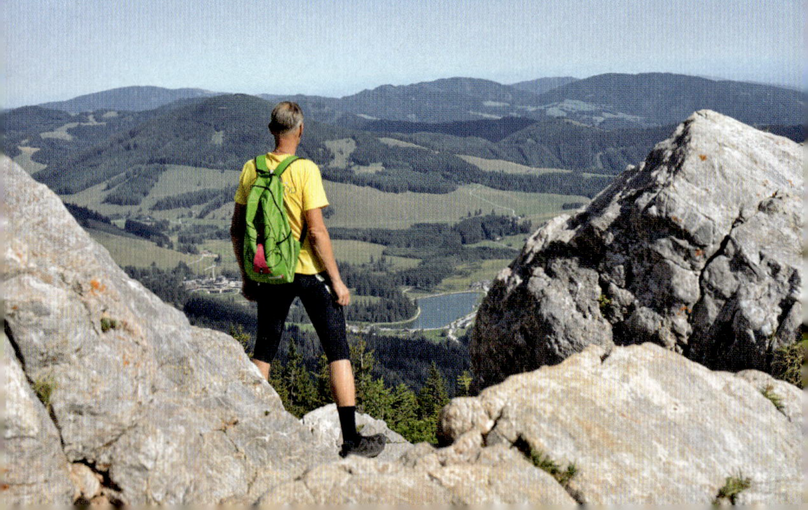

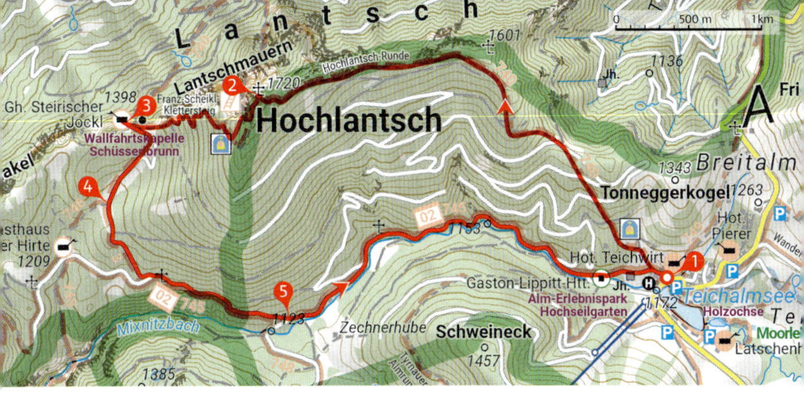

Ausgangspunkt: Parkplatz beim Teichalmsee auf der Teichalm, 1172 m, gegenüber dem Gasthof Teichwirt; Zufahrt über die L 104 (Breitenauerstraße) und die L 320 (Teichalmstraße) bzw. die B 64 (Rechbergstraße).
ÖPNV: Verbund Linie 167 (Bruck an der Mur – St. Erhard / Teichalm – Sommeralm), Haltestelle Teichalm Teichwirt; SAM-Taxi Haltepunkt WZ 3424 Teichalm – Teichwirt.
Anforderungen: Bergwege, Forststraßen, im felsigen Gipfelbereich ist entsprechende Vorsicht geboten, gut markiert.
Einkehr: Gasthof Teichwirt, teichwirt.at, Di Ruhetag, ausgenommen Ferienzeit und Feiertage; Gasthaus Steirischer Jockl, Tel. +43 664 1526845, geöffnet 1.5.–26.10.; Gasthaus Zum Guten Hirten, Tel. +43 664 1636046, 1.5.–26.10.
Karte: f&b WK 131.
Tipp: Moorlehrpfad durch das Teichalm-Moor, einziges Latschen-Hochmoor im Grazer Bergland, Einstieg zwischen Teichalmsee und Latschenhütte.

Start der Tour ist beim **Teichalmsee** ❶, 1172 m; beim Nordufer befindet sich das Hotel Teichwirt, wo uns der Wegweiser »Übern Hochlantsch nach Schüsserlbrunn« (Weg Nr. 740) über die freie Fläche zum Waldrand lotst. Ab dort steigen wir im Wald steil(er) bergauf, überqueren mehrmals die Forststraße und erreichen ein Plateau, dem wir nach halb links (Westen) folgen, um so in den felsigen Gipfelbereich des Hochlantsch zu gelangen; mächtiges **Gipfelkreuz** ❷, 1720 m, großartiges Panorama, schöner Tiefblick zum Teichalmsee!

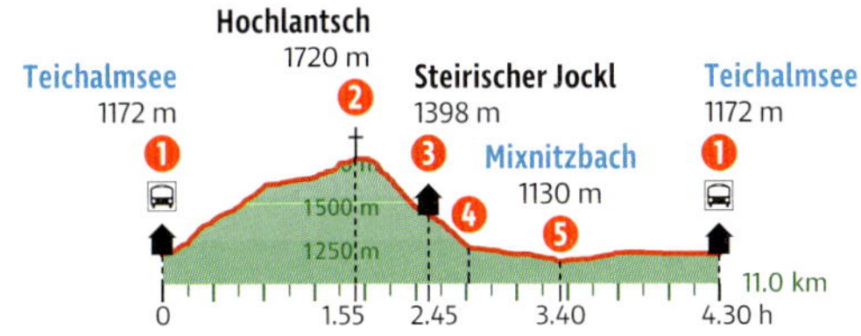

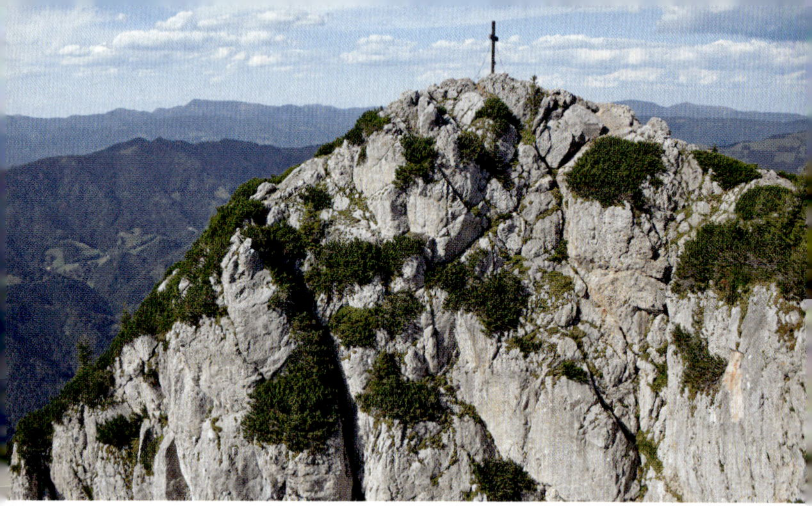

Hochlantsch – höchster Gipfel im Grazer Bergland.

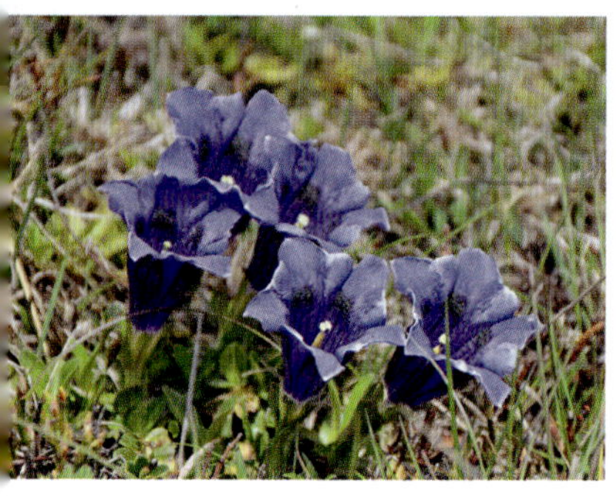

Der Abstieg führt uns zuerst über einen kurzen, von Latschen gesäumten, einfachen Felskamm, dann über steiniges Gelände (Wegweiser »Schüsserlbrunn«, Weg Nr. 740) bergab zum **Gasthaus Steirischer Jockl** ❸, 1398 m; die Anlage steht an exponierter Stelle über einer Felswand. Dort besteht die Möglichkeit, über eine Steiganlage (Stufen, Geländer) in wenigen Minuten zum pittoresken Kirchlein **Schüsserlbrunn**, 1363 m, hinunterzusteigen, das auf einer künstlichen Verebnung neben mächtigen Felsformationen steht; den Baugrund schenkte die »Breitenauer Forst- und Gutsverwaltung Schafferwerke« den Erbauern unter der Bedingung, die Kapelle für die Nachwelt zu erhalten.

Beim Steirischen Jockl brechen wir Richtung Teichalm auf und kommen in absehbarer Zeit bei der **Abzweigung** ❹ zum **Gasthaus Zum Guten Hirten**, 1209 m, vorbei, über das wir auch zum Teichalmsee gelangen. Wenn wir den kurzen Umweg dorthin nicht in Kauf nehmen wollen, nähern wir uns langsam dem **Mixnitzbach** ❺, 1130 m (dort Abzweigung zur Tyrnauer Alm), der uns auf dem flachen, idyllischen Weg zurück zum Wanderziel beim **Teichalmsee** ❶ begleitet.

↗ 770 m | ↘ 770 m | 15.1 km

5.30 h

Heulantsch, 1473 m, und Osser, 1548 m

17

Teichalmrunde samt lieblichen Hütten. Plus: Gerlerkogel!

Teichalm und Sommeralm bilden eines der größten zusammenhängenden Almgebiete der Alpen. Unsere Rundwanderung lässt uns einen großartigen Eindruck vom Westteil dieser weitläufigen subalpinen Almlandschaft erleben. Ausgehend vom Teichalmsee steigen wir zum mächtigen Gipfelkreuz am Heulantsch, einem der schönsten Aussichtsberge der Region, hinauf, bewegen uns dann über schöne Almabschnitte hinweg zur Stoahandhütte und wissen nach dem Steilanstieg zum Osser, dass wir uns am höchsten Punkt der Tour eingefunden haben. Beim Abstieg zum Angerwirt präsentiert sich der Teichalmsee von seiner vielleicht schönsten Seite. Danach geht es auf den Gerlerkogel, der es sehr gut schafft, uns mit der Aussicht über die weithin ausgedehnte Hochtallandschaft der Teichalm-Flur zu begeistern. Bei der nahen Gerlerkogelhütte, deren Besuch unsere Wanderung noch um ein kulinarisches Erlebnis ergänzen kann, wird dann endgültig der Rückweg zum Teichalmsee eingeleitet.

Ausgangspunkt: Parkplatz beim Teichalmsee, 1172 m; siehe Tour 16.
ÖPNV: Siehe Tour 16.
Anforderungen: Forstwege, Almsteige, Weiden mit mehreren Zaunüberquerungen, gut markiert.
Einkehr: Gasthof Teichwirt, teichwirt.at, Di Ruhetag, ausgenommen Ferienzeit und Feiertage; Stoahandhütte, Tel. +43 664 1244978, geöffnet 1.5.–30.10., Mo Ruhetag; Gasthof Angerwirt, Tel. +43 3179 7121, Mo, Mi Ruhetag; Gerlerkogelhütte, Tel. +43 681 20673100, 1.5.–30.10., Mo–Mi Ruhetag.
Karte: f&b WK 131.
Tipp: Abstecher vom Schwoabauerkreuz, 1249 m, zum Raab-Ursprung, 1080 m, dort kleines umzäuntes Areal mit der Quelle und einer Tafel.

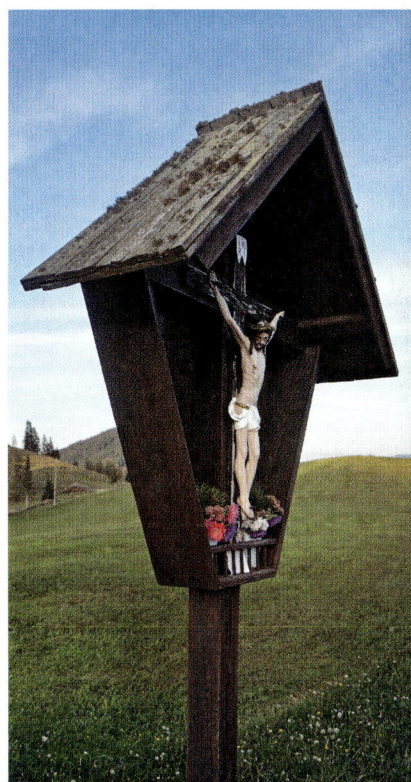

Beim Gerlerkreuz treffen sich mehrere Wege.

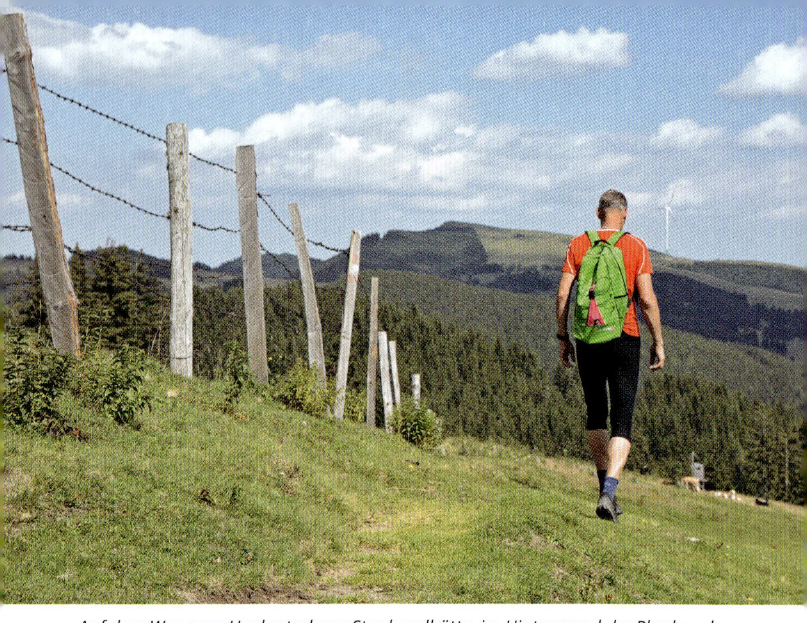

Auf dem Weg vom Heulantsch zur Stoahandhütte, im Hintergrund der Plankogel.

Gegenüber dem **Parkplatz** beim **Teichalmsee** ❶, 1172 m, steht das Gasthaus Teichwirt; rechts daneben befindet sich die Skischule, an der wir links auf dem schmalen Weg vorbeimarschieren. Schon bald zweigen wir links (!) Richtung »St. Erhard / Breitenau a/H«, Weg Nr. 749, ab. Der wunderschöne Almweg endet auf einer flachen Asphaltstraße, 1242 m, auf der wir rechts gehen und nach der Kurve beim Rastplatz Heulantsch ankommen. Dem Wegweiser »Heulantsch 7er Weg« folgend und immer in Zaunnähe bleibend gewinnen wir über schönes Almgelände bis zum Gipfelkreuz des **Heulantsch** ❷, 1473 m, an Höhe. Bemerkenswerte Aussicht über die Teichalm hinweg zum Schöckl!

Wir wandern Richtung »Stoahandhütte« weiter, steigen durch ein kleines Waldstück bergab und betreten danach die breiten, geruhsamen Almflächen, die sich über die Südseite des Grubbauerkogels, 1424 m, erstrecken. Der Pfad ermöglicht uns sehr gut, die romantische Landschaft wahrzunehmen; rechts der Osser, vor uns die Sommeralm. Der Abstieg vom Nestlbodnerkogel, 1393 m, endet am Rand einer weiten, geneigten Almfläche bei einem Zaunüberstieg mit der Markierung »27« – den wir uns merken –, und 170 m später stehen wir vor der **Stoahandhütte** ❸, 1292 m, wo selbstgemachte Mehlspeisen und Schmankerl aus dem Naturpark Almenland serviert werden.

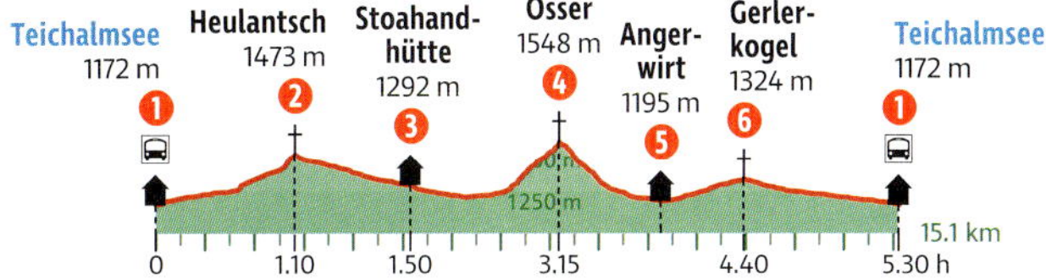

Wieder zurück beim Zaunüberstieg gehen wir dort links zum Wald hinunter und über die Forststraße zum (geschlossenen) Gasthaus Holzmeister, 1220 m; ab dort auf Weg Nr. 45 am Schwoabauerkreuz, 1249 m, vorbei auf den **Osser** 4, 1548 m. Der Ausblick vom Gipfelkreuz ist durch den fortgeschrittenen Baumwuchs etwas eingeschränkt.

Beim südwestseitigen Waldabstieg verlieren wir schnell an Höhe, tauchen danach in malerisches Weidegebiet ein und sehen den Teichalmsee. Vor dem **Angerwirt** 5, 1195 m, biegen wir auf die Autostraße nach links Richtung »Gerlerkreuz« ab, trennen uns vom Teer 390 m später beim Wegweiser am rechten Fahrbahnrand und gelangen an der Lechner-Hütte, 1255 m, vorbei zum **Gerlerkreuz**, 1272 m.

Nach dem Abstecher zum Gipfel des **Gerlerkogels** 6, 1324 m – Panorama! –, geht es zur nahen Gerlerkogelhütte und am Forstweg kurz nach Westen, bis wir zur »Teichalm« scharf rechts abgeleitet werden und sich unsere Runde beim **Teichalmsee** 1 wieder schließt.

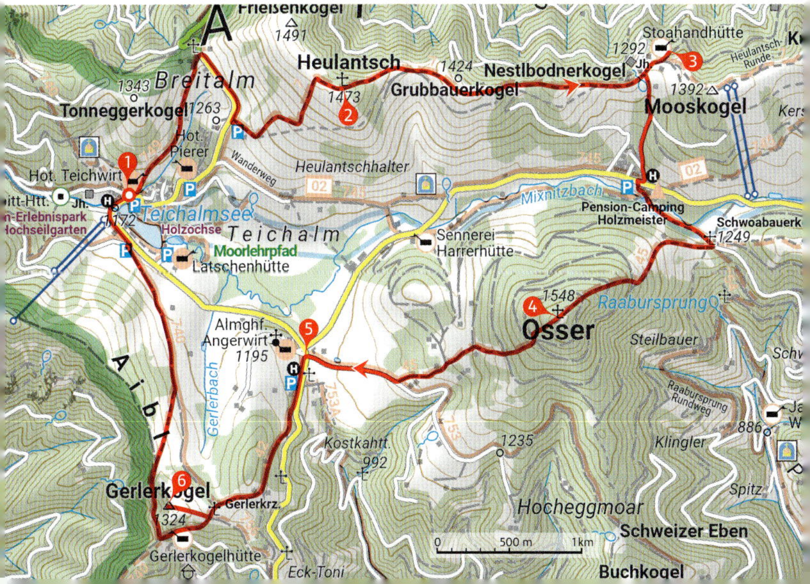

TOP

18

Plankogel, 1531 m

↗ 450 m | ↘ 450 m | 14.0 km

4.15 h

Sehr fein: Bründlalm, Haberlstall-Alm und Rohregg

Unsere Tour führt uns zuerst von der Sommeralm zur Bründlalm und über die Siebenkögel zur Stoahandhütte. Danach queren wir zur Haberlstall-Alm und besteigen das Rohregg (Zechnerschlag), bevor es zur Krönung über kleinstrukturierte Buckelwiesen und pseudoalpine, saftige Rasen auf den Plankogel geht. Beim völlig frei stehenden Gipfelkreuz im großräumig waldfreien Gipfelbereich drehen wir uns staunend um 360 Grad – oder mehr –, um das prächtige Panorama aufzunehmen, das die umliegenden Almen und die artenreich strukturierte Bergwelt ausdrucksstark zur Schau stellen.

Ausgangspunkt: Rastplatz Windrad, 1407 m, im Ort Sommeralm; Zufahrt wie bei Tour 16, beim Angerwirt zur Sommeralm abbiegen, Parkplatz ist vorhanden.
ÖPNV: Verbund Linie 167 (Bruck an der Mur – St. Erhard / Teichalm – Sommeralm), Haltestelle Sommeralm GH Derler, SAM-Taxi Haltepunkt WZ 3226 Sommeralm – GH Derler.
Anforderungen: Forstwege, Almsteige, Weiden mit mehreren Zaunüberquerungen, bis auf die Schleife zum Rohregg markiert.
Einkehr: Stoahandhütte, Tel. +43 664 1244978, 1.5.–30.10., Mo Ruhetag; Haberlstall-Alm, haberlstall.at, Mai–Oktober, Mo–Mi Ruhetag.
Karte: f&b WK 131.
Tipp: Abstieg vom Plankogel über die ca. 250 Jahre alte, bewirtschaftete Stoakoglhütte, 1370 m.

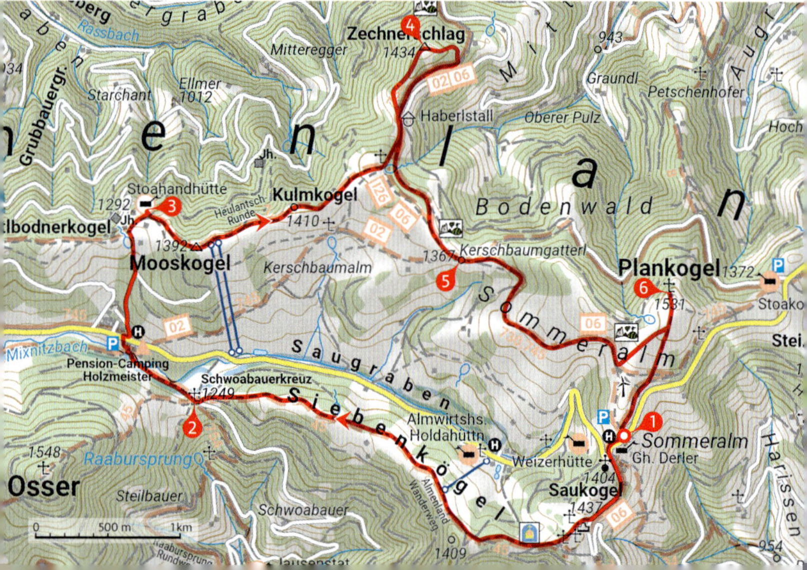

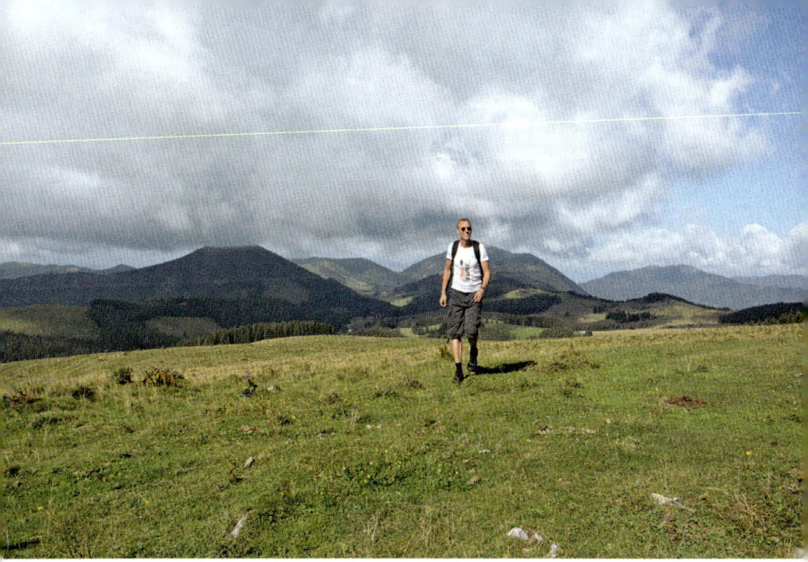

Der Aufstieg zum Plankogel verläuft durch bildschönes Weidegebiet.

Beim **Rastplatz Windrad** ❶, 1407 m, klärt der Wegweiser »7 Kögerl-Weg/Gh. Holzmeister« Weg Nr. 45), in welche Richtung wir losgehen sollen. Nach ein paar Straßenmetern biegen wir beim Gasthof Derler, 1404 m, links ab und gelangen – unmittelbar vor der Sommeralmkapelle – auf eine Forststraße, auf der wir links gehen und so die schöne **Bründlalm** erreichen. Von dort führt der idyllische Weg rechts an den markanten Wetterkreuzen vorbei durch Weidegebiet zur Bergstation des Pirstingerkogel-Liftes.
Danach geht es über die Siebenkögel – mit guter Sicht zum Osser – weiter; dieser Wegabschnitt ist besonders malerisch, da er immer wieder durch kleine Einsattelungen, Waldinseln, Bergahorn und Zaundurchlässe unterbrochen ist. Beim **Schwoabauerkreuz** ❷, 1249 m, halten wir uns halb rechts, um den schönen Talboden, der sich zwischen den Wäldern im Saugraben erstreckt, zu erreichen. Nach der Holzbrücke über den jungen Mix-

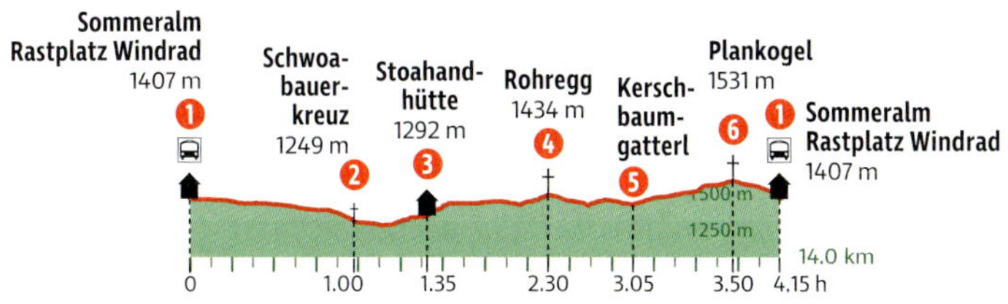

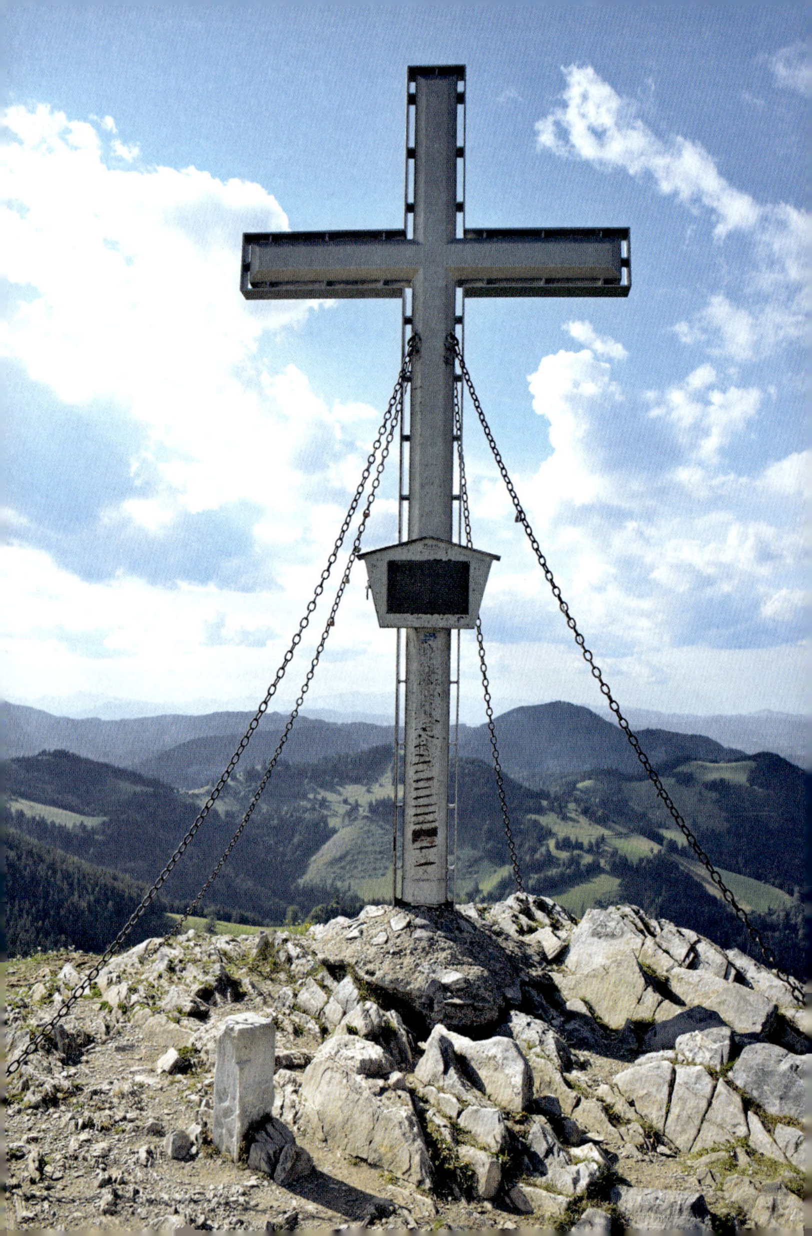

nitzbach treffen wir beim (geschlossenen) Gasthaus Holzmeister, 1220 m, ein, wo wir auf der Autostraße kurz nach rechts schwenken und beim großen Holzschild »Stoahandhütte« links in die Forststraße abbiegen. Sie leitet in einen Weg über, der uns zu einer breiten, geneigten Almfläche führt, über die wir auf den markierten Weg Nr. 27 stoßen, um 170 m rechts des Zaunüberstieges zur **Stoahandhütte** ❸, 1292 m, zu gelangen.

Immer am Weg Nr. 27 bleibend geht es im weitläufigen, aussichtsreichen Almgebiet am Weidezaun entlang auf den Mooskogel, 1392 m, und dann – vorbei an der Lift-Bergstation – knapp unterhalb des Kulmkogels, 1410 m, zum Bischofskreuz (Wallfahrerkreuz); dort links. Beim Abstieg zur Haberlstall-Alm sehen wir das **Rohregg (Zechnerschlag)** mit der freien Gipfelkuppe. Wir gewinnen nach der urigen Holzhütte (Haberlstall-Alm) halb links im baumlosen Hang an Höhe und treffen auf einen Steig, der zum rustikalen **Gipfelkreuz** ❹, 1434 m, führt; Gipfelbuch und Bank.

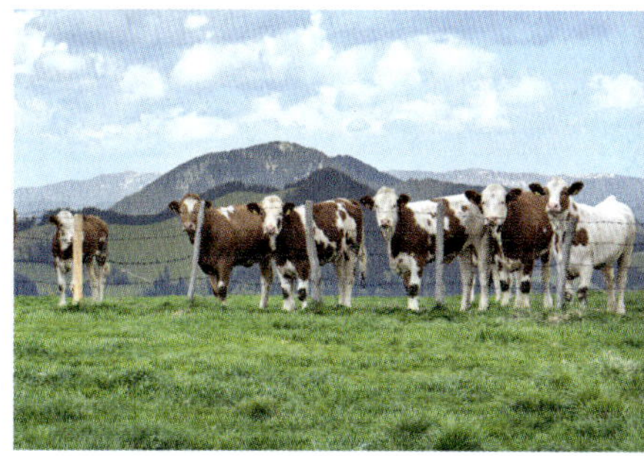

Teichalm und Sommeralm bilden eines der größten Almgebiete der Alpen.

Für den Rückweg zur Haberlstall-Alm wählen wir entweder den Aufstiegsweg oder machen nach dem Gipfelkreuz einen weiten Rechtsbogen über die freie Fläche und durch das kurze Waldstück (Spuren), bis wir die Forststraße betreten (Mariazellerweg 06) und die Haberlstall-Alm sehen. Nach der Hütte steigen wir nicht mehr zum Bischofskreuz auf, sondern schwenken schon vorher nach links zu Weg Nr. 730 Richtung »Sommeralm«.

Auch beim **Kerschbaumgatterl** ❺, 1367 m (Wegkreuzung), zählt für uns nur »Sommeralm«, und bei der nächsten Weggabelung bleiben wir rechts (»Rundweg um den Plankogel zur Stoakogelhütte bzw. Weizer Hütte«). Nach einem weiteren Wallfahrerkreuz (Juni 2012) reizt der Wegabschnitt durch das bildschöne Weidegebiet. Beim Zaungatter vor dem 118 m hohen Windrad steigen wir links ohne Markierung auf einem Steig in der Wiese immer neben dem Zaun entlang bergauf, bis wenig später das völlig frei stehende Gipfelkreuz am Gipfelplateau des **Plankogels** ❻, 1531 m, auftaucht und der Weg dorthin eindeutig ist; glänzende Rundumsicht!

Beim Abstieg geht es zurück zum letzten Zaundurchlass; ab dort nicht wie beim Aufstieg, sondern geradeaus weiter. In direkter Linie taucht die Sommeralmkapelle auf und wenig später haben wir den **Ausgangspunkt** ❶ erreicht.

Viel Lohn am Plankogel: tolles Gipfelkreuz und 360-Grad-Panorama.

TOP

19

↗ 780 m | ↘ 780 m | 7.8 km

Drachenhöhle und Röthelstein, 1263 m

4.15 h

Ein kolossales Höhlenportal und der magische Blick ins Murtal

Das Massiv des Röthelsteins bildet den südlichsten Eckpfeiler jenes mächtigen Kalkstocks, der sich vom Hochlantsch bis zu den Steilabbrüchen der Roten Wand erstreckt. Die Steilwände des Röthelsteins zählen zu den eindrucksvollsten im Grazer Bergland und sind bei Kletterern sehr beliebt. Von den vielen Höhlen, die sich im zerklüfteten Bergmassiv befinden, ist die Drachenhöhle mit ihrem 15 Meter hohen und 20 Meter breiten Eingang die bekannteste und mächtigste; sie ist seit 1949 Naturdenkmal. Der bis zur Höhle gut markierte Aufstieg begeistert uns ob seiner Tiefblicke in das Murtal und der spannenden Wegführung. Ab der Höhle geht es auf einem nur mit Steinmännern und Farbtupfern gekennzeichneten Steig in die Gipfelregion des Röthelsteins weiter, wo uns auf einem vorgeschobenen Plateau ein atemberaubender Tiefblick ins Murtal erwartet! Auch der Abstieg zum Buchebensattel kennt nur Steinmänner und Farbtupfer, aber der Jagdsteig ist gut zu finden; danach geht es auf dem Wanderweg zurück nach Mixnitz.

Spektakulärer Blick vom Röthelstein-Plateau ins Murtal.

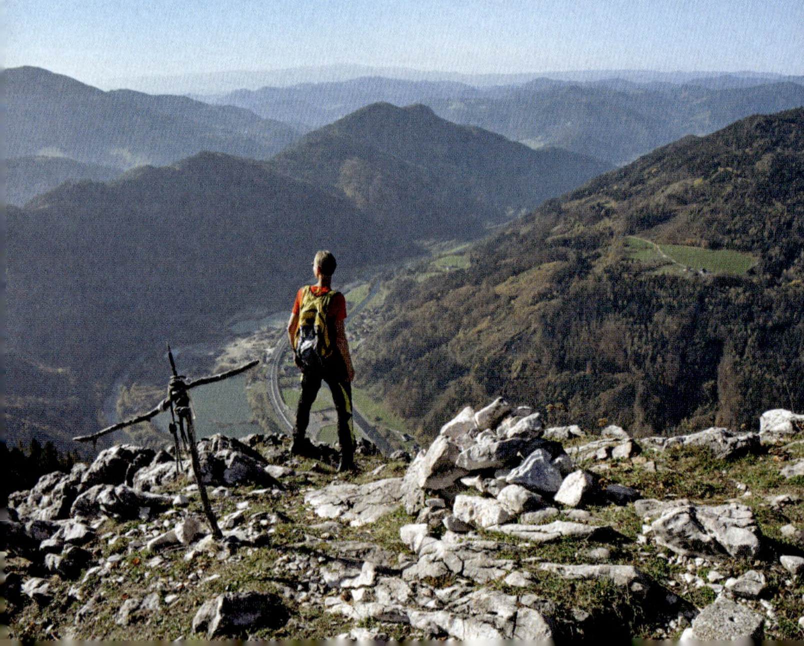

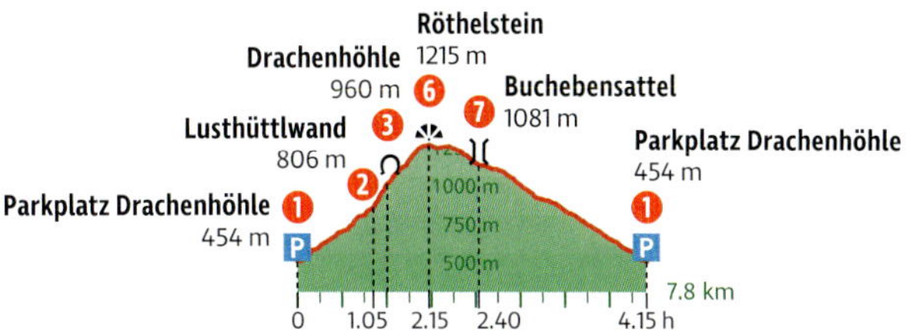

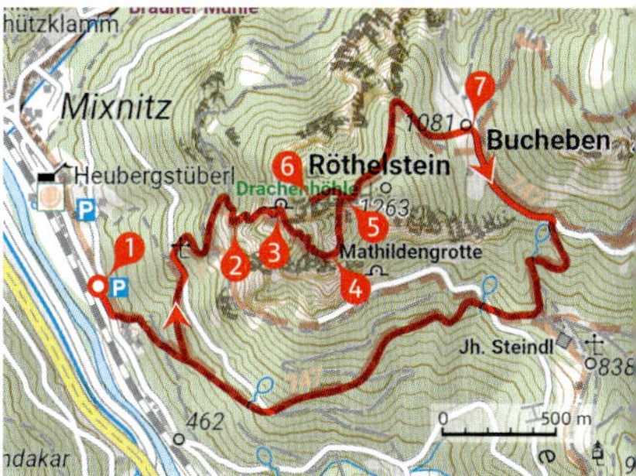

Ausgangspunkt: Parkplatz Drachenhöhle, 454 m, beim Heubergstüberl (Tennisplätze) in Mixnitz; Anfahrt über die S 35 (Brucker Schnellstraße) bis Mixnitz, ab dort Hinweisschilder.
ÖPNV: ÖBB, Verbund Linie 100 (Graz – Bruck an der Mur) bis zum Bahnhof von Mixnitz, von dort ca. 1,2 km zu Fuß.
Anforderungen: Steiler, markierter Weg zur Drachenhöhle, kurz davor felsdurchsetzte, mit Ketten versicherte Rinne. Von der Höhle bis zum Buchebensattel nur mit Steinmännern und Farbtupfern gekennzeichneter Steig, abschnittsweise steil.
Einkehr: Keine während der Tour.
Karte: f&b WK 131.
Tipp: Überschreitung des Röthelstein-Hauptgipfels, 1263 m, ab Steinmann bei Wiese ❺: dabei immer den weißen Punkten im Gratbereich folgen, spektakuläre Tiefblicke ins Murtal. Die Punktmarkierung beachtend rechtzeitig nach links queren, der Steig endet beim Buchebensattel.

Wir verlassen den **Parkplatz Drachenhöhle** ❶, 454 m, gehen noch ca. 130 m an der von Mixnitz wegführenden Straße entlang und zweigen dann nach links auf Weg Nr. 1 (später Weg Nr. 21) zur »Drachenhöhle« ab. Der gut markierte Steig zieht im Wald steil bergauf. Weiter oben kommen wir kurz aus der Waldzone und haben beachtliche Blicke ins Murtal, zum gegenüberliegenden Schiffall und zum benachbarten Ratengrat mit messerscharfer Felskante. Wir steigen in einem weiten Rechtsbogen auf die überhängende Felswulst der Lusthüttlwand hinauf – Top-Tiefblick ins Murtal! Dort dreht der markierte Weg nach links, doch es lohnt sich, noch ca. 30 m auf dem geradeaus führenden Steig – am Rand der senkrechten Abbrüche – zu bleiben, denn vom grasbewachsenen Felsköpfl auf der **Lusthüttlwand** ❷, 806 m, ist das Panorama wirklich wunderbar! Wieder bei den Markierungen geht es direkt an die breite Felszone heran, in der Folge durch eine gut gestufte Felsrinne (durchgehend Eisenketten) bergauf. Schließlich stehen wir vor dem monumentalen Eingang der **Drachenhöhle** ❸, 960 m!

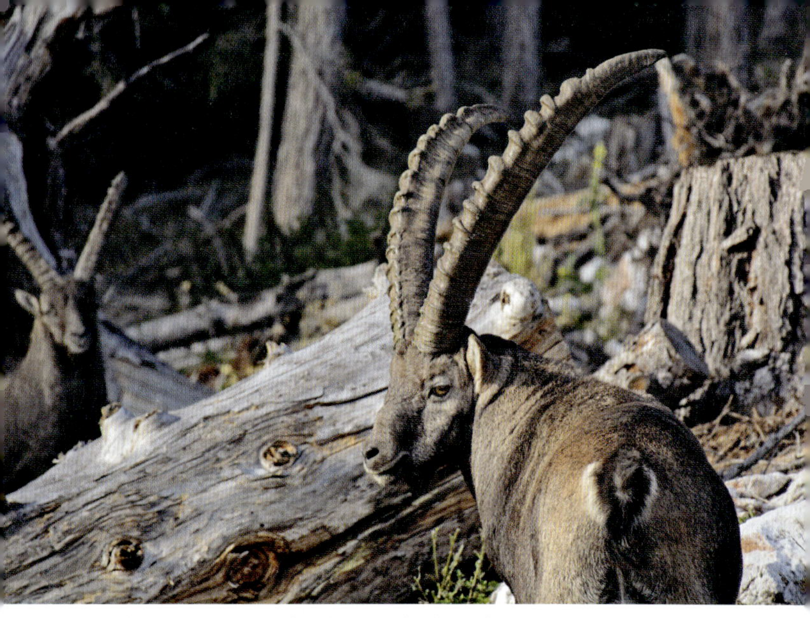

Röthelstein und Rote Wand sind ein Steinbockparadies.

Nun geht es mit Steinmännchen und Farbtupfern gekennzeichnet weiter: Wir steigen rechts der Höhle nur ein paar Meter neben den Felsen bergauf (Steinmann), gleich danach zwei Bäume mit hellgrünen Farbpunkten. Der Steig zieht auf ein halb rechts gelegenes Felsköpfl hinauf. Halb links oben sehen wir eine mächtige Felswand mit markantem Felsloch knapp über dem Boden. Rechts am Felsloch vorbei (Pimeshofer-Gedenktafel), wieder herrliche Aussicht ins Murtal, dort auch markante Felsplatten!
Unser Steig verzweigt sich, der rechte Pfad (er verläuft knapp über den markanten Felsplatten) ist mit mehreren dicken Ästen absichtlich versperrt; erst ein paar Meter weiter oben queren wir die verwachsene Rinne länger schräg nach rechts hinauf (Steinmänner), übersteigen eine Wurzelzone, sehen vor uns Bäume mit blauen Farbzeichen und erreichen eine kleine Felsrippe, die beim weiteren Bergaufsteigen rechts von uns bleibt. Es geht über gut ausgetretene Serpentinen höher (Bäume mit blauen und grünen Farbzeichen) bis wir – halb links (!) – einen kleinen **Sattel** 4, 1081 m, am Beginn einer großen, freien, schrägen Wiese erreichen. Dort imponierender Blick zu den Wänden des Röthelstein-Südostsporns.
Hier treffen mehrere Wege zusammen. Wir gehen auf einem deutlichen Steig über die freie Fläche halb links bergauf, durchqueren die kleine Waldzunge, kreuzen die Schuttzone in ihrem obersten Bereich, erreichen ein

paar Felsen (Steinmann) und danach einen schmalen **Waldsattel**. Dort sehen wir Reste eines Wildgatters (Gitterzaun, mehrere Meter hohe Holzpfähle). Aus dem Sattel steigen wir rechts auf dem kurzen Bergrücken weiter und sehen links verfallene Holzleitern (ehemaliger Wegverlauf). Wir bewegen uns rechts der Leitern auf gutem Steig zwischen harmlosen Felsen und an mehreren großen Holzpfählen vorbei steil bergauf und erreichen die nächste große **Wiese** 5, 1192 m.

Dort scharf links über Steigspuren auf den dem **Röthelstein**-Hauptgipfel, 1263 m, westlich vorgelagerten gratartigen Kamm und an Kreuzen vorbei – etwas ausgesetzt – bis zum Ende auf einem kleinen **Plateau** 6, 1215 m, mit filigranem Holzkreuz und Steinmann. Grandiose Aussicht!

Auf gleichem Weg zurück zur **Wiese** 5; links unten Gitterzaun, vor uns Wald mit Felsrand (rechts). Wir überqueren die Wiese Richtung Felsrand, biegen aber knapp davor – vor dem großen Steinmann – halb links über die Wiese in den Wald hinunter und gelangen durch ein immer offen stehendes Gatter auf einen breiten, flachen Weg, auf dem wir nach rechts weitergehen (Bäume mit weißen Farbzeichen). Später wird ein schwach ausgeprägtes Felsköpfl neben einem kleinen Sattel links umgangen, bald danach dreht der Weg in kurzem Abstand zweimal rechtwinkelig nach rechts und mündet wenig später in die breite, almartige Hochfläche des **Buchebensattels** 7, 1081 m. Nun rechts entlang der Forststraße bis zum Wegweiser nach »Mixnitz« (Weg Nr. 747), dort Abzweigung nach rechts und auf gutem Wanderweg zurück zum **Parkplatz** 1.

Röthelstein mit Roter Wand (rechts) und Hochlantsch (links), die Drachenhöhle befindet sich genau in der Bildmitte.

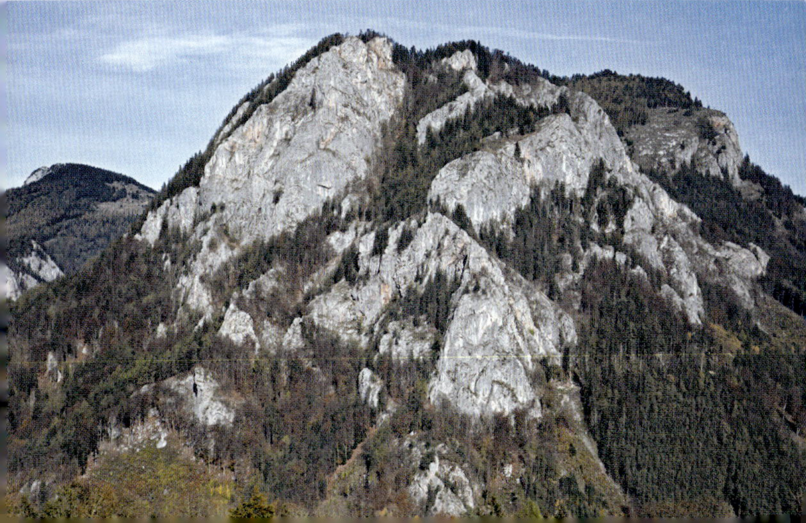

↗ 750 m | ↘ 750 m | 9.6 km

20 Von Mixnitz durch die Bärenschützklamm

4.30 h

Im Bann der enormen Kraft des Mixnitzbaches

Die Bärenschützklamm bei Mixnitz, 1978 zum Naturdenkmal erklärt, ist eine der bekanntesten und schönsten Felsklammen Österreichs. Links und rechts der abenteuerlichen Steiganlage strecken sich die Felswände mehrere Hundert Meter weit dem Himmel entgegen. Karstquellen, bizarre Felsgrotten, Karren und Rillen, Felsnischen und topfartige Felskolke sind Zeugen der Kräfte des Wassers, das über Jahrtausende hinweg hier gewirkt hat. Auf dem Weg entlang der tosenden Wassermassen, die über große und kleine Wasserfälle mit atemberaubender Leichtigkeit auf tiefer gelegenes Gestein stürzen und dieses kunstvoll ausschwemmen, steigen wir über zahlreiche Leitern und Brücken hautnah am steilen Fels entlang bergauf und erreichen bald nach dem Ende der Klamm das Almgasthaus Zum Guten Hirten. Über den Prügelweg gehen wir zurück nach Mixnitz.

Ausgangspunkt: Parkplatz Bärenschützklamm, 485 m, bei Mixnitz; Anfahrt über die S 35 (Brucker Schnellstraße) bis Mixnitz, ab dort gute Hinweisschilder.
ÖPNV: ÖBB, Verbund Linie 100 (Graz – Bruck an der Mur) bis Bahnhof Mixnitz, dann ca. 1,3 km zu Fuß durch den Ort (Wegweiser).
Anforderungen: Forststraßen, Bergwege, zahlreiche (steile) Leitern und Brücken in der Klamm (Trittsicherheit), gut markiert.
Einkehr: Jausenstation Grassauer, Tel. +43 3867 8668, geöffnet Mai–Oktober, Mo Ruhetag; Almgasthaus Zum Guten Hirten, Tel. +43 664 1636046, 1.5.–26.10.
Karte: f&b WK 131.
Hinweis: Wintersperre der Klamm 1.11.–30.4.
Tipp: Verlängerung der Tour vom Guten Hirten bis Teichalm bzw. Tyrnauer Alm (samt Besteigung der Roten Wand) möglich, von dort jeweils mit SAM-Taxi zurück nach Mixnitz: SAM-Taxi Haltepunkte WZ 3424 (Teichalm – Teichwirt), WZ 3443 (Tyrnau – Parkplatz Tyrnauer Alm), BM 3516 (Mixnitz – Bärenschützklamm).

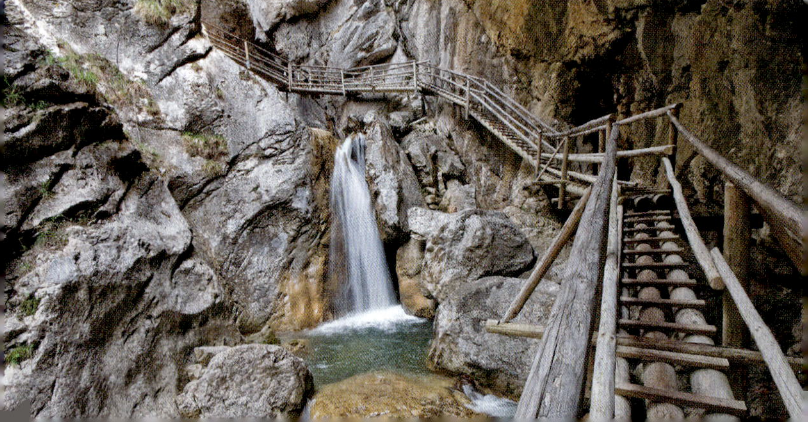

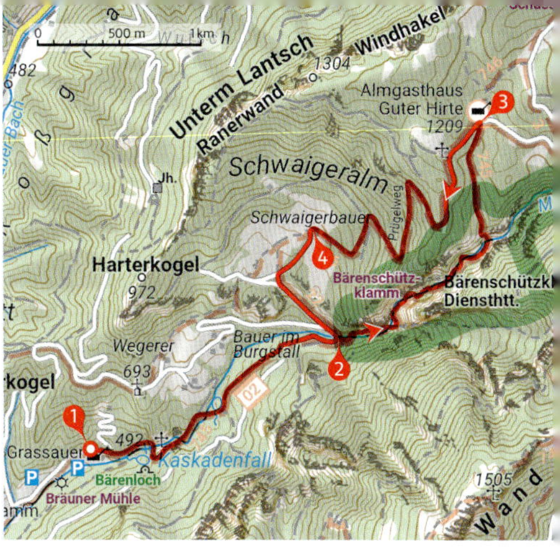

Vom **Parkplatz Bärenschützklamm** ❶, 485 m, am nordwestlichen Ortsrand von Mixnitz, gehen wir an der Jausenstation Grassauer vorbei und auf Weg Nr. 745/02 in den Wald. Rechts beeindrucken Felswände, später im Wald der wirbelnde Mixnitzbach, der die Vorfreude auf die Klamm mit seinem Kaskadenfall und einem weiteren Wasserfall steigert. Danach nimmt die Steigung für längere Zeit zu und wir gehen auf grobsteinigem Fahrweg an mehreren moosüberzogenen Felsblöcken vorbei.

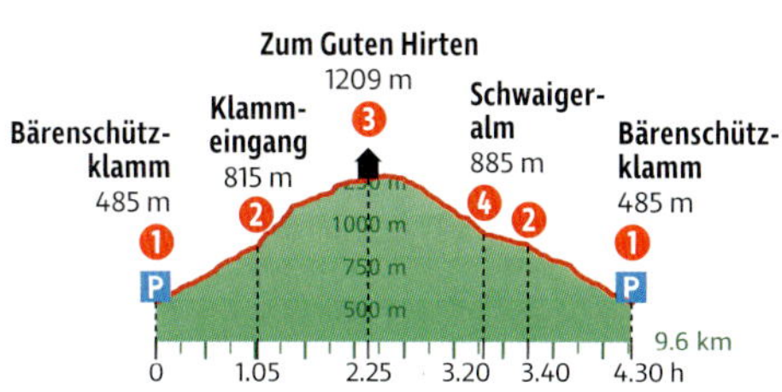

Nach der insgesamt dritten Brücke entfernen wir uns vorübergehend vom Mixnitzbach, erreichen eine flache Forststraße und gleich danach die Kassahütte beim **Eingang zur Klamm** ❷, 815 m. Toller Blick zu den Brunntal-Wänden! Auf der großen Holztafel lesen wir, dass die Steiganlage 1400 Meter lang ist, einen Höhenunterschied von 350 Metern überwindet und aus 115 Brücken und 49 Leitern mit 2900 Trittleisten besteht. Höhepunkte auf dem äußerst eindrucksvollen Weg durch die Klamm sind das von gigantischen Wasserkräften spektakulär geformte »Kanonenrohr« mit dem darin brausenden »Großen Wasserfall«, die »Sechs hohen Leitern« und das »Schwalbennest«.

Nach den letzten Leitern geht es durch ein Waldstück bis zum **Almgasthaus Zum Guten Hirten** ❸, 1209 m. Um wieder nach Mixnitz zu gelangen, wandern wir auf dem Prügelweg (Weg Nr. 746) zurück. Über mehrere Serpentinen (Holzgeländer) kommen wir zur schönen **Schwaigeralm** ❹, 885 m, und bald danach wieder zur Kassahütte beim **Eingang** ❷ in die **Bärenschützklamm**.

Ab dort über den Anstiegsweg zurück zum **Parkplatz** ❶.

Naturdenkmal Bärenschützklamm.

↗ 840 m | ↘ 840 m | 12.2 km

21 Ranerwand, 1304 m

5.15 h

Die Hochlantsch-Schwester lockt mit senkrechten Felsen

Die Ranerwand zeigt sich am schönsten von Trafößaus bei der Einmündung des Breitenauer Tals in das Murtal. Sie schließt direkt an den Hochlantsch-Stock an und fällt durch ihre steil abfallenden Felswände auf. Auf die Ranerwand führen auch verschiedene Mehrseillängen-Touren, die bis zum UIAA-Schwierigkeitsgrad 10 – (Route »Drachenblut«) reichen. Unsere Rundwanderung beginnt in Mixnitz und führt uns zuerst zum Rannerwandkreuz (mit 2 »n«!), das auf einem aussichtsreichen Plateau über den schaurigen Felsabbrüchen spannungsgeladen positioniert ist. Danach steigen wir noch 240 Höhenmeter bis zum – eigentlich – höchsten Punkt der Ranerwand auf, denn das Rannerwandkreuz steht tiefer und gilt nur eingeschränkt als »Gipfel«-Kreuz. Der Abstieg, den wir mit einem kurzen Abstecher zum Almgasthaus Zum Guten Hirten verbinden können, führt uns über den Prügelweg zurück zum Parkplatz in Mixnitz. Alternativ könnten wir auch über die Bärenschützklamm absteigen.

Gegen Ende der Tour begeistert der Kaskadenfall (Mixnitzbach).

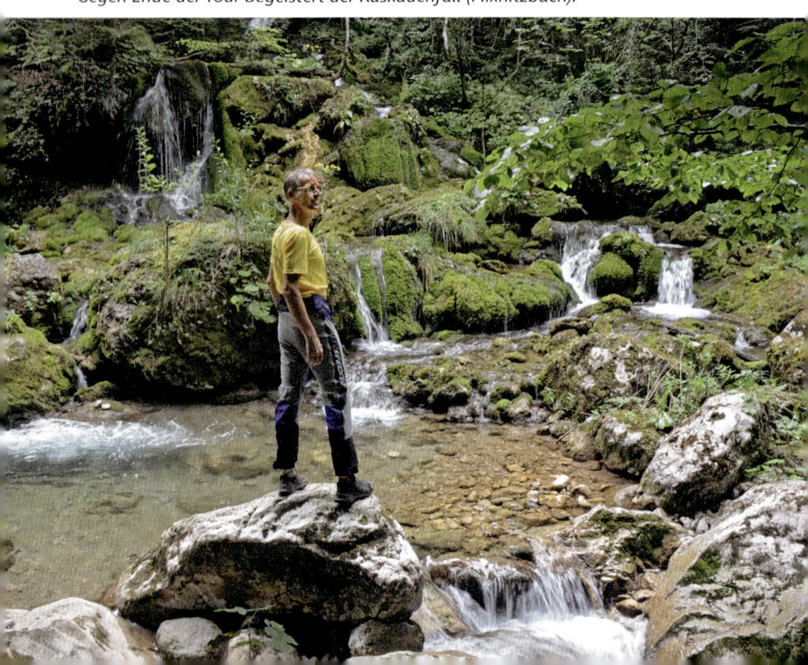

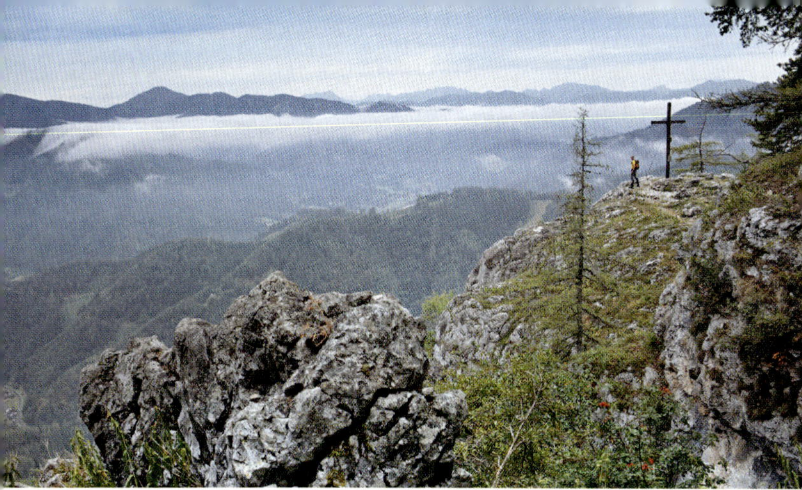

Das Rannerwandkreuz steht auf einem spektakulären Platz.

Ausgangspunkt: Parkplatz »Nr. 4, Bärenschütz«, 471 m, bei Mixnitz; Anfahrt über die S 35 (Brucker Schnellstraße) bis Mixnitz, ab dort Hinweisschilder.
ÖPNV: ÖBB, Verbund Linie 100 (Graz – Bruck an der Mur) bis Bahnhof Mixnitz, dann ca. 1 km zu Fuß durch den Ort Richtung Bärenschützklamm (Wegweiser).
Anforderungen: Forstwege, Bergwege (mitunter steil), Vorsicht im Felsbereich beim Rannerwandkreuz; Aufstieg und Abstieg bis zum markierten Prügelweg überwiegend nur mit Steinmännern markiert, aber gut zu finden (vorhandener Weg/Forststraße).
Einkehr: Jausenstation Grassauer, Tel. +43 3867 8668, geöffnet Mai–Oktober, Montag Ruhetag; Almgasthaus Zum Guten Hirten, Tel. +43 664 1636046, 1.5.–26.10.
Karte: f&b WK 131.
Tipp: Verlängerung der Tour über das Gasthaus Steirischer Jockl bis zur Wallfahrtskirche Schüsserlbrunn.

Schräg gegenüber vom **Parkplatz** ❶, 471 m, zieht eine Straße nach Norden, die eine blaue Tafel mit »Burgstall« bezeichnet. Wir folgen ihr 1,8 km bis zu einem kleinen Plateau, auf dem sie eine starke **Rechtskurve** ❷, 661 m, macht; dort mündet von links der Weg Nr. 746 von Mautstatt ein (Wegweiser). Gleich nach der Kurve zweigt links ein Steig ab, der zu Beginn in einem seichten Graben verläuft (Steinmänner) und später auf eine Forststraße trifft, auf der wir so lange nach links gehen, bis sie flach wird; ein Steinmann auf der rechten Seite gibt uns dort zu wissen, dass wir nun rechts in den Wald (Steig) abbiegen müssen.
Der urige Weg führt durch ein felsdurchzogenes Gebiet in der Westflanke des Harterkogels, 972 m, über die Höhenkote 945 (Abstecher zum Harterkogel möglich) zu einer Lichtung und nach dieser wieder in den Wald. Nun Vorsicht, denn der Pfad teilt sich: Wir wählen den linken Weg, der uns bis

zu den Felsabbrüchen der Ranerwand heranführt. Landschaftlich großartig und mit Tiefblick zum Straßenkreuzungspunkt Murtal/Breitenauer Tal geht es auf dem Steiglein weiter, bis unvermutet links außen das **Rannerwandkreuz** ❸, 1065 m, auftaucht. Wir erreichen den exponierten Platz im Abstieg über eine kleine Holzleiter. Die Aussicht nach Westen ist fantastisch! Nach dem alpinen Intermezzo geht es über die Holzleiter zurück und dann links haltend auf deutlichem Steig (Steinmänner), in einiger Entfernung zu den Felsabbrüchen, weiter. Zwischendurch schöne Sicht zum Röthelstein und zur »sanften« Seite der Roten Wand. Knapp unter dem Hauptgipfel der Ranerwand mündet unser Steig in eine Forststraße, auf der wir rechts bis zur nächsten Rechtskurve weitergehen, dort links abzweigen und so nach

Um zum Rannerwandkreuz zu gelangen, muss man über eine kurze Holzleiter steigen.

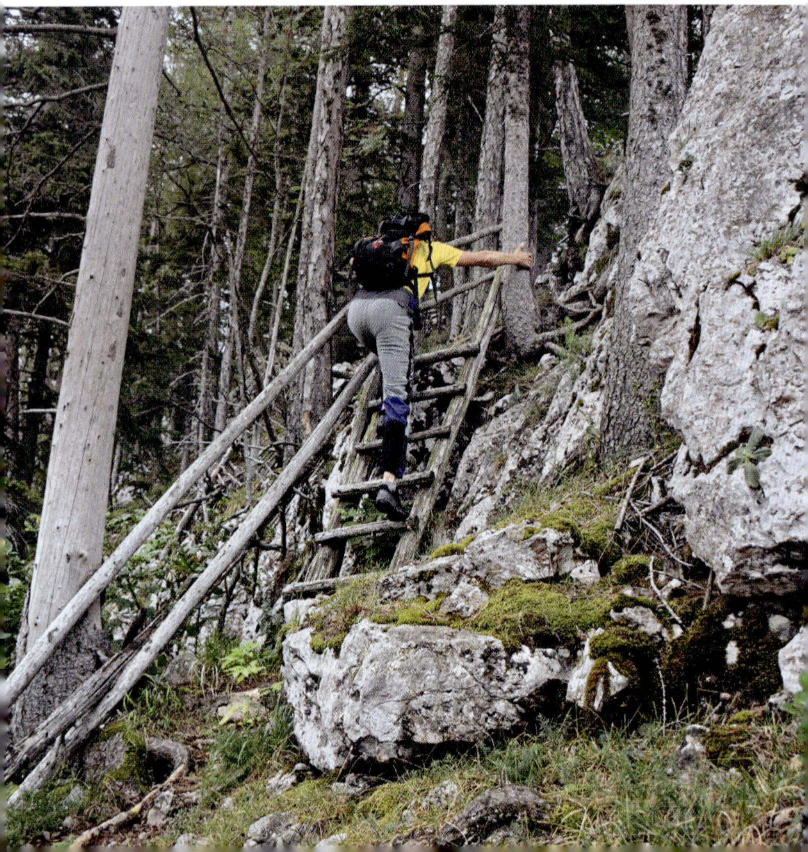

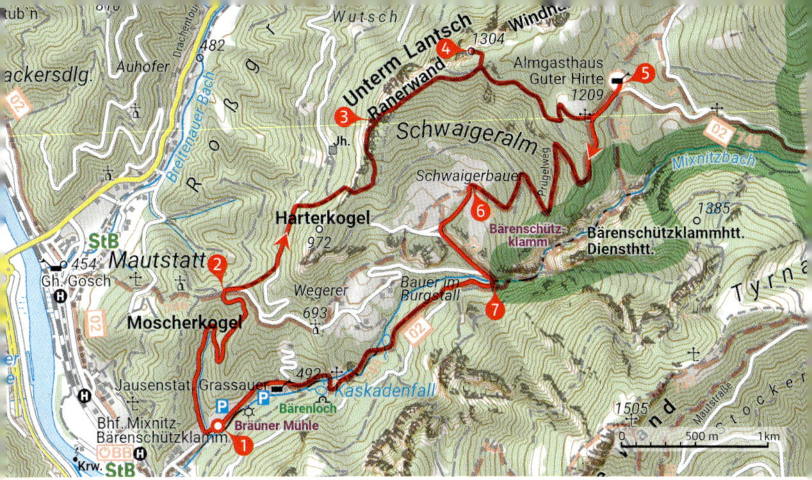

der freien Fläche am Gipfel der **Ranerwand** ❹, 1304 m, ankommen. Erneut herrliche Aussicht!

Wieder zurück in der Kurve geht es über die Straße nach Südosten hinunter. Bei einer späteren Linkskurve führt ein Straßenstück geradeaus (Sackgasse). Der kurze Abstecher in die Sackgasse ist wegen der Aussicht über Rote Wand, Röthelstein und Schiffall lohnend! Unsere an Höhe verlierende Forststraße mündet schließlich in eine flache Querstraße, über die der markierte Prügelweg (Weg Nr. 746) verläuft. Links haltend könnten wir nach 260 m das **Gasthaus Zum Guten Hirten** ❺, 1209 m, erreichen.

Um nach Mixnitz zu gelangen, folgen wir dem Prügelweg aber nach rechts (Marterl). Nach mehreren Serpentinen (Holzgeländer) kommen wir zur schönen **Schwaigeralm** ❻, 885 m, und erreichen später die **Kassahütte** beim unteren **Zugang zur Bärenschützklamm** ❼, 815 m; ab dort auf breitem Weg, zuletzt mit Blick zum schäumenden Kaskadenfall (Mixnitzbach), 492 m, zur Jausenstation Grassauer, von wo es nur mehr wenige Meter bis zum **Parkplatz** ❶ sind.

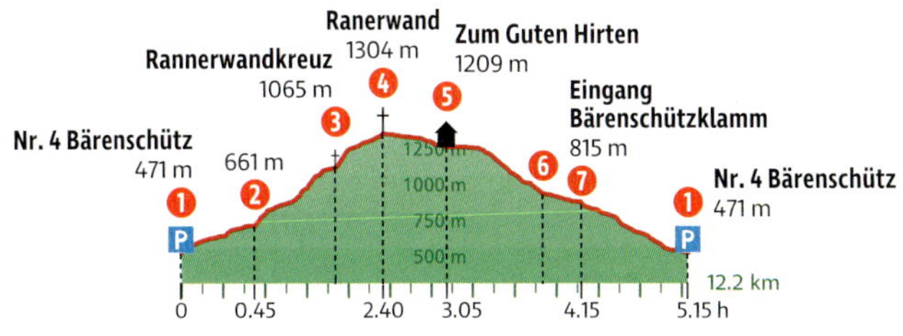

↗ 740 m | ↘ 740 m | 6.2 km

22 Hochlantsch, 1720 m, über den Klettersteig

4.15 h

Auf dem Franz-Scheikl-Klettersteig zum stolzen Felsgipfel

Der Franz-Scheikl-Klettersteig, vormals Naturfreunde-Klettersteig bzw. TVN-Klettersteig, führt quer durch die Hochlantsch-Nordseite und endet knapp unter seinem Gipfel. Gleich nach dem Einstieg wartet eine mit Eisenklammern entschärfte Steilstufe (C/D); wer diese gut überwindet, wird den 400 Meter langen und sehr gut versicherten Klettersteig lieben. Die reizvolle Route, die der Breitenauer Franz Scheikl im Jahr 1938 ins Leben gerufen hat und die sich nach Sanierungen (2017) in sehr gutem Zustand befindet, begeistert mit schönen Kletterstellen und großartigen Tiefblicken in das Breitenauer Tal. Beim großen Gipfelkreuz am höchsten Gipfel des Grazer Berglandes fesselt das weitreichende Panorama. Der Abstieg führt uns über das kess bei einem Felsabbruch gelegene Gasthaus Steirischer Jockl zum Wallfahrtskirchlein Schüsserlbrunn. Die kleine Kirche wurde 2018 im Rahmen der großen ORF-Show »9 Plätze – 9 Schätze« zum beliebtesten Ausflugsziel der Steiermark gewählt und erreichte im bundesweiten Ranking Platz drei. Vom Kirchlein steigen wir auf gut markiertem Weg zum Ausgangspunkt ab.

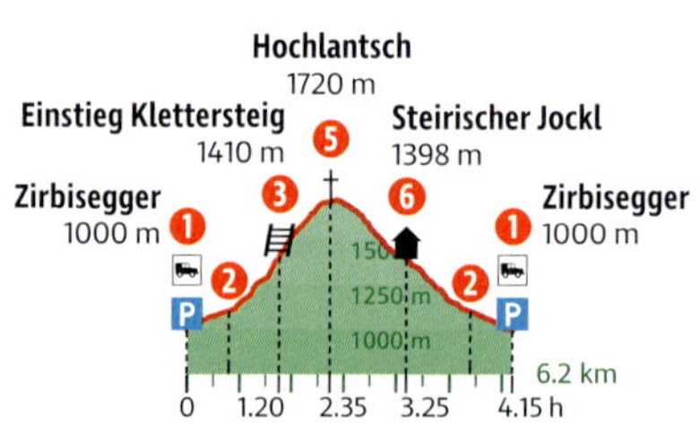

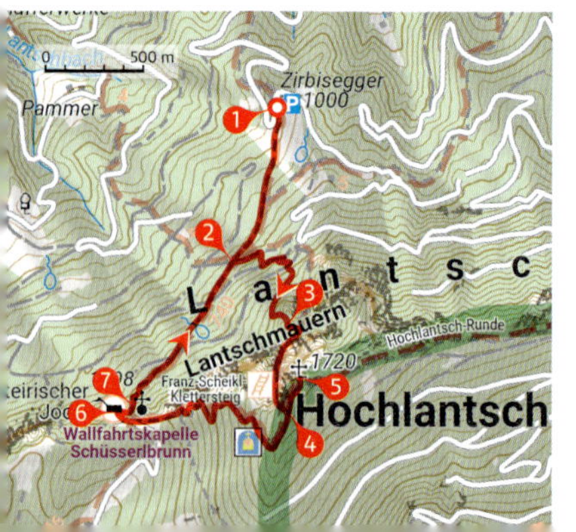

Ausgangspunkt: (Ehemaliger) Gasthof Zirbisegger, 1000 m; Anfahrt über die L 104 (Breitenauerstraße) bis St. Jakob in der Breitenau, dort rechts über die Bahngleise; gute Beschilderung; Parkplatz vorhanden, der aber schnell besetzt sein kann (weitere Parkplätze etwas entfernt).
ÖPNV: SAM-Taxi Halteplatz BM 3630 St. Jakob-Breitenau – Zirbisegger Parkplatz.
Anforderungen: Klettersteig C/D (zwei Stellen), sonst A/B, Steinschlaggefahr. Klettersteigset und Helm sind unbedingt nötig!
Einkehr: Gasthaus Steirischer Jockl, Tel. +43 664 1526845, 1.5.–26.10.
Karte: f&b WK 131.

Ausgehend von der Tafel »Schüsserlbrunn/Hochlantsch« beim **Parkplatz 1**, 1000 m, steigen wir rechts auf Weg Nr. 740 bergwärts. Schon bald mündet von links der Pfarrer-Kelz-Weg (Weg Nr. 5) ein, und wenig

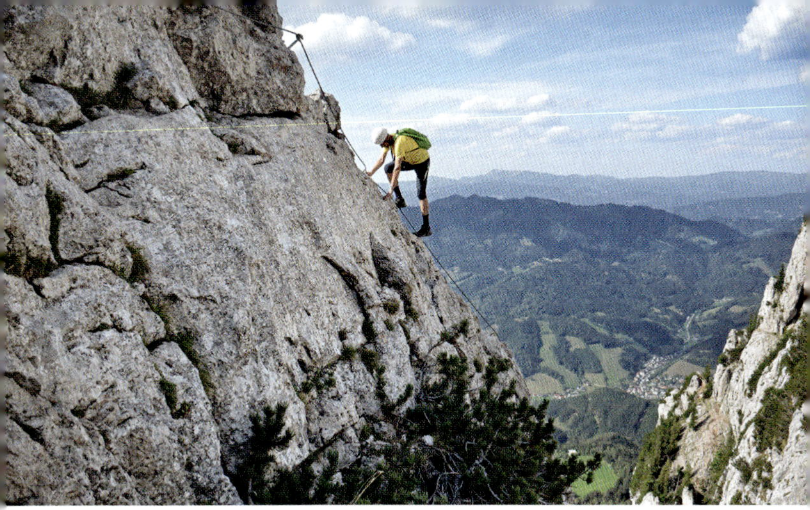

Die letzten Meter am Klettersteig können links davon unschwierig umgangen werden.

später können wir bei einer Übersichtstafel viel über den Klettersteig erfahren; bei der dortigen **Wegkreuzung** ❷, 1107 m, gehen wir links. Beim Aufstieg stoßen wir auf kleine Wegweiser und gewinnen rasch an Höhe. In einem etwas unübersichtlichen Teil helfen Steinmänner bei der Orientierung, danach Holzgeländer; eine alte Holzhütte bleibt links außen, denn das Schild »TVN-Klettersteig« lotst uns halb rechts bergauf und nach zwei weiteren Tafeln stehen wir beim **Einstieg** ❸ in den **Klettersteig**, 1410 m; sehr gute Sicherungen beginnen.

Die schwierigste Stelle (C/D), ein senkrechter Aufschwung mit Klammern, ist schnell erreicht, danach wechseln sich kurze, steile Aufschwünge mit Gehgelände und eindrucksvollen Tiefblicken ab. Nach einer Schulter müssen wir kurz absteigen. Danach geht es über die nächste Steilstufe und einen luftigen Grat (C/D) – Umgehungsmöglichkeit links – zum Ausstieg, dort Tafel; weiter aufwärts auf den Latschenrücken (Steigspuren) bis zur Einmündung in den **Weg Nr. 740** ❹, 1650 m, und über ihn zum **Gipfel** ❺, 1720 m, mit mächtigem Gipfelkreuz und großartigem Panorama.

Beim Abstieg bleiben wir bis zum Ende der Tour am markierten Weg Nr. 740 (zuerst nach »Schüsserlbrunn«) und treffen beim **Gasthaus Steirischer Jockl** ❻, 1398 m, ein; dort verblüfft die exponierte Lage hoch über den Felsen. Über viele Holzleitern steigen wir zur **Wallfahrtskapelle Schüsserlbrunn** ❼, 1363 m, hinunter, der die Quelle in der dortigen Felswand den Namen gab. Vor der **Abzweigung zum Klettersteig** ❷ kommen wir am Kleinen Hochlantsch vorbei: Der hübsche Felsblock mit dem reizenden Kreuz ist ein schönes Fotomotiv im Schlussabschnitt.

↗ 440 m | ↘ 440 m | 6.6 km

23 Rennfeld, 1629 m

2.45 h

Schnell, fein: von der Pischkalm zum Ottokar-Kernstock-Haus

Das Rennfeld ist ein sagenhafter Berg. Zumindest weil es die Agnes-Sage und ein imposantes Panorama gibt! Auf der Gipfelwiese sollen sich einst Ritter Wulfing von Stubenberg und der Ritter von Kuenring um die schöne Agnes von Pernegg duelliert haben. Der Kampf der beiden edlen Ritter währte einen ganzen Tag lang, bis es Wulfing gelang, seinen Gegner mit einem mächtigen Streich niederzustrecken. Die Bergwiese, auf der die beiden Ritter »gegeneinander angerannt waren«, wurde von da an »Rennfeld« genannt. Am Gipfel steht das Ottokar-Kernstock-Haus, benannt nach dem Dichter, Priester und Augustiner-Chorherrn Ottokar Kernstock. Vorbild für den Bau war das Geburtshaus von Peter Rosegger in Alpl bei Krieglach, womit auch diesem Schriftsteller und Poeten ein Denkmal gesetzt wurde. Verschiedenartig sind auch die Wege, die aus unterschiedlichen Richtungen kommend am Rennfeld zusammentreffen. So kann der Gipfel unter anderem von Bruck an der Mur im Westen über den Kaltbachgraben und den Glanzgraben, von Kapfenberg im Norden über Frauenberg, von Pernegg im Südwesten über den Gabraun-Graben oder von Breitenau am Hochlantsch im Südosten erstiegen werden. Aus dem vielfältigen Angebot wählen wir die kürzeste Route, die nahe der Pischkalm beginnt, weil man auf dieser fast durchgehend eine panoramastarke Aussicht genießen kann.

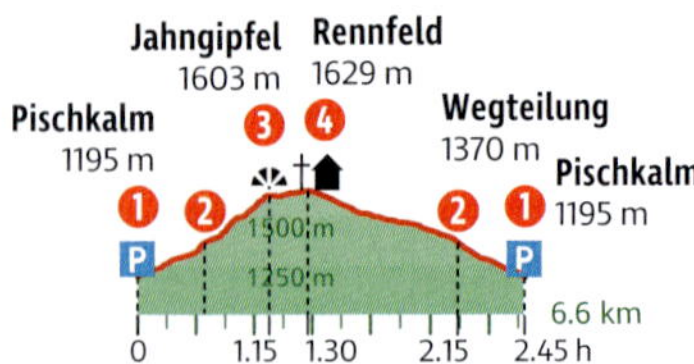

Blick zum Hochschwab im Norden.

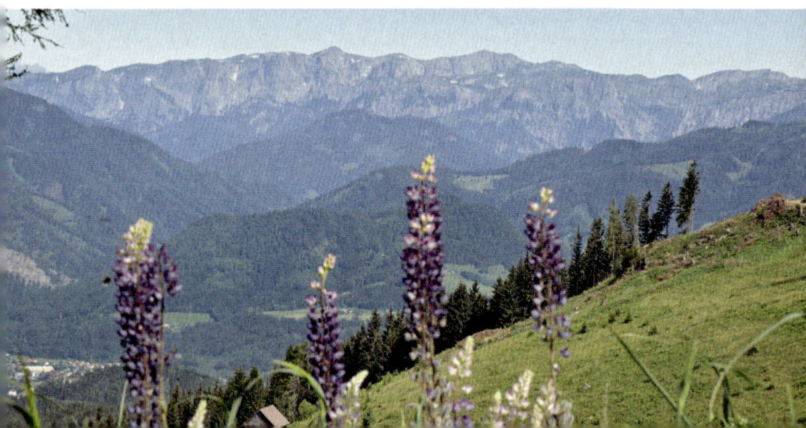

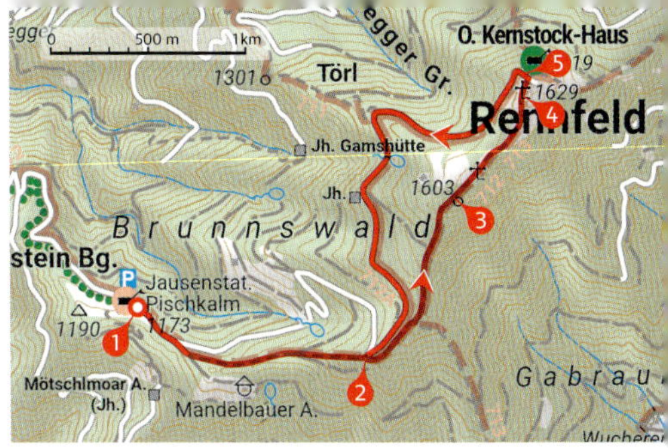

Ausgangspunkt: Parkplatz Pischkalm, 1195 m (3 Euro Gebühr); Zufahrt von Bruck an der Mur in den Ortsteil Pischk und über den Glanzgraben bis zum Straßenende.
ÖPNV: Keine zum Parkplatz oberhalb der Pischkalm.
Anforderungen: Forststraßen, mäßig steile Wald- und Wiesenwege, gut markiert.
Einkehr: Ottokar-Kernstock-Haus, Tel. +43 3864 6761, von 1.5. bis 31.10. Mi Ruhetag, von 1.11. bis 30.4. Di–Fr Ruhetag.
Karte: f&b WK 131.
Tipp: Längere Aufstiege: von Frauenberg über den Wolfsattel (Weg Nr. 715) oder den Buchecksattel, 1275 m (Weg Nr. 714); von Pernegg über Gabraun (Weg Nr. 713); von Bruck an der Mur über Pischkberg (Weg Nr. 711); von der Burg Oberkapfenberg (Weg Nr. 714); vom Gasthaus Obersattler (Zufahrt von Breitenau am Hochlantsch über den Schlaggraben) (Weg Nr. 740).

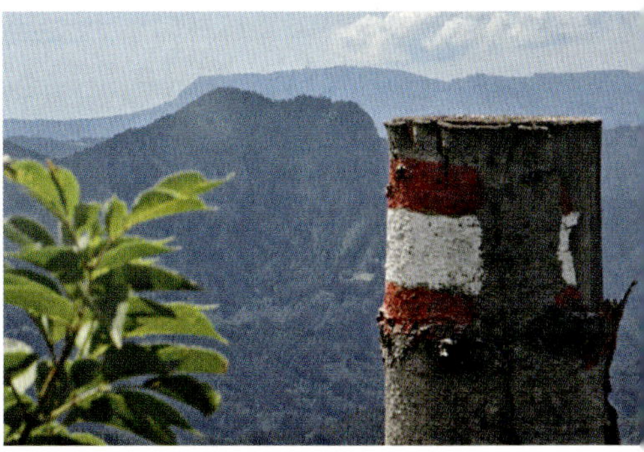

Der **Parkplatz** 1, 1195 m, liegt oberhalb des ehemaligen Gasthauses auf der **Pischkalm**, 1173 m. Von dort gehen wir kurz auf der Forststraße, bis der markierte Weg links abzweigt und als Steig über einen Rücken mit verblüffenden Blicken über den Röthelstein hinweg zum Schöckl im Süden bzw. zum Hochschwab im Norden weiterführt. Wenn wir auf die **Forststraße** 2, 1370 m, treffen, gehen wir beim Wegweiser auf dem rechten Weg Nr. 712 (»Jahngipfel – Rennfeld«) weiter (links der Hans-Raith-Weg, Weg Nr. 712a, ist unser Rückweg). Der Jahn-Weg zieht steil bergauf, im Streckenverlauf gesellt sich der Weg aus Pernegg bzw. Gabraun zu uns. Nach freiem Gelände (Kahlschlag) betreten wir die Gipfelregion (Heidelbeersträucher); kurze Abstecher zur Felskante (Vorsicht) im Bereich des unscheinbaren **Jahngipfels** 3, 1603 m, liefern gute Aussicht und eine schroffe Szenerie.
Der Übergang zum **Gipfelkreuz** 4, 1629 m, am **Rennfeld** ist kurz, daneben Richtfunkstation. Über die Gipfelwiese steigen wir in ein paar Minuten zum **Ottokar-Kernstock-Haus** 5, 1619 m, ab. Dort beginnt der Rückweg über die bald Aussicht gebende Forststraße bis zur bekannten **Abzweigung** 2 auf den »Jahngipfel«, von dort wie beim Aufstieg zum **Parkplatz** 1.

↗ 480 m | ↘ 480 m | 8.3 km

24 Schwarzkogel, 1448 m

3.00 h

Eibeggsattel, Brandnerkogel und ein Weg, der auch »rockt« ...

Der Eibeggsattel verbindet Breitenau am Hochlantsch und Kindberg. Seine absolute Höhe beträgt 1001 Meter, die Zahl steht aber in keinem Zusammenhang mit dem Weltliteratur-Klassiker »Tausendundeine Nacht«. Der Pass ist Ausgangspunkt für die überraschend aussichtsreiche Wanderung auf den Schwarzkogel, bei der nicht nur die schönen Blicke über das Mürztal hinweg beeindrucken, sondern auch die Nahsicht zum Hochlantsch! Nach dem Brandnerkogel (auch »Brandnerberg«) überqueren wir einen kurzen felsdurchsetzten Höhenrücken, der das unmittelbare Landschaftsbild stilvoll diversifiziert, und beim Gipfelkreuz des Schwarzkogels stehen gleich mehrere Holzbänke bereit, auf denen man das weitreichende Panorama völlig entspannt genießen kann. Beim Rückweg, der dem Anstieg entspricht, haben wir die Möglichkeit, die Tour mit einem Bogen über die Eibeggerhütte zu beenden.

Ausgangspunkt: Eibeggsattel, 1001 m; Auffahrt von Breitenau am Hochlantsch (L 104, Breitenauerstraße) bzw. über die L 137 (Jasnitzstraße) ab Allerheiligen im Mürztal, Parkplatz vorhanden.
ÖPNV: Keine.
Anforderungen: Forststraßen, mäßig steile Wald- und Wiesenwege, Weidegebiet, gut markiert.

Einkehr: Eibeggerhütte, Tel. +43 664 9432408, Mo–Sa Ruhetag.
Karte: f&b WK 131.
Tipp: Vom Eibeggsattel kann der Aibel, 1394 m, ein schöner Aussichtsberg, auf Weg Nr. 740 in östlicher Richtung bestiegen werden; in seinem Gipfelbereich lädt die urige Almhütte auf der Hofbaueralm zur Rast ein (siehe Tour 25).

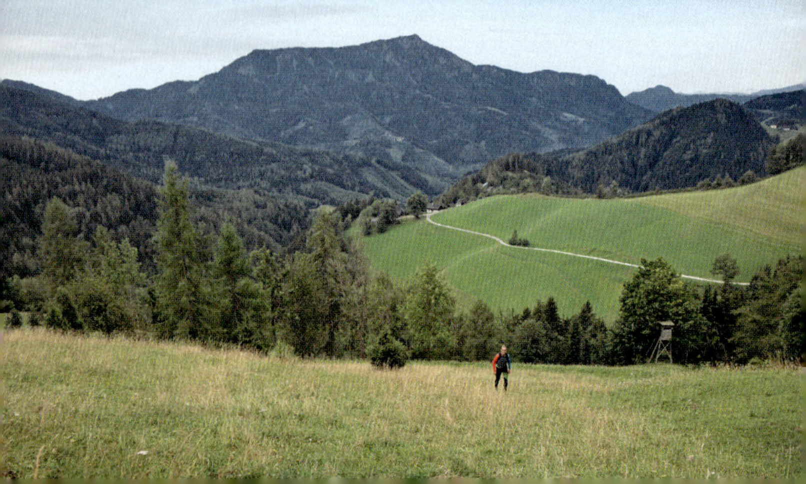

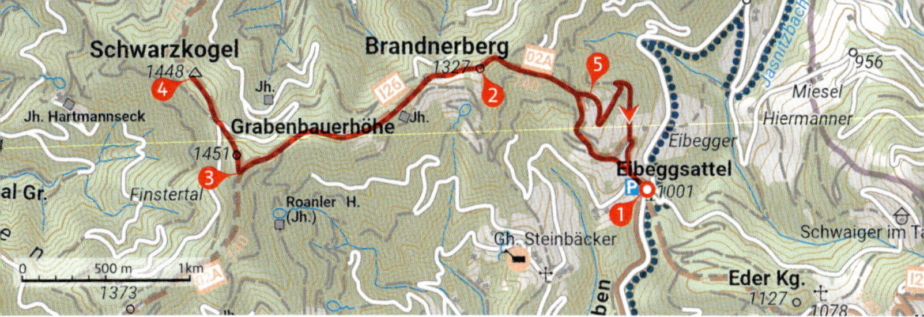

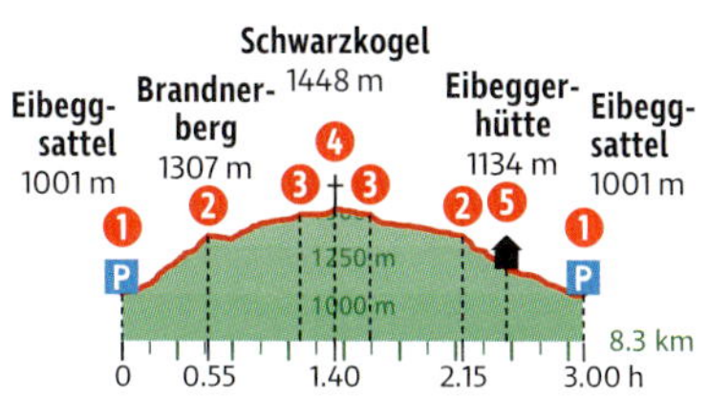

Vom **Parkplatz** am **Eibeggsattel** ❶, 1001 m, gehen wir auf der Forststraße Richtung Eibeggerhütte bzw. Rennfeld (Weg Nr. 740), doch schon bald zweigen wir bei einem Weidezauntor (Markierung) halb links von der Forststraße, die zur nahen Eibeggerhütte weiterführt, ab und steigen über die Weidefläche neben der Baumzeile auf. Am oberen Rand der Weide überqueren wir den Zaun (Überstieg) nach links und biegen knapp später beim Wegweiser »Schwarzkogel« rechts hangaufwärts ab. Ausgezeichnete Sicht zum Hochlantsch!
Wir wandern an der Holzhütte rechts vorbei in den Wald und gelangen auf einen aussichtsreichen kleinen Geländerücken mit Weidezaun und Zaunüberstieg. Nordostseitig – nicht sichtbar – liegt die Eibeggerhütte, zu der wir von hier beim Rückweg in wenigen Minuten absteigen (können). Wir halten uns nach dem Überstieg westwärts (links) und gelangen auf genussvollem Waldsteig auf den **Brandnerberg** ❷, 1307 m (Holztafel »Brandnerkogel« bei Zaunüberstieg im Gipfelbereich).
Danach zieht der zierliche, aussichtsreiche Steig über den schönen Kamm zu einer Jagdhütte hinab und steigt im Anschluss zum netten felsdurchsetzten Höhenrücken der Grabenbauerhöhe auf. Erneut perfekter Hochlantsch-Blick! Bald taucht halb rechts der Gipfel des Schwarzkogels auf, und wir passieren einen markanten Felsen mit spektakulär positioniertem Jägersitz. Bei einer beschilderten **Kreuzung** ❸, 1420 m, biegen wir rechts auf den Weg Nr. 718 zum »Schwarzkogel« ab. Über eine Kuppe geht es zu einer Forststraßenkreuzung hinab, wo der Weg beim Steinmann wieder im Gelände ansteigt; nach einer kleinen Felsansammlung im Gipfelhang taucht das **Gipfelkreuz** ❹, 1448 m, auf. Beeindruckendes Panorama über das Mürztal zum Hochschwab und nach Westen zum Rennfeld!
Rückweg wie Anstieg; mit der Option, zum Schluss über die **Eibeggerhütte** ❺, 1134 m, zu wandern.

Erster schöner Hochlantsch-Blick schon kurz nach dem Eibeggsattel.

↗ 1000 m | ↘ 1000 m | 19.8 km

25 Hochschlag, 1580 m, und Aibel, 1394 m

7.15 h

Ebenschlag, Hofbaueralm und ein genialer Hochlantsch-Blick

Die Fischbacher Alpen bilden den Ostflügel des Steirischen Randgebirges im Süden des Mürztales und erreichen im Stuhleck, 1782 m, ihren höchsten Punkt. Vielleicht nicht so bekannt ist, dass auch der Hochschlag zu den höchsten Gipfeln der Berggruppe zählt. Unsere Rundtour beginnt in der kleinen Streusiedlung Dickenbach südlich von Stanz im Mürztal (Stanzertal) und führt uns wald- und almenreich über die Maißhöhe zum Gipfelkreuz des Hochschlags. Dort beginnt eine aussichtsreiche, sanfte Kammwanderung über den Ebenschlag (Gipfelkreuz) zur idyllischen Hütte auf der Hofbaueralm, die mit viel Liebe zum Detail eingerichtet ist. Am Aibel erfreuen wir uns ein letztes Mal am prächtigen Blick zum Hochlantsch, bevor wir an den Osthängen des Serkogels vorbei zum Gehöft Sommerauer wandern, dort zum Schwaiggraben absteigen und so wieder zum Start gelangen.

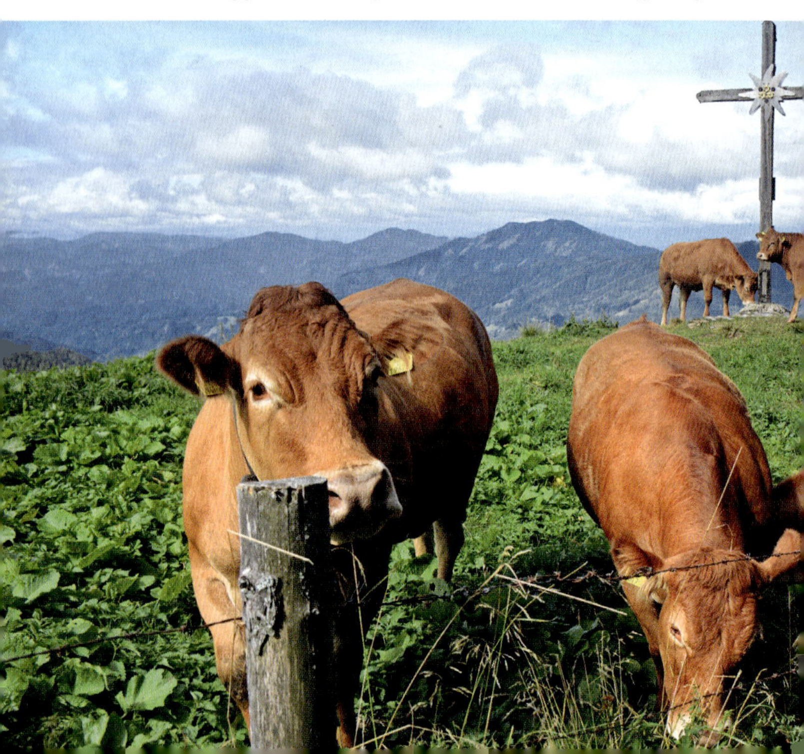

Ausgangspunkt: Weggabelung Dickenbach/Retschgraben, 715 m (Verkehrsschilder), beim Anwesen Schlundhofer in Dickenbach; Zufahrt von Allerheiligen im Mürztal über die L 114 (Schanzsattelstraße) nach Stanz im Mürztal, nach dem Naturbadeteich rechts Richtung Brandstatt bis zur Weggabelung, dort auch Bushaltestelle.
ÖPNV: Verbund Linie 184 (Kindberg – Stanz – Brandstatt/Fochnitz), bis Haltestelle Brandstattgraben Abzw. Retsch.
Anforderungen: Forststraßen, (steile) Waldwege, Weidegebiet, Asphaltstraße (Schwaiggraben), Aufstieg markiert, Abstieg weitgehend unmarkiert, aber durch die Gegebenheiten (Steige, Forststraße) gut zu finden.
Einkehr: Hofbaueralm-Hütte, Tel. +43 676 840333222, geöffnet 1.5.–30.10., nur samstags, sonntags und feiertags.
Karte: f&b WK 021.
Tipp: Stanzer Sonnenweg rund um den malerischen Ort Stanz im Mürztal, einer der schönsten Themenwege der Steiermark (sonnenweg.at).

Wir verlassen die **Weggabelung** ❶, 715 m, Richtung »Retschgraben« und erkennen beim gegenüberliegenden Gebäude den Wegweiser zum »Hochschlag«. Gleich nach dem Anwesen (Schlundhofer) geht es halb rechts steil zum nächsten Wegweiser bergauf; für längere Zeit ist nun der schmale Hohlweg von Bedeutung; Zaunüberstiege, Weideflächen, moosüberzogene Wurzeln sowie Panoramablicke sorgen für Abwechslung. Über eine flache Forststraße gelangen wir rechts zum Gehöft Stanzberger; Sicht zum Hochschlag.

Beim Gehöft steigen wir halb links auf, erst im Gras, dann im Hohlweg, kommen an einem Baum mit Gedenkkreuz vorbei und erreichen eine Forststraßenkreuzung; das dortige Holzschild »Strassegg« beachtend biegen wir im spitzen Winkel rechts ab und gelangen auf der grasüberzogenen Forststraße (Markierungen) – vorbei an einem weiteren Gedenkkreuz – zu einer feinen Alm mit viel Panorama!

Über den steilen Hang erreichen wir bei einem Baum mit Gedenkkreuz erneut flaches Gelände; nach schönem Weidegebiet lenkt uns der Wegweiser »Hochschlag, Weg 740«

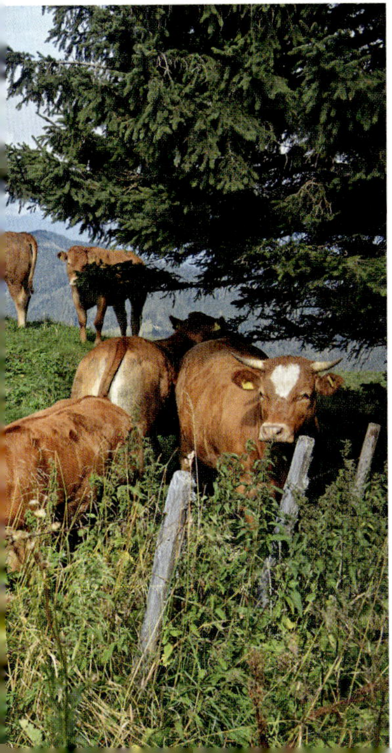

Kühe als Bergsteiger beim Gipfelkreuz am Ebenschlag.

nach rechts. Zahlreiche Zaunüberstiege sind typisch für unseren Aufstieg! In der Folge kann der Wegverlauf vielleicht unklar werden: Ein Wegweiser (»Hochschlag/Rennfeld«) beim Zaun, 1242 m, weist nach links hinaus auf die freie Fläche, ein anderer im selben Bereich leicht rechts zur »Hofbauerhütte«. Wir wandern links über die freie Fläche, sehen später rechts am Zaun – versteckt – ein **Holzschild ②**, das mit **»Maißhöhe, 1221 m«**, beschriftet ist, und wandern immer auf der schmalen, grasigen Waldschneise, die am westlichen Ende in einen deutlichen Waldweg überleitet.

Dem kurzen Waldstück folgt eine Hangquerung (Erlen) mit guter Aussicht nach Süden. Vor einer Tränke dreht der Weg nach rechts, überwindet eine Steilstufe und quert bald wieder nach links hinaus. Nach kurzem Stück auf Forstweg zweigen wir rechts ab; danach geht es steil hinauf zum Gipfelkreuz des **Hochschlags ③**, 1580 m. Schönes Panorama!

Vom Gipfel wandern wir am markierten Weg in nordwestlicher Richtung über den Tiroler Schlag; die Aussicht wird noch besser und weitreichen-

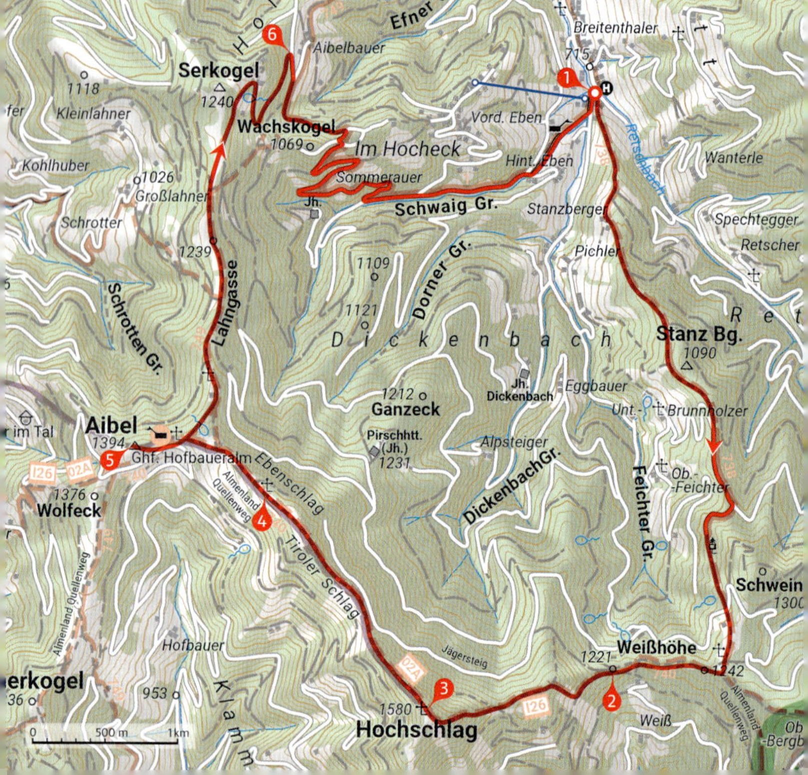

der. Danach geht es im sanften Almgelände zum schönen Gipfelkreuz des **Ebenschlags** ❹, 1545 m, hinunter und weiter zur romantischen Hofbaueralm, wo Gäste mit deftigen Jausen und Spezialitäten aus der Region verköstigt werden; das sanfte Almparadies ist von der Weidewirtschaft geprägt. Der Abstecher auf die nahe Kuppe des **Aibel** ❺, 1394 m, ist ein »Muss«, denn auch sie entzückt mit prächtigem Bergpanorama!

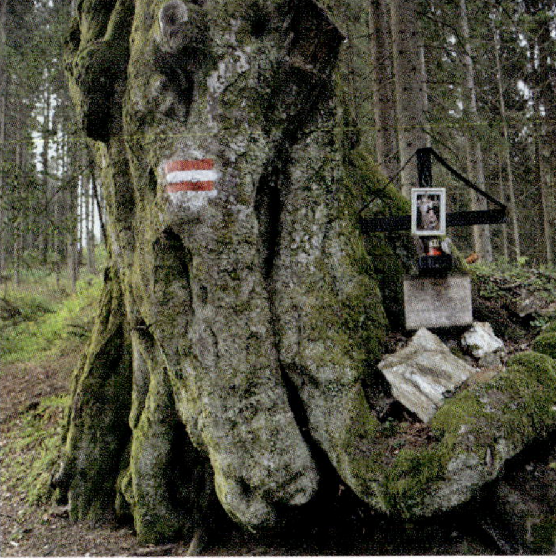

Gedenkkreuz und alter Baum bilden eine sehr friedvolle Einheit.

Nahe der Hütte lotst ein Wegweiser nach »Stanz« (Weg Nr. 749). Wir folgen dem lang gezogenen almartigen Rücken (Lahngasse), kommen an einem eingezäunten Gedenkkreuz vorbei, ignorieren den ersten Zaunüberstieg am rechten Waldrand und betreten nach dem nächsten Zaunüberstieg, uns links haltend, eine weitere ausgedehnte Almfläche. Dort fällt ein Wiesenweg ins Auge, der in eine Forststraße überleitet (Weidetor, Fahrverbotstafel).

Ab nun wandern wir unmarkiert auf Straßen weiter: Bei der ersten Wegteilung nach der Schranke bleiben wir links, treten danach in freies Gelände und stoßen nach drei Kehren auf eine Straße oberhalb vom Gehöft **Aibelbauer** ❻, 1045 m. Dort rechts kurz bergab; schon in der ersten Linkskurve gehen wir geradeaus in den Wald, folgen dann immer dem ausgeprägteren Straßenverlauf, zuerst leicht bergab, dann länger leicht bergauf, bis zum höchsten Punkt bei einer markanten Rechtskehre mit Wildfütterungsstelle. Von dort geht es – auf der Straße bleibend – nur mehr bergab: Zuerst zum Gehöft Sommerauer (kleines Sägewerk) und ab dort auf schmaler Asphaltstraße durch den Schwaiggraben bis zum **Ausgangspunkt** ❶.

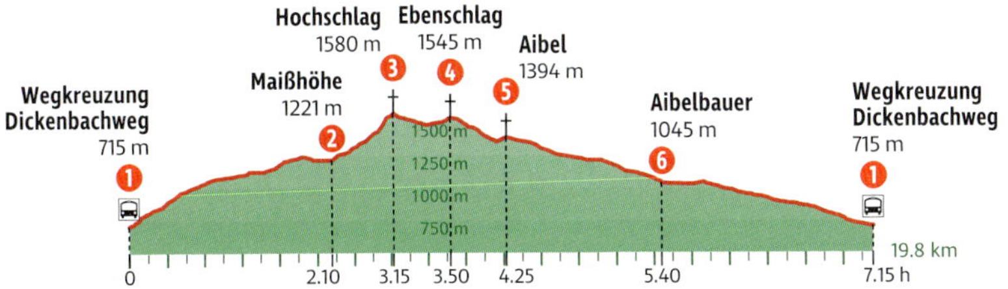

↗ 400 m | ↘ 400 m | 16.8 km

26 Stanglalpe, 1490 m

4.45 h

Vom Schanzsattel am Mariazellerweg zur Leopold-Wittmaier-Hütte

Unser Weg vom Schanzsattel zum Ehrenkreuz auf der Stanglalpe deckt sich fast durchgehend mit jener Etappe, die auch von den Pilgern, die am Steirischen Mariazellerweg von Eibiswald nach Mariazell unterwegs sind, begangen wird. Deswegen darf es auch nicht wundern, dass der Weg von mehr als zwei Dutzend Wallfahrerkreuzen gesäumt wird. Er schlängelt sich ohne große Steigungen südwestlich des Hochpürschtling zum Walserkreuz und vorbei am derzeit geschlossenen Berggasthaus Stanglalm zur urigen Leopold-Wittmaier-Hütte, die auf einer herrlichen Wiese im Gipfelbereich der Stanglalpe steht, hinauf. Die Hütte, deren Ursprung im Jahr 1927 liegt und die vom Turnverein »Germania Wartberg« als »Turnerheim« ins Leben gerufen wurde, wurde 1958 von der Sektion Wartberg des OeAV in neuem Gewand eingeweiht und nach dem damaligen Obmann des Turnvereins, Schuldirektor Leopold Wittmaier, benannt. Ein paar Felsen beim unweit davon entfernten Ehrenkreuz lassen die sonst sehr sanfte Stanglalpe richtig gebirgig erscheinen.

Die kleinen Felsen knapp vor dem Ehrenkreuz verleihen alpines Flair.

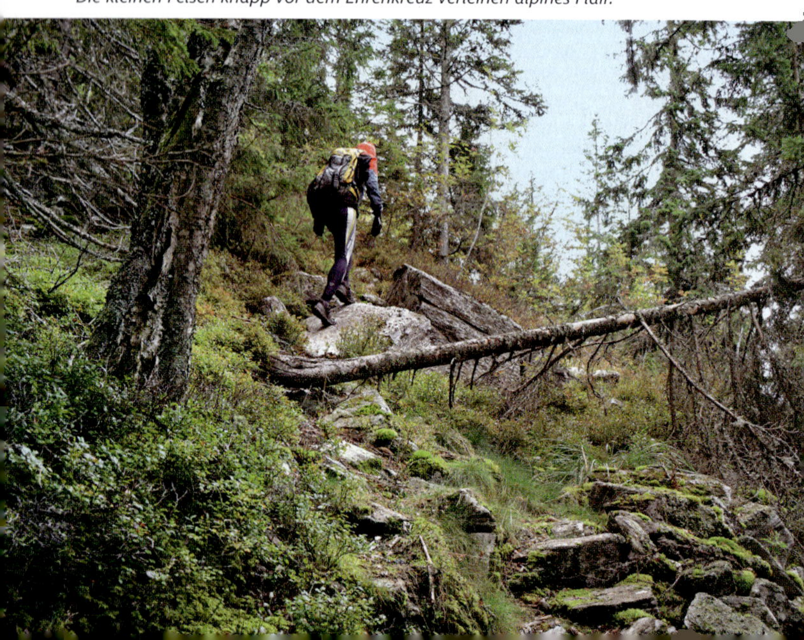

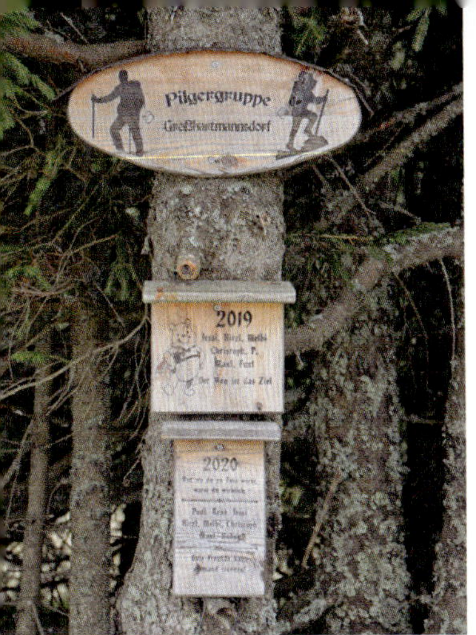

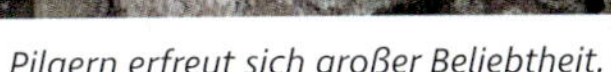
Pilgern erfreut sich großer Beliebtheit.

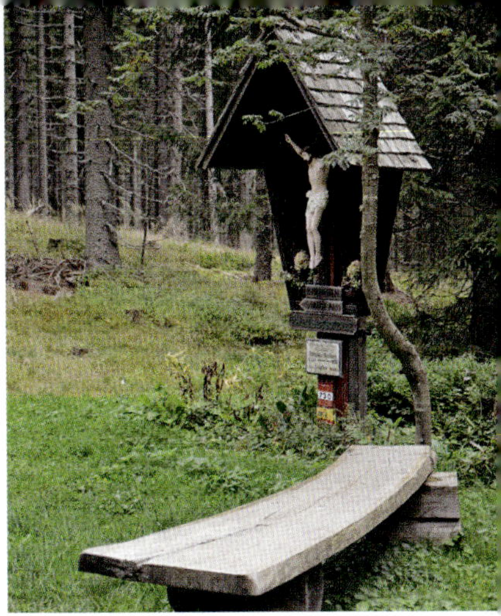
Walserkreuz.

Ausgangspunkt: Alpengasthof Schanz (Schanzsattel), 1171 m; Zufahrt über die L 114 (Schanzsattelstraße) von Kindberg bzw. Fischbach, Parkplatz vorhanden.
ÖPNV: Verbund Linie 237 (Birkfeld – Gmein / Auf der Schanz) bis auf den Schanzsattel, Haltestelle Auf der Schanz Passhöhe.
Anforderungen: Forststraßen und mäßig steile Waldwege, gut markiert.

Einkehr: Gasthof Schanz, Tel. +43 3865 8244, Juli und August Mo Ruhetag, sonst Mo, Di Ruhetag; variable Schließzeiten im Herbst und Frühjahr; Leopold-Wittmaier-Hütte, Tel. +43 676 5975400, geöffnet samstags, sonntags und feiertags.
Karte: f&b WK 021.
Tipp: Verlängerung der Tour um den Teufelstein, 1498 m (siehe Tour 27).

Gleich vorweg: Auf der gesamten Strecke gibt es kein Orientierungsproblem. Am **Schanzsattel** ❶, 1171 m, sehen wir einen Wegweiser, der mit »Stanglalm 2h« die Marschrichtung über Weg Nr. 706A vorgibt. Am unweit davon vom Sportverein Krumegg errichteten Wallfahrerkreuz vorbei gelangen wir über einen landschaftlich interessanten Weg, dessen silbrig

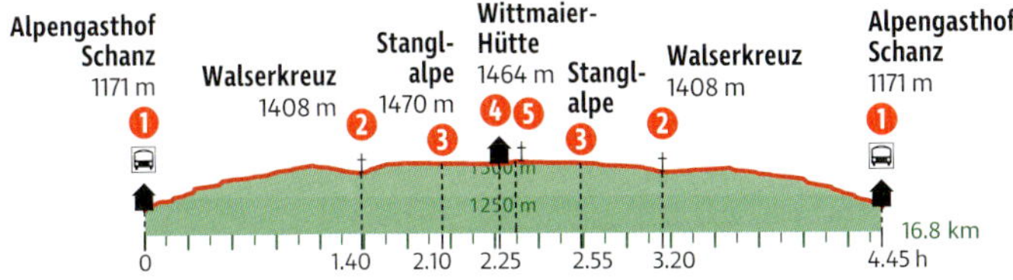

schimmernde steinbelegte Oberfläche die braungrünen Farbtöne seiner kleinen, steilen Böschungen optisch hervorragend ergänzt, zum nächsten Wallfahrerkreuz. In völlig anderem Landschaftsbild – nun dominieren Gräser, Moose und Nadelbäume mit grauen Flechten auf den Ästen – geht es über lichte Forstwege weiter. Ameisenhügel, Heidelbeerfelder und Wallfahrerkreuze wechseln einander ab. Am Südosthang des Hochpürschtling, 1491 m, schwenken wir von der Foststraße nach rechts weg – dort mahnt eine Tafel des Windparkbetreibers vor der Gefahr von Eisabwurf – und betreten ein Waldstück. Später lädt die geschwungene Holzbank beim **Walserkreuz** ❷, 1408 m, zu einer kurzen Rast ein.

Nach der Bäreneben empfängt uns die freie Fläche beim auf unbestimmte Zeit geschlossenen Berggasthof **Stanglalm** ❸ (Waldheimat Schutzhaus), 1470 m (Jahn-Denkmal, zahlreiche Wallfahrerkreuze und die kleine Kapelle Maria am Wege). Schöner Blick zum Hochlantsch.

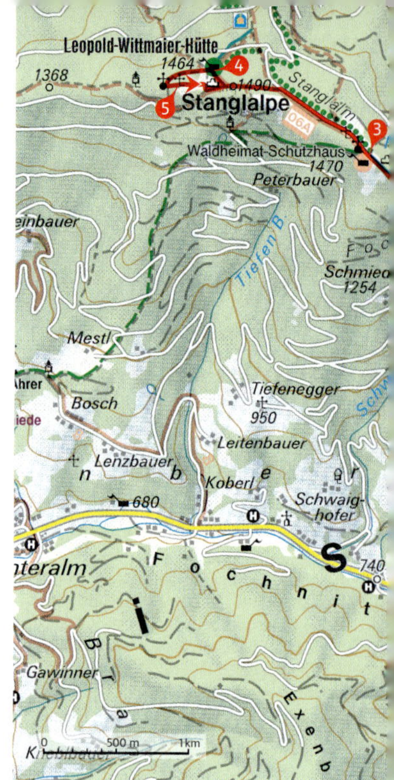

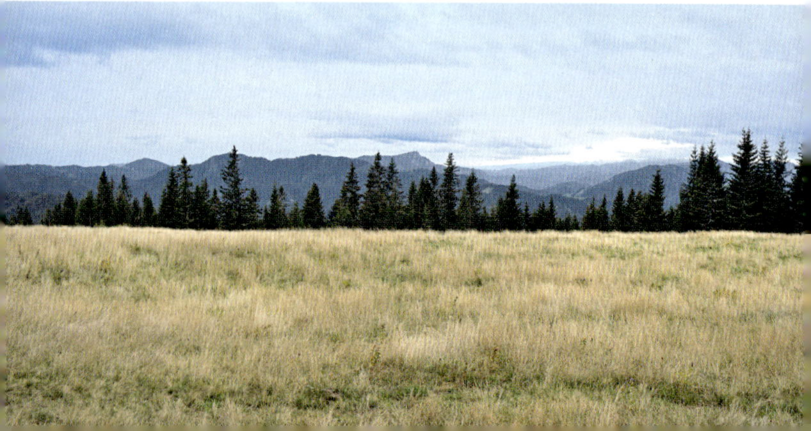

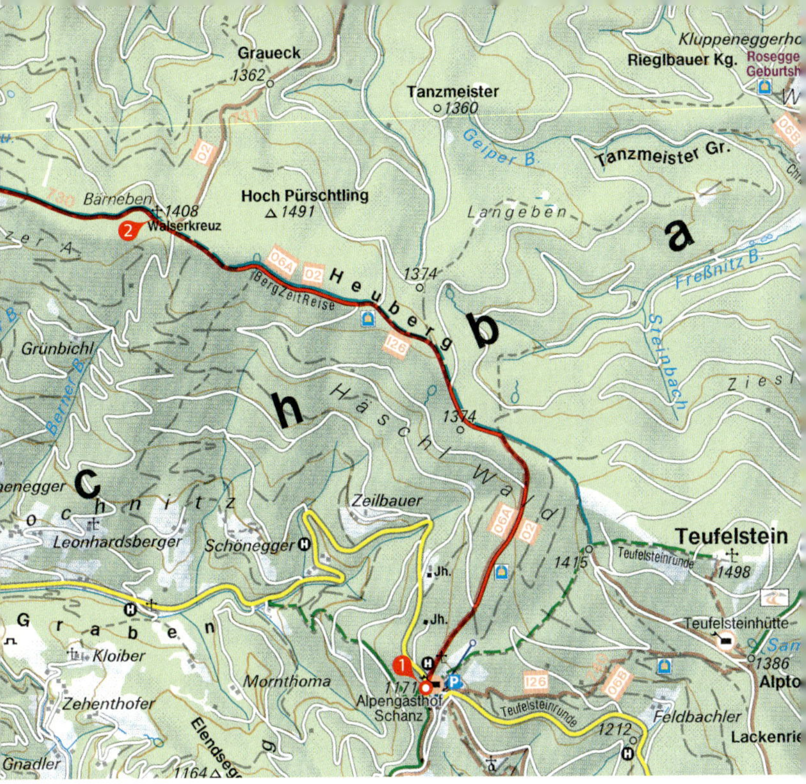

Wir behalten die Marschrichtung am Zellerweg vorerst noch bei, bleiben aber bei der nächsten Verzweigung links und gelangen so – nicht merkend, dass wir nur wenige Meter links vom bewaldeten Gipfel der **Stanglalpe**, 1490 m, vorbeimarschieren – zur **Leopold-Wittmaier-Hütte** 4, 1464 m, die am Rand einer feinen Almwiese in prächtiger Lage mit weitreichender Aussicht liegt. Bei der Hütte macht uns der Wegweiser auf die »Kapelle« aufmerksam; sie ist schnell erreicht. Am dortigen Waldrand finden wir auch ein Plätzchen mit schöner Aussicht, steigen dann über kleine Felsen zum Plateau mit dem **Ehrenkreuz** 5, 1480 m, auf, queren dieses und gelangen – leicht rechts haltend – wieder auf die nun schon bekannte Forststraße, von der wir zur Leopold-Wittmaier-Hütte abgezweigt sind.
Abstiegsweg und Aufstiegsweg sind identisch.

Blick zum Hochlantsch.

↗ 930 m | ↘ 930 m | 20.8 km

27 Teufelstein, 1498 m

7.00 h

Über die Waldtoni-Alm zu einem echt kultischen Gipfelfelsen

Die Wanderung auf den sagen- und brauchtumsumrankten Teufelstein führt uns zu einem der ältesten Kultplätze der Steiermark. Der gleichnamige, bizarre Gipfelfelsen mit der steilen Ostwand, die möglicherweise Gegenstand einer vor- oder frühgeschichtlichen Gesteinsbearbeitung war, ragt aus dem flachen Wiesenplateau ca. 6 Meter heraus und weist von Süden eine turmförmige Gestalt auf. Der Sage nach sollte Luzifer in der heiligen Christnacht einen Turm von der Erde bis zum Himmel bauen, doch er scheiterte. Unser Aufstieg in der sanften Berg- und Hügellandschaft des Jogllandes führt uns von Fischbach über die Waldtoni-Alm zum kultischen Gipfelfelsen neben dem Gipfelkreuz und von dort über einen prägnanten Wurzelsteig bergab zum Schanzsattel, von wo aus wir über das Zeller Kreuz nach Fischbach zurückmarschieren.

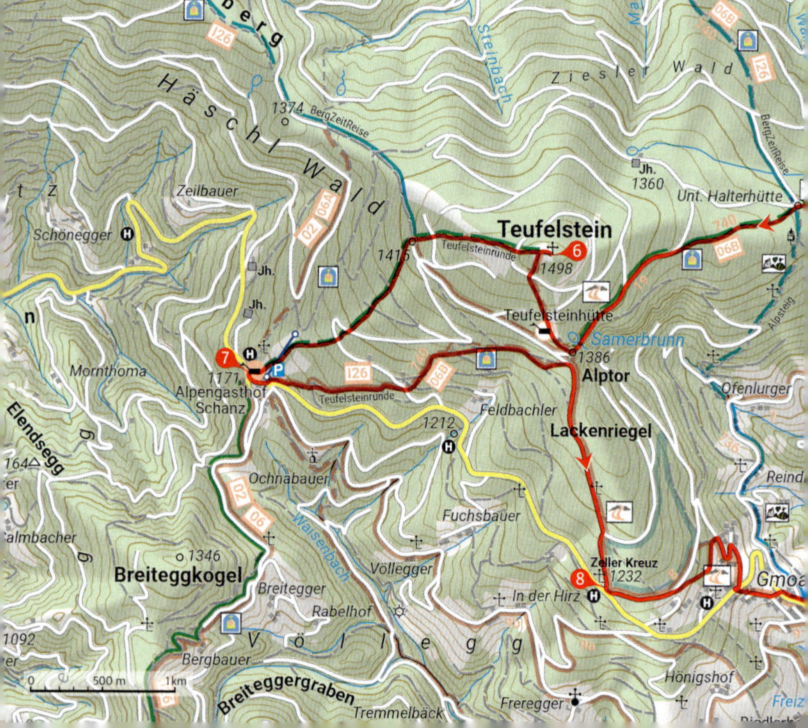

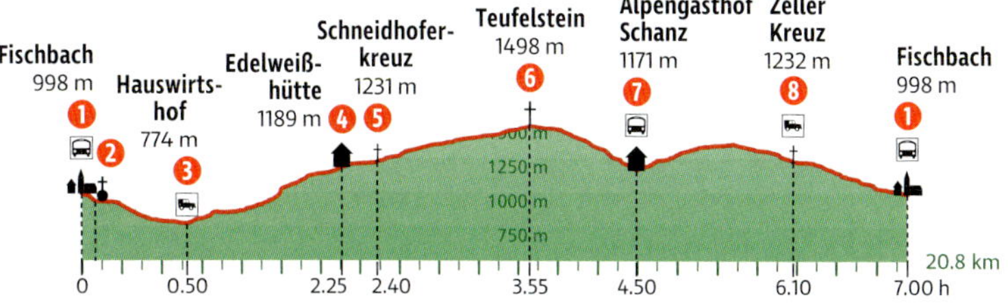

Ausgangspunkt: Zentrum von Fischbach, 998 m, Bushaltestelle Fischbach Ort, Parkplatz im Bereich Kirche bzw. Friedhof.
ÖPNV: Verbund Linie 237 (Birkfeld – Gmein / Auf der Schanz) bis Fischbach, Haltestelle Fischbach Ort.
Anforderungen: Forststraßen, Wald- und Almwege. Gut markiert.
Einkehr: Diverse Gasthäuser in Fischbach; Edelweißhütte Waldtoni, Tel. +43 664 8332932, geöffnet Mai–Oktober Sa, So und Feiertag; Gasthof Schanz, Tel. +43 3865 8244, Juli und August Mo Ruhetag, sonst Mo, Di Ruhetag; variable Schließzeiten im Herbst und Frühjahr.
Karte: f&b WK 021.
Tipps: 1. Verschiedene SAM-Taxi Haltepunkte können die Tour verkürzen: WZ 4118 (Fischbach – Gasthof auf der Schanz), WZ 4127 (Fischbach – Zellerkreuz), WZ 4116 (Fischbach – Hödl) beim Hauswirtshof, WZ 4112 (Fischbach – Dorfplatz).
2. Die Teufelsteinrunde ab Alpengasthof Schanz 7 ist auch mit Kindern sehr gut machbar!

Wir beginnen die Tour bei der **Bushaltestelle Fischbach Ort** 1, 998 m, zwischen der Kirche und dem Gasthaus Fischbacherhof; dort Wegweiser »Ägydikapelle«. Der Weg Nr. 6 zur Kapelle, einem versteckten Barock-Juwel aus dem 18. Jh. neben einer Heilquelle, die bei Augenleiden Anwendung findet, führt steil bergab.
Bei der **Kapelle** 2, 938 m, lädt ein Rastplatz zum Verweilen ein, ehe wir wieder zum Forstweg (Weg Nr. 6) hinaufgehen und auf diesem rechts weitergehen. Noch einmal haben wir schöne Blicke zur Ädydikapelle

und betreten dann Waldgelände, in dem uns ein gut angelegter Steig mit schönen Blicken auf die freien Flächen im Gegenhang bergab zum kleinen Weiler Oberdissau führt. Entlang der Straße geht es aus dem Ort, doch schon nach 300 m biegen wir links ab und erreichen nach der Brücke über den Dissaubach den Weiler **Hauswirtshof** ❸, 774 m.
Von dort wandern wir auf der Asphaltstraße Richtung »Stadlhof« (Weg Nr. 25) bis wir diesen Weiler, 895 m, erreichen. Hier zweigen wir links Richtung »Schneidhoferkreuz« ab, gehen am Anwesen der Familie Wetzelhütter (vulgo Stadlhofer) vorbei und auf Weg Nr. 21 weiter, bis uns der kleine Wegweiser »Schneidhoferkreuz« auf der Birke erneut nach links schickt. Wir queren eine schöne Almwiese und erreichen den Wald. Markierungen führen direkt zum Schneidhoferkreuz, doch wir wollen davor zur Edelweißhütte auf der Waldtoni-Alm. Daher verlassen wir die direkte Aufstiegsroute weiter oben an ihrem Schnittpunkt mit einer nach rechts (!) bergauf führenden Forststraße und gelangen über diese auf die ausgedehnte Wiesenfläche der **Waldtoni-Alm** mit der **Edelweißhütte** ❹, 1189 m.

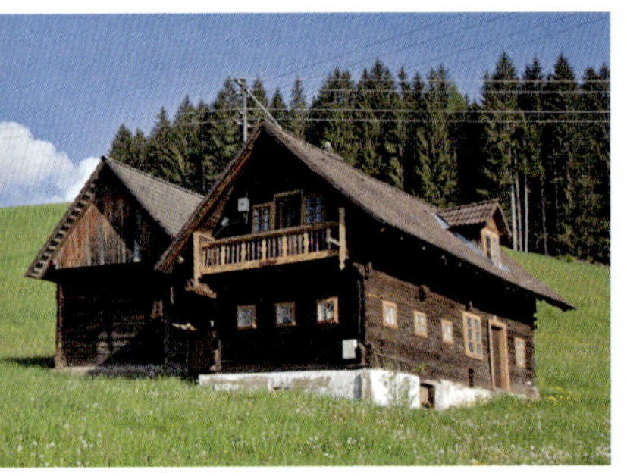

Foto oben: Gegenüber dem Hauswirtshof. – Unten: Ägydikapelle.

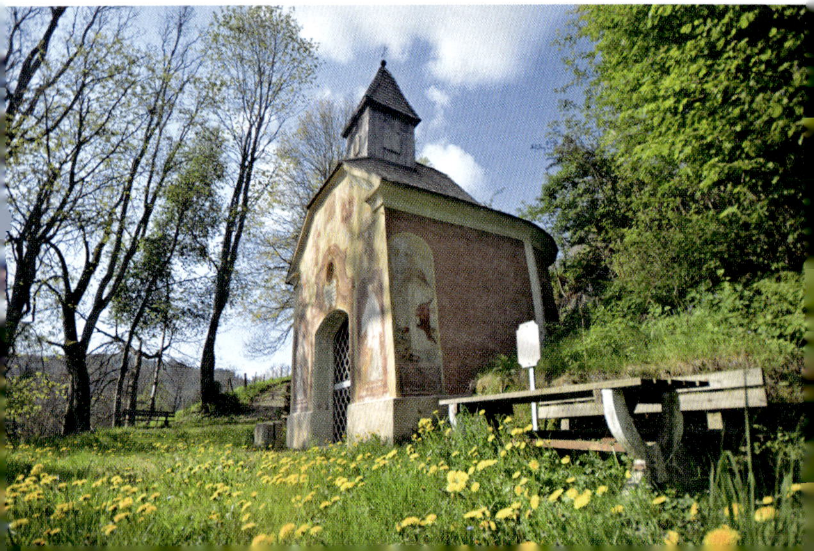

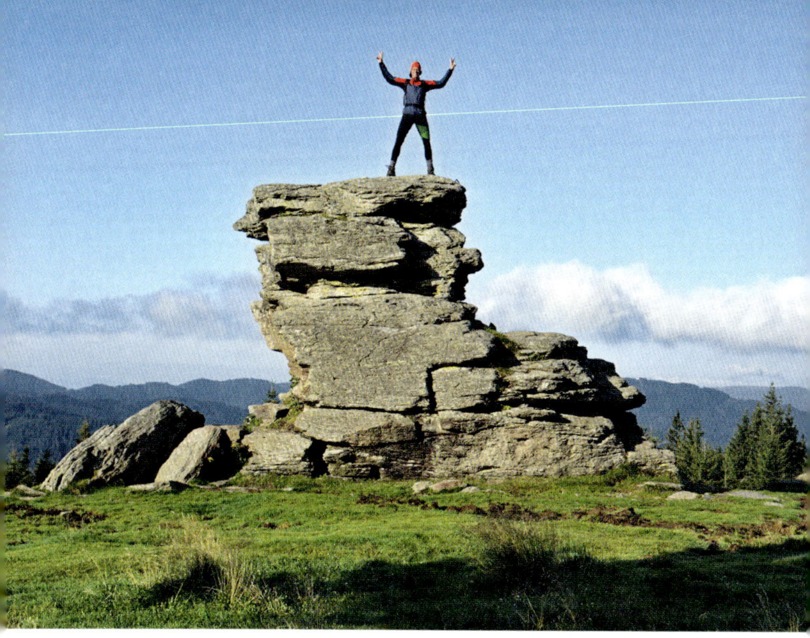

Felsen am Gipfel des Teufelsteins.

Wegweiser lotsen uns auf Weg Nr. 21 (Forstweg) zum **Schneidhoferkreuz** 5, 1231 m, dort weiter Richtung Teufelstein. Auf dem netten Weg haben wir zwischendurch überraschend gute Ausblicke zu Stuhleck, Schneeberg und Rax und stoßen bald auf die urige Untere Halterhütte, 1315 m. Am Rand einer schönen Wiese geht es dann weiter, und nach einem Wegstück mit schöner Aussicht über Fischbach hinweg zweigen wir bei der Wegkreuzung Alptor, 1386 m, rechts Richtung Teufelstein ab. Kurz danach kommen wir an der kleinen Teufelsteinhütte, 1398 m, vorbei, die am Wiesenrand steht, und erreichen nach kurzem Waldsteig den Gipfel des **Teufelsteins** 6, 1498 m, mit dem mystischen Felsen und Gipfelkreuz. Tipp: Herrliches Panorama nach dem kleinen Waldstück hinter dem Gipfelkreuz!
Nächstes Zwischenziel ist der Schanzsattel, auch »Auf der Schanz« genannt. Dazu gehen wir vom Gipfel ein paar Meter auf demselben Weg zurück und halten uns dann beim Wegweiser rechts. Nach einer flachen, weiten Wiese stoßen wir auf einen Wurzelsteig und erreichen bald den **Gasthof Schanz** 7, 1171 m. Dort biegen wir links ab, um auf der »Teufelsteinrunde« zuerst zum Alptor und dann zum **Zeller Kreuz** 8, 1232 m, zu gelangen. Vom Zeller Kreuz geht es auf Weg Nr. 8 mit herrlicher Aussicht (!) zurück nach **Fischbach** 1.

↗ 580 m | ↘ 580 m | 16.5 km

28 Stuhleck, 1782 m

5.15 h

Amundsenhöhe, Pretulalpe und das östlichste Hochmoor der Alpen

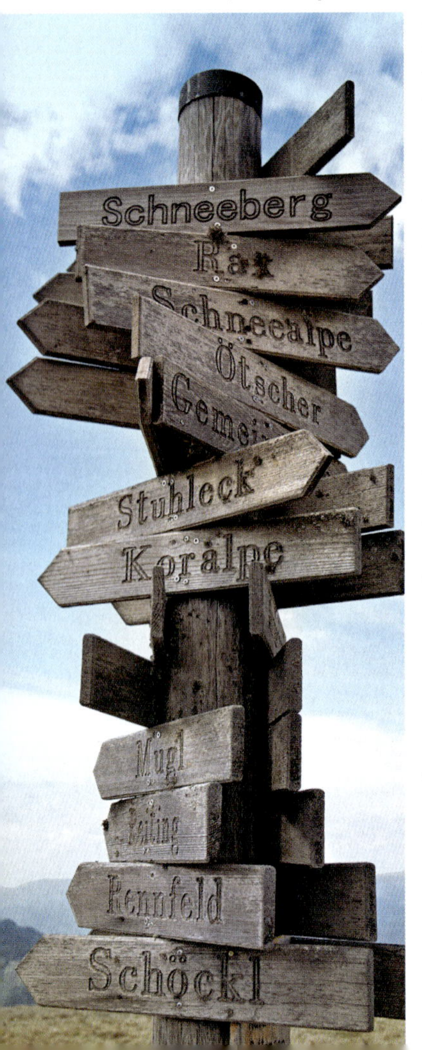

Die Fischbacher Alpen erreichen beim formschönen Gipfelkreuz am Stuhleck ihren höchsten Punkt. Der Stuhl (oder Thron) ist im heidnischen Kontext ein Herrscherattribut. Der Historiker Fritz Freiherr Lochner von Hüttenbach, der sich vornehmlich mit den Ortsnamen der Steiermark beschäftigt, vergleicht das Stuhleck mit Königs- oder Predigtstuhl, sodass das Stuhleck gut als Sitz des Donnergottes angesehen worden sein konnte, zumal es hier auch eine Flur »In der Höll« gibt. Und als Sitz der Gattin des Donnergottes kommt die Frauenquelle in Spital am Semmering infrage. Der, auch rodungsbedingt, waldfreie breite Rücken zwischen dem Stuhleck im Osten und der Pretulalpe mit Pretul und Amundsenhöhe im Westen fungiert als lang gezogene Aussichtsplattform. Unsere Tour führt uns von der Ganzalm zuerst über die Amundsenhöhe zur Peter-Bergner-Warte auf der Pretul. Danach gehen wir über den langen Wiesenrücken nach Osten, durchqueren das Schwarzriegelmoos und gelangen auf das Stuhleck, einen der östlichsten Gipfel der Alpen, der noch über die Waldgrenze hinausragt. Beim Abstieg kommen wir an der reizenden Moschkogelhütte vorbei, wo sich ein Zwischenstopp auf jeden Fall noch lohnt, bevor es zurück zur Ganzalm geht.

Bei der Amundsenhöhe.

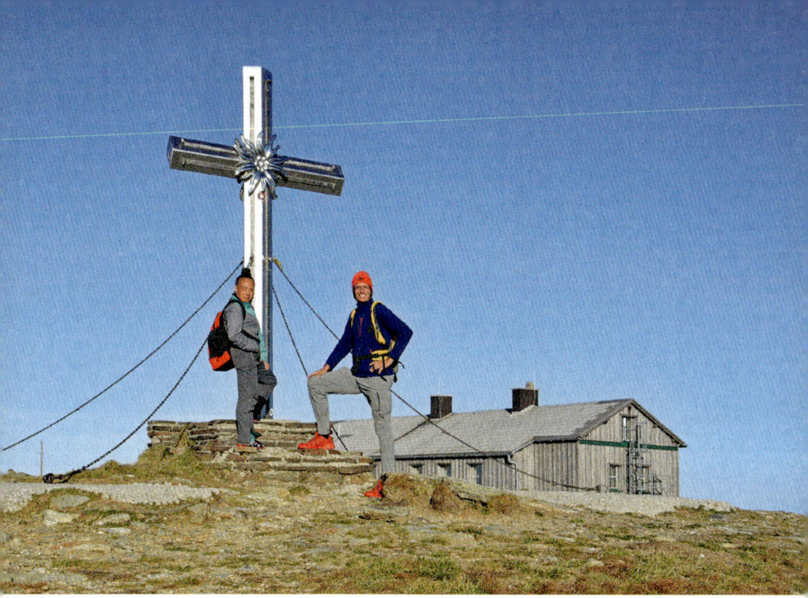

Das Alois-Günther-Haus steht neben dem Stuhleck-Gipfelkreuz.

Ausgangspunkt: Ganzalmhaus, 1389 m; Zufahrt von der S 6 (Semmering Schnellstraße) bis zur Ausfahrt Mürzzuschlag West, gleich danach Hinweisschilder zu »Ganzalm/Bärenkogelhütte«; Parkplätze bei der Ganzalmhütte bzw. ca. 3,5 km davor am Beginn der Forststraße.
ÖPNV: Keine.
Anforderungen: Forststraßen sowie mäßig steile Bergwege bis auf die Hochfläche, danach einfache Höhenwanderung. Bis auf die erste Wegkreuzung gut markiert.
Einkehr: Ganzalmhaus, ganzalmhaus.naturfreunde.at, Mo, Di Ruhetag; Roseggerhaus knapp westlich der Amundsenhöhe, roseggerhaus.com, Mo, Di Ruhetag; Alois-Günther-Haus, Tel. +43 3853 300, geöffnet Juni–Oktober, Dezember bis Ende März, jeweils Mo, Di Ruhetag; Moschkogelhütte (private Halterhütte), Mai–September.
Karte: f&b WK 021.
Tipp: Höher gelegene Einstiegsmöglichkeiten in die Rundwanderung sind das Alois-Günther-Haus und das Roseggerhaus, die beide über Mautstraßen erreichbar sind.

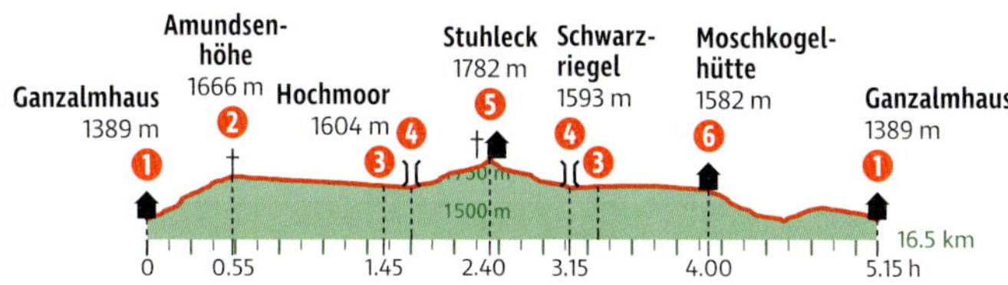

Unser Weg Nr. 742 beginnt beim **Ganzalmhaus** ❶, 1389 m (Wegweiser »Pretul/Amundsenhöhe«) und führt bei der ersten Straßenkreuzung – eine Markierung fehlt hier – geradeaus ansteigend weiter; die nach links verlaufende Forststraße ist für die Radfahrer markiert. In der Folge ist die Markierung besser, und es geht in direkter Linie bis zum Gipfel der breitkuppigen **Amundsenhöhe** ❷, 1666 m; dort schöne Holzpyramide.

Der weitere Verlauf der Route ist im übersichtlichen Gelände klar. Zuerst erreichen wir – knapp östlich vom Roseggerhaus, 1588 m, – die baumlose Anhöhe der Pretulalpe mit der kleinen aus Stein gebauten **Peter-Bergner-Warte**, 1653 m. Danach orientieren wir uns am Weg Nr. 740 und marschieren über den breiten

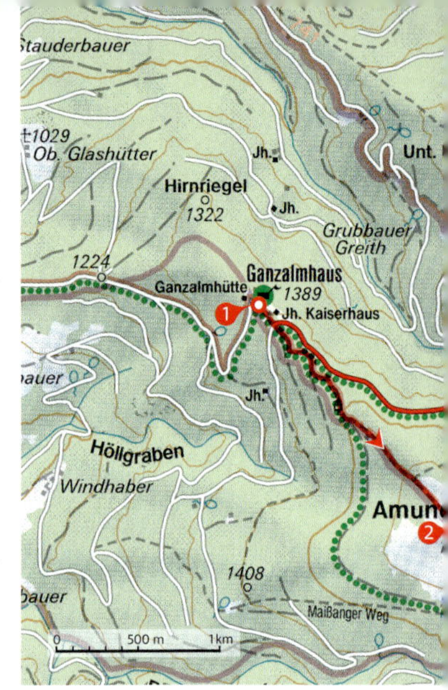

Die reizende Moschkogelhütte.

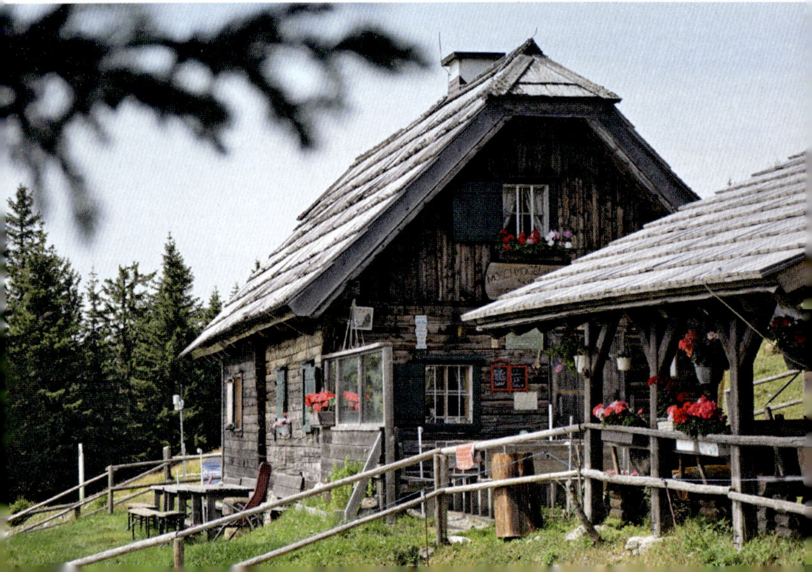

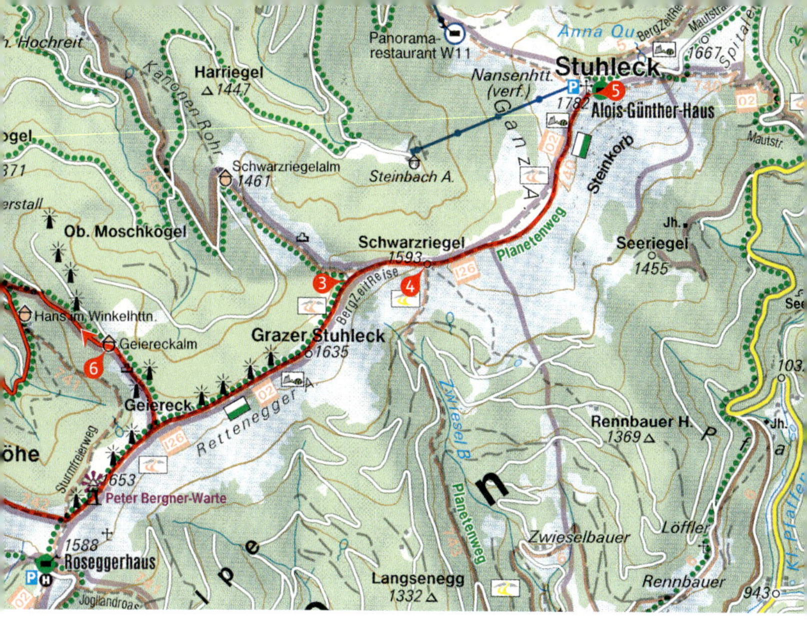

Höhenrücken der Rettenegger Alm nach Nordosten; die Abzweigung (links) zum »Moschkogel« (Weg Nr. 741) ist erst beim Rückweg von Bedeutung. Der aussichtsreiche Höhenweg führt uns zum **»Naturerlebnis Schwarzriegelmoor«** ❸, 1604 m. Das vergessene Kleinod mit seiner einzigartigen Fauna und Flora wurde von den Österreichischen Bundesforsten sorgsam renaturiert und gilt als das östlichste Hochmoor der Alpen.

Bald danach stehen wir im Sattel beim **Schwarzriegel** ❹, 1593 m, und gelangen über den breiten Bergrücken zum Gipfel des **Stuhlecks** ❺, 1782 m. Das Alois-Günther-Haus steht nur wenige Meter neben dem silbernen Gipfelkreuz. Eindrucksvolle Aussicht! (Steigt man ab einer Höhe von ca. 1680 m, ohne Markierung am äußerst rechten Rand des Bergrückens auf – der Zaun bleibt dann links, kann man das »wildere Gesicht« des Stuhlecks sehen, denn ein paar Felsen ragen fotogen über die Kammlinie hinaus.)

Der Rückweg verläuft bis zur Abzweigung zum Moschkogel (Weg Nr. 741) auf derselben Strecke; die Abzweigung dorthin nun beachtend gelangen wir zur reizenden **Moschkogelhütte** ❻, 1582 m (Halterhütte), auf der Geiereckalm. Von dort marschieren wir auf der Forststraße bergab, verlassen sie kurz über einen links abzweigenden Waldweg (Wegweiser »Ganzalm«) und orientieren uns ab erneutem Kontakt mit ihr an den Tafeln der Radroute »Ganzalm«. Keine Sorge: Die Straße führt zwar auch ein Stück bergauf, bringt uns aber direkt zum **Ausgangspunkt** ❶ zurück.

TOP

29

Hohe Veitsch, 1981 m, und Wildkamm-Überschreitung

↗ 1150 m | ↘ 1150 m | 18.4 km

7.30 h

Graf-Meran-Haus, Gingatzwiese, Rotsohlalm: Top Erlebnis!

Die Hohe Veitsch (auch: Veitsch, Veitschalpe), das höchste Bergmassiv im steirischen Teil der Mürzsteger Alpen, bildet zwischen Hochschwab und Schneealpe den Hauptkamm der Nördlichen Kalkalpen. Der aussichts- und blumenreiche Kalkstock besticht mit dem Gipfel der Hohen Veitsch, den felsigen Randabstürzen und dem als schmale, felsige Schneide gegen das Niederalpl im Nordwesten vorspringenden Wildkamm. Nachdem wir den südseitigen Anstieg zum Graf-Meran-Haus hinter uns gelassen haben, erklimmen wir den Gipfel der Hohen Veitsch und nehmen Kurs auf die tiefer gelegene Gingatzwiese, wo die großartige Wildkamm-Überschreitung beginnt. Über einen landschaftlich äußert beeindruckenden Steig bezwingen wir den Großen Wildkamm und steigen über den Kleinen Wildkamm zur idyllischen Sohlenalm ab. Danach geht es auf einfachem Weg zurück. Die entzückend gelegene Bärentalalm-Hütte und das friedliche Landschaftsbild um die liebliche Rotsohlalm sind nur zwei von vielen Attraktionen, die der lange Rückweg zum Gasthof Scheikl für uns im Köcher hat.

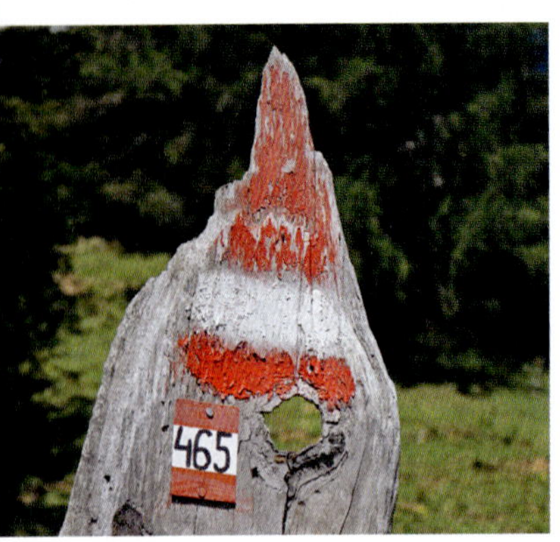

Ausgangspunkt: Parkplatz beim Gasthof Scheikl, 1154 m, am Ende der Brunnalmstraße (Gemeinde Sankt Barbara im Mürztal); Zufahrt von der S 6 (Semmering Schnellstraße) bis zur Ausfahrt Mitterdorf, danach über Ort Veitsch zur Brunnalmstraße.
ÖPNV: Keine.
Anforderungen: Bis zur Gingatzwiese gut markierter (steiler) Bergsteig. Die Wildkamm-Überschreitung erfordert Bergerfahrung und etwas Klettergeschick sowie Schwindelfreiheit; problemlose Orientierung aufgrund des übersichtlichen Geländes (gute Steigspuren, markante Abzweigungen, orange Punktmarkierungen, »logische Linie«, Steinmänner im Weidegebiet vor der Sohlenalm). Ab der Sohlenalm einfacher, markierter Wanderweg.
Einkehr: Gasthof Scheikl, gasthof-scheikl.at, Mo–Mi Ruhetag (außerhalb der Wintersaison); Graf-Meran-Haus, Tel. +43 664 1513220, 13.5.–Mitte Oktober, im Winter an schönen bzw. lawinensicheren Wochenenden (Fr–So); Bärentalalm-Hütte, Tel. +43 664 99336941; Rotsohlalm-Hütte, Tel. +43 664 2716463, Ende Mai–Mitte September, Mo Ruhetag; Schalleralm, Tel. +43 664 9179230, geöffnet 5.6.–20.9., Di Ruhetag.
Karte: f&b WK 041.
Tipp: Nächtigung im Graf-Meran-Haus.

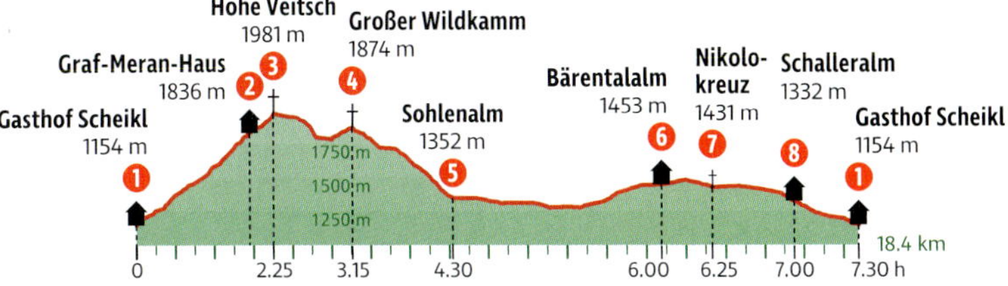

Beim Parkplatz oberhalb des **Gasthofs Scheikl** ①, 1154 m, endet eine Skipiste. Wir steigen über die Piste (»Kanonenrücken«) oder direkt entlang der Lifttrasse links davon (sehr steil!) zur Bergstation des Sonnkogel-Liftes (Schlepplift) hinauf. Beim Aufstieg über die Piste peilen wir später die Sessellift-Bergstation an; der dahinter links ansteigende Fahrweg führt zur Schlepplift-Bergstation, dort Zaundurchlass. Über Weg Nr. 465 (Serpentinen) erreichen wir das **Graf-Meran-Haus** ②, 1836 m, danach gut markiert das Gipfelkreuz der **Hohen Veitsch** ③, 1981 m.

Abstieg auf Weg Nr. 405 bis zum Wegweiser »Gingatzwiese«; alle Abzweigungen bis dorthin werden ignoriert. Beim Hinuntergehen haben wir perfekten Blick in den felsfreien Teil der Aufstiegsroute zum Großen Wildkamm; dem Felsgipfel vorgelagert ist ein »grünes Dreieck«, die Grasfläche

Beim Abstieg von der Hohen Veitsch mit Blick auf den Großen Wildkamm.

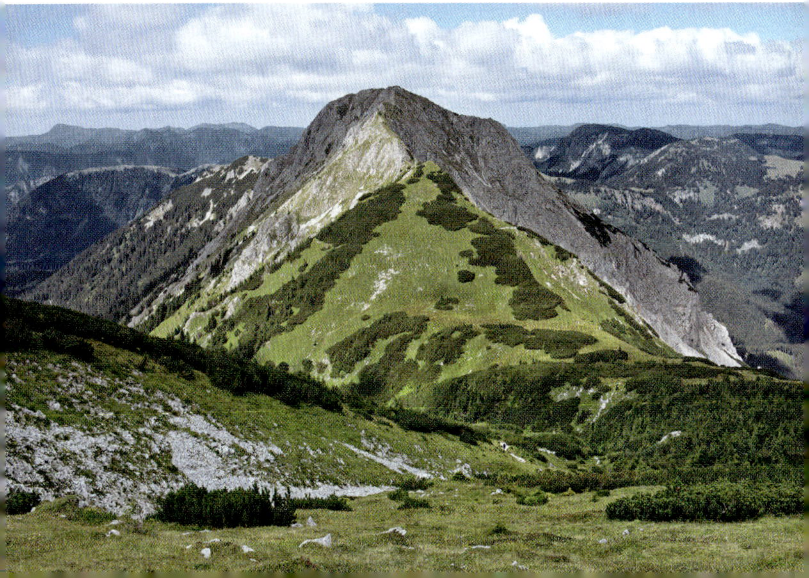

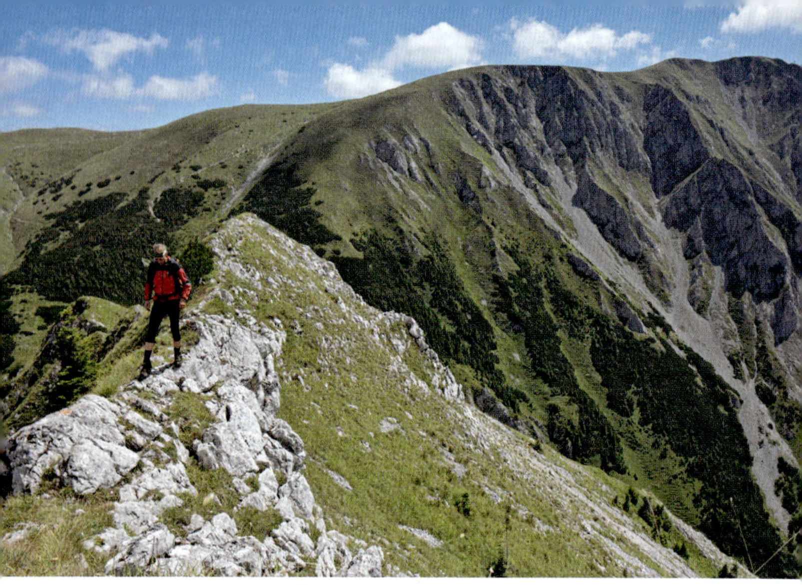

Am Weg zum Großen Wildkamm, im Hintergrund die Hohe Veitsch.

im Hang wird an beiden Schenkeln von Latschen begrenzt. Der Steig führt über das Gras zur Dreieckspitze. Wir müssen beim Wegweiser »Gingatzwiese« 150 m rechts Richtung Rodeltal (Weg Nr. 465) marschieren, bis wir auf eine T-Kreuzung stoßen. Der markierte Weg biegt dort rechts ab, wir aber links! Nach einer kurzen Latschengasse betreten wir freies Gelände; der gute Steig führt uns über die »Dreieckspitze« zu den Felsen. Der schwierigste Abschnitt befindet sich gleich zu Beginn des Felsgrates; dort mehrere Haken, leichte Kletterei, Stellen I. Danach geht es unschwierig vielen orangen Punkten folgend, aber ausgesetzt, bis zum Gipfelkreuz des **Großen Wildkamms** ❹, 1874 m, mit Gipfelbuch. Fabelhafte Szenerie, eindrucksvoller Blick zu den gewaltigen Felsabbrüchen der Hohen Veitsch!
Der gute Steig zur Sohlenalm (Tiefblick!) verläuft überwiegend durch Latschen; nach mehreren kleinen Gegenanstiegen erreichen wir den **Kleinen Wildkamm**, 1757 m; Felsabbrüche links, auch hier spektakuläre Szenerie. Am Ende der Latschenzone Vorsicht, denn das Gelände kann vom Weidevieh zertreten sein: Der richtige Weg macht dort eine Rechtskurve, setzt sich also nicht links in der Weidefläche fort! Viele Steinmänner erleichtern aber die Wegfindung zur **Sohlenalm** ❺, 1352 m (unbewirtschaftete Halterhütte).
Dort treffen wir auf eine Forststraße, auf der wir links weiterwandern und bald danach den links abzweigenden Weg Nr. 405 ignorieren. Unsere Forst-

straße mündet später in den Mariazellerweg 06A (vom/zum Niederalpl); sofort danach starke Linkskurve. Im weiteren Verlauf haben wir eindrucksvolle Sicht auf die Steilwände der Hohen Veitsch, und Richtungsänderungen sind trotz verblasster Markierungen – bei entsprechender Aufmerksamkeit – gut zu erkennen. Nach einer Weile zweigen wir links auf einen schönen Steig ab, auf dem wir an der **Bärentalalm-Hütte** ⑥, 1453 m, vorbeikommen; am Forstweg erreichen wir das **Nikolokreuz** ⑦, 1431 m, bei der **Rotsohlalm**.

Auf aussichtsreicher Forststraße (Grasmatte!) führt uns Weg Nr. 464 gut markiert über Fadeneben und Schaller-Hansl (Holzskulptur) zu einer Abzweigung, wo wir entweder Weg Nr. 465 zur »Brunnalm« (rechts) wählen oder weiterhin auf Weg Nr. 464 bleiben und über die **Schalleralm** ⑧, 1332 m, zum **Ausgangspunkt** ① absteigen.

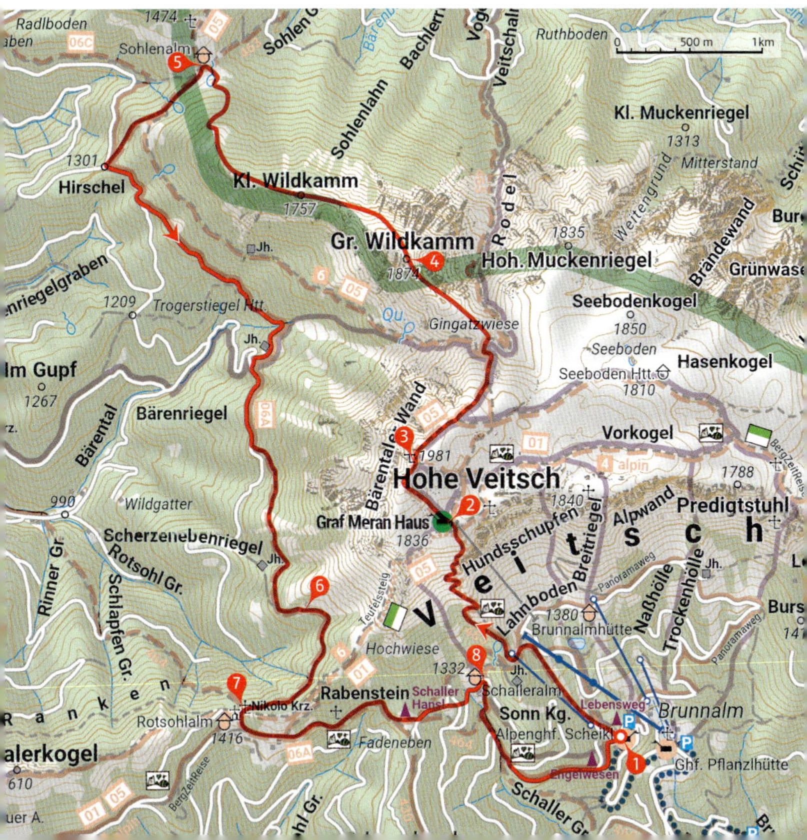

↗ 1090 m | ↘ 1090 m | 19.1 km

30 Hohe Veitsch, 1981 m, über das Veitsch-Plateau

6.30 h

Goassteig, viel himmlisches Plateau und ein Teufelssteig

Die Hohe Veitsch ist ein mächtiger Bergstock, der sich vom Hauptgipfel im Westen bis zur Klein-Veitschalm im Osten über rund 5,5 Kilometer plateauartig erstreckt. Der Veitscher Sepp Dobiasch schrieb 1927 in der Zeitschrift des Deutschen und Österreichischen Alpenvereins über die Blumenvielfalt der Veitschalpe: »... Duftende Kohlröserln leuchten wie Rubine und Granaten aus dem Rasen der Abhänge von Schalleralm und Brunnalm und in den Mulden der Hochfläche. Vereinzelt grüßen die weißen Sterne des Edelweißes aus den Wänden; die blaue Kugelblume, die liebliche Silberwurz führen den Kampf ums Dasein mit Zwergerle und Zwergbirke. Almrausch und Alpenazaleen hausen in besonders farbenprächtigen Stücken im Gebüsch der Legföhren ... Auf der Hochebene und im Gemäuer wächst die goldgelbe Aurikel (Petergstamm ...), während die Mehltauprimel und die blaßrote Primel mehr ebenen Boden lieben. Alpenveilchen siedeln sich gerne in der Nähe der Schneemulden an; verschiedene Arten der Knabenkräuter verbreiten herrliche Düfte, die bald an Vanille, bald an Zitronen erinnern. ...«. Doch auch wenn wir nicht zur Hochblüte unterwegs sind, wird uns die Tour von der Brunnalm über den Goassteig durch die Veitschalpen-Südseite zum Veitsch-Plateau und weiter über Schoberstein und Ebenhütte zum Gipfel der Hohen Veitsch und über den Teufelssteig hinunter zur Schalleralm sehr gut gefallen.

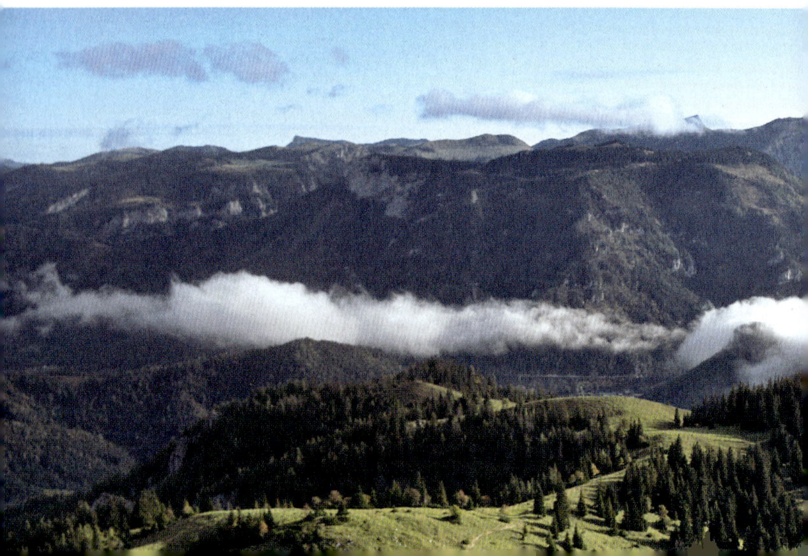

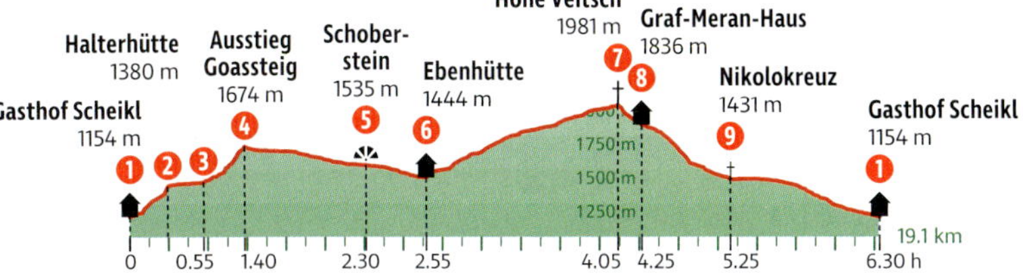

Ausgangspunkt: Gasthof Scheikl, siehe Tour 29.
ÖPNV: Keine.
Anforderungen: Forststraßen, (mitunter steile) Bergwege, Almsteige. Der Goassteig erfordert an wenigen Stellen etwas Trittsicherheit. Der Aufstieg bis zum Ende des Goassteiges ist fast durchgehend unmarkiert, aber durch die natürlichen Gegebenheiten sehr gut zu finden.
Einkehr: Gasthof Scheikl, gasthof-scheikl.at, Mo–Mi Ruhetag (außerhalb der Wintersaison); Grundbauernhütte, kleinveitschalm.at, geöffnet Pfingsten–26.10. von Fr 12.00 Uhr bis Sonntagabend sowie feiertags; Ebenhütte, Tel. +43 664 9414024; Graf-Meran-Haus, Tel. +43 664 1513220, 13.5.–Mitte Oktober, im Winter an schönen bzw. lawinensicheren Wochenenden (Fr–So); Rotsohlalm-Hütte, Tel. +43 664 2716463, Ende Mai–Mitte September, Mo Ruhetag; Schalleralm, Tel. +43 664 9179230, geöffnet 5.6.–20.9., Di Ruhetag.
Karte: f&b WK 041.
Tipp: Statt des Abstiegs über den Teufelssteig ist ein deutlich kürzerer Abstieg vom Graf-Meran-Haus über den Serpentinenweg möglich.

Großartige Sicht von der Rax (rechts) über die Schneealpe zum markanten Gippel (links).

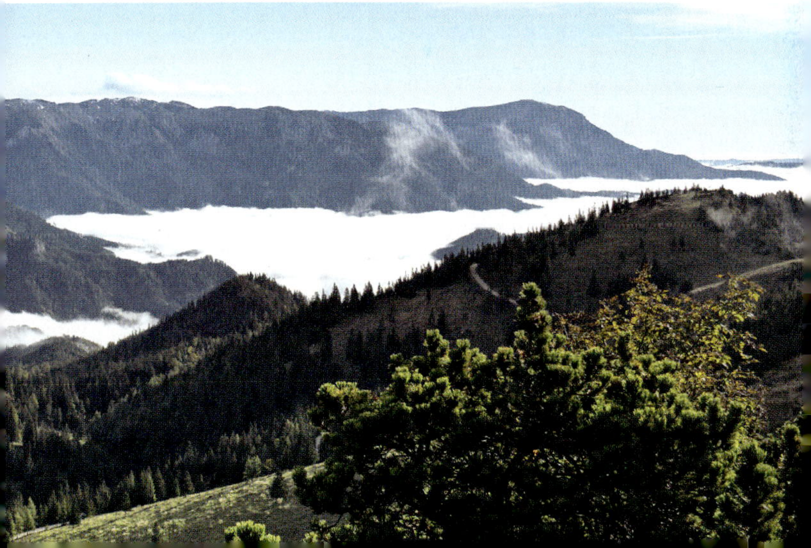

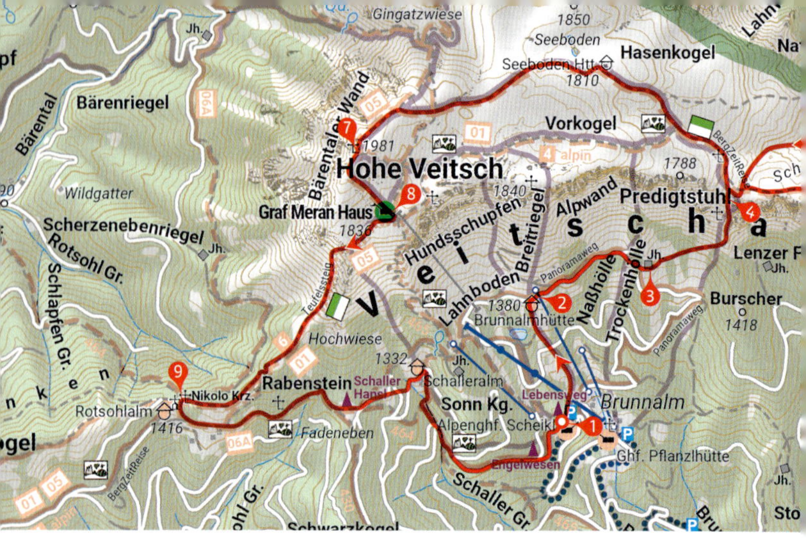

Gegenüber der riesigen Herz-Skulptur beim **Gasthaus Scheikl** ❶, 1154 m, steht eine Panoramatafel am Waldrand; von dort führt ein Steig durch den Wald zu einem Wiesenhang (Skipiste). Rechts oben sehen wir eine Lift-Bergstation und links davon die **Brunnalmhütte** ❷, 1380 m.

Wir steigen den steilen Wiesenhang in beliebiger Spur zur Bergstation; dort Forststraße, auf der wir rechts weitergehen. Nach den Schautafeln bei der Trockenhölle (Schild auf Baum rechts, gegenüber Bank) zweigen wir halb links auf den flachen grasbewachsenen Zufahrtsweg ab und gelangen zur **Weizerhütte** ❸, 1410 m; der felsdurchsetzte Goassteig zieht sich als heller Streifen im Hang und ist gut zu erkennen. Wir umgehen das in der Wiese verstreute Blockgestein über die linke Seite in einem leichten Rechtsbogen zum Waldrand. Ab dort ist der Goassteig bis zum Ausstieg in der Latschenzone eindeutig; er quert den gesamten Hang ostwärts bis zu einem markanten Felskopf und dreht dort geländebedingt nach Norden; spektakulärer Blick zu den Felsabbrüchen!

Beim **Ausstieg** ❹, 1674 m, Zaunüberstieg und Wegweiser; wir gehen rechts Richtung »Klein Veitsch« (die Forststraße benützen wir später im Aufstieg von der Ebenhütte). Der gut markierte Weg führt uns am Ramkogel, 1628 m, vorbei. Großartige Sicht zu Rax, Göller und Gippel; links unter uns taucht die Ebenhütte auf. Am **Schoberstein** ❺, 1535 m, Tiefblick zur Klein-Veitschalm! Beim Abstieg vom Schoberstein Zaundurchlass, danach stoßen wir auf eine Forststraße, auf der wir links zur **Ebenhütte** ❻, 1444 m, hinuntergehen. 150 m vor der Hütte – am Beginn der Kurve – zweigt ein Weg nach links Richtung »Graf Meran-Haus/Hohe Veitsch« ab. Auch wir halten uns

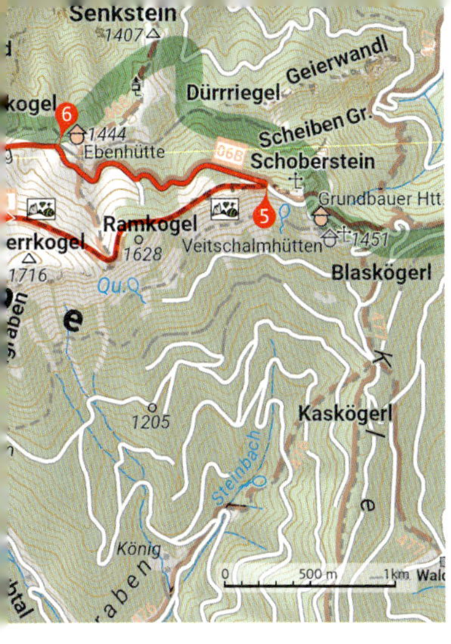

nun links, bleiben aber in der Folge immer am breiten Weg (Fahrspur) im schönen Graben (Scheibenhang), bis wir die markante Rechtskehre erreichen, von der es nur mehr 70 m bis zum Goassteig sind (Holztafel). Von hier nun entweder weiter am Fahrweg oder knapp oberhalb davon am Wanderweg, der unmittelbar an den Goassteig anknüpft, in eindrucksvoller Landschaft über die Seebodenhütte, 1810 m, zum Gipfelkreuz der **Hohen Veitsch**, 7, 1981 m; danach Abstieg zum **Graf-Meran-Haus** 8, 1836 m, dessen Namensgeber Franz Graf von Meran der einzige Sohn von Erzherzog Johann war. Nun folgen wir dem Wegweiser zur »Rotsohlalm« nach rechts und verlieren über den Teufelssteig an Höhe; wenn wir beim **Nikolokreuz** 9, 1431 m, ankommen, lassen wir die **Rotsohlalm**, 1416 m, rechts liegen. Auf aussichtsreicher Forststraße (Grasmatte!) führt uns Weg Nr. 464 gut markiert über Fadeneben und Schaller-Hansl (Holzskulptur) zu einer Abzweigung, wo wir entweder Weg Nr. 465 zur »Brunnalm« (rechts) wählen oder weiterhin auf Weg Nr. 464 bleiben und über die Schalleralm, 1332 m, zum **Ausgangspunkt** 1 gelangen.

Wegknotenpunkt Graf-Meran-Haus.

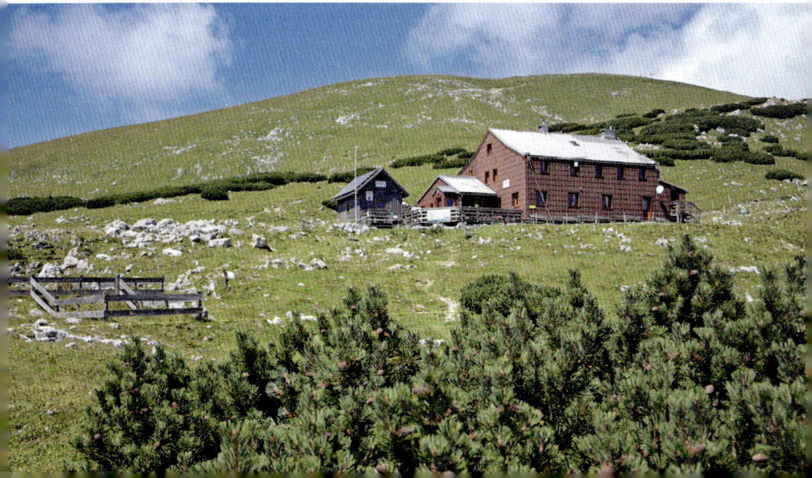

↗ 840 m | ↘ 840 m | 15.9 km

31 Rauschkogel, 1720 m, und Turntaler Kogel, 1610 m

6.00 h

Rotsohlalm, Turnauer Alm und Gipfel-Duo mit Felswandszenerie

Der Mürzzuschlager Ortshistoriker Theodor Hüttenegger, auch Mitbegründer des berühmten Wintersportmuseums in Mürzzuschlag, schrieb im zweiten Band seines »Wintersport-Führer durch das Mürztal« (um 1947) über den Rauschkogel: »Von welcher Seite man auch immer ihn betrachtet, überall bietet er ein Bild hehrer Hochgebirgsnatur und trotziger Unnahbarkeit … Seinen Namen verdankt er nicht weinseligen Zechern, die auf seinem Haupt sich Räusche holten, noch vielleicht dem herrlichen Almrausch, der nur spärlich auf ihm gedeiht, sondern den ewigen Winden, die um seinen platten von einem Latschenurwald bedeckten Gipfel rauschen.« Vom Gipfel der frei stehenden Berggestalt, die sich zwischen der ausgedehnten Turnauer Alm im Nordwesten und der lieblichen Rauschalm im Südosten erhebt, hat man eine besonders attraktive Sicht zur Veitschalpe, und über die reizende Göriacher Alm hinweg zum Hochschwab. Nach dem Rauschkogel steigen wir über die Turnauer Alm zum Turntaler Kogel auf und überschreiten diesen auf einem lieblichen Steig durch ein Meer von Heidelbeersträuchern nach Osten bis zur wunderschönen Rotsohlalm, von wo es zurück zum Start beim Gasthof Scheikl auf der Brunnalm geht.

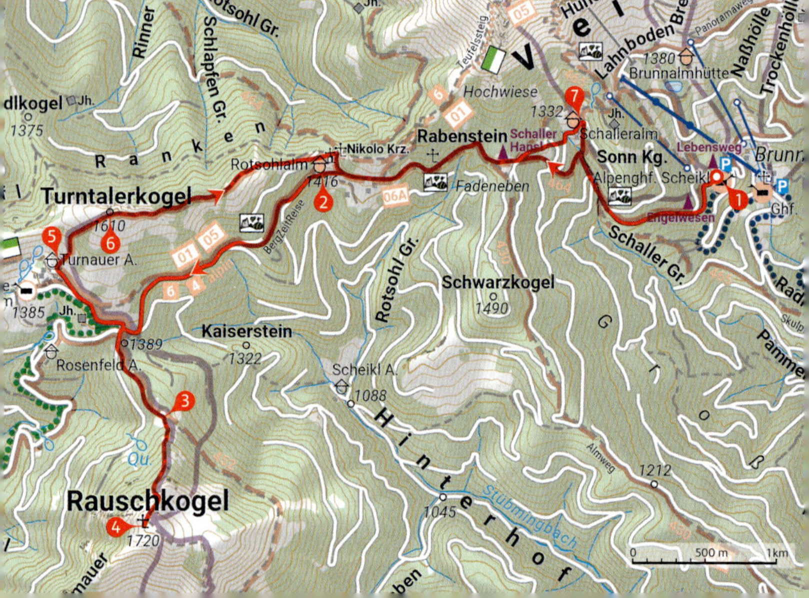

Ausgangspunkt: Siehe Tour 29.
ÖPNV: Keine.
Anforderungen: Forststraßen, (mitunter steile) Bergwege, Weidegebiet, meist gut markiert, in den unmarkierten Abschnitten am Rauschkogel (dort kurze Stellen etwas ausgesetzt) und bei der Überschreitung des Turntaler Kogels aufgrund des übersichtlichen Geländes (deutliche Steige bzw. Zaun) problemlose Orientierung.
Einkehr: Rotsohlalm-Hütte, Tel. +43 664 2716463, Ende Mai–Mitte September, Mo Ruhetag; Schutzhaus Turnaueralm, turnaueralm.at, Tel. +43 664 1270676, Mitte Mai–Ende Oktober und Dezember bis Ende März Mo–Mi Ruhetag, ab ca. 20.9. zwei Wochen Jagdsperre; Schalleralm, Tel. +43 664 75082657, Mitte Juni–Mitte September.
Karte: f&b WK 041.
Tipp: Abstieg vom Rauschkogel zur Rauschkogelhütte und von dort zur Turnauer Alm.

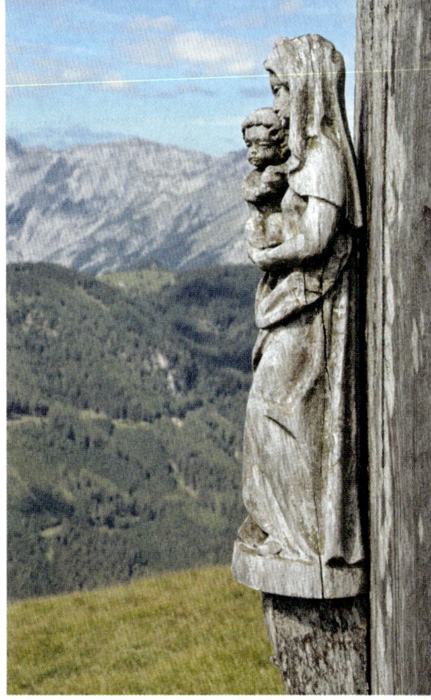
Gipfelkreuz am Rauschkogel mit Blick zum Hochschwab.

Vom **Parkplatz** oberhalb des **Gasthofs Scheikl** ❶, 1154 m, folgen wir dem Wegweiser »Mariazellerweg über Schalleralm und Rotsohlalm« auf der Forststraße, zweigen dann links auf einen Steig ab, überqueren den Schallerbach auf einer Holzbrücke und erreichen wieder eine Forststraße, die wir gleich darauf in der Linkskurve verlassen, um auf dem dort rechts wegziehenden Steig Richtung Schalleralm aufzusteigen. Auf etwa halbem Weg zur Almhütte – bei einer markanten Baumgruppe – überqueren wir den Schallerbach nach links und steigen im Wald höher.

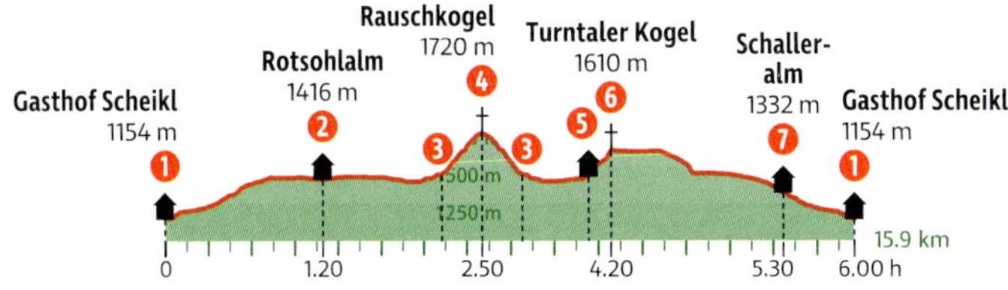

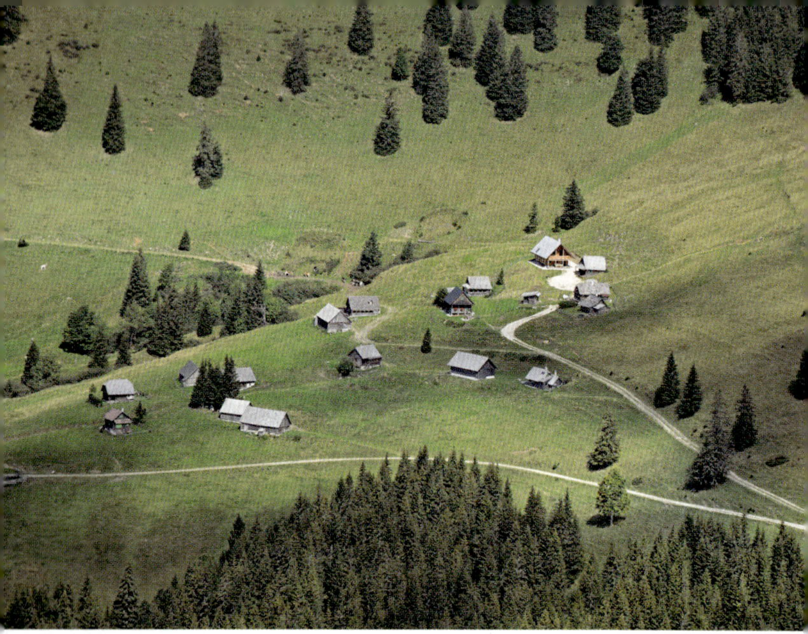

Tiefblick vom Rauschkogel auf die Turnaueralm.

Gut markiert geht es – am Schaller-Hansl (Holzfigur) vorbei – auf die Fadeneben, 1420 m, und über eine aussichtsreiche Forststraße, die fast durchgehend von zartem Gras bedeckt ist, zur entzückenden **Rotsohlalm-Hütte** ❷, 1416 m; auf dem Weg dorthin idyllischer Blick über zwei Almgebäude hinweg zum Rauschkogel. Von der Rotsohlalm-Hütte marschieren wir bis knapp vor die Turnauer Alm; auf diesem Wegabschnitt auf die (gute) Markierung achten, da es mehrere Abzweigungen gibt. In der Senke vor der Turnauer Alm leitet uns ein markanter Wegweiser nach links Richtung »Rauschalm« (Weg Nr. 452), und bald sehen wir beim Zurückschauen die zahlreichen Almhütten der Turnauer Alm; die Sicht zum Hochschwab und zur Hohen Veitsch begeistert!
Ein weiterer **Wegweiser** ❸, 1449 m, dirigiert uns dann nach rechts zum »Rauschkogel«. Der ab jetzt unmarkierte Steig lässt kein Orientierungsproblem aufkommen und führt uns – im oberen Teil nur an wenigen Stellen etwas ausgesetzt – bis zur Gipfelkuppe des **Rauschkogels** ❹, 1720 m, wo uns ein Steinmann empfängt. Zum tiefer stehenden Gipfelkreuz gelangen wir nach einem Linksbogen um die Latschenzone. Hochklassiges Panorama! Auch der Aufstieg zum Turntaler Kogel lässt sich von hier aus im Detail erkennen.

Vom Rauschkogel auf selbem Weg zurück in die Senke, dort orientieren wir uns jetzt am Wegweiser »15min Turnaueralm«. Wir gewinnen auf der Forststraße links ansteigend wieder an Höhe, danach teilt sie sich: Wenn wir den Abstecher nach links zur freundlichen Schutzhütte Turnaueralm, 1385 m, auslassen, gehen wir rechts weiter. Vor dem Straßenende bei den beiden höchstgelegenen **Hütten** ❺, 1438 m, steigen wir rechts über die Wiese weglos in freier Routenwahl mehr oder weniger steil bis zum obersten Wiesenrand auf; am Kamm sehen wir eine Gedenkstätte, von dort zum nahen Gipfel des **Turnauer Kogels** ❻, 1610 m, mit Gipfelbuch. Wieder fantastisches Panorama!

Immer in Zaunnähe bleibend steigen wir ostwärts in einen kleinen Sattel ab; links vom Zaun sind Felsabbrüche, unser Weg zum Sattel kann durch Weidevieh zertreten sein, doch die Orientierung ist einfach. Vom Sattel (nur dort eine schwarzweiße Markierung) wechseln wir beim Zaundurchlass auf die andere Seite des Zaunes, überqueren den Kamm durch Latschen und Heidelbeerfelder und steigen zum Soldaten-Wallfahrer-Bildstock bzw. **Nikolokreuz** am obersten Rand der Rotsohlalm hinunter.

Ab dort folgen wir dem Weg zur »Brunnalm Weg Nr. 464«; bei der Wegkreuzung nach dem Schaller-Hansl können wir uns entscheiden, ob wir weiterhin am Aufstiegsweg bleiben oder – abwechslungsreicher und kaum länger – über die **Schalleralm** ❼ (Wegweiser), 1332 m, mit der Gregorbauerhütte zum **Ausgangspunkt** ❶ gehen.

Herrliches Panorama am Rauschkogel: Hohe Veitsch (rechts) und Wildkamm (links).

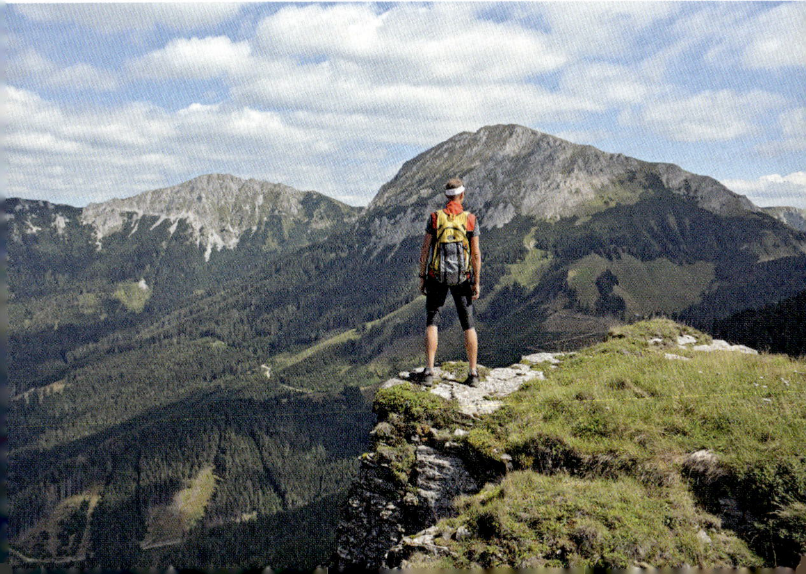

↗ 450 m | ↘ 450 m | 10.0 km

32 Töllmarkogel, 1366 m

3.30 h

Fantastische Almen: vom Schwammerlwirt über den Herzogberg

Gleich vorweg: Die Kindberger Almentour ist schon als eigenständige Tour eine schöne Rundwanderung. Sie kann aber nach Belieben erweitert werden, etwa um das nahe gelegene Troiseck oder um den in Kindberg beginnenden Herzlfresserweg. Schon wenn wir vom Ausgangspunkt beim hoch gelegenen Gasthaus Pölzl losmarschieren, haben wir viel Fernsicht, und die malerische Almlandschaft ist erst der Auftakt zu der almreichen Darbietung, die uns die Natur hoch über dem Mürztal präsentiert. Die Wiesen beim Gehöft Trippel und im Bereich der Kochhütte, in deren Nähe das Ochsenhimmelkreuz steht, tragen in besonderem Maße zu einem Landschaftsbild bei, dessen Anziehungskraft starke emotionale Reaktionen bewirkt. Über den lang gezogenen Höhenrücken des Herzogbergs, der seine Fenster immer wieder öffnet, damit wir unsere Blicke bis zum Hochschwab und über die Fischbacher Alpen hinweg schweifen lassen können, erreichen wir die romantische Töllmaralm; unterwegs hält uns auch eine spannende Wegführung mit weißer Punktmarkierung in Atem. Vom Töllmarkogel steigen wir zum Maurer Kreuz ab und tauchen zum Abschluss wieder in die Almregion beim Gasthof Pölzl ein.

Ausgangspunkt: Parkplatz beim Gasthof Pölzl, 1086 m, bei Kindberg; Zufahrt von Kindberg über August-Musger-Gasse, Möstlinggraben und Herzogberg.
ÖPNV: Keine.
Anforderungen: Forststraßen, (mitunter steile) Waldwege, Weidegebiet, gut markiert bis Kochhütte, danach bis Töllmaralm zahlreiche weiße und rote Punkte, die man bei entsprechender Aufmerksamkeit gut sehen kann, relativ problemlose Orientierung. Töllmarkogel-Gipfelbereich ebenfalls unmarkiert, aber deutliche Steigspuren.
Einkehr: Gasthof Pölzl (Schwammerlwirt), schwammerlwirt-poelzl.at, Mo, Di Ruhetag; Kochhütte, Tel. +43 3865 2083, Sa ab 13.30, So und Feiertag ab 12.00 geöffnet, Dezember geschlossen; Töllmaralm-Hütte, Tel. +43 3865 2689, während der Sommersaison So und Feiertag.
Karte: f&b WK 041.
Tipps: 1. Kultsteinweg in Kindberg: Der Kultstein, 1974 entdeckt und als Kultstätte interpretiert, befindet sich hoch über Alt-Hadersdorf; er ist mit mehr als 3000 Jahren das älteste und rätselhafteste Steinbauwerk der Steiermark.
2. Hochschwab-Rundflüge mit dem Hubschrauber ab Gasthof Pölzl.

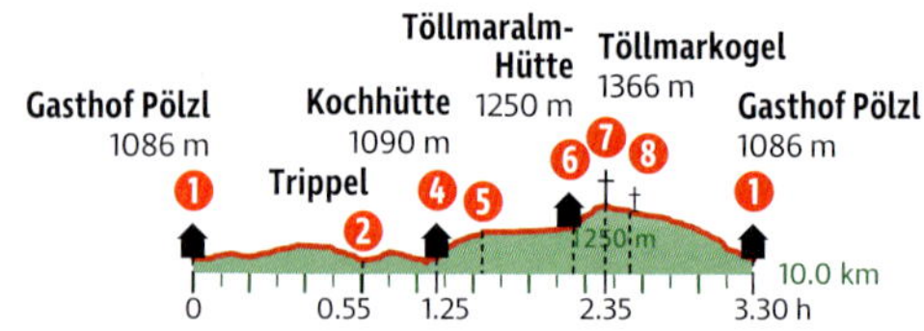

Vom hoch gelegenen **Gasthaus Pölzl** ❶, 1086 m, schlendern wir auf der schmalen, aussichtsreichen und von Weideflächen flankierten Asphaltstraße (»Herzogberg«) nach Norden; die Abzweigung zum Maurer Kreuz (Weg Nr. 470) bleibt unbeachtet. Dann wie im Bilderbuch: ein malerischer Schuppen und eine kleine Kapelle. Den Wegweisern zur Kochhütte folgend zweigen wir kurz nach Beginn des Waldes von der Teerstraße rechts ab und stoßen bald danach auf eine Forststraße, der wir geradeaus folgen (Wegweiser »Koch-Hittn«). Nach überraschend schönen Ausblicken zu den Fischbacher Alpen durchqueren wir – erlaubterweise – ein Privatgrundstück (Tafel) und stoßen nach einem Gatter auf Weidegebiet.

Auf einem sagenhaften Almweg mit edlem Panorama nähern wir uns dem grandios gelegenen **Bauernhof Trippel** ❷, 1075 m, bei dem wir rechts auf eine flache Forststraße abbiegen (Wegweiser »Koch Hittn« etwas weiter rechts entfernt beim Gatter). Der von Birken gesäumte Weg reizt mit prächtigen Motiven.

Vom Wegweiser »Ochsenhimmelkreuz 100 m« sind es tatsächlich noch 270 Me-

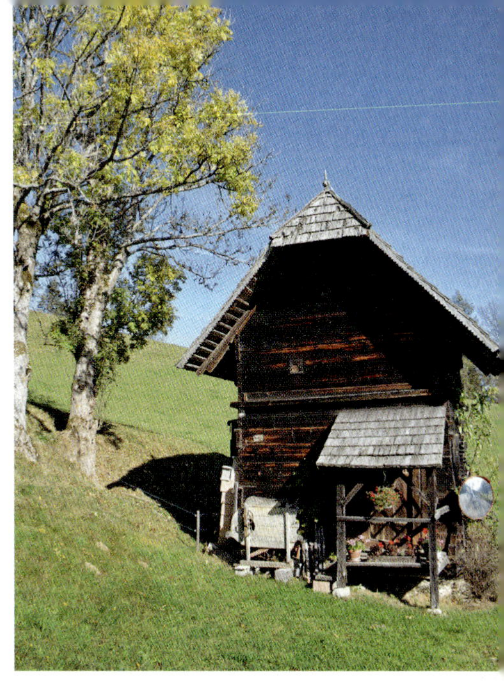

Malerischer Schuppen am Beginn der Tour.

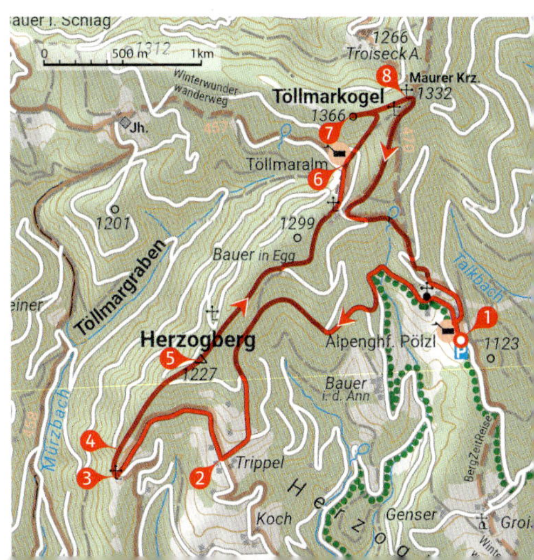

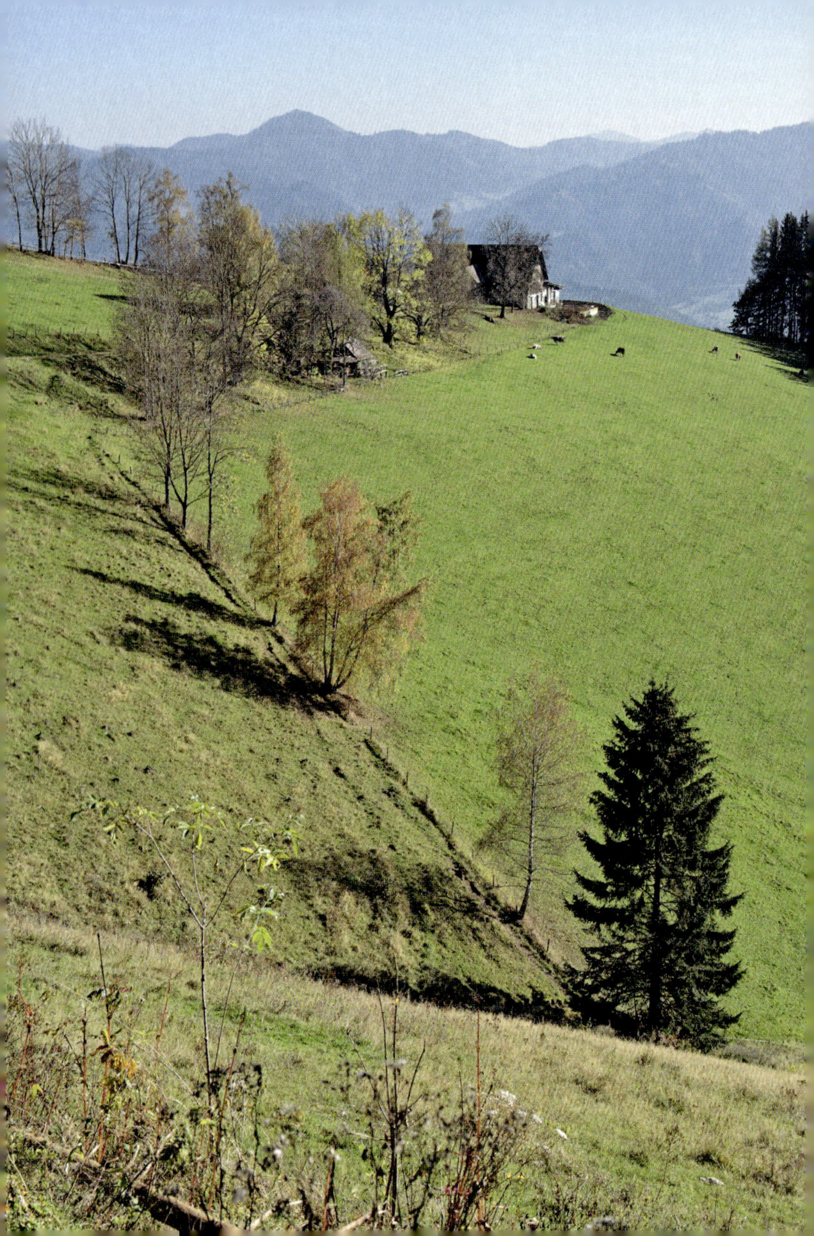

ter bis zu dem **Kreuz** ❸, 1067 m; daneben Holzbank. Ab dem Kreuz ist zwar etwas Orientierungssinn gefragt, doch es macht richtig Spaß, den Weg zu suchen: Wir marschieren zuerst zur **Kochhütte** ❹, 1090 m, dann über den baumlosen Hang dahinter bis zum höchsten Punkt, dort Zaunüberstieg. Ein schmaler Steig durch Stauden mündet in eine Forststraße, die wir sofort wieder verlassen, weil wir auf der linken Seite einen schmalen Steig erkennen und dort weitergehen; ab jetzt zahlreiche weiße Punkte, die alle gesehen werden können.

Vom Vermessungspunkt am **Herzogberg** ❺, 1227 m, lotsen uns weiße Pfeile zu einer Forststraße hinab, dort rechts, danach schöne Aussicht zum Hochschwab. Dort, wo uns eine markante Felsplatte am rechten Wegrand auffällt, schwenken wir nach rechts, um gleich danach links (Steig) weiterzugehen. Weiße und rote Punkte führen uns bei ständig wechselnder Bodenbeschaffenheit und an kleinen Felsen vorbei über den Kamm; schöne Aussicht in die Fischbacher Alpen. Im Abstieg erreichen wir die Forststraßenkreuzung auf der Töllmaralm (Töllermoaralm), gegenüber Wallfahrerkreuz. Wir wandern auf der Forststraße nach links zur kleinen **Töllmaralm-Hütte** ❻, 1250 m, hinunter.

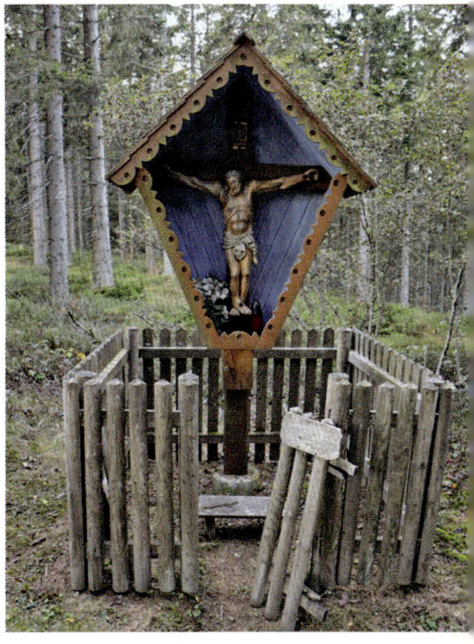

Maurer Kreuz.

Neben der Hütte steht ein gelber Wegweiser (»Winterwunderwanderweg«), bei dem wir von der Straße zum äußersten rechten Pfad schwenken und (unmarkiert) steil zum bewaldeten **Töllmarkogel** ❼, 1366 m, emporsteigen; am Gipfel drei Holzbänke. Die schönste Aussicht hat man etwas weiter westlich (Waldschneise).

Vom Gipfel gehen wir ein paar Meter auf demselben Weg nach Osten zurück, bleiben dann aber auf dem ausgetretenen Weg und stoßen ohne viel Höhenverlust auf das **Maurer Kreuz** ❽, 1332 m; ab hier Verlängerung der Tour zum Troiseck, 1466 m, möglich (Wegweiser »45 Min«). Beim Abstieg zum **Gasthof Pölzl** ❶ können wir uns entweder für den direkten Weg Nr. 470 oder den etwas längeren Weg Nr. 457, der die Töllmaralm streift, entscheiden.

Bilderbuchlandschaft mit dem Bauernhof Trippel.

↗ 840 m | ↘ 840 m | 10.5 km

33 Zöberer Höhe, 1486 m, ab Parschlug

5.00 h

Von Parschlug zum verlockenden Gipfelpanorama

Parschlug ist der Ausgangspunkt unserer Tour auf die Zöberer Höhe. Der kleine Ort knapp nördlich von Kapfenberg erlangte vor allem auf sportlicher Ebene durch das erfolgreiche Geschwisterpaar Elisabeth und Stephan Görgl Bekanntheit, die über Jahre hinweg als fixer Bestandteil des österreichischen Ski-Nationalteams in der Weltspitze mitfuhren. Ein schöner Waldsteig führt uns in die Gipfelregion der Zöberer Höhe, wo die Aussicht zunehmend imposanter wird. Höhepunkt ist die breite Gipfelwiese, von der aus wir ins zentrale Hochschwabmassiv blicken können. Beim Abstieg zweigen wir zur Bayerlhütte ab und finden dort eine unmarkierte Alternative zum markierten Weg nach Pogier, der uns schneller zurück nach Parschlug führt.

Ausgangspunkt: Parkplatz beim Gemeindeamt Parschlug, 704 m.
ÖPNV: Verbund Linie 41, 42, 45, Haltestelle Parschlug Ort.
Anforderungen: Forststraßen, (teils steile) Waldwege, Wiesensteige, gut markiert bis zur Bayerlhütte, danach bis zur Vereinigung mit dem Aufstiegsweg unmarkierte Forststraßen.
Einkehr: In Parschlug, unterwegs keine.
Karte: f&b WK 041.
Tipp: Von Parschlug auf die Hohe Pötschen, 1039 m, und zum Hubertuskreuz; schöne Aussicht ins Mürztal.

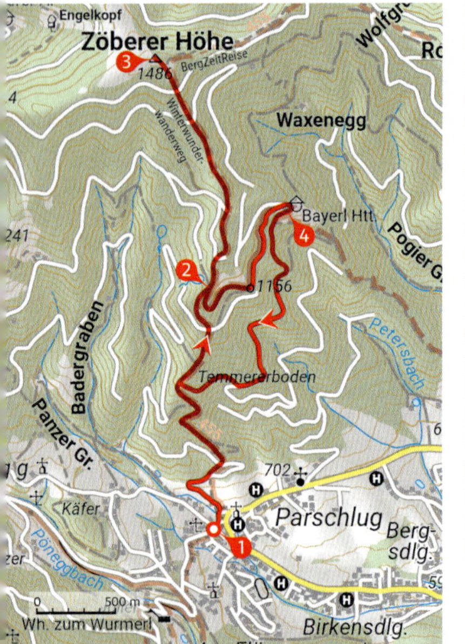

Vom **Parkplatz** ❶, 704 m, aus das (geschlossene) Gasthaus Görgl passierend betreten wir eine von Birken gesäumte Forststraße, die uns nach einer ausgeprägten Rechtskurve in den Wald führt. Wir verlassen die Straße in der folgenden sanften Rechtskurve ein paar Meter nach dem unübersehbaren Brunnenschachtdeckel im linken Hang; versetzt im Hang eine weiße Tafel des ÖAV. Bis auf diese unübersichtliche Passage ist der gesamte Wegverlauf gut markiert und leicht zu finden.

Schon deutlich höher, bei einer **Weggabelung** ❷, 1208 m, stößt von rechts der **Weg von Pogier** über die Bayerlhütte zu uns; ein Wegweiser gibt die weitere Marschrichtung zur Zöberer Höhe vor. Weiter oben treten wir aus dem Waldgelände hi-

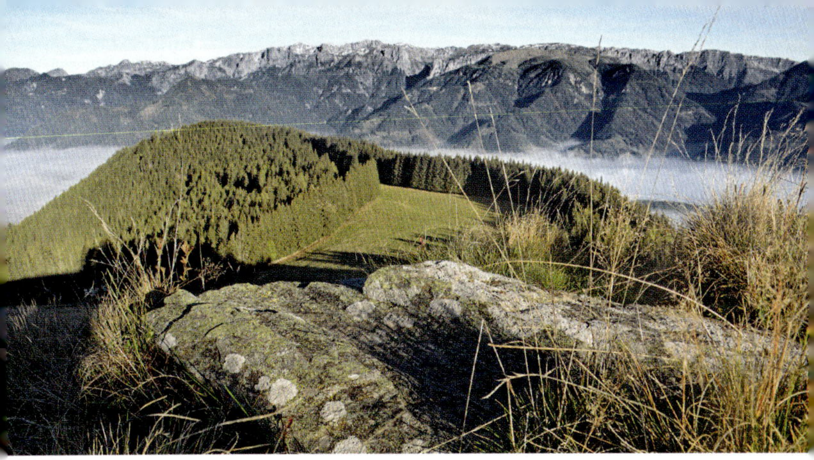

Auf der Zöberer Höhe mit Blick zum Hochschwab.

naus und werden mit viel Aussicht überrascht; nicht nur der Mugel-Sender zieht die Aufmerksamkeit auf sich. Bald sehen wir über das Mürztal hinweg und erreichen im obersten Bergabschnitt einen schönen Grashang; dort Holzbank mit Schriftzug »Hoamat«. Auf den letzten Metern bis zum Kamm steigt die Spannung – dann ist endlich die Sicht zum Hochschwab frei: Besonders schön stechen der Fölzstein, die Hochschwab-Südwand, der Zagelkogel mit dem Zagelkar (beliebte Steilabfahrt mit Ski), Ebenstein und Brandstein heraus. Statt einem Gipfelkreuz lässt uns ein Baum wissen, dass wir auf der **Zöberer Höhe** (Zeberhöhe) ❸, 1486 m, angelangt sind; an seinem Stamm sind ein rotes Kreuz, ein Gipfelbuch, Wegweiser, ein Hinweis des ÖAV und ein Thermometer befestigt.

Der Abstieg verläuft gleich wie der Aufstieg bis zur **Weggabelung** ❷; dort halten wir uns Richtung Pogier und kommen zur **Bayerlhütte** ❹, 1175 m. 120 m danach zweigen wir vom Weg Nr. 455 rechts ab und erreichen später eine Forststraße, auf der wir uns bis über den Temmerboden hinaus immer rechts halten und so auf 1050 m Höhe wieder zum Aufstiegsweg gelangen.

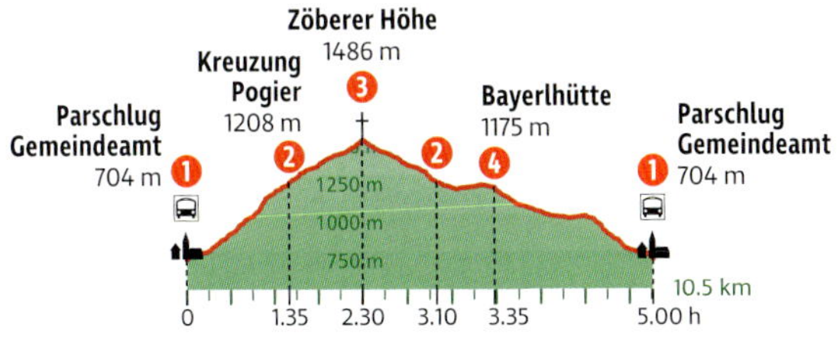

↗ 1100 m | ↘ 1100 m | 18.9 km

34 Zöberer Höhe, 1486 m, über den Bründlweg

7.15 h

Hochegg, Himmelreichkapelle und romantischer Bründlweg

Der 10 km lange »Romantische Bründlweg« (Rundweg) gilt als Wanderparadies am Pogusch. Wir integrieren den westlichen und südlichen Teil davon in unsere Bergtour auf die Zöberer Höhe. Zuerst besteigen wir das Hochegg, wobei wir schon beim Aufstieg unmittelbar nach der Jausenstation Schäffer-Huber einen ersten kurzen Kontakt mit dem Bründlweg haben und sicher über das »Bett in der Hütte« staunen werden. Nach dem Hochegg geht es weiter zur lieblichen Himmelreichkapelle, und beim Himmelreichbauer stoßen wir erneut auf den Bründlweg, dem wir bis zum Rührertor folgen, um dort zur Zöberer Höhe abzubiegen. Auf dem Weg zu unserem höchsten Gipfel dieser Tour beeindrucken immer wieder schöne Blicke zum Hochschwab, aber auch nach Süden über das Mürztal hinweg! Von der Zöberer Höhe steigen wir auf demselben Weg zurück zum Rührertor, schlendern von dort weiter auf dem Bründlweg zum Hocheggerhof und gelangen über die Jausenstation Schäffer-Huber zurück zum Ausgangspunkt.

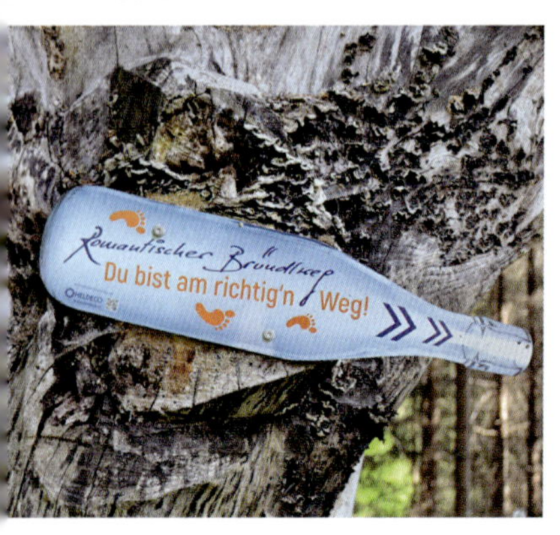

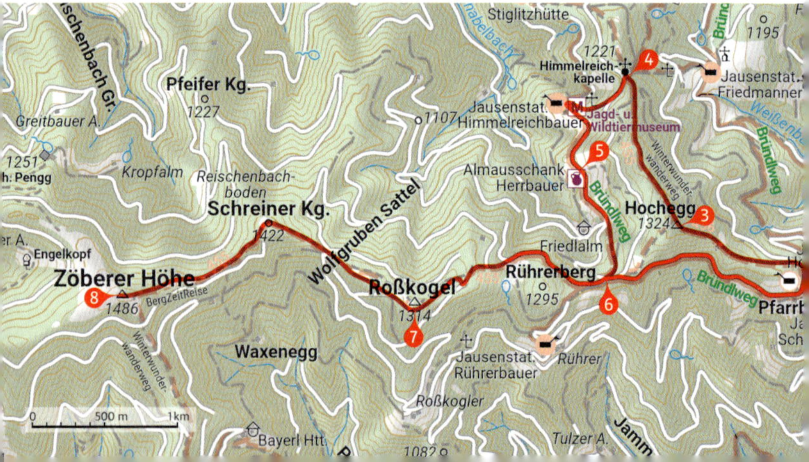

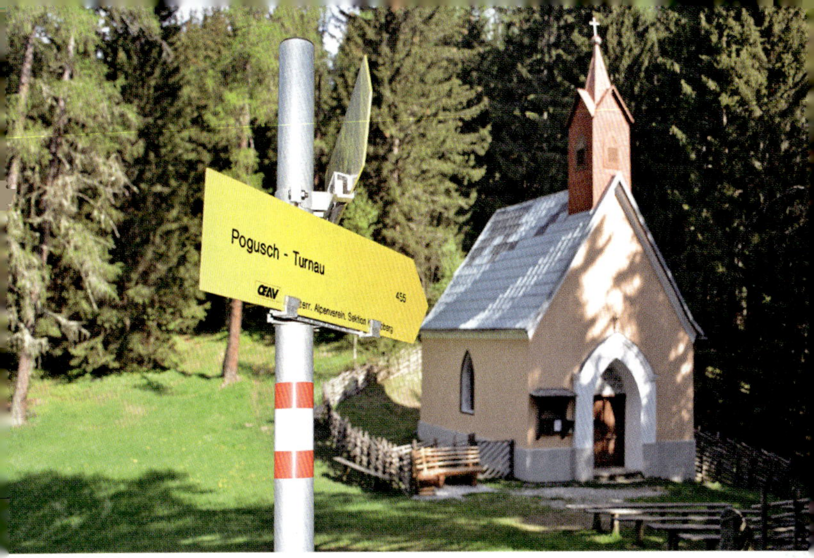

Himmelreichkapelle.

Ausgangspunkt: Parkplatz an der Poguschstraße (L 123), 710 m; 2,2 km nördlich des Ortsendes von St. Lorenzen bzw. 2,0 km südlich des Pogusch.
ÖPNV: ÖBB Bahnhof St. Marein-St. Lorenzen bzw. Haltestelle St. Lorenzen Ort (Stadtbus 51), von dort zu Fuß ca. 3 km.

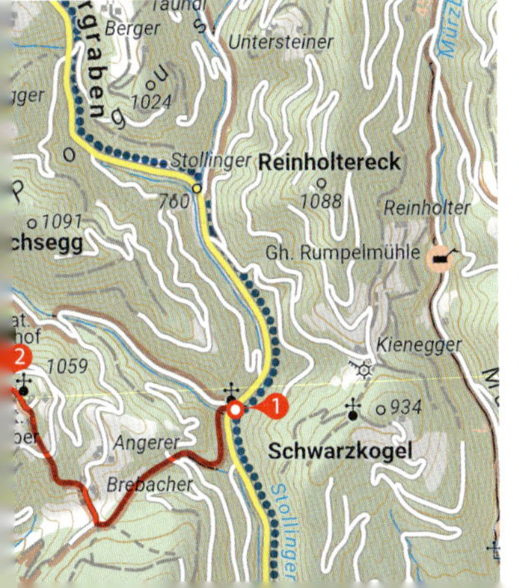

Anforderungen: Einfache Wege, aber lange Wanderung; es gibt jedoch viele Möglichkeiten, die Tour zu verkürzen. Durchgehend gut markiert.
Einkehr: Jausenstation Schäffer-Huber, geöffnet Mi–So und feiertags, im November geschlossen; Jausenstation Himmelreichbauer, ganzjährig Mi–So und feiertags ab 10.00 Uhr; Jausenstation Herrbauer, 1. Mai–31. Oktober Sa–Di und feiertags; Jausenstation Hocheggerhof, 1. April–31. Dezember Fr ab 12.00, Sa–Di ab 10.00 Uhr; Infos: bruendlweg.at.
Karte: f&b WK 041.
Tipps: 1. Die klassische Rundwanderung »Romantischer Bründlweg« beginnt direkt am Pogusch, 1059 m, beim Wirtshaus Steirereck und verzichtet auf die Gipfelbesteigungen, womit die Tour auf insgesamt 380 Höhenmeter reduziert wird.
2. Die Zöberer Höhe kann auch direkt vom Parkplatz beim hoch gelegenen Gasthaus Rührer, 1144 m, über das nahe Rührertor, 1210 m, bestiegen werden.

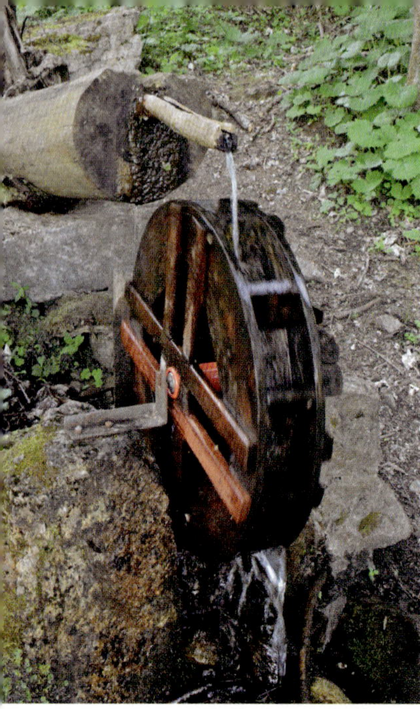

Wasserrad am »Romantischen Bründlweg«.

Wir verlassen den **Parkplatz** 1, 710 m, noch vor (!) der Brücke über den Stollingbach auf einem unmarkierten Steig, der uns bald zu einer Forststraße bringt, der wir nur kurz aufwärts folgen, weil wir dann – fast parallel zur Hochspannungsleitung – auf schmalem Wiesenpfad weiter ansteigen und so in wunderschönes Waldgelände kommen. Nach dem Steig durch das Waldstück halten wir uns rechts, stoßen so auf den Weg Nr. 456, gewinnen nach dem Anwesen Brebacher, 910 m, rasch an Höhe und gelangen schließlich bei der **Jausenstation Schäffer-Huber** 2, 1040 m, zum »Romantischen Bründlweg«. In der Folge steuern wir auf unserem Weg Nr. 456 das **Hochegg** 3, 1324 m, an, auf dessen Gipfel eine herzige Bank errichtet wurde. Danach rechts weiter auf Weg Nr. 455 zur pittoresken **Himmelreichkapelle** 4, 1221 m. Der optionale Kurzabstecher auf den Himmelreichkogel, 1250 m, bietet Sitzgelegenheit, aber keine Aussicht und lohnt sich daher nicht wirklich. Von der Kapelle steigen wir zur sehenswerten Jausenstation Himmelreichbauer, 1130 m, ab, halten uns dort scharf links und erreichen über die **Jausenstation Herrbauer** 5, 1130 m, den Wegepunkt **Rührertor** 6, 1210 m. Von dort steigen wir rechts auf Weg Nr. 455 am Rührerberg, 1295 m, vorbei zum **Roßkogel** 7, 1374 m, auf und gelangen über den Schreinerkogel,

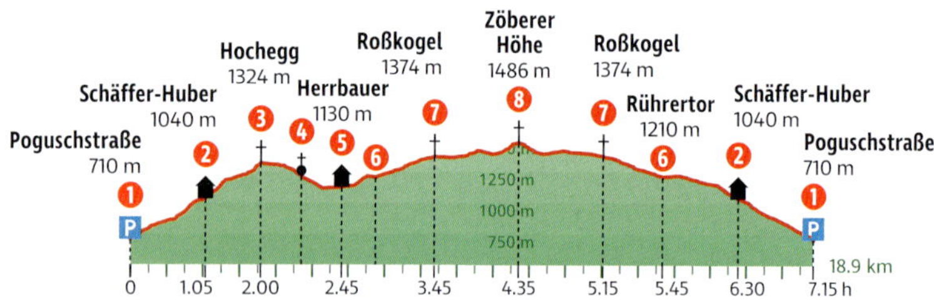

1422 m, schließlich zur **Zöberer Höhe** 8, 1486 m. Beim Abstieg vom Schreinerkogel begeistert der Blick auf Aflenz, das mit seiner Kirche und den Hochschwab-Felswänden ein Bergdorf wie im Bilderbuch verkörpert; auch die Zöberer Höhe bietet ein prachtvolles Hochschwab-Panorama!
Von der Zöberer Höhe gehen wir auf dem gleichen Weg zurück zum Wegepunkt **Rührertor** 6 und von dort – das Hochegg nun links liegen lassend – am Bründlweg bleibend zur Jausenstation Hocheggerhof. Wenige Meter später schließt sich unsere Runde und wir steigen auf dem schon bekannten Weg über die **Jausenstation Schäffer-Huber** 2 und das Anwesen Brebacher zum **Ausgangspunkt** 1 ab.

Westlich des Schreinerkogels: herrlicher Blick über Seewiesen zum Hochschwab.

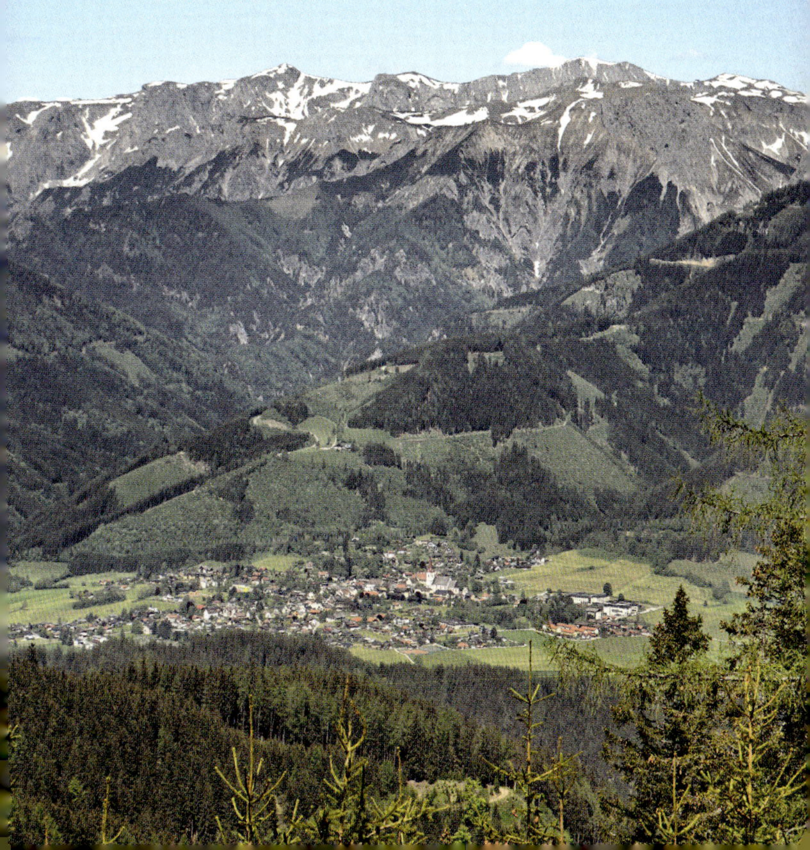

↗ 570 m | ↘ 560 m | 9.3 km

35 Madereck, 1050 m

3.45 h

Wie Peter Rosegger: vom Brucker Schloßberg bis ins Urgental

Im Buch »Wanderungen in der Heimat – eindrucksvolle Schilderungen heute noch begehbarer Wege« beschrieb Peter Rosegger einen Maigang auf das Madereck: »Das ist der Berg, der sich westlich der Stadt hinter dem Schloßberg erhebt und in mehreren Bergstufen sachte ansteigt ... Dann wieder blinkt an Lichtungen die silberne Ferne herein und im breiten, sonnigen Mürztal leuchten die weißen Punkte der Kirchtürme und Landhäuser. ... Als auf steilem Kogel sich die Höhe lichtete, stand dort, von unten gesehen, ein Sommerstadl, der Dach geben konnte, denn es war schwül und trüb geworden ... Aber der Sommerstadl entwickelte sich zu einem Bauernhaus und bei näherem Zusehen zu einem Wirtshaus mit einem neu zugebauten Gaststübchen ... Ich hatte noch den Kopf des Berges zu besteigen. In 10 Minuten sollte ich auf dem Scheitl sein ... Lauter Berge! Das traf zu. Der Gipfel des Madereck ist zwar stellenweise mit Wald bestanden, aber auch so viel freie Almmatte ist vorhanden, daß der Blick besonders gegen das Tragößergebirge und Leoben hin frei bleibt. ...« Der Ausgangspunkt unserer Rundtour liegt im Zentrum von Bruck an der Mur. Von dort besteigen wir den Brucker Schloßberg, wandern über den Dürrnberg zum Almgasthaus Puster – 1924 errichtet – und weiter zum Gipfelkreuz am Madereck. Der Abstieg führt uns auf der Südseite durch das interessante Urgental zur Paulahofsiedlung.

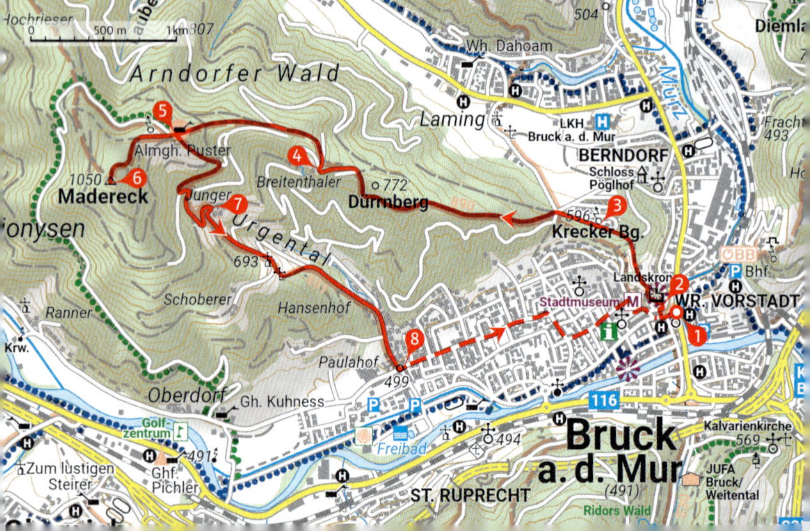

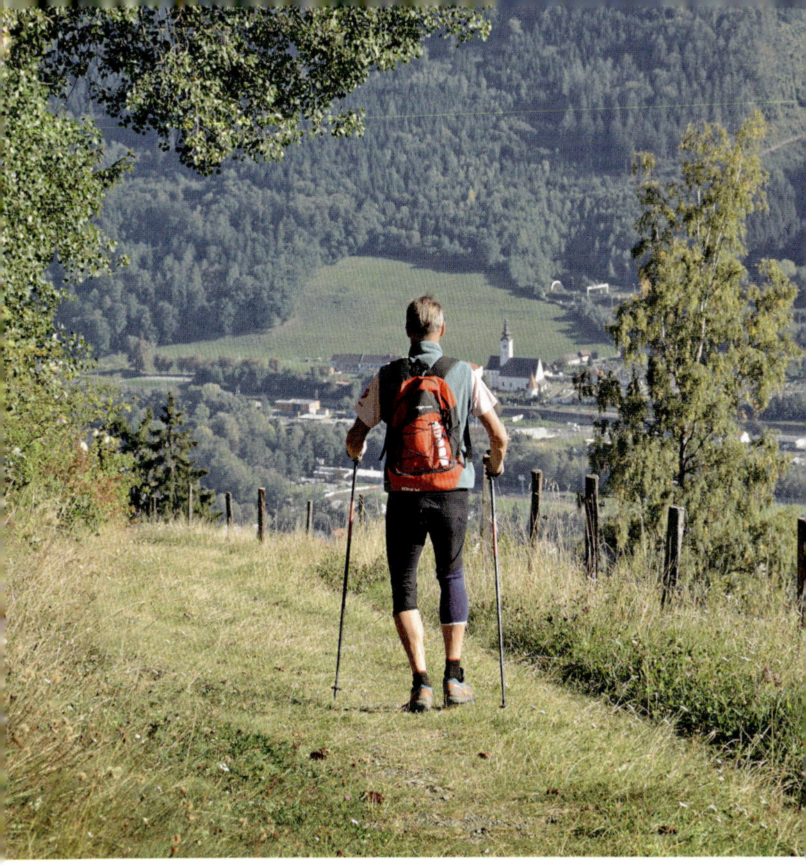

Beim Abstieg kurz nach dem Gasthaus Puster.

Ausgangspunkt: Bushaltestelle Herzog-Ernst-Gasse im Zentrum von Bruck an der Mur, 489 m.
Endpunkt: Bushaltestelle Paulahof, 499 m.
ÖPNV: Linie 11, Haltestelle Herzog-Ernst-Gasse bzw. Haltestelle Paulahof.
Anforderungen: Forststraßen, (teils steile) Waldwege, Wiesensteige, gut markiert.
Einkehr: Almgasthaus Puster, madereck.at, Mo, Di Ruhetag.
Karte: f&b WK 041.
Tipp: Wenn man mit dem Auto anreist, parkt man idealerweise im Bereich der am Westrand von Bruck an der Mur gelegenen Paulahofsiedlung und fährt mit der Linie 11 ab der Haltestelle Paulahof bis zur Bushaltestelle Herzog-Ernst-Gasse, denn die Tour endet genau bei der Haltestelle Paulahof; so erspart man sich den Weg durch Bruck an der Mur zum Ausgangspunkt und bleibt flexibel.

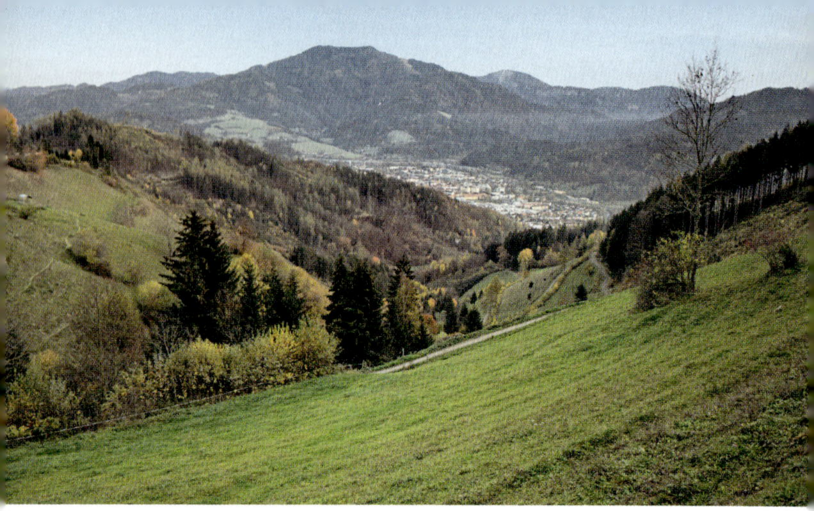

Blick durch das Urgental hinweg über Bruck an der Mur zum Rennfeld.

Bruck an der Mur ist eine der ältesten Städte Österreichs. Wir beginnen die Wanderung bei der **Bushaltestelle Herzog-Ernst-Gasse** ❶, 489 m, marschieren auf dieser Gasse 40 m Richtung Zentrum und steigen dann rechts über den Etzersteig auf den Schloßberg zum **Uhrturm** ❷, 520 m, hinauf; vor dem Uhrturm links über Kopfsteinpflaster leicht bergauf weiter, sehr schöner Blick über die historische Altstadt hinweg. Bei der ersten Möglichkeit steigen wir über die Stiegen kurz bergab, gelangen auf einem Pfad durch ein Tor in der Burgmauer, die einst Teil der mächtigen Burg Landskron war, zu den nächsten Stufen und über sie ansteigend zu einer Wegkreuzung bei einer Laterne; nun scharf links über die nächsten Stufen weiter (Schild »Durchgang bis auf Widerruf gestattet«). Der schmale Steig endet beim Alpakapark. Weiter bergauf gehend erreichen wir den Oberen Höhenweg beim Haus Nr. 22, dort links.
Am **Sender** ❸ (Funkstützpunkt Krecker), 596 m, vorbei geht es auf Asphalt leicht fallend bis zur ersten Kehre, wo wir links in den Wald abbiegen; Weg-

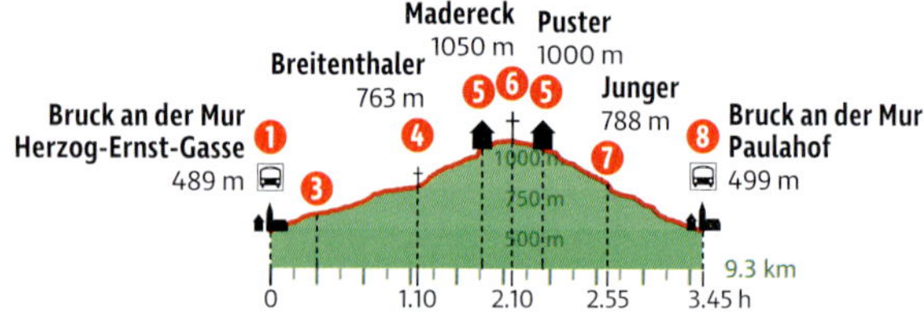

weiser geben die Richtung zum Madereck (Gasthaus Puster) vor (Weg Nr. 890). Auf einem breiten Karrenweg geht es sanft steigend durch den Wald, später entlang der Flanke des Dürrnberges, 772 m, zum Gehöft **Breitenthaler** ❹, 763 m; dort markantes Holzkreuz mit Jesus.

Nach einer S-Kurve bei einer unmarkierten Wegtrennung halten wir uns rechts; gleich darauf zweigen wir links in den steilen, markierten Weg ab; abschnittsweise handelt es sich um einen richtigen Hohlweg. Wir bleiben der Aufstiegsrichtung treu, bis uns die Markierung nach links auf den Steig lotst, der in einem Sattel mit dem **Gasthaus Puster** ❺, 1000 m, endet. Von dort entlang einer kleinen Birkenallee oberhalb der viel Weite und Ruhe vermittelnden, recht steil abfallenden Madereck-Gipfelwiese zum **Gipfel** ❻, 1050 m; großes Gipfelkreuz, Sitzgelegenheiten; interessante Aussicht.

Anschließend steigen wir wieder zum **Gasthaus Puster** ❺ ab, halten uns danach aber rechts; der Wegweiser zur »Paulahofsiedlung« lässt uns wissen, dass wir richtig sind. Es folgt ein wunderschöner Streckenabschnitt: Beim Anita-Bankerl können wir die Almflächen in ihrer gesamten Ausdehnung bestaunen. Danach wandern wir auf einem von Birken gesäumten Weg, der in eine Forststraße mündet. Wir bleiben jetzt immer auf der aussichtsreichen Straße, kommen am **Bauernhof Junger** ❼, 788 m, vorbei und haben beim weiteren Abstieg durch das Urgental noch lange viel freie Sicht über die grünen Hänge hinweg nach Bruck an der Mur, zum Rennfeld und zum Hochlantsch. Schließlich stoßen wir auf die Oberdorfer Straße, unmittelbar links davon befindet sich die **Bushaltestelle Paulahof** ❽, 499 m.

Wenn wir für den Weg zur **Bushaltestelle Herzog-Ernst-Gasse** ❶ auf den Bus verzichten, kommen wir über die Straßenkombination Oberdorfer Straße – Bergstraße – Schillerstraße – Parkgasse – Hoher Markt dorthin; 2,1 km.

Almflächen im Gipfelbereich, im Hintergrund Mugel (rechts) mit Roßeck (links).

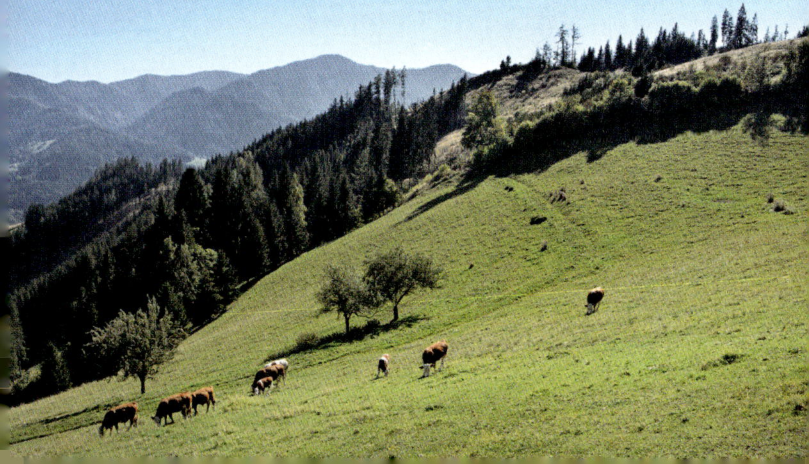

↗ 870 m | ↘ 870 m | 17.6 km

36 Kletschachkogel, 1457 m

6.15 h

Kotzalm, Kletschachalm und überraschend viel Panorama

5-mal K: Kotzgraben, Kotzalm, Kletschachalm und Kletschachkogel. Klasse! Die Rundwanderung im südlichsten Teil der Hochschwabgruppe, die durch die beiden Berggruppen um Kletschachkogel und Thalerkogel zwischen dem Vordernbergertal und dem von Kapfenberg nach Tragöß ziehenden Lamingtal, verkörpert wird, führt uns aus dem Kotzgraben bei St. Dionysen zur fantastisch gelegenen und im Sommer auch gelegentlich bewirtschafteten Kotzalm. Sie liegt zwar nur gut 1160 m hoch, doch das Panorama und der Tiefblick ins Murtal sind unglaublich schön! Danach besteigen wir die Kotzalmhöhe, wandern zur netten Kletschachalm und erreichen über weite Almwiesen den Kletschachkogel, bei dessen Gipfelkreuz wir – noch einmal – zum ausgedehnten Kalksteinplateau des zentralen Hochschwabmassivs mit Brandstein, Ebenstein & Co. blicken können. Der Rückweg verläuft durch den langen Kotzgraben, wobei die abwechslungsreiche Forststraße jedenfalls mit »angenehm« und »gut zu gehen« bewertet werden kann.

Kotzalm-Hütte mit Blick zu Mugel (rechts) mit Roßeck (links).

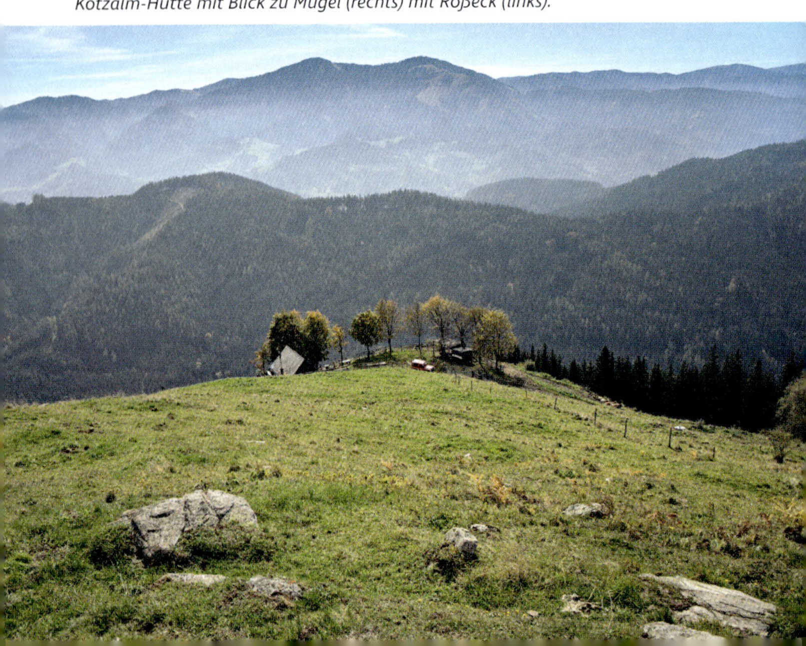

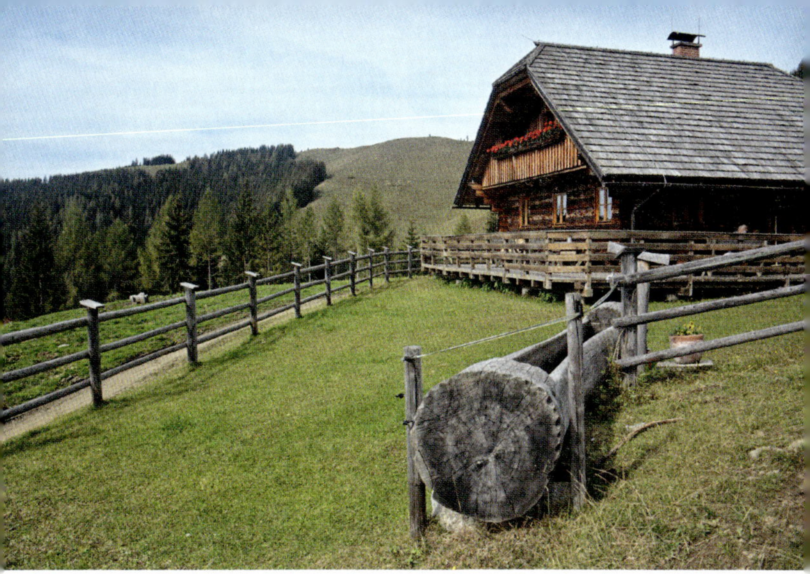

Links der Hütte auf der Kletschachalm schaut der Gipfel des Kletschachkogels hervor.

Ausgangspunkt: Wanderweggabelung im Kotzgraben, 627 m (Wegweiser); Zufahrt über Bruck an der Mur bzw. St. Dionysen bis zum Beginn des Kotzgraben und diesem 2,3 km bis zum Wegweiser folgen; am Straßenrand begrenzte Parkmöglichkeiten (schmale Straße), notfalls etwas davor/danach parken.
ÖPNV: Keine.
Anforderungen: Forststraßen, (mitunter steile) Waldwege, Almsteige, gut markiert bis auf den kurzen unmarkierten Abschnitt nach der Kotzalm-Hütte, doch aufgrund des übersichtlichen Geländes (Zaun, freie Sicht) problemlose Orientierung.
Einkehr: Kotzalm-Hütte und Kletschachalm-Hütte, beide im Sommer einfach bewirtschaftet.
Karte: f&b WK 041.
Tipp: Schöner Blick auf den Kletschachkogel auch bei einer Bergtour auf das südwestlich von ihm gelegene Himberger Eck, 1345 m, ausgehend von der Buschenschenke Apfelmaier in St. Peter Freienstein.

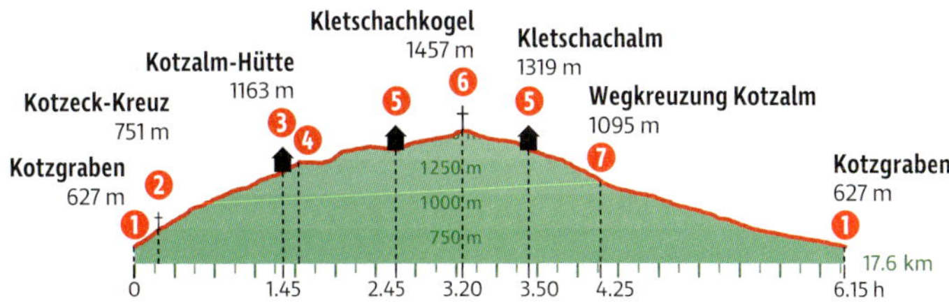

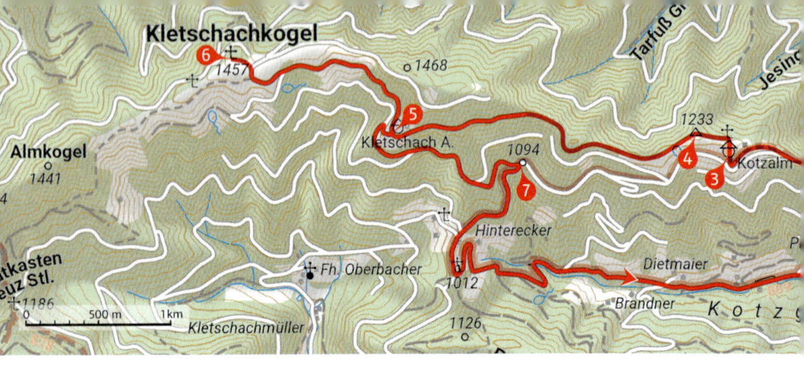

Bei der Wanderweggabelung im **Kotzgraben** ❶, 627 m, führt unser Weg Nr. 889 bzw. 891 rechts über die Forststraße in steilen Kurven zu einem freien Wiesenhang mit Haus und dann in einem Linksbogen – mit schöner Aussicht – weiterhin steil nach oben. Bald nach der Steigung lesen wir beim **Kotzeck-Kreuz** ❷, 751 m, wo es zur Kotzalm weitergeht. Der gute Waldsteig teilt sich später; wir wählen dort den »Waldweg – Kotzalm«, der bald schöne Aussicht zum Roßeck und zur Mugel vermittelt und in eine Forststraße übergeht, die uns zwischendurch zum Hochschwab blicken lässt. Beim Verlassen des Waldgeländes sehen wir die **Kotzalm-Hütte** ❸, 1163 m: Lage und Panorama sind prächtig!

Von der Hütte steigen wir weglos kurz steil über den Grashang zum hübschen Josef-Beraus-Gedenkkreuz auf. Dann wandern wir links am Höhenrücken entlang (Zaun dient als Orientierung), dessen **Spitze** ❹ mit 1233 Metern vermessen ist (Kotzalm). Zwischendurch haben wir feine Sicht zum Hochschwab; besonders auffällig zeigt sich der Ebenstein. Auch der Blick über die weiten Almflächen der Kotzalm hinweg zu den gegenüberliegenden Bergen der Gleinalpe und der Fischbacher Alpen beeindruckt ungemein! Nach der landschaftlich großartigen Querung erreichen wir die Kehre einer grasbewachsenen Forststraße, dort Zaundurchlass. Wir folgen der Straße (Markierungen) nach rechts durch den Wald bis zur

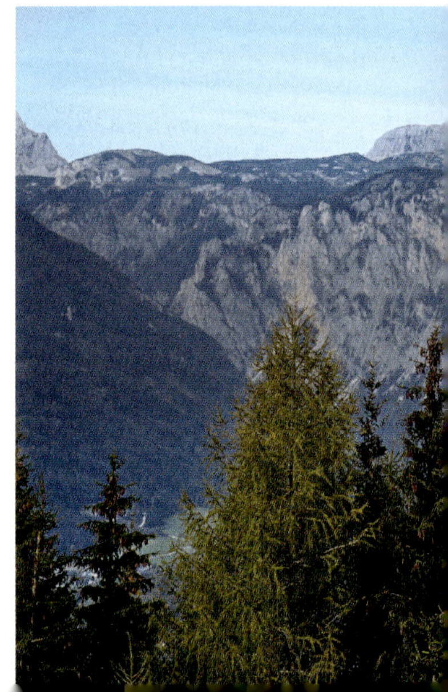

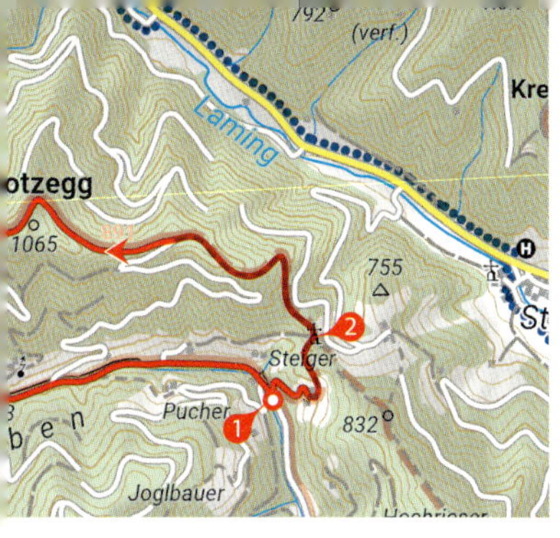

schönen **Kletschachalm** 5, 1319 m, mit Almhütte, von wo aus wir den Gipfel des **Kletschachkogels** sehen. Über die angenehme Forststraße, die nach dem Waldstück in idyllischer Almlandschaft ansteigt, erreichen wir das **Gipfelkreuz** 6, 1457 m; schönes Panorama samt Hochschwab-Blick, Sitzmöglichkeiten.

Der Abstieg ist bis zur **Kletschachalm-Hütte** 5 mit dem Aufstieg identisch; danach bleiben wir auf dem markierten Weg Nr. 889, der sich rechts auf der aussichtsreichen Forststraße fortsetzt. Die Straße zieht nach einer markanten Linkskurve nach Südosten und trifft später auf die **Straße zur Kotzalm** 7 (Wegweiser), 1095 m.

Von dort marschieren wir Richtung »St. Dionysen« und bleiben bis zum **Ausgangspunkt** 1 auf der abwechslungsreichen Forststraße (Weg Nr. 889; nicht rechts zum Almwirt abbiegen); sie windet sich in Kehren bergab, hat mehrere Weidetore und wird im Schlussabschnitt vom sprudelnden Kotzbach begleitet.

Am Kletschachkogel: Traumblick zum Ebenstein (Hochschwabgruppe).

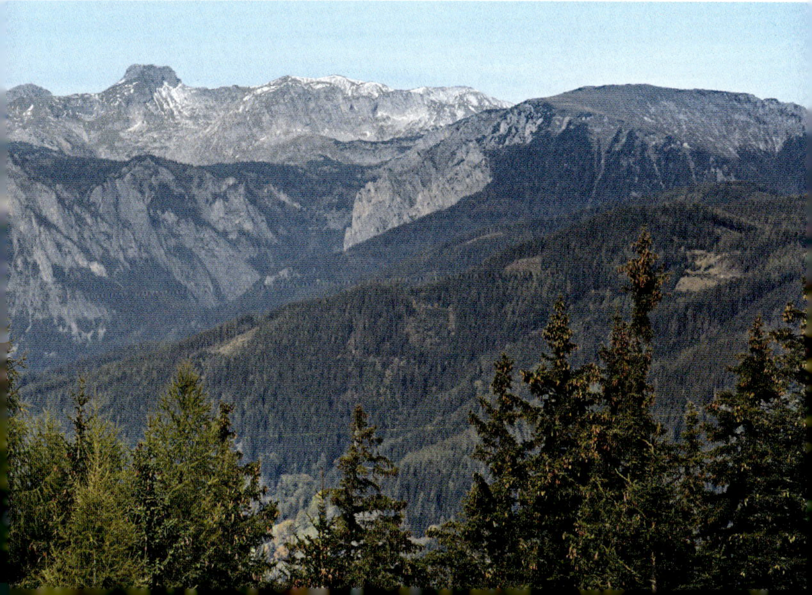

↗ 1350 m | ↘ 1350 m | 15.4 km

37 Eisenerzer Reichenstein, 2165 m

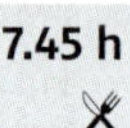

Ab Hirnalm: Krumpensee, Theklasteig und Rottörl

Das Gebiet Eisenerzer Reichenstein-Krumpensee wurde im Jahr 1973 zum Naturschutzgebiet erklärt. Es zeichnet sich durch weitgehende Unberührtheit aus und besitzt dadurch einen sehr hohen landschaftsästhetischen und naturwissenschaftlichen Wert. Unsere einmalige Rundwanderung nimmt ihren Ausgang bei der Hirnalm oberhalb von Hafning bei Trofaiach und führt uns am Krumpensee vorbei zum Krumphals, einem Übergang, der, flankiert von Reichenstein und Hoher Zölz, im hochalpinen Bereich liegt. Danach queren wir in großartiger Berglandschaft zum Reichenhals (auch »Reichhals«), wo das Bergpanorama intensive Begeisterung auslöst. Wir steigen über einen Teilabschnitt des im Jahr 1900 errichteten Theklasteiges – benannt nach Thekla Sedlaczek, der Frau von Emil Sedlaczek, der sich als Direktor der Montangesellschaft auch für den Alpenverein eingesetzt hatte und Ehrenmitglied der örtlichen Sektion wurde – auf das breite Plateau des Eisenerzer Reichensteins und marschieren an der Reichensteinhütte vorbei zum nahe gelegenen Gipfelkreuz. Auch der rassige Rückweg fasziniert, er führt über das Rottörl zum Krumpensee und von dort wieder zurück zur Hirnalm.

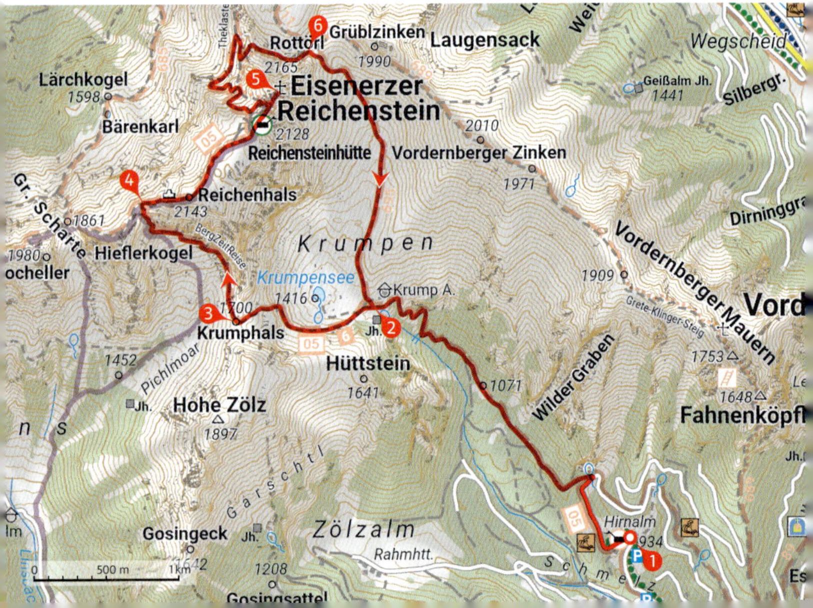

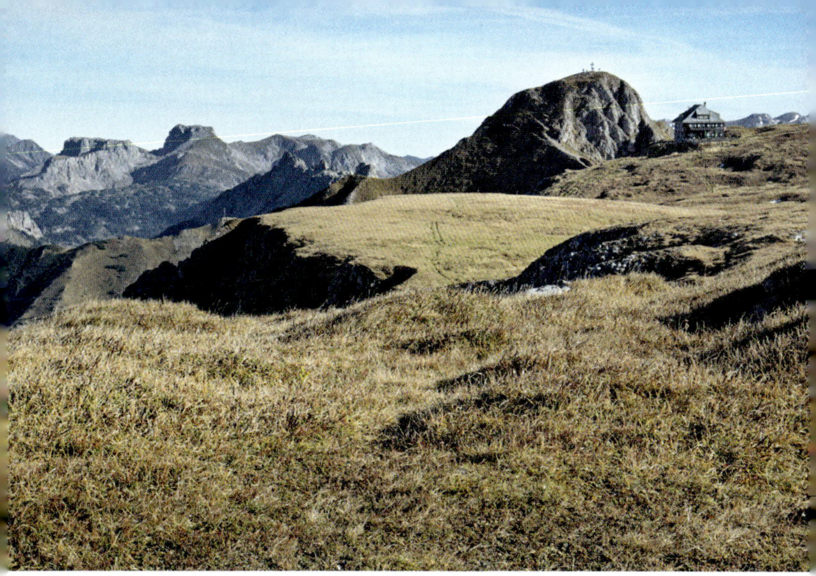

Reichensteinhütte mit Eisenerzer Reichenstein, links davon Ebenstein, Schaufelwand und Griesstein.

Ausgangspunkt: Parkplatz bei der Almhütte auf der Hirnalm, 934 m; Zufahrt über die B 115 (Eisenstraße) nach Trofaiach bei Hafning, dort nach Westen abbiegen, Hinweisschilder.
ÖPNV: Keine.
Anforderungen: Forststraßen, (mitunter steile) Bergwege, der Theklasteig sowie die Querung zum Rottörl verlangen etwas Trittsicherheit, gut markiert.

Einkehr: Hirnalm, Tel. +43 660 5290503, geöffnet 1. Mai–26. Oktober, Mo Ruhetag; Reichensteinhütte, Tel. +43 664 9836164, Anfang Mai–Anfang November (je nach Witterung).
Karte: f&b WK 041.
Tipp: Bei einer Übernachtung auf der Reichensteinhütte Sonnenauf- und -untergang am Eisenerzer Reichenstein erleben.

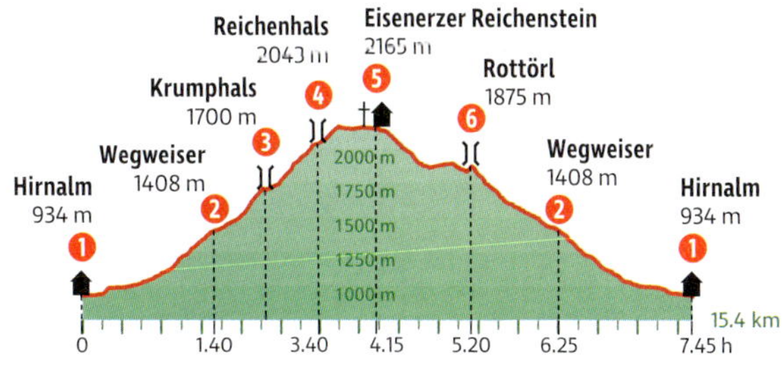

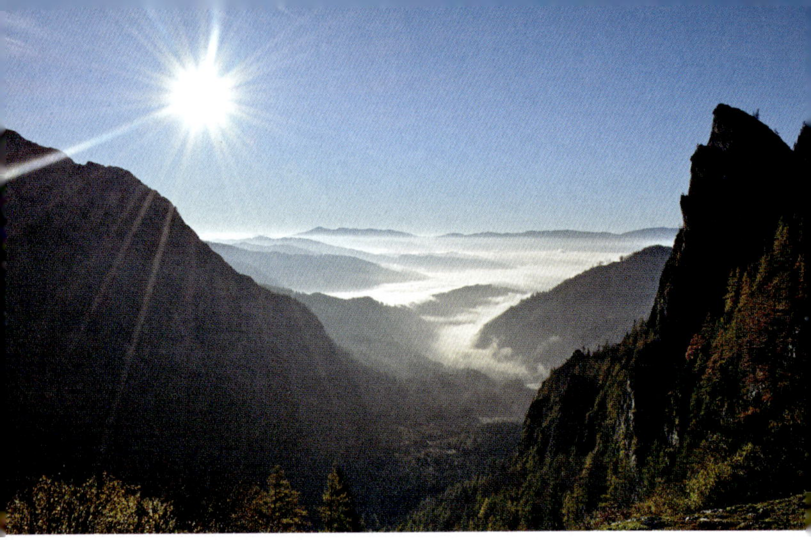

Foto oben: Am Krumphals, Blickrichtung Osten. – Unten: Krumpensee mit Reichenstein.

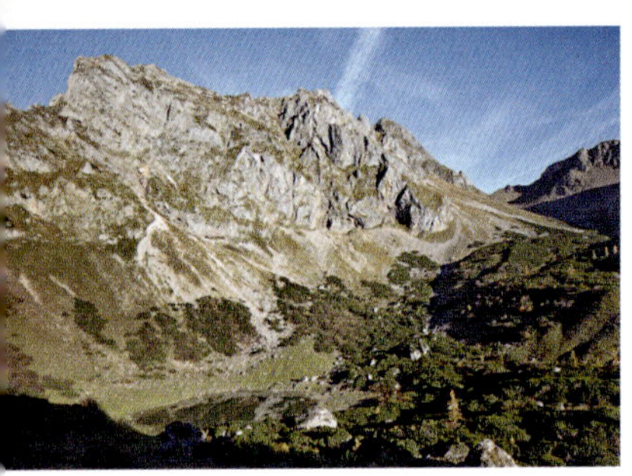

Bei der **Hirnalm ❶**, 934 m, zeigt uns der Wegweiser zum »Krumpensee«, wie wir losmarschieren sollen. Wir folgen der Forststraße nicht lange, sondern biegen bald links in den Wald ab und erreichen über die Eder Alm (Sitzbank) ein Stufental mit dem Krumpenbachfall. Dann steiler in Serpentinen zur herrlich gelegenen Krump-Alm (Krumpenalm) mit kleiner Almhütte (etwas rechts).

Beim **Wegweiser ❷**, 1408 m, lesen wir »Reichenstein über Krumpenhals« (Weg Nr. 605) und gehen schräg links weiter. Knapp später könnten wir rechts einen Abstecher zum Krumpensee, 1416 m, machen; beim Aufstieg zum Krumphals (Krumpenhals) sehen wir den See, der eiszeitlicher Entstehung sein dürfte, unter uns – seine Lage am Fuße der mächtigen Südost-Abstürze des Reichensteins bezaubert. Zudem haben wir gute Sicht in das Krumpental, durch das unser Abstieg vom Rottörl verläuft.

Nach einer kurzen Steilstufe erreichen wir flacheres Gelände und danach den sattelartigen **Krumphals ❸**, 1700 m, von wo aus wir den aufregenden Streckenabschnitt zum Reichenhals gut überblicken können. Nach kurzem Abstieg queren wir das Gelände unter den südwestlichen Steilabbrüchen des Reichenstein-Stockes und steigen anschließend über einen steilen Hang zum **Reichenhals** 4, 2043 m, empor. Das Bergpanorama ist jetzt effektvoll erweitert, über die Eisenerzer Alpen hinweg zu den Gesäusebergen und zum Hochschwab!

Wir folgen dem Wegweiser zum »Reichenstein« (Weg Nr. 605) über den Theklasteig; der Steig besticht durch landschaftlich großartige Szenerie und Tiefblicke auf den Erzberg. Beim Erreichen der lang gestreckten, ungemein aussichtsreichen, grasüberzogenen, sanften Hochfläche sehen wir die **Reichensteinhütte**, 2128 m, und den Gipfel des **Reichensteins**; der Weg dorthin ist klar.

Vom **Gipfel** 5, 2165 m, steigen wir – noch vor der Hütte – rechts über die Serpentinen bergab und gelangen auf den Weg zum Präbichl. Beim Wegweiser »Stiege – Rottörl« mahnt der ÖAV, dass »der Abstieg über die Stiege nicht gestattet ist (Einbahn)«, und bittet »den Normalweg zu nehmen«. Dies beachtend nehmen wir den kurzen Umweg in Kauf, biegen später bei der nächsten Möglichkeit rechts ab, schwenken kurz darauf nach links zum »Rottörl« und erreichen eine Kuppe, 1900 m, wo die landschaftlich großartige Querung zum Rottörl beginnt. Knapp nach der Kuppe erfordern ein paar Stellen Trittsicherheit.

Vom **Rottörl** 6, 1875 m, steigen wir durch das breitgezogene Krumpental zur Krump-Alm ab, wo sich unsere Runde wieder schließt und wir auf dem Aufstiegsweg zur **Hirnalm** 1 absteigen.

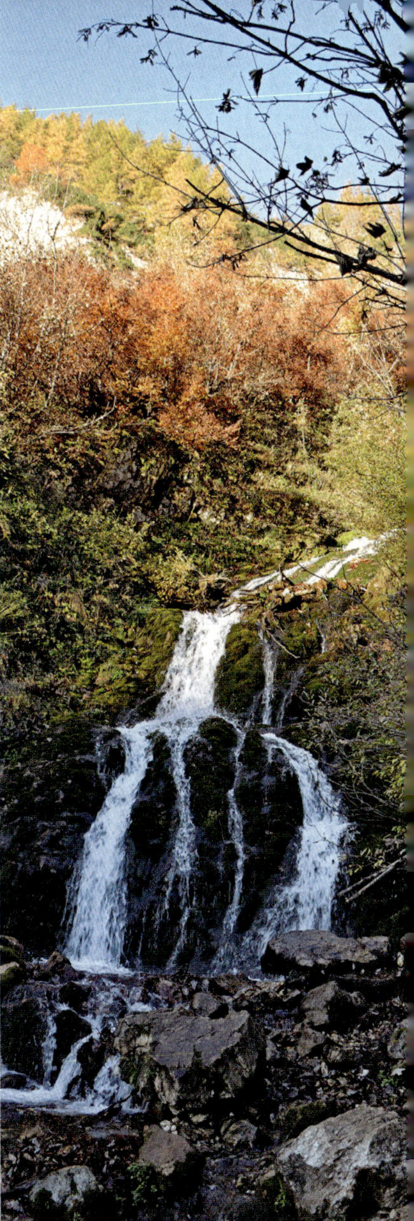

Krumpenbachfall.

TOP

38 Gößeck, 2214 m

↗ 1340 m | ↘ 1340 m | 12.2 km

7.00 h

Im Reich der Steinböcke: Reitsteig rauf, Bechlgraben runter

Der Reiting stellt einen rund neun Kilometer langen und besonders eigenständigen Gebirgsstock mit mehreren Gipfeln dar, von denen das Gößeck der höchste ist. In der von grünen Grasmatten gesäumten, weitläufigen Gipfelregion des Gößecks ist eine große Steinbock-Kolonie zu Hause. Dabei war der Steinbock Anfang des 19. Jahrhunderts in weiten Teilen der Alpen ausgerottet! Nur im italienischen Gran-Paradiso-Gebiet hatte eine Gruppe von 100 Stück Steinwild überlebt. Im Jahrbuch der St. Gallischen Naturwissenschaftlichen Gesellschaft aus dem Jahr 1933 wurde im Kapitel »Das letzte Asyl des Alpensteinbocks« festgehalten: »Man kann es nur begrüßen, und der Steinbockfreund muss dem jetzigen italienischen Monarchen höchsten Dank zollen, dass er den glücklichen Gedanken hatte, im Jahre 1921 das ganze große Steinwildgebiet, eines seiner hauptsächlichsten Krongüter, dem Volk und Staat Italien als Naturschutzgebiet abzutreten, um daselbst, nach dem Vorbilde des Schweizerischen Nationalparks im Unterengadin, eine Groß-Reservation: Il Parco Nazionale del Gran Paradiso zu begründen.« Die Wiederansiedlung des Alpensteinbocks war zum Glück erfolgreich. Uns erwartet ein großartiges Naturerlebnis, wenn wir nach dem Aufstieg über den Reitsteig die Steinböcke in freier Wildbahn im Gipfelbereich des höchsten Berges der gesamten Eisenerzer Alpen beobachten können.

Alpensteinbock in der Gipfelregion des Gößecks.

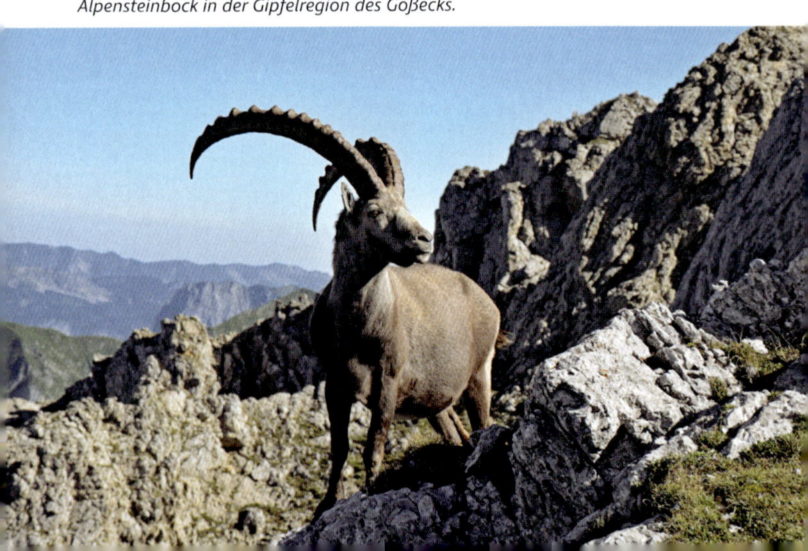

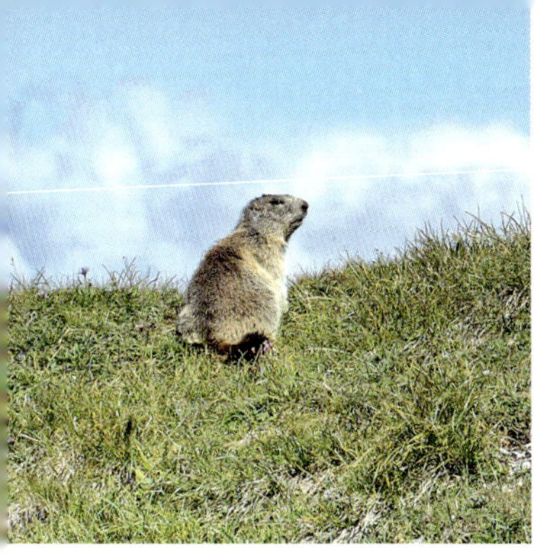

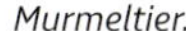

Murmeltier.

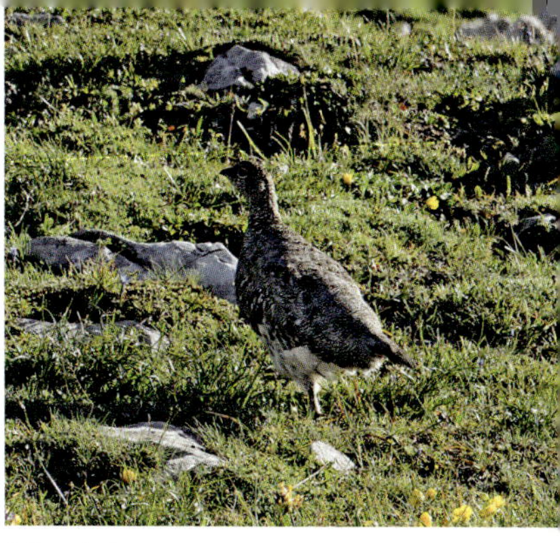

Schneehuhn.

Ausgangspunkt: Gehöft Zeller, 893 m, in Schardorf; Zufahrt über die B 115 (Eisenstraße) bis Edling, dort nach Gai abbiegen und vorbei am Golfplatz des Golfclubs Reiting-Gai und am Hotel Reitingblick zum Parkplatz am Straßenende (Gebühr 1 Euro).
ÖPNV: Keine.
Anforderungen: Forststraßen, (mitunter steile) Bergwege; der Aufstieg über den Reitsteig ist bis zur Einmündung des gut markierten (mitunter steilen) Steiges durch den Bechlgraben unmarkiert, aber gut zu finden (ausgetretener Steig, vereinzelt Steinmänner); Almsteige in der Gipfelregion; der Abstieg durch den Bechlgraben veläuft mehrmals kurz über Geröll.
Einkehr: Keine während der Tour.
Karte: f&b WK 041.
Tipp: Stöcke für den Abstieg empfehlenswert.

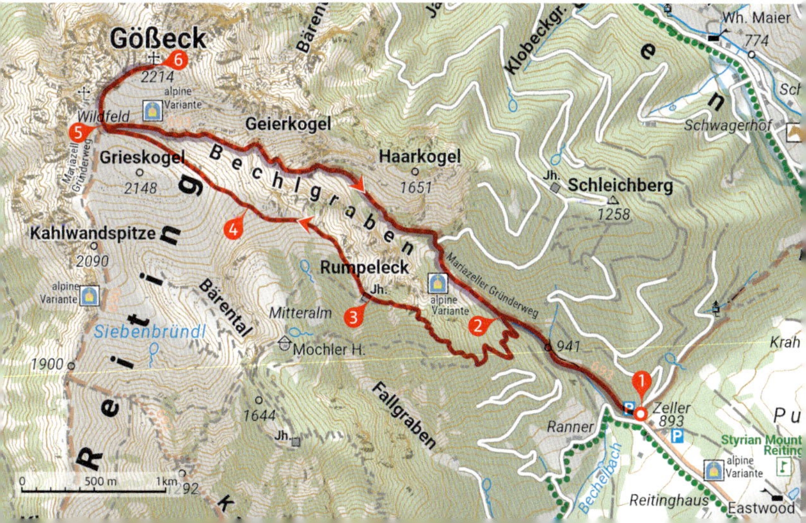

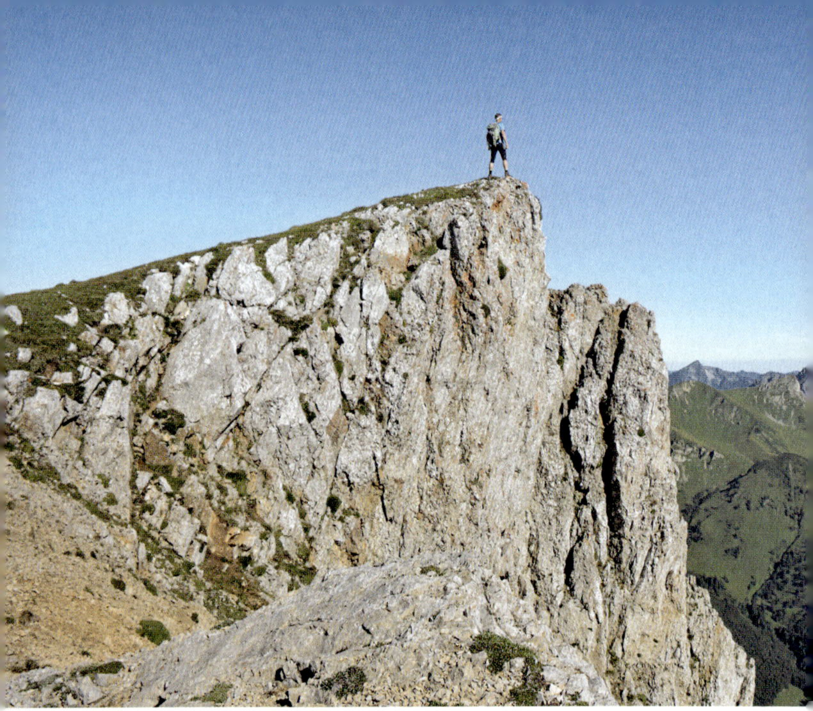

Felsvorsprung wenige Meter gegenüber dem Gößeck-Gipfel mit Blick zum Kaiserschild.

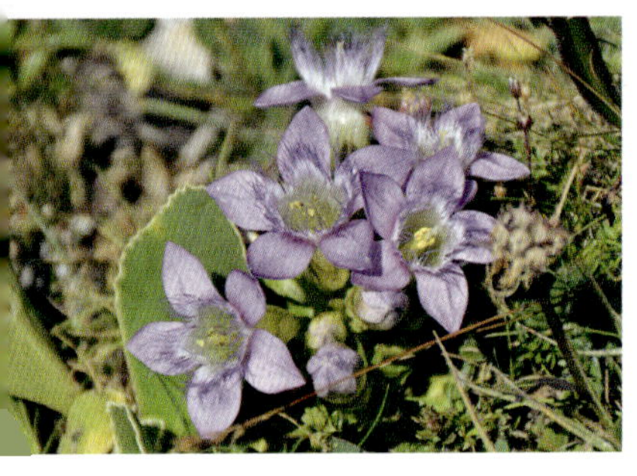

Die Wanderung auf den mächtigen Hochgebirgsstock nimmt ihren Ausgang beim Parkplatz beim **Gehöft Zeller** ❶, 893 m; von dort geht es auf der markierten Forststraße (Weg Nr. 693) bis zum eingezäunten Wasserschutzgebiet, 941 m, und dort links zum Wald. Gleich danach **Wegteilung** ❷, 991 m; ein grüner Wegweiser zeigt nach rechts (»693, Reiting-Gößeck«), doch wir steigen links (!) über den unmarkierten Reitsteig (Jagasteig) auf.

Bald danach, auf 1176 m, zweigen für uns wichtige Steigspuren nach rechts ab (geradeaus über die Lichtung ginge es zur Mochler Hütte). Ein Wildzaun wird auf einer massiven Holzleiter überwunden. Auch nach dem Zaun hal-

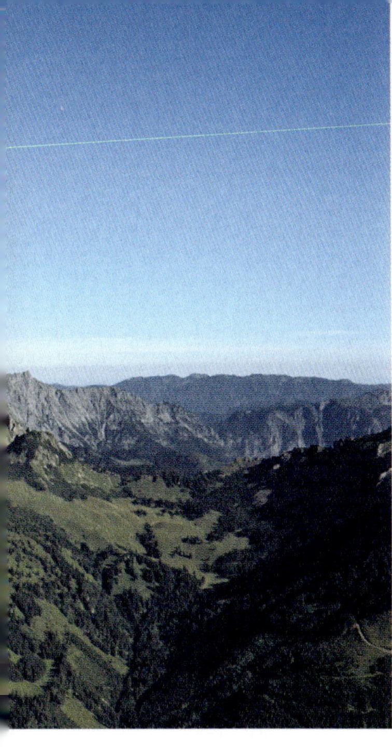

ten wir uns praktisch immer rechts. Eine kleine Felszone, ca. 1460 m, wird unschwierig gequert. Nach einem hübschen **Jagdhaus** ❸, 1581 m, steigen wir auf feinem Almboden zum Rumpeleck auf. Fantastisches Panorama! Von dort über den breiten Gratrücken Richtung Grieskogel, 2148 m. Später, im völlig freien Gelände, bei einem **Steinmann** ❹, 1904 m, Vorsicht: Rechts zieht ein gut ausgetretener Steig stellenweise etwas ausgesetzt durch die Latschen zum Bechlgraben; diesen Steig nehmen wir nicht!

Wir steigen weiterhin bergauf, der Reitsteig ist wenig später wieder sehr gut zu erkennen und zieht an der Flanke des Grieskogels zum sogenannten Wildfeld mit gut sichtbarem Wegweiser »Bechlgraben/ Wildfeld«; hier, am Plateau, Vereinigung von **Reitsteig und Weg Nr. 693** ❺, 2097 m. Nun gut markiert bzw. vom Gelände klar vorgegeben über die von grünen Grasmatten gesäumte, weitläufige Gipfelregion zum **Gipfelkreuz** ❻, 2214 m. Steinböcke und faszinierende Aussicht!

Zurück zum Wegweiser am **Wildfeld** ❺ und dann immer der Markierung folgend auf Weg Nr. 693 durch den Bechlgraben, mitunter steil (Schotterfelder), bis zur **Wegteilung** ❷ und von dort, vorbei am Wasserschutzgebiet, wie beim Zustieg zum **Ausgangspunkt** ❶.

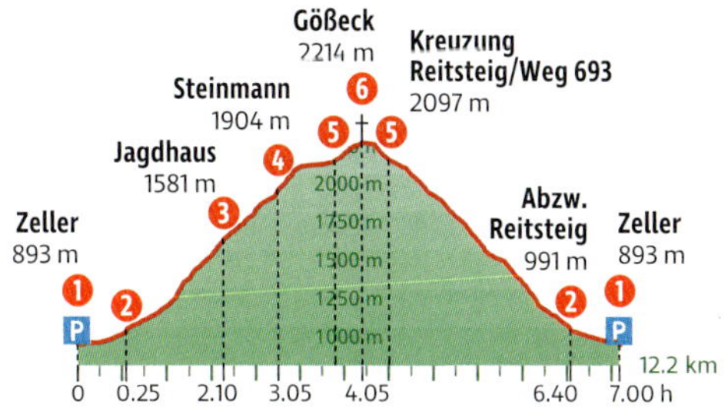

↗ 1180 m | ↘ 1180 m | 14.6 km

39 Wildfeld, 2043 m, und Stadelstein, 2070 m

6.45 h

Gößgraben, Moosalm, Murmeltiere und ein super Erzberg-Blick

Der Stadelstein und das Wildfeld liegen im östlichen Teil der Eisenerzer Alpen und sind zwei herrliche Gipfel, die wir aus dem Gößgraben bei Trofaich besteigen. Beim Aufstieg kommen wir bei der zauberhaft gelegenen Moosalm vorbei; die Alm hat Platz für bis zu 130 Stück Vieh, und mit etwas Glück werden vom Halter bei heißem Wetter im Brunnen Bierdosen kühl gehalten. Unmarkiert, aber ohne Orientierungsproblem, steigen wir dann weiter zum Gipfelkreuz des Wildfelds hinauf. Der Name leitet sich aus dem Wildreichtum seiner botanisch interessanten Hochfläche ab, die mit ihren Mulden und Karen eine gute Äsung für das Wild bietet; spätestens ab der Moosalm begleiten uns zudem die unzähligen Pfiffe der Murmeltiere. Dann folgen die vielleicht eindrucksvollsten Abschnitte unserer Tour: Zuerst der Höhenweg zum Gipfelkreuz des Stadelsteins, von wo der Blick auf den Erzberg beeindruckt; danach der Abstieg in alpinistisch reizvoller Landschaft zum Hochtörl. Knapp oberhalb der Moosalm treffen wir wieder auf den Anstiegsweg, auf dem wir zurück zum Start gelangen.

Am Gipfel des Stadelsteins mit Tiefblick zum Erzberg.

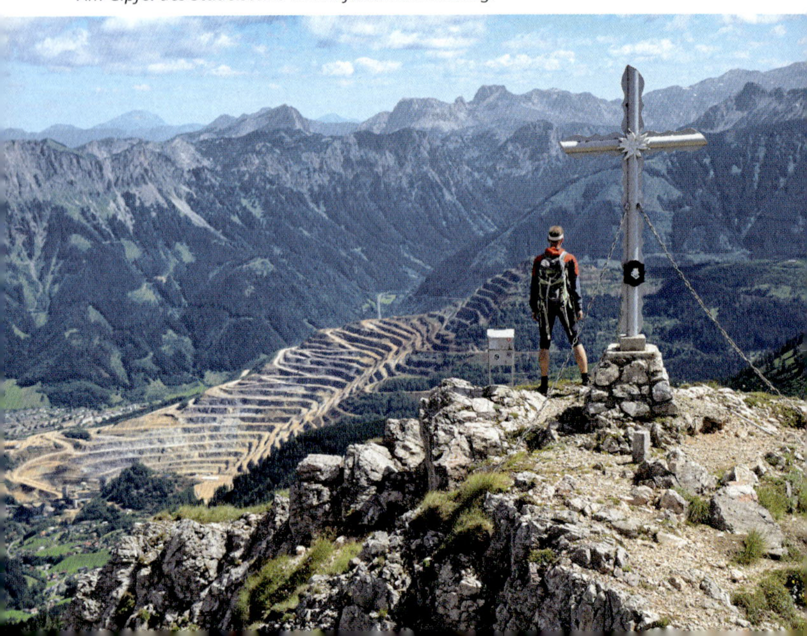

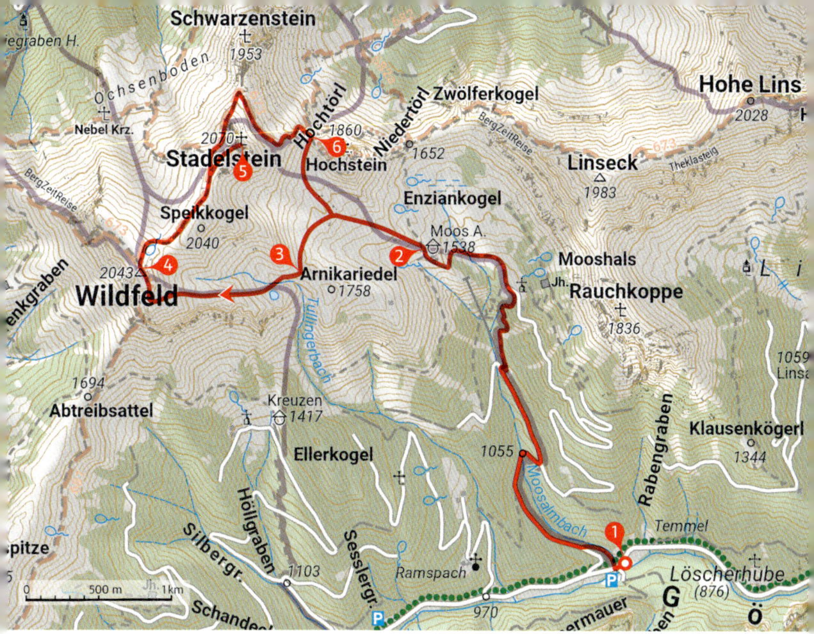

Ausgangspunkt: Parkplatz Moosalm, 942 m, im Gößgraben; Zufahrt über die B 115 (Eisenstraße) bis Trofaiach, dort nach Westen in den Gößgraben abbiegen, teilweise beschildert.
ÖPNV: Keine.
Anforderungen: Forststraßen, Bergwege, Almsteige; der Aufstieg zwischen Moosalm und Wildfeld ist zwar unmarkiert, aber aufgrund des übersichtlichen Geländes (markante Felsen, Almsteig, freie Fläche, Zaun, Bachverlauf) problemlos.
Einkehr: Moosalm (Halterhütte), im Sommer einfach bewirtschaftet.
Karte: f&b WK 041.
Tipp: Sehr viele Murmeltiere ab Moosalm!

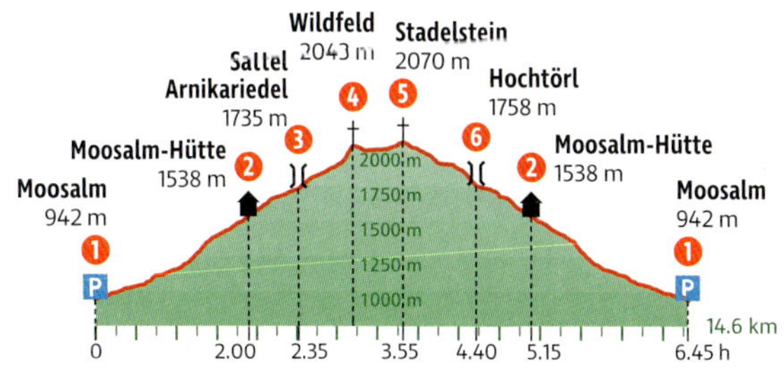

Beim **Parkplatz Moosalm** ❶, 942 m, gehen wir auf der Brücke über den Moosalmbach, sehen auf der rechten Seite ein Holzschild (»Moosalm – Stadlstein«) und wandern über den Steig bis zu einer Forststraße. Auf ihr überqueren wir später noch einmal den Moosalmbach, kurven danach nach links und zweigen später von der Straße rechts auf einen weiteren Steig ab, der kurz unterhalb der Moosalm auf einen Forstweg stößt, dort Gatter. Wir folgen dem Weg nach links und sehen kurz darauf die **Moosalm-Hütte** ❷, 1538 m, in prächtiger Lage!
Von der Hütte geht es unmarkiert ohne Orientierungsschwierigkeiten wie folgt weiter: Wenn wir zum Sattel zwischen dem Felshorn des Stadelsteins, 2070 m, und der links davon befindlichen Graskuppe des Speikkogels, 2040 m, schauen, sehen wir vorgelagert einen markanten dreieckigen hellen Felsen aus dem Latschengürtel herausragen. Wenn wir bei diesem Felsen angekommen sind, müssen wir nach links in den **Sattel** ❸, 1735 m, zwischen Speikkogel (rechts) und Arnikariedel, 1778 m, (links) queren; dorthin führt ein deutlicher Steig durch die markante Latschengasse.
Vom Sattel erstreckt sich ein beeindruckender Grashang bis zum Gipfel des Wildfelds; es empfiehlt sich, den Bach kurz nach dem Sattel zu überqueren und in der Folge immer links von ihm aufzusteigen, wobei bis auf den äußerst linken Rand des Hanges (Zaun) ausgewichen werden kann. Immer

Moosalm-Hütte (links) mit Speikkogel und Stadelstein (rechts).

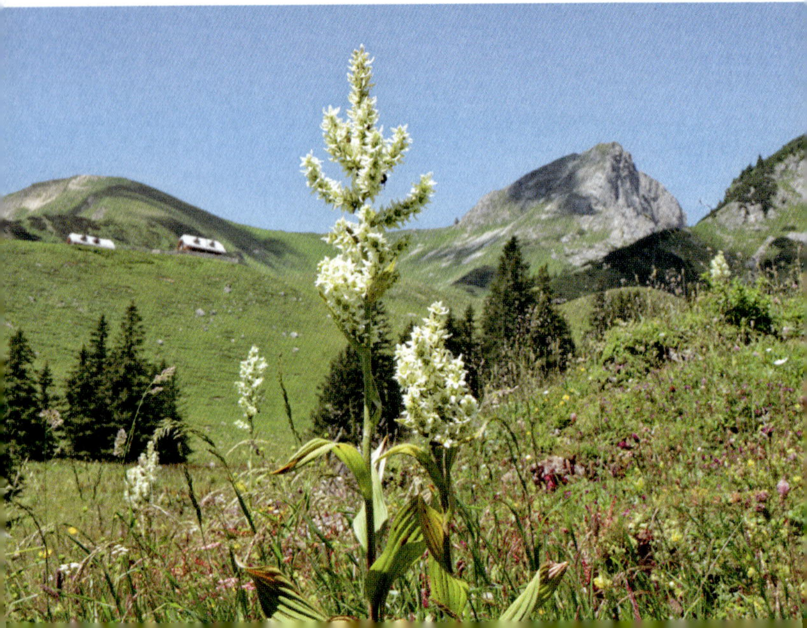

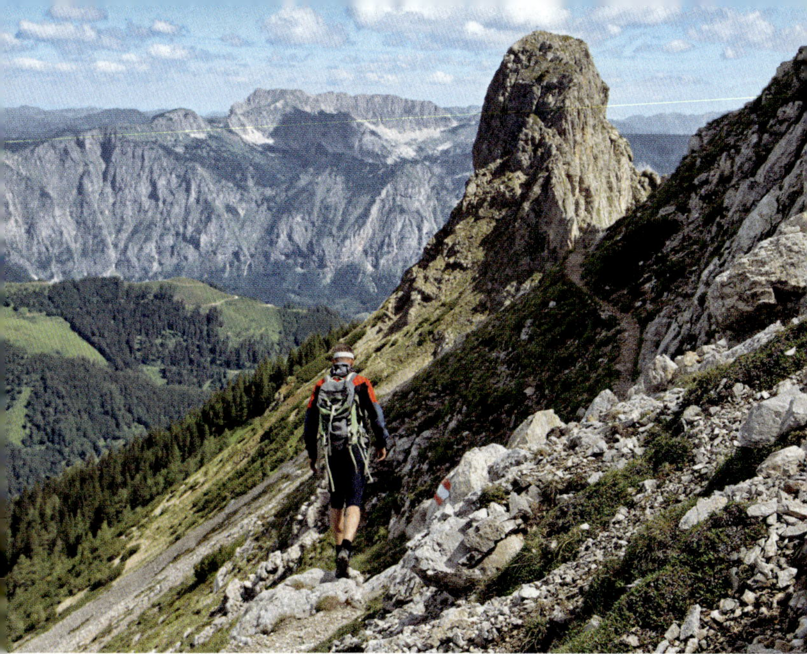

Der imposante Felsturm des Schwarzensteins.

wieder machen Murmeltiere durch Pfiffe auf sich aufmerksam. Im obersten Abschnitt stoßen wir auf den Weg Nr. 681 und stehen wenig später beim formschönen Gipfelkreuz des **Wildfelds** ❹, 2043 m.

Nun beginnt eine faszinierende und ungemein aussichtsreiche Höhenwanderung (mit oder ohne Speikkogel) auf Weg Nr. 673 (Eisenerzer-Alpen-Kammweg), die am **Stadelstein** ❺, 2070 m, ihren höchsten Punkt erreicht und durch das harmonische Miteinander von weiten grünen Grashängen und schroffen Felsformationen gekennzeichnet ist. Vom Stadelstein – exzellenter Tiefblick zum Erzberg – auf dem Aufstiegsweg kurz zurück zum Wegweiser und von dort Richtung »Hochtörl – Hohe Lins«, Weg Nr. 673.

Auch die nächste Querung ist eindrucksvoll und der Felsturm des Schwarzensteins, 1953 m, imponiert! Vor dem Turm biegen wir rechts ab und erreichen in wildromantischer Landschaft, mit Blick zum Gipfelkreuz des Hochsteins, 1860 m, das **Hochtörl** ❻, 1758 m; dort Weidezaun. Wir steigen über den Zaun und wandern halb rechts über die weiten Grasflächen bergab; schon bald erkennen wir den markanten dreieckigen Felsen vom Aufstieg und gehen ab dort auf dem Anstiegsweg über die Moosalm zurück zum **Ausgangspunkt** ❶.

↗ 770 m | ↘ 770 m | 11.4 km

40 Wallfahrtskirche Maria Schnee, 1822 m

4.45 h

Vom Kühberger zum höchstgelegenen Wallfahrtsort der Ostalpen

Im Sommer wird die Bergkirche Maria Schnee von vielen Pilgern besucht. Dabei wurde sie einst für die Almhirten und Senner zum Seelentrost erbaut. Am 2. Juli 1660 wurde sie dem Viehpatron (heiliger Hieronymus) geweiht und danach »S. Hieronymus Kirchlein auf der Alm« genannt. Die Marienverehrung auf der Hochalm begann erst zu Beginn des 18. Jahrhunderts. Auch wir besuchen diese Bergkirche und steigen zu ihr vom knapp nördlich von Seckau gelegenen Kühbergerhof auf, dessen Geschichte bis ins 12. Jahrhundert reicht und dessen Vorfahren eng mit Maria Schnee in Verbindung stehen. Nicht weit vom Kirchlein entfernt befindet sich das neue Friedenskreuz; es wurde am 18. Juni 2022 neu errichtet, weil das alte Kreuz aus dem Jahr 1959 im Februar 2021 von einem heftigen Wintersturm zerstört worden war.

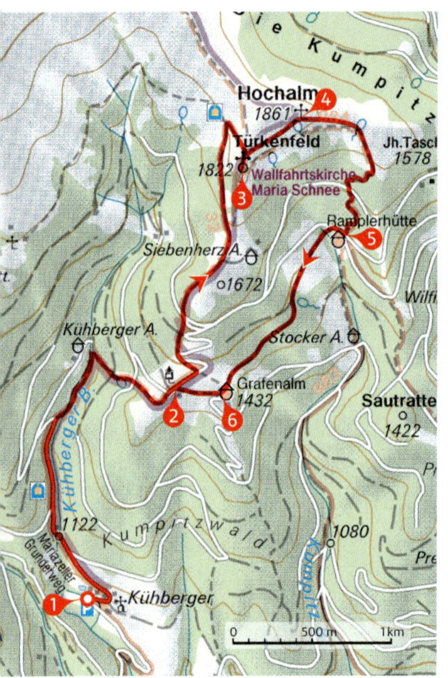

Ausgangspunkt: Kühbergerhof, 1072 m; Zufahrt von der Abtei Seckau Richtung Gaal, nach 400 m rechts Richtung Sonnwenddorf und nach dem Weitermoarteich links, kurz danach kostenloser Parkplatz oder noch 1,7 km weiter zum Parkplatz beim Kühbergerhof (Gebühr 2 Euro).
ÖPNV: Keine.
Anforderungen: Forststraßen, Bergwege, Weidegebiet, Almwege, gut markiert bzw. im unmarkierten Abschnitt zwischen der Abzweigung zur Ramplerhütte und Grafenalm aufgrund des übersichtlichen Geländes (Almwege und Forststraßen) problemlose Orientierung.
Einkehr: Ramplerhütte, Tel. +43 664 4648862, im Sommer geöffnet.
Karte: f&b WK 212.
Tipp: Einkehr in der Ramplerhütte.

Wir gehen vom **Parkplatz** beim **Kühbergerhof** ❶, 1072 m, auf der Straße in den Hofbereich, dort links (Weg Nr. 32, Wegweiser »Maria Schnee«) und an der Mautschranke vorbei; die Markierung leitet uns in der ersten Rechtskehre geradeaus. Nach einer Holzhütte steigt die Forststraße an, rechter

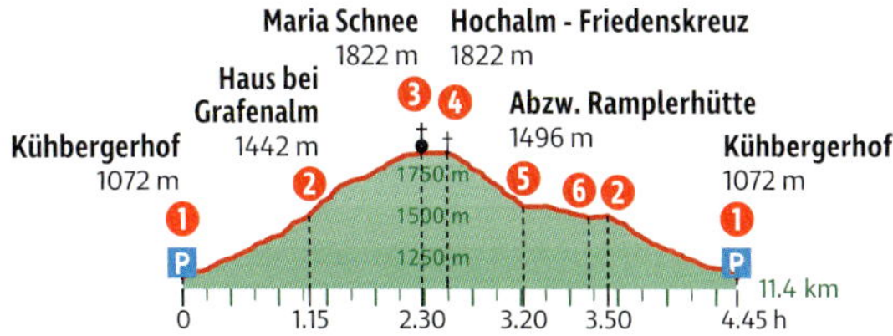

Hand sprudelt der Kühberger Bach. Bei einer Linkskurve werden wir in den Wald geschickt, bald kommt ein Wildgatter. Später biegen wir im rechten Winkel rechts aufwärts zu einem Waldsteig ab (Hinweisschilder »Hochalm/Maria Schnee«) und betreten vor der Grafenalm freies Gelände; dort **Holzhaus** 2, 1442 m (zum weißen Gebäude im Hintergrund kommen wir erst beim Rückweg).

Noch vor dem Holzhaus geht es links über den Wiesenhang bergauf; dort befindet sich ein angeblich 400 Jahre alter, allein stehender Baum mit Schild »Mariazeller Gründerweg«. Am oberen Hangende leicht links hal-

Maria Schnee auf der Hochalm.

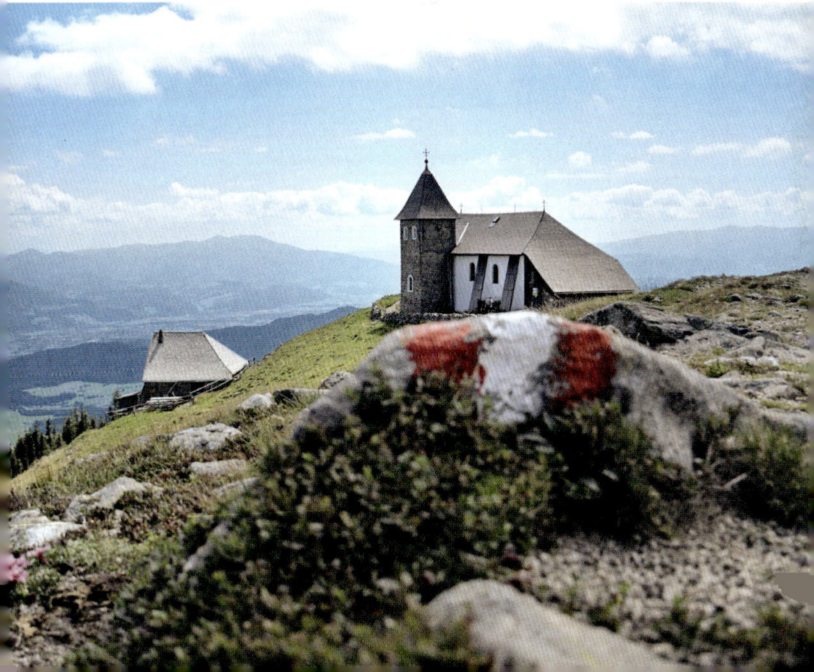

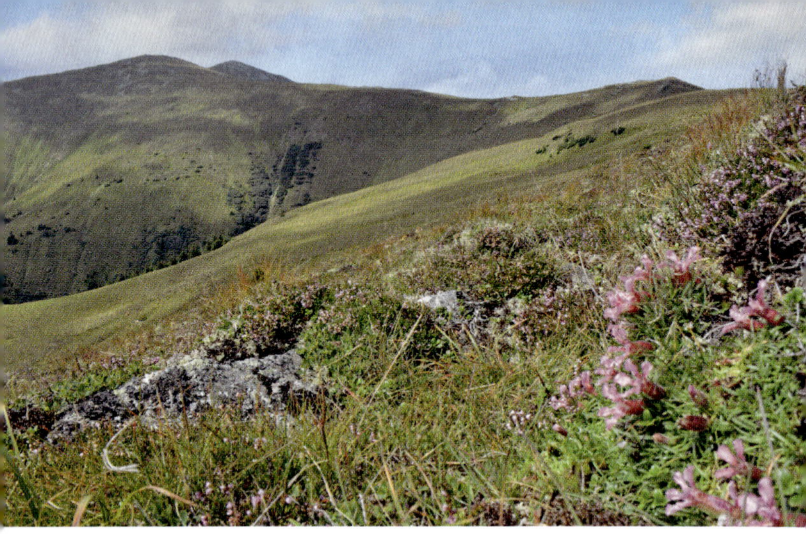

Blick zum Kamm, der sich über Kumpitzstein und Lamprechthöhe zur Schwaigerhöhe fortsetzt.

tend nähern wir uns dem Wald. Schöne Aussicht! Vom grasigen Höhenrücken der Siebenherzalm aus sehen wir das Kirchlein Maria Schnee vor uns am Berg. Wir bleiben immer am Forstweg, haben schöne Blicke zu den weitläufigen Flanken der Seckauer Alpen und erreichen mit einer U-Wendung nach rechts von Norden (hinten) kommend die **Wallfahrtskirche** ❸, 1822 m. Fantastische Lage! Im Osten steht das mächtige, neu errichtete Holzkreuz auf einer Felsansammlung – unser nächstes Ziel.

Beim **Kreuz** ❹, 1822, können wir rechter Hand (südlich) den weiteren Abstiegsweg im Hang erkennen. Um dorthin zu kommen, peilen wir am besten die Wegspuren an, die halb links verlaufen, und steuern von dort aus den bald gut erkennbaren Weg im Wiesenhang an. Mit schönem Fernblick auf die Kirche steigen wir auf dem angenehmen Steig (Weg Nr. 984) zum Wald hinab und durch ihn zu einer **Forststraßenkreuzung** ❺, 1496 m. Hier geht es links abwärts in 3 Min. zur entzückenden **Ramplerhütte**, 1467 m.

Um zum Ausgangspunkt zu gelangen, müssen wir jetzt aber rechts abbiegen und nach 100 m – vor einer Holzhütte – links in den fast ebenen Wiesenweg einbiegen; über ihn gelangen wir zu einem Zaunüberstieg und danach auf eine Forststraße, die fast eben zur **Grafenalm** ❻, 1432 m, verläuft. Vor dem weißen Gebäude zweigen wir rechts ab und marschieren am Zaun entlang kurz bergauf zu einem Zaundurchlass; wenig später kommen wir über die ausgedehnte Wiese zum **Holzhaus** ❷; von dort wie beim Aufstieg zurück zum **Parkplatz** ❶.

↗ 600 m | ↘ 600 m | 11.2 km

4.15 h

Bremstein, 1868 m, und Mitterkogel, 1847 m

41

Sanfte Seckauer Alpen: durch das Freudental zum Antonikreuz

Bremstein und Mitterkogel (auch »Feuerstein«) sind der Hauptmasse der Seckauer Alpen vorgelagert – und wenngleich sie einen niedrigeren Kamm bilden, ist die Aussicht bemerkenswert! Unser Weg führt durch das Freudental auf Forststraßen und schmalen Pfaden durch Waldflächen und im oberen Bereich über freie Weideflächen mit vereinzelten Latschenbeständen zuerst zum großen Gipfelkreuz am Bremstein. Von dort sehen wir das Kerngebiet der Seckauer Alpen und das Palten-Liesing-Tal mit den dahinter liegenden Eisenerzer Alpen. Danach geht es über einen sanft bewachsenen Hang auf den Mitterkogel. Wenn wir wieder im Freudental sind, queren wir auf einem unmarkierten Jagdsteig zur Oberen Bodenalm im Weinmeisterboden und treten von dort aus den Rückweg zum Ausgangspunkt an.

Ausgangspunkt: Untere Bodenhütte, 1385 m; Zufahrt über die L 518 (Murtal Begleitstraße) nach Feistritz oder St. Marein bei Knittelfeld und weiter über Prankh und Wasserleith zum Parkplatz am Straßenende im Feistritzgraben (bei geschlossener Schranke ca. 1,5 km zusätzlicher Fußmarsch zur Hütte).
ÖPNV: Keine.
Anforderungen: Forststraßen, Bergwege, Almsteige, gut markiert bzw. in den unmarkierten Abschnitten vom Antonikreuz auf den Mitterkogel und bergab ins Freudental sowie zwischen dem Freudental und der Oberen Bodenhütte aufgrund des übersichtlichen Geländes (Routenführung in logischer Linie, gute Steigspuren, Zaun, Jägersitz) problemlose Orientierung.
Einkehr: Untere Bodenhütte (Weinmeisterbodenhütte), Tel. +43 3515 4387, Mitte Mai–Mitte September.
Karte: f&b WK 212.
Tipp: Verlängerung der Tour vom Mitterkogel bis zum Speikbichl (Schwaigerhöhe), 1878 m (siehe Tour 42).

Am Gipfel des Bremsteins mit Blick zu den höchsten Gipfeln der Seckauer Alpen.

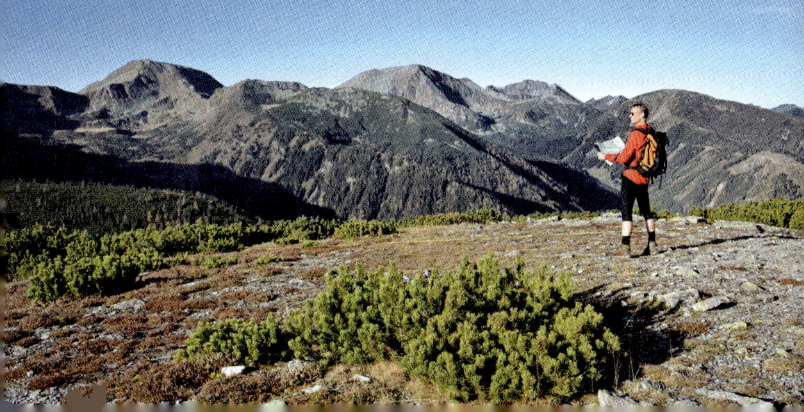

Bei der **Unteren Bodenhütte** ❶, 1385 m, folgen wir den Wegweisern zum »Bremstein« (Forststraße), zweigen später bei einer Tafel, 1479 m, die zur Ruhe aus Rücksicht für Wildtiere mahnt, links auf einen Waldweg ab und gelangen nach knapp 50 Höhenmetern erneut auf die Forststraße, auf der wir sanft ansteigend neben dem Freudentalbach durch das schöne Freudental an Höhe gewinnen und dabei einmal den **Bach überqueren** ❷, 1627 m. Ein Wegweiser lotst uns wenig später nach rechts zum »Bremstein«, wo wir die Straße, die zu einem stattlichen Jagdhaus, 1709 m, führt, verlassen und über weite Almflächen in direkter Linie zur Latschenzone aufsteigen; rechts steht ein von einem Zaun umgebenes Häuschen aus Stein, an dem wir beim Abstieg vorbeikommen werden. Wir erreichen den Höhenrücken bei einem Wegweiser und steigen links durch die Latschen zum feinen Gipfelplateau des **Bremsteins** ❸, 1868 m, auf; großes Gipfelkreuz und fantastisches Panorama, Tiefblick ins Palten-Liesing-Tal, prächtige Blicke zur Reichensteingruppe und zu den Seckauer Alpen sowie zum Reiting!
Nach dem Abstieg zur letzten Wegkreuzung bleiben wir am aussichtsreichen Höhenrücken, kommen zum **Antonikreuz** ❹, 1753 m, ignorieren danach den links wegführenden Weg »nach Mautern i.L« und gehen geradeaus weiter. Auf dem unmarkierten Steig gelangen wir in den baumfreien Nordwesthang des **Mitterkogels** (Feuerstein) und über diesen direkt zum **Gipfel** ❺, 1847 m; dort Steinmann mit notdürftigem Kreuz, umfassende Aussicht.
Wieder zurück beim **Antonikreuz** ❹ biegen wir dort links auf den unmarkierten Steig ab; er führt gut ausgeprägt am Häuschen aus Stein vorbei

Blick vom Bremstein über das Palten-Liesing-Tal nach Norden.

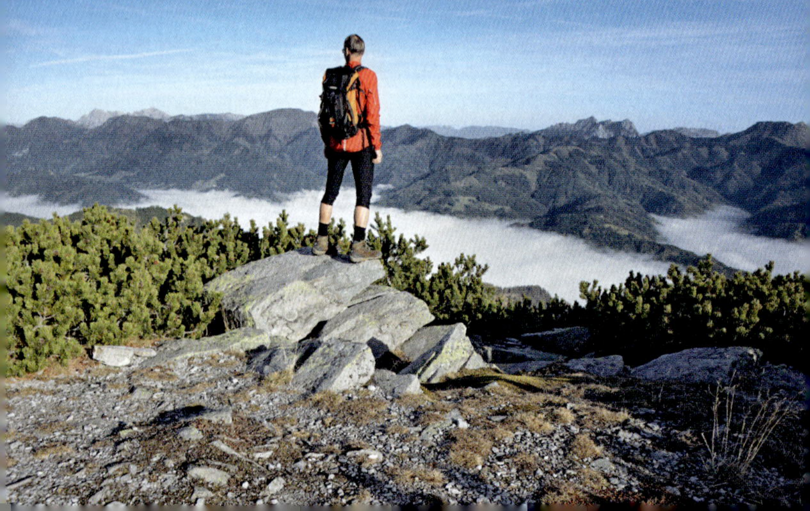

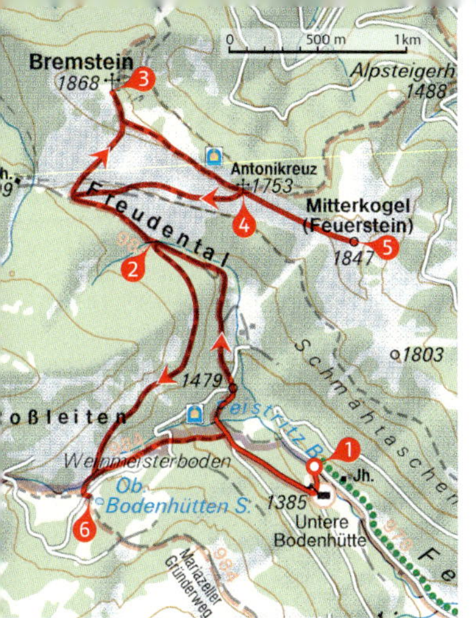

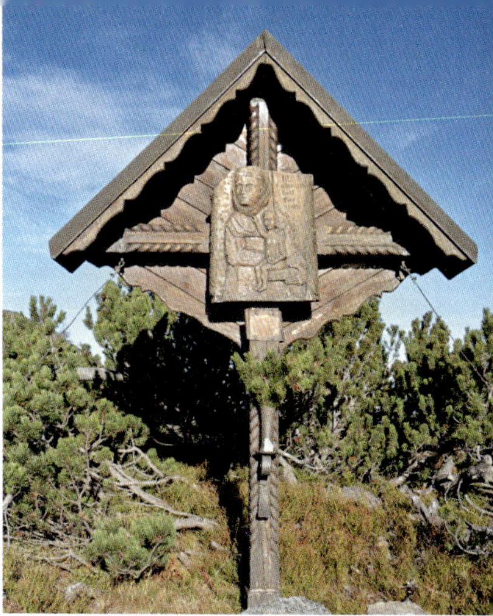

Am Höhenrücken zwischen Bremstein und Mitterkogel steht das Antonikreuz.

zurück ins Freudental. Wenn wir den **Freudenbach** überqueren ❷, sehen wir am linken Straßenrand eine Lärche mit Tafel »Mariazeller Gründerweg«. Gegenüber der Lärche zweigt rechts von der Forststraße ein unmarkierter Jagdsteig ab, der zum Weinmeisterboden führt, in dem die Obere Bodenhütte steht. Der deutliche Steig wird auf halbem Weg von einem quer über den Weg gespannten niedrigen Stacheldrahtzaun unterbrochen, in dessen Bereich der Wegverlauf vielleicht unklar sein kann; wir lösen ein allfälliges Orientierungsproblem, indem wir den Zaun an einer solchen Stelle überwinden, die ein Auffinden des Steiges links (!) der freien Fläche möglich macht. Der Jagdsteig ist schon wenige Meter nach dem Zaun wieder sehr gut zu erkennen und zieht direkt unter einem Hochsitz hindurch!
Wenig später sehen wir die **Obere Bodenhütte** ❻, 1622 m, durch die Äste durchschimmern; dort angekommen brauchen wir nur mehr dem Wegweiser zur Unteren Bodenalm zu folgen und erreichen auf gut markiertem Weg unseren **Ausgangspunkt** ❶.

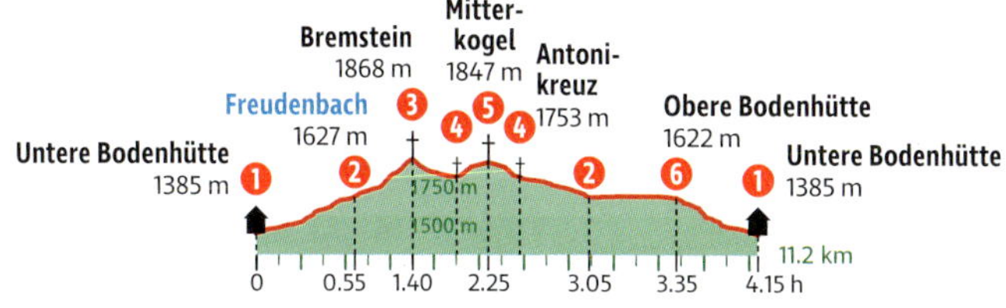

TOP

42 Hämmerkogel, 2253 m

↗ 950 m | ↘ 950 m | 11.0 km

5.15 h

Bodenhütten, Schwaigerhöhe, Tagwart und Kare aus der Eiszeit

Die Seckauer Alpen bilden den äußersten Vorposten der Niederen Tauern gegen die Ebenen des Seckauer Beckens und des Murtales und besitzen typisches Urgebirgsgepräge. Mit dem Hämmerkogel, der als formschöne Bergpyramide im östlichen Teil des Gebirges zu finden ist, besteigen wir einen ihrer höchsten Gipfel durch das Weinmeisterkar, das in einer breitflächigen, von dichteren Grasfluren bedeckten Einsattelung mit Blick über den Gottstal-Kessel endet. Die beiden aus der Eiszeit stammenden Großkare hinterlassen mit ihrer imponierenden Weite, ihrer vielgestaltigen Bodenformung und den steilen Karhängen, die stellenweise von kaum zugänglichen Felsabbrüchen unterbrochen, von Erosionsrinnen durchfurcht und in abwechselnder Folge von Schutt- und Grasflächen überzogen sind, einen tiefen Eindruck! Nach einer großartigen Höhenwanderung zweigen wir auf einen unmarkierten Nebenkamm ab, über den wir die faszinierende Runde ohne Orientierungsproblem beenden.

Ausgangspunkt: Siehe Tour 41.
ÖPNV: Keine.
Anforderungen: Forststraßen, Bergwege, Almsteige, gut markiert; im unmarkierten Abschnitt von der Schwaigerhöhe über den Tagwart bis zur Einmündung in den markierten Weg aufgrund des übersichtlichen Geländes (Steigspuren, Steinmänner, weitreichende Sicht) problemlose Orientierung.
Einkehr: Untere Bodenhütte (Weinmeisterbodenhütte), Tel. +43 3515 4387, Mitte Mai–Mitte September.
Karte: f&b WK 212.
Tipp: Verlängerung der Tour bis zum Seckauer Zinken.

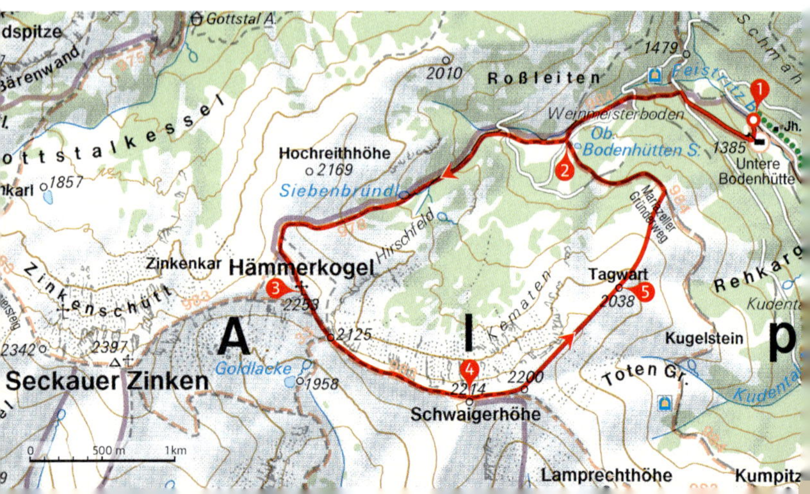

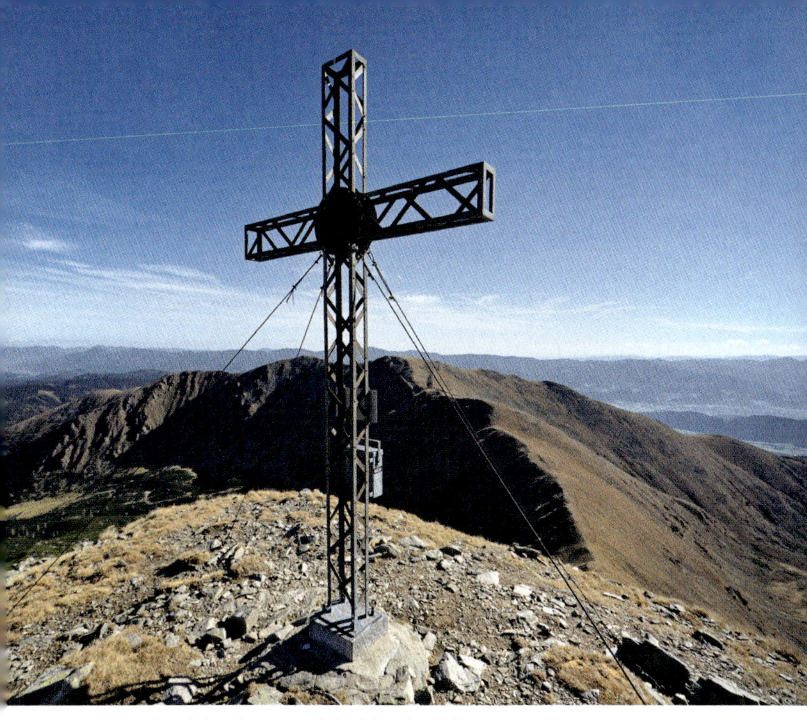

Am Hämmerkogel; im Hintergrund die Schwaigerhöhe.

Bei der **Unteren Bodenhütte** ❶, 1385 m, folgen wir dem Wegweiser zum »Hämmerkogel« auf Weg Nr. 978 und biegen bei den nächsten Wegweisern, die etwas versetzt links im Wald stehen, von der Forststraße auf einen Waldsteig ab (geradeaus geht es zum Bremstein). So erreichen wir die kleine, graue, hölzerne **Obere Bodenhütte** ❷, 1622 m, die am Rand der schönen, weiten Almfläche – des Weinmeisterbodens – steht (Wegweiser). Wir queren diese Fläche auf einem sanften Grassteig und steigen dann, immer (!) dicht am Feistritzbach bleibend, durch das von Latschen durchzogene Weinmeisterkar bis in den Sattel, 2100 m, zwischen Hämmerkogel (links) und Hochreithhöhe (rechts) auf; dort paradiesischer Blick zu Seckauer Zinken, Maierangerkogel und Brandstätter Kogel, die sich als wuchtige kuppelförmige Erhebungen über tiefen Einsattelungen aus der Kammlinie erheben und aus dieser Perspektive ausgesprochenen Hochgebirgscharakter zeigen.

Beim Wegweiser bleiben wir links und erreichen über Weg Nr. 31 bei überragender Aussicht den **Hämmerkogel** ❸, 2253 m; prächtiger Gipfel mit fei-

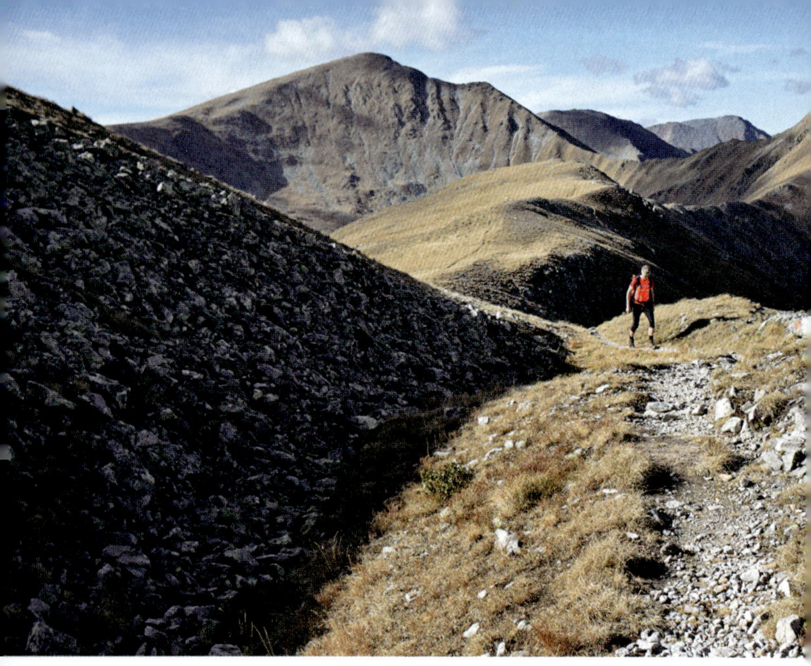

Foto oben: Hämmerkogel (rechts) und Seckauer Zinken (links).
Rechts: Obere Bodenhütte.

nem Gipfelkreuz. Am gegenüberliegenden Bergkamm, der in der Schwaigerhöhe, 2214 m, seinen höchsten Punkt erreicht, verläuft unser Weg Richtung »Hochalm, Maria Schnee«.
Beim Abstieg vom Gipfelkreuz lassen wir die Goldlacke, 1958 m, im zwischen Zinken, Hämmerkogel und Schwaigerhöhe eingebetteten Goldlackenkar rechts liegen. Je weiter wir uns vom Hämmerkogel entfernen, desto stärker formt ihn sein markanter Nordost-Grat zur perfekten Pyramide. Nach der **Schwaigerhöhe** **4**, 2170 m – unser Wegverlauf unter dem Gipfel –, öffnet sich die Sicht zum Hauptkamm, der über die Lamprechthöhe, 2114 m, südostwärts zur Hochalm mit der Wallfahrtskirche Maria Schnee abfällt. Vor uns liegt ein Rundhöcker; hier (Steinmann) verlassen wir den rechts wegziehenden markierten Weg und steigen auf Wegspuren in direkter Linie auf diese Kuppe, 2142 m, auf; oben Stein mit Zahl »31«.
Beim Abstieg in Kammnähe zum **Tagwart** **5**, 2038 m, kommt rechts außen für einen Augenblick die Wallfahrtskirche Maria Schnee zum Vorschein (siehe Tour 40). Die Blockgesteinszone beim Tagwart kann auf einem Steig rechts davon gut überwunden werden; dieser verläuft sich dann im brei-

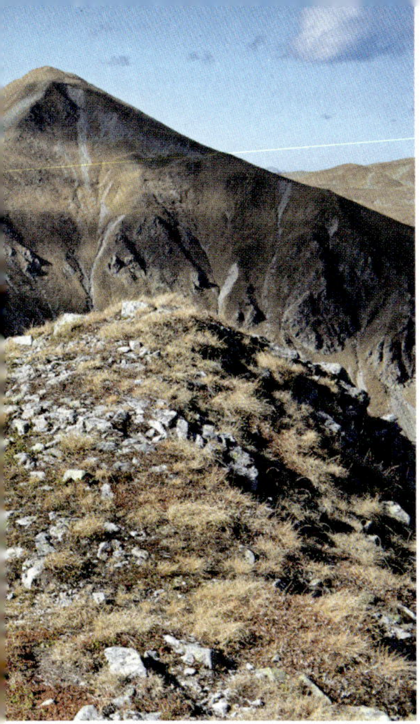

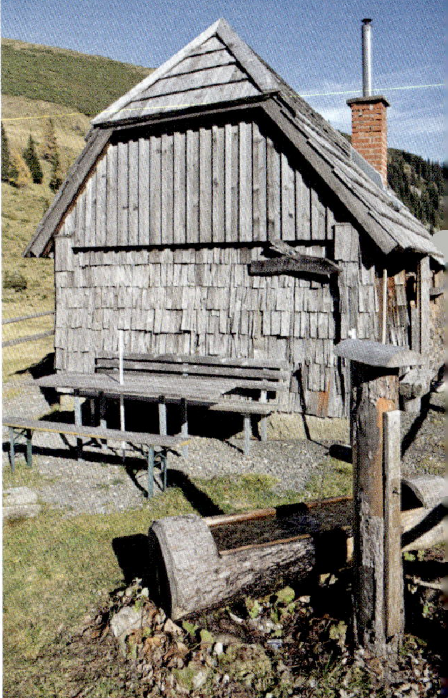

ten Berghang, auf dem wir – uns minimal links haltend – in direkter Linie absteigen. Noch tief unten im Weinmeisterboden sehen wir die Obere Bodenhütte und stoßen im untersten Bereich der baumlosen Flanke auf den markierten Weg Nr. 984; dort links in den Wald.
Später überqueren wir eine Forststraße; dort genau auf die Markierungen achten und eher links bleiben, im anschließenden Waldstück geht es wieder sehr gut markiert zur **Oberen Bodenhütte** 2 weiter, wo sich unsere Runde schließt und wir auf dem Anstiegsweg zurück zum **Ausgangspunkt** 1 marschieren.

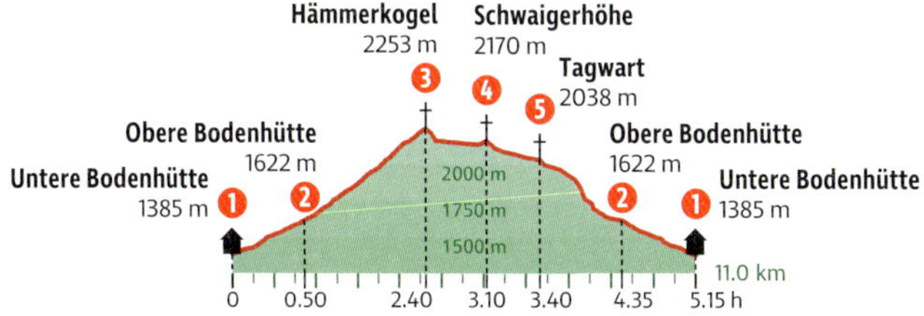

↗ 1030 m | ↘ 1030 m | 11.5 km

43 Roßeck, 1664 m, und Mugel, 1630 m

5.45 h

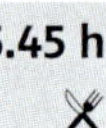

Von Niklasdorf auf den speziellen Mugel namens Mugel

Der Name »Mugel« ist auf das altslawische Wort »mogyla« (Hügel) zurückzuführen; dieser Hügel ist immerhin 1630 Meter hoch. Seit 1999 thront auf dem Gipfel ein fotogenes Kreuz aus Edelstahl, das der international renommierte Niklasdorfer Künstler Georg Brandner entworfen hat. Die Mugel ist auch bekannt für den im Jahr 1961 errichteten Rundfunksender, eine der wichtigsten Sendeanlagen in der Steiermark, der sich nordwestlich unterhalb des Gipfels befindet und aus dem Inventar des Berges nicht mehr wegzudenken ist. Wir steigen aus dem Niklasdorfgraben zuerst über den Hüttenanger auf das Roßeck und queren über den Silberbrunnsattel zum Mugelschutzhaus, das sich am Gipfel der Mugel befindet. Das Bergpanorama ist eine Augenweide! Auch der Abstieg hat viel zu bieten; besonders schön ist der Blick über die Ochsenstallhütte hinweg zu Madereck, Hoher Veitsch und Rennfeld, bevor wir über den Alfred-Schmidt-Steig in den Silberbrunngraben absteigen.

Ausgangspunkt: Winterparkplatz im Niklasdorfgraben, 720 m; Zufahrt über die B 116 (Leobner Straße) nach Niklasdorf, im Bereich Bahnhof nach Süden in den Niklasdorfgraben abbiegen.
ÖPNV: Keine.

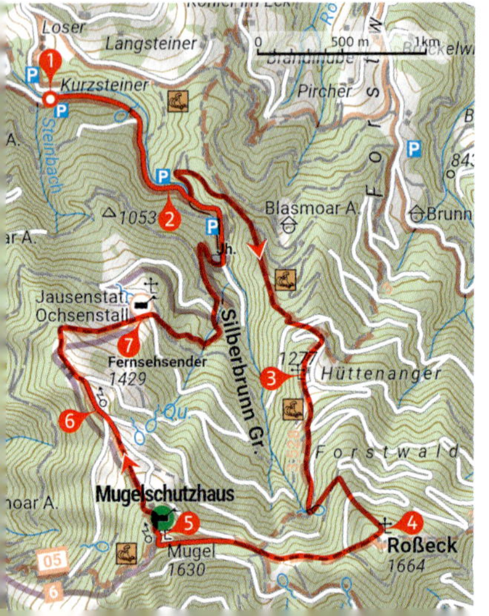

Anforderungen: Forststraßen, mäßig steile Wald- und Wiesenwege, gut markiert.
Einkehr: Mugelschutzhaus (vormals Hans-Prosl-Haus), mugelschutzhaus.at, 1.5.–30.11. Di Ruhetag, sonst Di, Mi Ruhetag; Jausenstation Ochsenstallhütte, im Sommer einfach bewirtschaftet.
Karte: f&b WK 132.
Tipp: Vom Trasattel, 1304 m (erreichbar ab dem hoch gelegenen Parkplatz im Klein Gößgraben, 1090 m), kann man Roßeck und Mugel über die Südseite besteigen bzw. den südlich davon gelegenen Herrenkogel, 1642 m, besuchen.

Wir starten beim **Winterparkplatz** ❶, 720 m, im Silberbrunngraben – dort Wegweiser »Hüttenanger – Roßeck, Weg Nr. 528« – und marschieren auf der steilen Forststraße (Mugelweg) zum **Sommerparkplatz** ❷, 880 m; hier alternative Parkmöglichkeit, wenn die Zufahrt möglich ist. Kurz danach dreht unser Weg nach links Richtung »Hüttenanger«;

wenig später verlassen wir die Forststraße nach rechts und gelangen – immer der Beschilderung zum Roßeck folgend – auf gut markiertem Steig zum **Hüttenanger** 3, 1277 m; Almfläche, kleine Hütte.

Wir überqueren die freie Fläche – mit wunderbarer Fernsicht – und folgen dem Steig zur Quelle Silberbrunn. Dort biegen wir vom markierten Weg scharf links ab (»Roßeck – Mugel unmarkiert«); für ein Stück begleitet uns die herrliche Aussicht über den Mugel-Sender hinweg zum Gößeck. Unser Steig mündet aussichtsreich in eine Forststraße, auf der wir kurz rechts gehen, dann gleich links auf den Waldsteig schwenken und so zum Gipfelkreuz am **Roßeck** 4, 1664 m, gelangen. Die schönste Aussicht über das Grazer Bergland hat man von der südlich vorspringenden Kuppe, dort auch kühn in die Felsen gebauter Jägersitz!

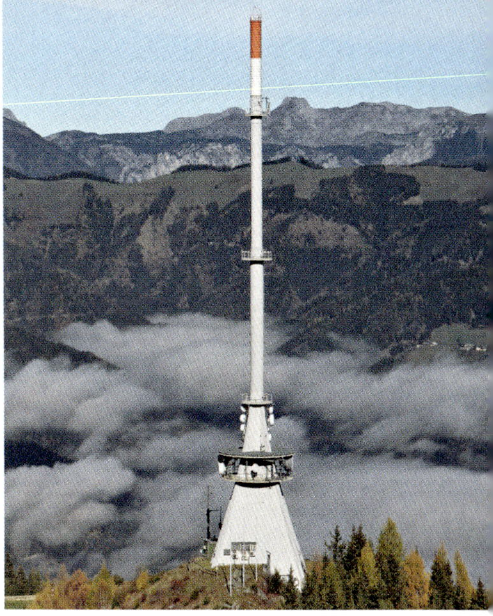

Mugel-Sender mit Kletschachkogel (Tour 36) und Ebenstein.

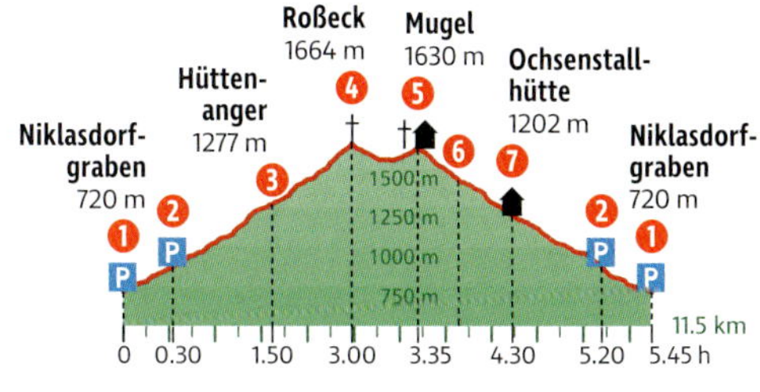

Vom Gipfelkreuz steigen wir in den Silberbrunnsattel ab und erreichen nach kurzem Gegenaufstieg das **Mugelschutzhaus** beim modernen Gipfelkreuz der **Mugel** 5, 1630 m. Großartiges Panorama! Der Abstieg führt uns auf Weg Nr. 519 direkt am 88 m hohen **Mugel-Sender** 6, 1429 m, vorbei. Danach erfreuen wir uns an der traumhaften Almlandschaft rund um den Ochsenstall mit der tiefer gelegenen **Ochsenstallhütte** 7, 1202 m, von wo wir über den Alfred-Schmidt-Steig in den Silberbrunngraben (Forststraße) absteigen und ihm bergab folgend zum **Ausgangspunkt** 1 gelangen.

↗ 800 m | ↘ 800 m | 12.6 km

44 Brucker Hochanger, 1312 m

5.15 h

Weitental – Susannensteig – Zöttelsteig – Rabenwandsteig

Der Brucker Hochanger, auf dem das im Jahr 1923 erbaute Schutzhaus Hochanger steht, ist neben dem Rennfeld und dem Madereck einer der drei Hausberge von Bruck an der Mur, und viele Wege führen zum Gipfel. Wir wählen für den Aufstieg eine Route aus dem Brucker Weitental über den Susannensteig und das Almgasthaus Schweizeben. Beim Abstieg kombinieren wir den Zöttelsteig mit dem Rabenwandsteig. Letzterer ist ein besonders schöner und überaus interessanter Bestandteil des Brucker Naturfreunde-Rundwanderweges, wurde nach einer einjährigen Sperre im Oktober 2018 wieder eröffnet und präsentiert sich mit seiner Steiganlage über die kurzen, felsigen Stellen wieder in ausgezeichnetem Zustand!

Ausgangspunkt: Parkplatz im Weitental, 517 m, am Südende von Bruck an der Mur; Zufahrt von Graz über die S 35 (Brucker Schnellstraße) bis Ausfahrt Bruck an der Mur, beim Kreisverkehr Richtung Leoben und nach 100 m bei der ersten Ampel links; Hinweistafel »Weitental«.
ÖPNV: Verbund Linie 90 (Bruck/Mur Kolomann-Wallisch-Platz – Weitental) bis Haltestelle Bruck an der Mur Weitental/Jugendgästehaus.
Anforderungen: Forststraßen, mäßig steile Wald- und Wiesenwege, kurze versicherte Steiganlage mit steiler Leiter am Rabenwandsteig; gut markiert.
Einkehr: Almgasthaus Schweizeben, schweizeben.at, Winter Mo–Mi Ruhetag, Sommer Mi, Do Ruhetag; Schutzhaus Hochanger, schutzhaus-hochanger.naturfreunde.at, Mai–Oktober, Di Ruhetag.
Karte: f&b WK 132.
Tipp: Drei-Tages-Tour: Tag 1: Anreise nach Bruck an der Mur und Aufstieg zum Schutzhaus Hochanger (Nächtigung); Tag 2: Überschreitung der Gleinalpe bis zum Gleinalm-Schutzhaus (Nächtigung); Tag 3: Fortsetzung der Überschreitung über den Steinplan bis Knittelfeld, ab dort per Zug in rund 30 Min. zurück nach Bruck an der Mur.

Gipfelkreuz am Brucker Hochanger.

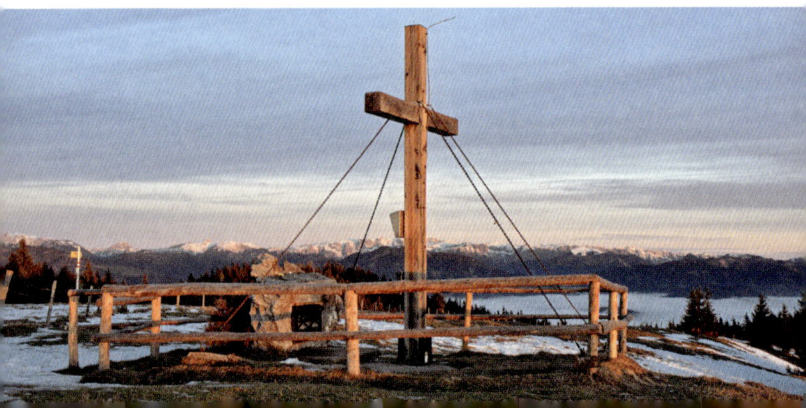

Vom **Wanderparkplatz** im **Weitental** ❶, 517 m, folgen wir dem Wegweiser »Brucker Hochanger« auf Weg Nr. 530. Nach 600 m biegt der Weg Nr. 530 links über die kleine Brücke in den Wald zum Susannensteig ab, überquert den Probst-Zieserl-Steig und später eine Forststraße und mündet in eine Forststraßenkreuzung (Ende des Susannensteiges), von der wir zur besonders schön gelegenen **Almwirtschaft Schweizeben** ❷, 1027 m, weitergehen.

Dann rechts auf Forststraße Richtung »Hochanger« bis zur nächsten Wegteilung, wo wir am mittleren Steig zwischen Wellikweg (rechts) und Radroute (links) schnell an Höhe gewinnen; zwischendurch haben wir schöne Sicht zum Hochschwab. In der Folge verläuft der Wanderweg neben einer Forststraße, trennt sich dann von ihr nach halb rechts und stößt auf eine **Kreuzung** ❸, 1196 m.

Hier zweigen wir leicht links haltend direkt zum steilen Kamm ab (Holzarbeiten haben den Bereich um den Weg verbreitert) und folgen ihm (Zehnersteig), bis wir nach einem Zaundurchlass freies Gelände erreichen und auf den Weg von/nach Zlatten stoßen. Über den aussichtsreichen Grashang bergwärts zum **Gipfelkreuz** ❹, 1312 m. Schöne Sicht über Grazer Bergland, Hohe Veitsch, Hochschwabgruppe mit Hochschwab-Südwand, Ebenstein und Brandstein.

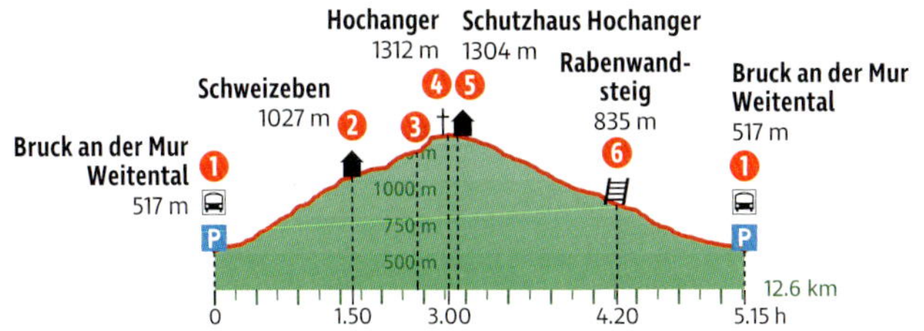

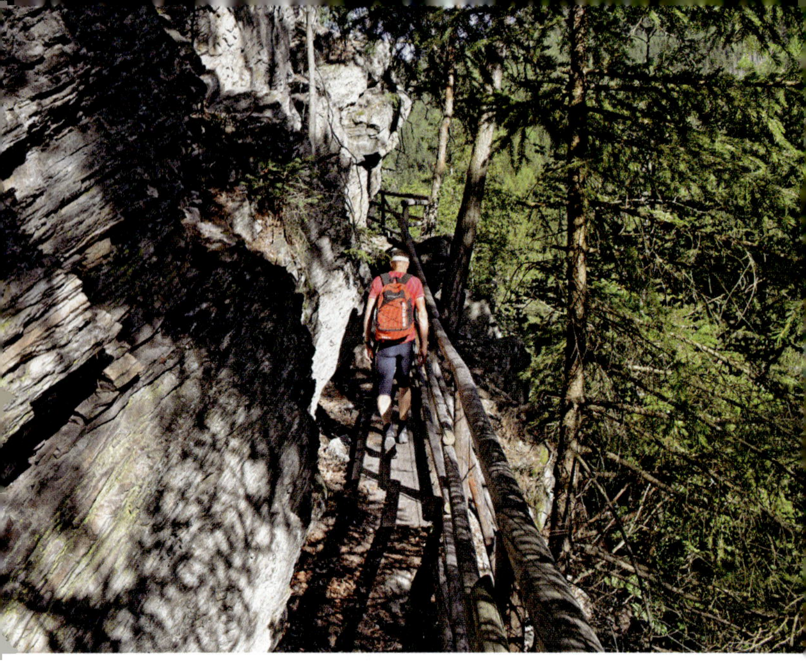

Gesicherter Wegabschnitt am Rabenwandsteig.

Vom schönen Gipfelreuz über die Hochfläche fast eben zum **Schutzhaus Hochanger** 5, 1304 m, wo man eine verdiente Rast einlegen kann. Von dort gehen wir etwa 190 m auf der Forststraße bergab und biegen links in den Zöttelsteig ein, der in der Folge als Weg Nr. 529 gekennzeichnet ist. Wenn wir später zum Wegweiser »Tausendersteig zur Schweizeben« kommen gehen wir auf der Forststraße nach links und zweigen bald danach nach rechts in einen Waldsteig ab. (Achtung: Die Abzweigung kann leicht übersehen werden!)

Die nächste Forststraße – sie führt bergab zur Fleischhackeralm – wird überquert; sofort danach sehen wir das Schild »Naturfreunde-Rundwanderweg« und werden hier vom **Rabenwandsteig** aufgenommen, der uns bald seine spannende **Steiganlage** 6, 835 m, präsentiert, die uns hautnah an den Felsen der Rabenwand und mit steil bergab führenden Leitern (sehr gut abgesichert) große Freude machen kann. Der Steig, mit dem wir rasch an Höhe verlieren, endet in der Kurve einer Forststraße, wo wir uns links halten und zur Quellfassung der »Kalten Quelle«, die im Jahr 1897 errichtet wurde, gelangen. Entlang des Weitentalbaches und direkt vorbei am Naturschutzzentrum kommen wir schließlich wieder beim **Parkplatz** 1 an.

↗ 700 m | ↘ 700 m | 14.7 km

5.15 h

Herrenkogel, 1642 m, und Wetterkogel, 1643 m

45

Von der hoch gelegenen Wieseralm zur tollen Brucker Hochalpe

Der Kamm der Brucker Hochalpe verläuft in einem von Südwest nach Nordost gerichteten Bogen und gehört zum nördlichen Teil der Gleinalpe. Sie bildet ein bereits über der Baumgrenze gelegenes Plateau, auf dem sich die drei Kuppen von Herrenkogel, Wetterkogel und Hühnerkogel erheben. Bei unserer Wanderung, die beim hoch gelegenen Almgasthaus Wieseralm beginnt und bei der wir uns dem Gebirgszug der Gleinalpe von Osten nähern, besteigen wir die beiden höchsten Kuppen. Auf dem Weg dorthin können wir uns gut in die Situation der Weitwanderer versetzen, die auf den Weitwanderwegen 02 (Zentralalpenweg) oder 05 (Nord-Süd-Weitwanderweg) oder dem internationalen Fernwanderweg E6 unterwegs sind, denn bei diesen Langstrecken muss die sehr weite Etappe vom Schutzhaus Hochanger bis zum Gleinalm-Schutzhaus in einem Tag bewältigt werden; unsere Tour ist auf dem Abschnitt zwischen »Bei den drei Pfarren« und dem Sattel, der Herrenkogel und Wetterkogel trennt, identisch mit jener »berüchtigten« großen Tagestour.

Ausgangspunkt: Gasthaus Wieseralm, 1025 m; Zufahrt von Frohnleiten bzw. Mixnitz bis Laufnitzdorf und ab dort durch den Laufnitzgraben bis zum Parkplatz beim Gasthaus.
ÖPNV: GUSTmobil Halteplatz GU 1318 Laufnitzdorf – Gh Wieseralm.
Anforderungen: Forststraßen, nicht allzu steile steile Wald- und Wiesenwege, durch Weidegebiet, durchwegs gut markiert.
Einkehr: Almgasthof Wieseralm, Tel. +43 3126 3350, Mai–Oktober, Mo und Do Ruhetag (ausgenommen Feiertage).
Karte: f&b WK 132.
Tipp: Abstieg vom Wetterkogel zur Almhütte auf der Hochalm und von dort zurück zum Herrenkogel.

Knapp unterhalb des Herrenkogels mit Blick zum Hochlantsch.

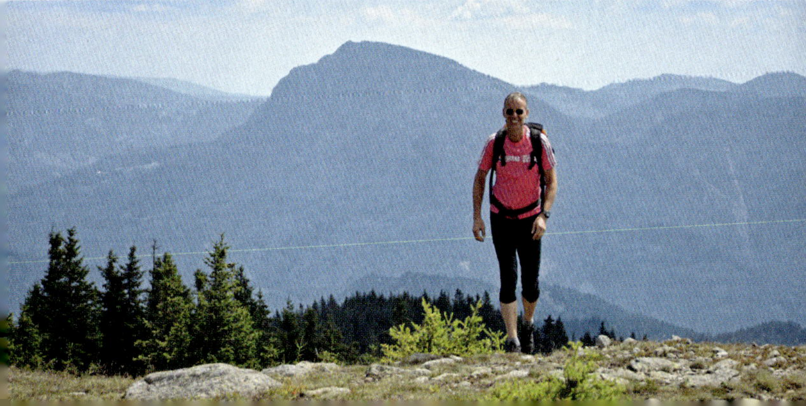

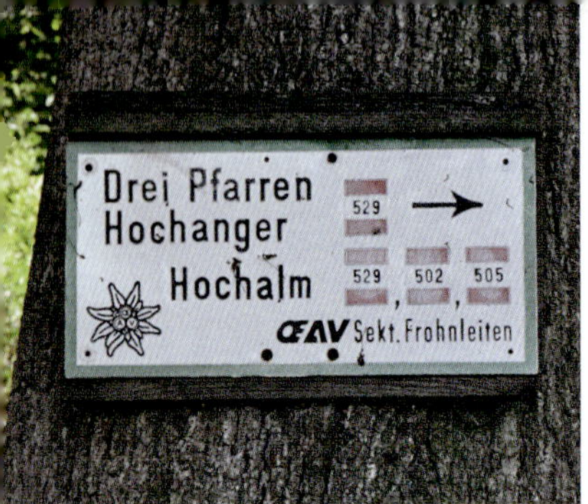

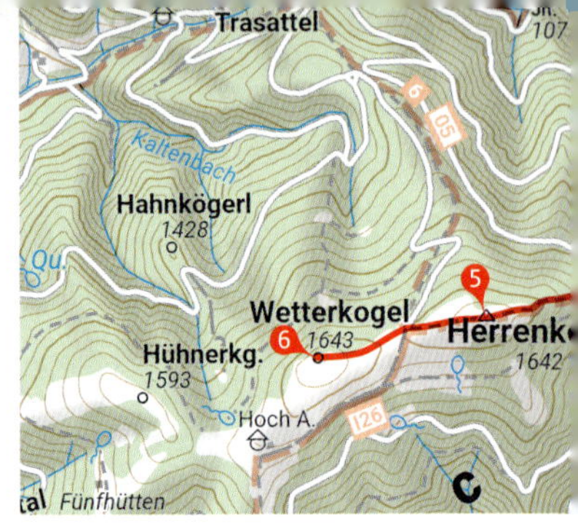

Beim **Parkplatz** auf der **Wieseralm** ❶, 1025 m, geben uns die Wegweiser »Drei Pfarren/Hochanger/Hochalm (Weg Nr. 529)« zu verstehen, dass wir der Forststraße folgen sollen. Wir tun dies so lange, bis uns die Markierungen nach einer freien Fläche vor dem Wald von der flachen Straße nach links ableiten (Achtung: Markierung am Waldrand kann leicht übersehen werden). Der Steig zieht in der Folge in von Wald flankiertem Almgelände aussichtsreich zur **Wieser Höhe** ❷, 1200 m; dort Tafel auf Stein, Sitzbänke, prächtiger Blick zum Hochlantsch!
Nach kurzem Abstieg bringt uns der abwechslungsreiche Steig zum **Gendarmeriekreuz** ❸ (Johann-Puschnigg-Gedenkkreuz), 1198 m. Danach geht

Felsformation am Gipfel des Wetterkogels.

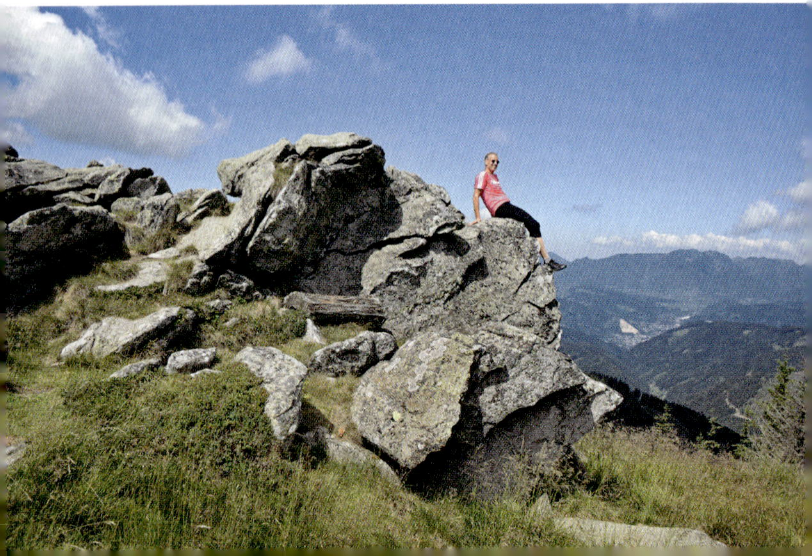

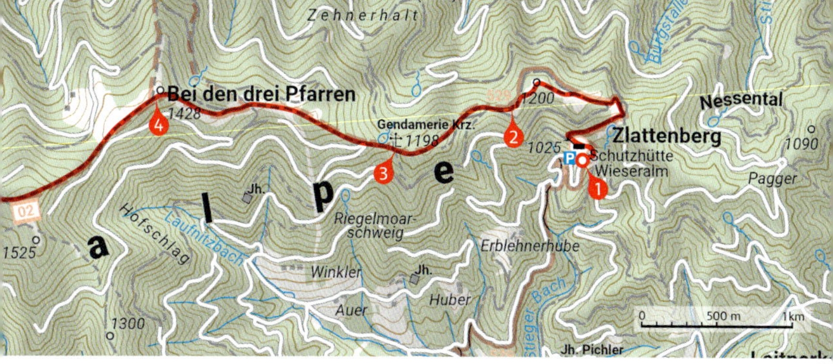

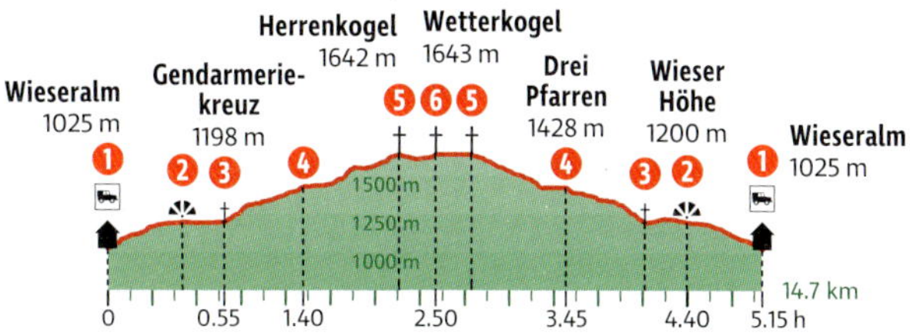

es durch Wald und über freie Flächen – mit schönem Blick zum Rennfeld – bis zu einem Zaunüberstieg; dort Wegweiser und Denkmal mit Aufschrift »25 Jahre Ferngas«. Im Anschluss steigen wir – immer dem Zaun bergauf folgend – zuerst über den breiten Wiesenrücken und dann durch Wald zur Wegkreuzung **Bei den Drei Pfarren** 4, 1428 m, hinauf. Dort lotst uns der Wegweiser »Hochalm, Gleinalm Weg 502« über den breiten Wiesenkamm; herrliche Rundumsicht. Nach einer Baumschnitt-Zone finden wir die Wegfortsetzung bei den Heidelbeerfeldern, wobei der Zaun zu unserer Rechten bleibt. Ein zweiter Steig, der rechts vom Zaun verläuft, ist verwachsen; unser Weg ist gut ausgetreten. Über der Baumgrenze dehnen sich Matten aus, danach erreichen wir den Gipfel des **Herrenkogels** 5, 1642 m; Steinwall, Gipfelbuch, Sitzbank. Fantastisches Panorama!

Im Anschluss können wir die Kuppe des gegenüberliegenden **Wetterkogels** 6, 1643 m, dessen Gipfel eine kleine Felsansammlung bildet, leicht erreichen. 1917 schrieb Alois Sigmund in seinem Werk über die Brucker Hochalpe über die Kuppe des Wetterkogels, »dass sie von einer ruinenähnlichen Gruppe von Schieferplatten gekrönt ist, wie man solche auch auf den Hochflächen des Riesengebirges, der Sudeten, des niederösterreichischen Waldviertels, des Taunus und anderwärts trifft«.

Bei diesen formschönen Schieferplatten beginnt unser Rückweg, der dem Anstiegsweg entspricht.

↗ 450 m | ↘ 450 m | 8.3 km

46 Hühnerkogel, 1593 m

3.15 h

Vom einstigen Almwirt zur brillanten Hochalm mit Halterhütte

Almen werden je nach Höhenlage in Niederalmen, Mittelalmen und Hochalmen eingeteilt. Zu beachten ist, dass diese drei Typen nicht fix an eine bestimmte Seehöhe gebunden sind, sondern den regionalen Höhenstufen zugeordnet werden. Niederalmen liegen demnach innerhalb des Wirtschaftswaldes und/oder Dauersiedlungsgebietes, Mittelalmen innerhalb des örtlichen Waldgürtels und Hochalmen oberhalb der Waldgrenze in der natürlichen Mattenstufe. Südöstlich von Leoben-Göss befindet sich die (Brucker) Hochalpe, eine aussichtsreiche Bergkette, die durch die drei Kuppen von Herrenkogel, Wetterkogel und Hühnerkogel geprägt ist. Zwischen Hühnerkogel und Wetterkogel steht die urige Hochalm-Halterhütte in märchenhafter Lage! Bei unserer Tour zum Hühnerkogel dringen wir, ausgehend vom hoch gelegenen Almsattel, über die Südwestseite der Hochalm in ihr Zentrum vor und beginnen an der Hochalm-Halterhütte den Aufstieg zum nahen Hühnerkogel. Wenn es Zeit und Kondition zulassen, können wir danach auch noch den Wetterkogel »einsammeln«.

Ausgangspunkt: Parkplatz knapp unterhalb des Almsattels, 1145 m. Zufahrt von Leoben bzw. St. Michael auf der B 116 (Leobner Straße) nach Göss, von dort durch den Großen Gößgraben zum Parkplatz. 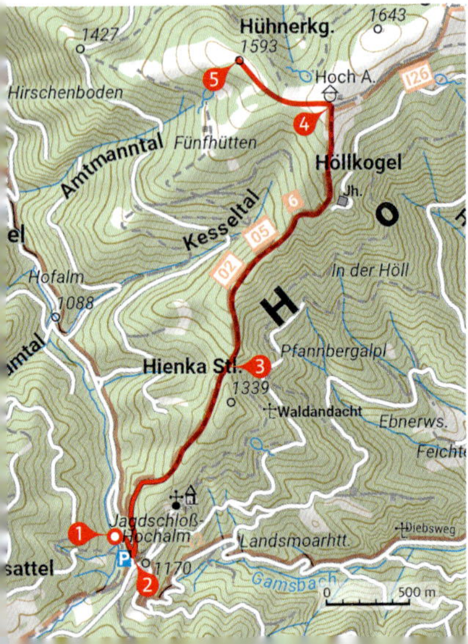
ÖPNV: Keine.
Anforderungen: (wenig) Forststraßen, mäßig steile Wald- und Wiesenwege, Weidegebiet, gut markiert.
Einkehr: Hochalm-Halterhütte (im Sommer unregelmäßig bewirtschaftet).
Karte: f&b WK 132.
Tipp: Verlängerung der Tour um den Wetterkogel, 1643 m (siehe Tour 45).

Der **Parkplatz** ❶, 1145 m, ist informativ: »Hochalm – Mugel« lesen wir am Wegweiser und kurz danach stehen wir schon im **Almsattel (ehemaliger Almwirt)** ❷, 1170 m, wo wir uns wieder Richtung »Hochalm« einweisen lassen. Bevor unsere Forststraße zum ersten Mal richtig steil wird, zweigt unser Weg Nr. 505/05 halb links in den Wald ab; Achtung: verblasste Markierung auf Baum schlecht erkennbar!

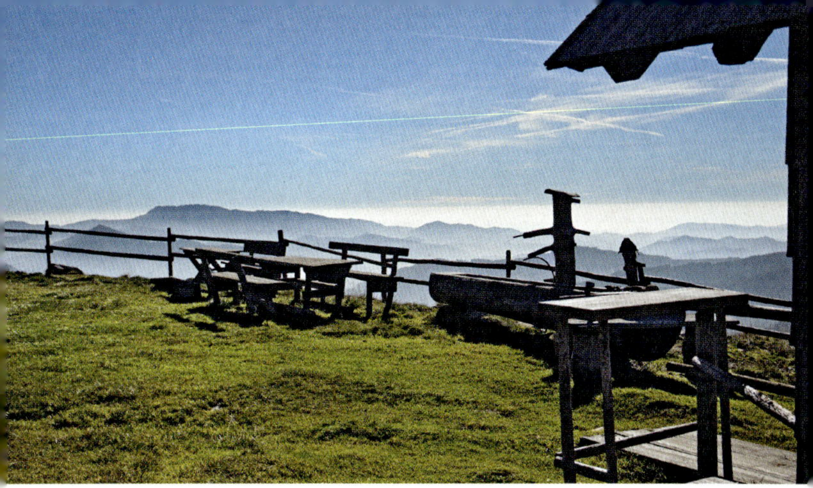

Von den Hochalm-Halterhütten bietet sich ein herrlicher Blick bis zum Schöckl (links).

In der Folge geht es gut markiert über den schwach ausgeprägten **Hienka-Sattel** ❸, 1300 m, und mit immer weiter reichendem Panorama zu Grazer Bergland sowie Eisenerzer Alpen in ziemlich direkter Wegführung zur Baumgrenze, wo wir nach einem Zaundurchlass das Weidegebiet der Hochalm beim unscheinbaren Höllkogel betreten. Kurz danach sehen wir die **Hochalm-Halterhütten** ❹, 1572 m; wir erreichen sie über einen sanft geneigten Weidegrashang. Die Lage der Hütten ist bezaubernd, das Panorama wunderschön, und die Sicht zu den lang gezogenen höchsten Kuppen der Gleinalpe macht glücklich. Von den Hütten überqueren wir den flachen Almboden auf Steigspuren nach Westen, bleiben beim Waldrand leicht rechts und erreichen kurz danach das Gipfelplateau des Hühnerkogels mit einem auffälligen Felsklotz, manchmal als »Hühnerfelsen« bezeichnet; der fast gleich hohe Gipfel des **Hühnerkogels** ❺, 1593 m, befindet sich ca. 200 m nordwestlich davon. Auf diesem Hinkelstein (»Menhir«) stehend hat man einen schönen Blick zum Wetterkogel (links) und zu den Hochalm-Halterhütten. Der volkstümliche Name »Hinkelstein« (»Hinkel« = rheinhessisch »Huhn«) ist eine missverstandene Ableitung des Wortes »Hünenstein« (Riesenstein) über »Hühnerstein« zum mundartlichen »Hinkelstein«. Gut möglich, dass sich auch der Name »Hühnerkogel« (alte Bezeichnung auch: Steinkogel) davon herleiten lässt. Abstieg und Aufstieg sind identisch.

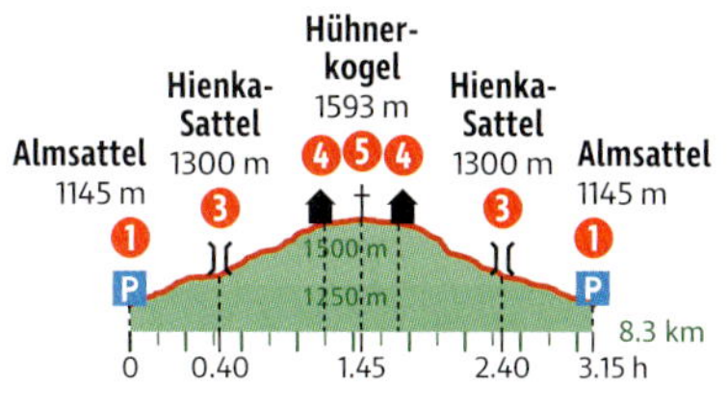

↗ 450 m | ↘ 450 m | 11.0 km

47 Schrottkogel, 1398 m, und Pöllakogel, 1527 m

3.45 h

Achtung, Geheimtipp! Bitte äußerst ruhig verhalten!

Wörterbücher definieren »Bilderbuchlandschaft« gerne als einen »Ort, der als besonders schön empfunden wird«. Das Gebiet, das sich von der Schrottalm bis über den Adamsattel hinaus erstreckt, ist ein sehr gutes Beispiel für den Begriff. Wir erreichen diesen naturbelassenen Teil der Gleinalpe ausgehend vom Almsattel durch Wälder und über idyllische Almen, die im Besitz von Landesjägermeister Franz Mayr-Melnhof-Saurau stehen. Besondere Ruhe ist hier angesagt, um das Wild nicht zu belästigen. Staunen geht leise – das ist gut! Der Aufstieg vom Almsattel über die Matten der Schrottalm zum Pöllakogel ist unmarkiert; erst danach stoßen wir auf die Markierungen des Weitwanderweges 05, die uns mit überraschend viel Aussicht zum Pöllasattel lotsen, von wo wir in der Waldzone zurück zum Tourstart schlendern.

Ausgangspunkt: Parkplatz nahe Almwirt, siehe Tour 46.
Anforderungen: Forststraßen, mäßig steile Wald- und Wiesenwege, Weidegebiet, bis zum Pöllakogel unmarkiert, aber durch die natürlichen Gegebenheiten (Forststraßen, gut erkennbare Almwege, Weidezäune) gut zu finden; darüber hinaus gut markiert.
ÖPNV: Keine.

Einkehr: Keine während der Tour.
Karte: f&b WK 132.
Tipp: Die Tour kann kurz nach Überschreitung des Pöllakogels beim Erreichen der Forststraßenkreuzung zum Gipfel der Fensteralm fortgesetzt werden (Wegweiser neben Rettungspunkt Nr. 003 »Fensteralm 05«), der lohnende Weg dorthin beträgt 1,3 km (ca. 190 Höhenmeter), siehe auch Tour 49.

Beim Aufstieg zum Pöllakogel, mit Blick über den Schrottkogel zum Hochlantsch.

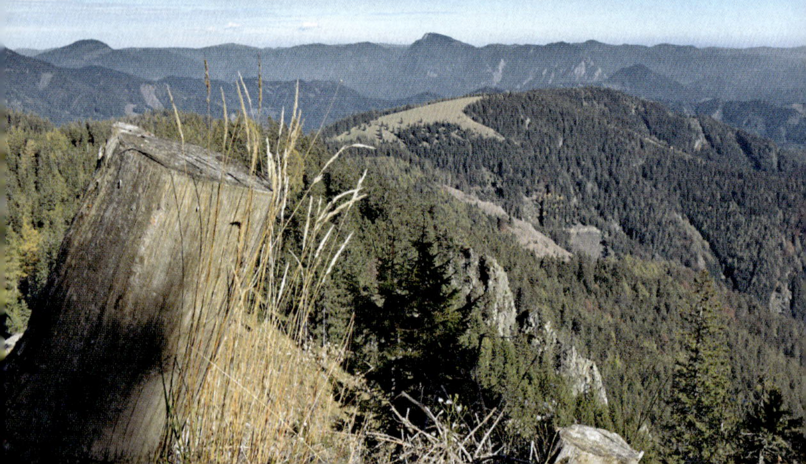

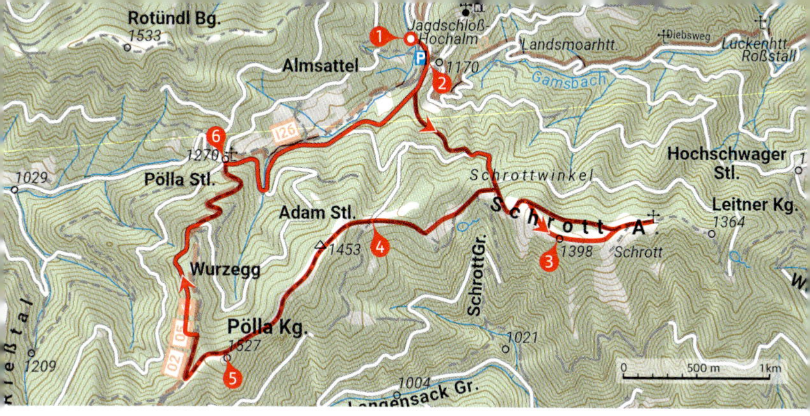

Beim **Parkplatz** ❶, 1145 m, lenkt uns ein Wegweiser Richtung »Pöllasattel – Gleinalm«, und nach einem kurzen Anstieg stehen wir bei den Häusern (ehemaliger Almwirt) im **Almsattel** ❷, 1170 m, wo wir Richtung »Fensteralm« weitergehen, aber nur mehr 200 m auf der Forststraße bleiben. Bei der ersten Gelegenheit biegen wir links in den Wald ab, wo wir einen grasverwachsenen (unmarkierten) Forstweg entdecken. Dieser verläuft zuerst fast parallel zur links außen liegenden freien Fläche, zieht dann steil bergauf und mündet in eine höher gelegene Forststraße.

Dort halten wir uns links und kommen später beim Schrottwinkel zu einem Weidetor; daneben Tafel »Rettungspunktnummer 623«. Durch das Tor gehend betreten wir eine Almfläche, peilen den deutlichen Fahrweg halb links an, scheren von diesem nach der zweiten Kurve rechts auf den Grasmattenhang aus und steigen weglos zur sanften Gipfelkuppe des **Schrottkogels** ❸, 1398 m (auch als Schrottalm bezeichnet), auf. Großartiges Rundumpanorama; uns gegenüber sehen wir die ästhetischen Kuppen der Brucker Hochalpe.

Wir wandern über den Schrottkogel hinweg in den breiten fichtenumsäumten Almboden hinunter; dort abgesägter, aber noch in der Wiese verwurzelter Baumstamm, der einen Felsklotz trägt (dort auch Salzleckstein), danach Gedenkkreuz (mit dem Bild des heiligen Leonhard). Vom Kreuz, das sich am östlichsten Punkt unserer Tour befindet (Abstecher zum nahen

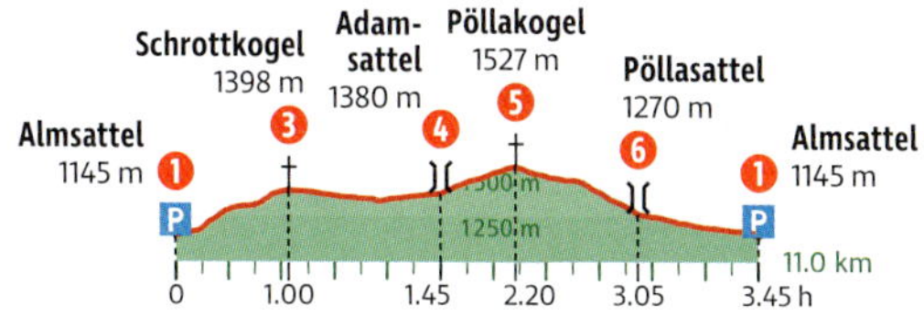

Leitnerkogel, 1364 m, möglich) marschieren wir auf der malerischen Forststraße unterhalb des Schrottkogels zurück zum Schrottwinkel; interessanter Blick nach rechts über den ehemaligen Almwirt hinweg zu den Eisenerzer Alpen. Vor dem Weidetor schwenken wir nach links, gehen auf einem Weg im Almgras bis zu einer starken Linkskurve und steigen kurz danach auf einem schwach ausgeprägten Steig über die märchenhaften Grasmatten bis zum Weidezaun auf. Am Zaun rechts entlang erreichen wir den Waldrand am oberen Ende des herrlichen Hanges und haben dabei reizvolle Sicht zurück zum Schrottkogel und über ihn hinweg zum Horizont.
Der Steig geht in einen Forstweg über, der uns in direkter Linie zum **Adamsattel** 4, 1380 m, bringt; dort Tränke. Wir überqueren den Sattel ohne Richtungsänderung und erreichen nach einem kurzen Steilstück die Höhenkote 1453; dort erneut Tränke und Jägersitz. Der Steig führt jetzt über einen aussichtsreichen Höhenrücken mit ausgedehnten Almmatten zum nächsten Waldrand, ab dem ein zweispuriger, lichter Waldweg zu einer Forststraße führt, von der wir über die direkte (logische) Linie zum höchsten Punkt des **Pöllakogels** 5, 1527 m, emporsteigen. Durch die Schlägerungen entzückt der Pöllakogel mit wahrhaft guter Aussicht.
Wir überschreiten den Gipfel zu einer weiteren Forststraßenkreuzung; im Kreuzungsbereich Wegweiser zum »Almsattel«. Dem Wegweiser nach Norden folgend steigen wir auf der aussichtsreichen Forststraße ab, die Teil des Weitwanderweges 05 (Nord-Süd-Weitwanderweg) ist, und werden später nach links in einen Steig geleitet; dort Fernsicht zum Almwirt. Vom Ende des Steiges am **Pöllasattel** 6, 1270 m, geht es, den Wegweisern folgend, auf der Forststraße zum Almsattel und weiter zum **Parkplatz** 1.

Nahe dem Weidetor und »Rettungspunktnummer 623« beim Aufstieg zum Adamsattel.

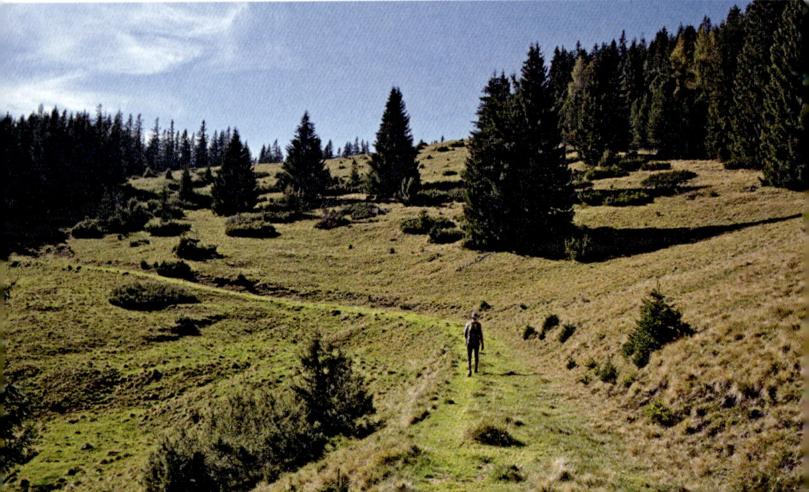

↗ 480 m | ↘ 480 m | 9.1 km

3.30 h

Zöllerkogel, 1353 m, und Sadningkogel, 1449 m

48

Märchenhafte Sinfonie: Gmoalm, Fuchsfelsen und Thomaskogel

»Gmoalm« leitet sich aus »Altenberger Gemeindealm« ab, denn so wurde die Alm bereits um 1910 genannt. Die ausgedehnten Almmatten liegen nur ca. 500 Meter vom Gipfelkreuz des Fuchskogels entfernt. An der westlich der Gmoalm gelegenen Schneide ragen die Fuchsfelsen als dunkle Felsklippen und Kanzeln aus dem steilen Abhang hervor und bilden einen zackigen, fotogenen Felsgrat. Zu dieser zauberhaften Landschaft kommen wir von der Almhütte Plotscherbauer über die Modara-Hütte (oder »Moderer«) und den Schwoabauer. Nach dem Fuchskogel besteigen wir den Zöllerkogel über seinen ungemein aussichtsreichen Osthang, schauen zur Gmoalm (oder »Gmoa-Alm«) hinüber und stehen nach einsamer Querung eines Bergrückens am Gipfel des Sadningkogels, der das Fenster der Natur sehr weit nach Südwesten öffnet und uns die höchsten Gipfel der Gleinalpe vom Logenplatz aus präsentiert. Beim Rückmarsch gönnen wir uns noch den Abstecher zum Thomaskogel, um noch einmal die Fernsicht zu bejubeln, und treffen wenig später bei der Almhütte Plotscherbauer ein, wo wir das Naturerlebnis mit einer typisch steirischen Hüttenjause ausklingen lassen können.

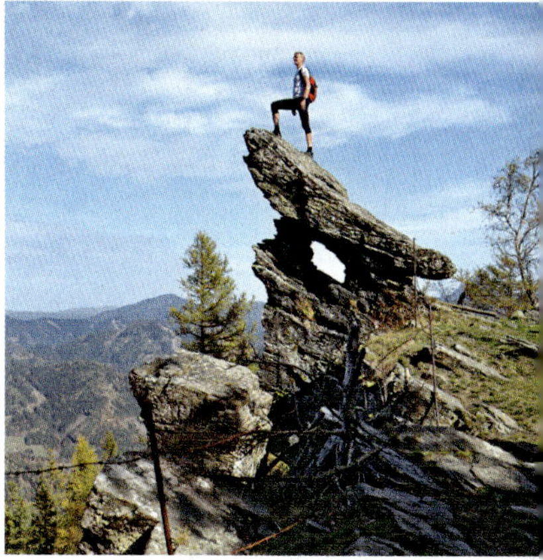

Fuchsfelsen.

Ausgangspunkt: Parkplatz bei der Almhütte Plotscherbauer, 1133 m; Zufahrt von Übelbach über Kleintal, ab dort gute Hinweistafeln.
ÖPNV: GUSTmobil Haltestelle GU 1827 Kleintal – Plotscherbauer.
Anforderungen: Forststraßen, mäßig steile Wald- und Wiesenwege, Weidegebiet, fast durchgehend unmarkiert, aber durch die natürlichen Gegebenheiten gut zu finden.
Einkehr: Almhütte Plotscherbauer, Tel. +43 664 73296500, geöffnet 1.5.–26.10., Mo Ruhetag; Moderer Hütte (Halterhütte) vulgo Hanslbauer, Mai–Oktober, Mi und Do Ruhetag, facebook.com/modererhuette.bodlos; Schwoabauer-Hütte, Mitte Mai–Mitte Oktober, Di Ruhetag; Gmoa-Alm (Gemeindealm), Tel. +43 3126 4809, Anfang Juni–Ende September, Mo Ruhetag.
Karte: f&b WK 132.
Tipp: Ein markierter Aufstieg zur Gmoalm ist auch vom Gasthaus Ebenwirt bei Frohnleiten über den Fuchskogel möglich.

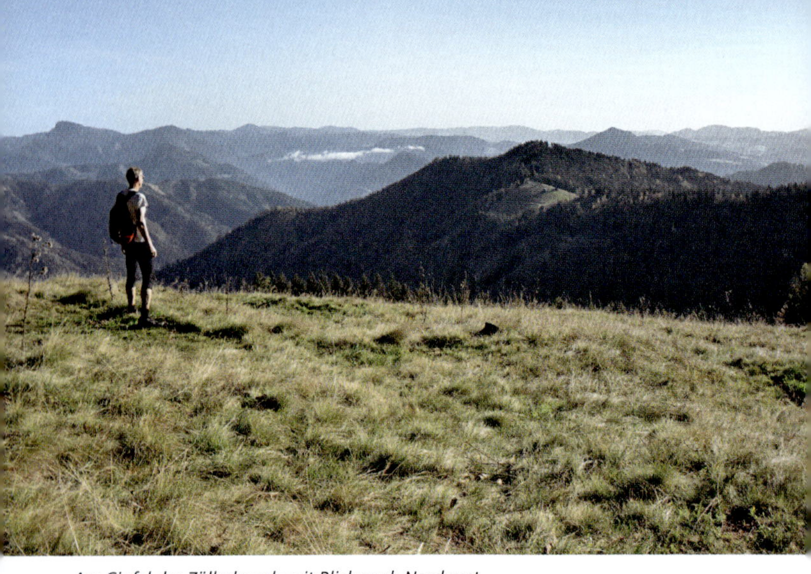

Am Gipfel des Zöllerkogels mit Blick nach Nordwest.

Der erste Abschnitt ist der teilweise unmarkierte Wegverlauf bis zur Gmoalm (Gmeinalmhütte, Gmoa-Alm). Der leicht erkennbare Weg beginnt beim **Parkplatz** ❶, 1133 m, wo wir uns beim dortigen Forststraßen-Paar für die rechte Seite entscheiden; es geht fast durchgehend bergab zur netten **Moderer Alm** ❷, 1090 m (Modara-Hütte), die wir schon vom Plotscherbauer aus gesehen haben. Danach erreichen wir den Schwoabauer, wo der Wegweiser »Gmoa Alm, 35 min« zur Orientierung dient. Gleich nach dem Hof zweigen wir von der Forststraße links in die Wiese ab und gelangen auf dem Steig zu einem Weidetor; ein paar Meter davor weiterer Wegweiser zur »Gmoa Alm«.

Nach dem Tor betreten wir idyllische Weideflächen und stoßen nach dem Steilhang auf eine grasbewachsene Forststraße, auf der wir Höhe gewinnen und zu den wirklich eindrucksvollen **Fuchsfelsen** ❸, 1250 m, kommen. Nach einem Zaunüberstieg sehen wir die lieblich gelegene **Gmoalm** ❹, 1237 m, mit der Gmoalm-Hütte. Von dort wandern wir kurz Richtung »Schenkenberg«, verlassen den markierten Weg aber unmittelbar vor dem ersten Zaundurchlass und gehen geradeaus weiter (Zaun bleibt rechts) zum Gipfel des nahen **Fuchskogels** ❺, 1293 m, mit Gipfelkreuz.

Wieder zurück bei der **Gmoalm-Hütte** ❹ bleiben wir nun auf Weg Nr. 11 Richtung »Plotscherbauer«, lassen die bizarren Fuchsfelsen links liegen und sehen vor uns die baumlose Fläche am Osthang des Zöllerkogels. Vor dem

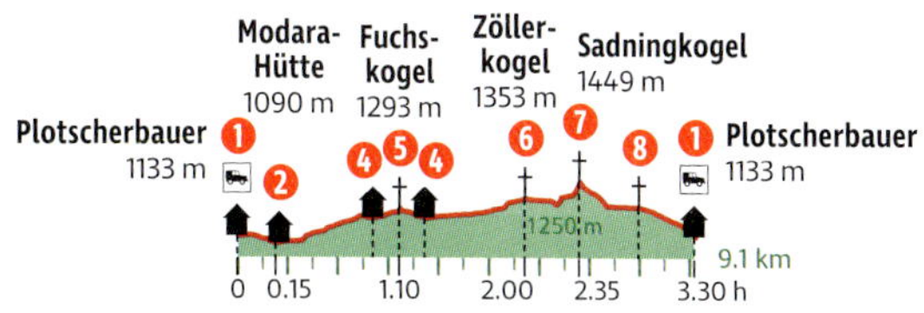

nächsten Zaunüberstieg (dort Wegweiser, die wir ignorieren) verlassen wir den markierten Weg über den rechts verlaufenden Forstweg und steigen wenig später links auf beliebiger Route zur höchsten Stelle im baumlosen Teil des Osthangs des Zöllerkogels hinauf. Prächtige Aussicht und wunderschöner Blick zur Gmoalm! Wir wechseln die Zaunseite, betreten Waldboden und sehen einen Steig, auf dem wir – immer am Bergrücken bleibend – den **Zöllerkogel** 6, 1353 m, nach links überqueren. Nach einem breiten Almhang, den wir – weiterhin am Bergrücken bleibend – schnell hinter uns lassen, fällt unser Steiglein durch ein Waldstück zum schönen **Sadningkreuz** ab.

Die unterhalb des Kreuzes stehende Almhütte jetzt noch ignorierend peilen wir den Forstweg vor uns an; beim verzinkten Weidetor zweigen wir rechts auf den extrem steilen Forstweg ab und tauchen über diesen in die faszinierende Gipfelregion des **Sadningkogels** 7, 1449 m, ein, die uns mit einer prächtigen Nahsicht zu den höchsten Gipfeln der Gleinalpe verwöhnt. Danach auf gleichem Weg zurück zur Almhütte beim **Sadningkreuz**, von wo aus wir auf dem markierten Weg Nr. 534 zum Plotscherbauer absteigen. Bevor der Wanderweg nach links dreht, machen wir aber noch einen kurzen Abstecher zum direkt vor uns liegenden **Thomaskogel** 8, 1301 m; die Aussicht von seinem freien Westhang ist bestechend!

Zurück am markierten Weg geht es – immer am Zaun entlang – über die schöne Alm bergab; nach einem kurzen Waldstück treffen wir am **Parkplatz** beim **Plotscherbauer** 1 ein.

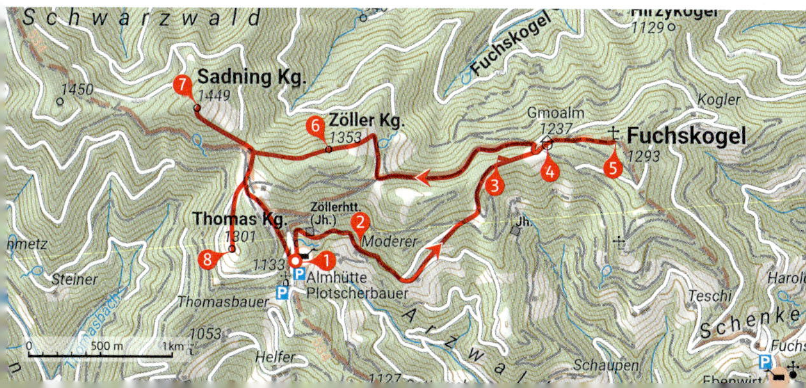

↗ 650 m | ↘ 650 m | 13.6 km

49 Fensteralm, 1642 m

4.45 h

Vom Plotscherbauer zu einem herrlichen Gipfel, der Alm heißt

Fensteralm – so heißt der 1642 m hohe Gipfel im Gebiet der Gleinalpe, den wir vom Plotscherbauer aus besteigen. Am schmalen silbrigen Gipfelkreuz hängt eine Tafel, die darüber Auskunft gibt, in welchen Richtungen sich die nächsten wichtigen Gipfel, Sättel und Schutzhütten befinden. Es handelt sich dabei um markante Wegpunkte, die auf der 28,8 km langen 13. Etappe des Weitwanderweges 02 (Zentralalpenweg) passiert werden; diese beginnt beim Schutzhaus Hochanger und endet beim Gleinalm-Schutzhaus. Sie entspricht zudem exakt auch jener Tagestour, die im Rahmen des Nord-Süd-Weitwanderweges bewältigt werden muss. 1986 wurde ein möglicher Aufstellungsplatz für eine Biwakschachtel östlich der Fensteralm ins Auge gefasst – weil das Gleinalm-Schutzhaus geschlossen werden sollte und sich die ohnehin schon sehr lange Etappe dadurch um weitere Stunden verlängert hätte –, aber nie realisiert. Die Fensteralm, die die Weitwanderer bei ihrem langen Marsch zum Gleinalm-Schutzhaus passieren, wird von zwei unbenannten Kuppen flankiert; diese bauen wir in unsere Tour ein, womit uns eine perfekte Fensteralm-Überschreitung gelingt.

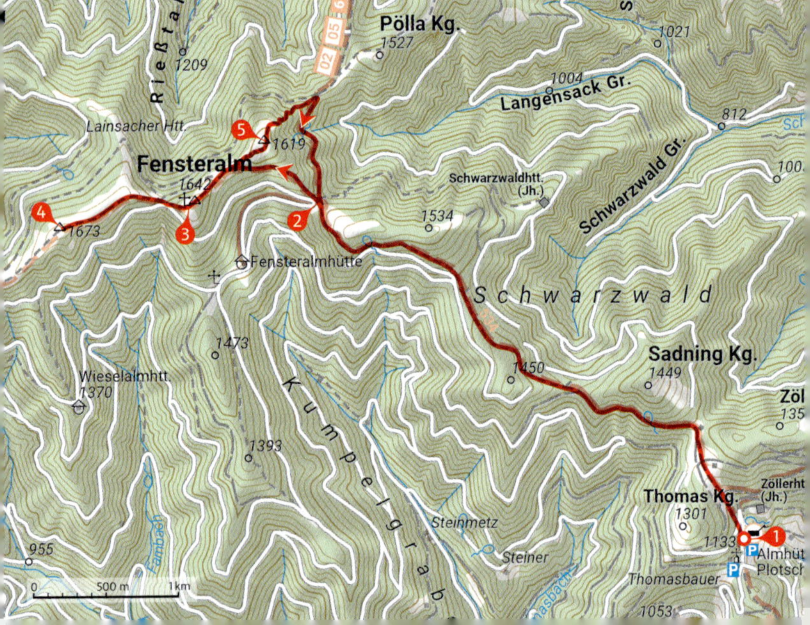

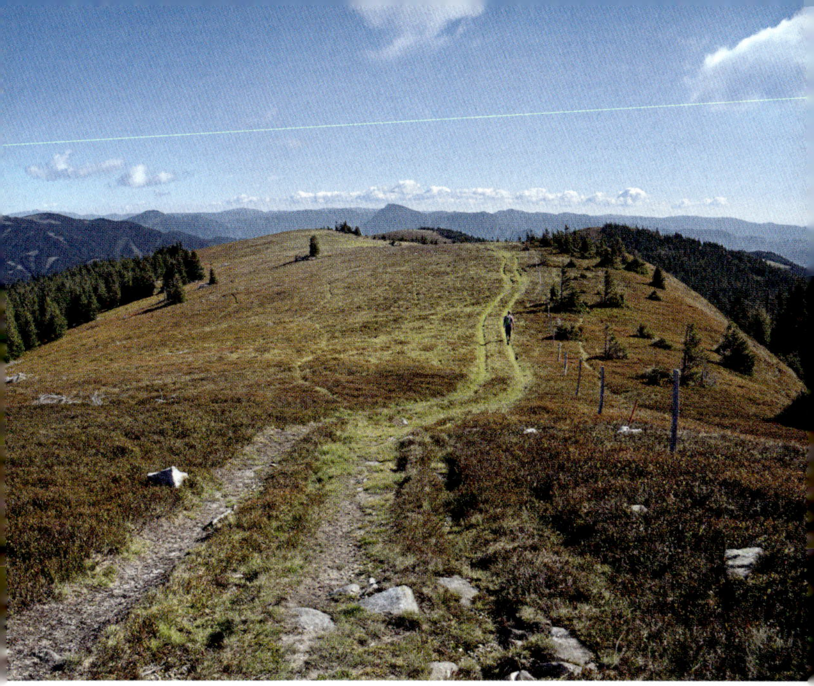

Die »Fahrspur« beim Abstieg vom namenlosen Gipfel westlich der Fensteralm.

Ausgangspunkt: Siehe Tour 48.
ÖPNV: GUSTmobil Haltepunkt GU 1827 Kleintal – Plotscherbauer.
Anforderungen: (Wenige) Forststraßen, mäßig steile Wald- und Wiesenwege, Weidegebiet, Almwege, gut markiert bis auf den Abschnitt im Bereich der Höhenkote 1619, der aber durch die natürlichen Gegebenheiten (gut sichtbarer Steig, danach kurze Forststraße) problemlos zu finden ist.
Einkehr: Almhütte Plotscherbauer, Tel. +43 664 73296500, geöffnet 1.5.–26.10., Mo Ruhetag.
Karte: f&b WK 132.
Tipp: Beim Rückweg nach der Hütte beim Sadningkreuz Kurzabstecher zum Thomaskogel (siehe Tour 48).

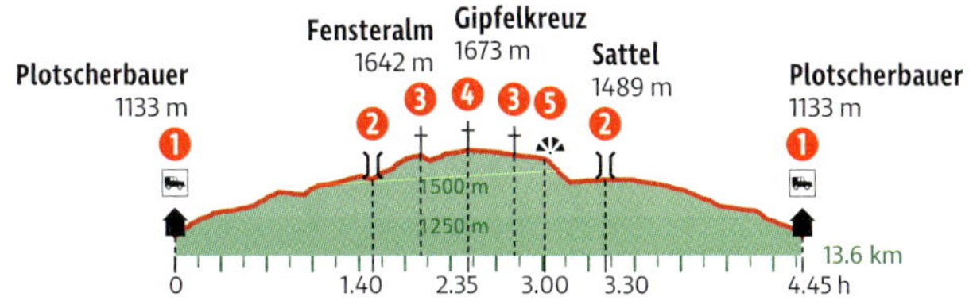

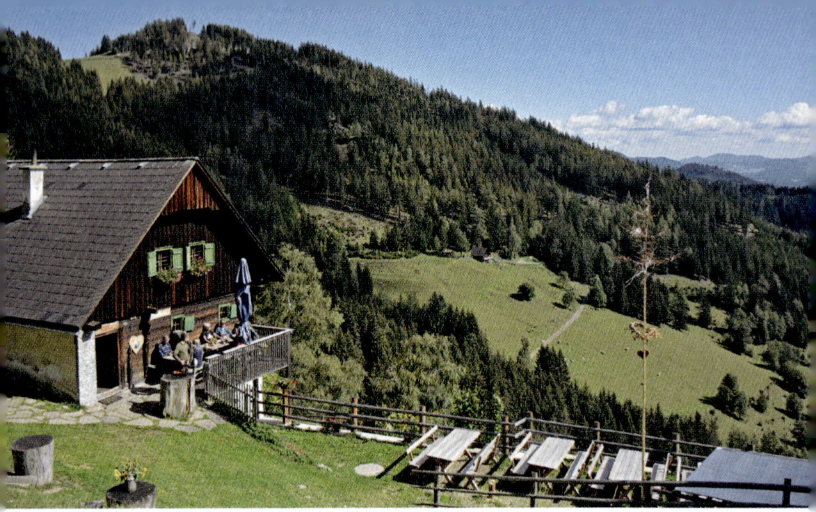

Almhütte Plotscherbauer mit Blick zur Moderer Hütte.

Bei der Einfahrt zum **Parkplatz** beim **Plotscherbauer** ❶, 1133 m, sehen wir am Haus einen Wegweiser nach links zur »Fensteralm«. Dort beginnt unser Weg Nr. 534. Wir steigen über die Böschung in ein kurzes Waldstück, überqueren danach eine großartige Alm, auf der die Zöller Jagdhütte steht, und gelangen zu einer Almhütte unterhalb des Sadningkreuzes, wo ein großer Pfeil zur Orientierung dient. Noch bleiben wir auf der Forststraße, die an der Südseite des Sadningkogels, 1449 m, entlangzieht, doch schon bald trennen wir uns von ihr mit einem Schwenk nach rechts, um – den guten Markierungen folgend – einen lichten Hang zu queren, der in einen Höhenrücken überleitet; dort schöne Sicht zum zentralen Teil der Gleinalpe.

Vom Höhenrücken schlängelt sich der Steig durch Heidelbeersträucher, streift eine abschüssige Stelle, wird von mächtigen Ameisenhaufen fast beschlagnahmt, verliert in einem waldfreien Geländeabschnitt an Höhe und verzweigt sich in einem kleinen **Sattel** ❷, 1489 m. Wir

bleiben auf dem Weg zur »Fensteralm« (links); beim Rückmarsch betreten wir diesen Sattel dann aus Richtung »Hochalm« kommend.
Unser Waldsteig führt uns durch Abertausende Heidelbeersträucher zur Baumgrenze; von rechts gesellt sich ein Steiglein zu uns, über das wir später zur nordöstlich der Fensteralm gelegenen namenlosen Höhenkote 1619 aufsteigen. Die Richtung beibehaltend gelangen wir zum freien Gipfelhang der **Fensteralm** und über diesen zum Gipfel mit dem silbrigen **Gipfelkreuz** ❸, 1642 m. Fabelhafte Aussicht in die umliegende Bergwelt!
Unser nächstes Ziel ist der lang gezogene Bergkamm südwestlich der Fensteralm; einem kurzen Abstieg folgt ein rascher Aufstieg zu den sanften Almmatten, und über eine geschwungene Doppelspur, die wohl noch lange sichtbar ist, erreichen wir das naturbelassene **Gipfelkreuz** ❹, 1673 m, des namenlosen Berges. Entlang der weiteren Kammlinie dominieren sanft wirkende Kuppen und Bergrücken. Kaum zu glauben, dass nur ein paar Hundert Meter unter uns täglich mehr als 30.000 Fahrzeuge durch den Gleinalmtunnel rollen.
Wieder zurück auf der **Fensteralm** ❸ peilen wir jetzt die zweite **namenlose Kuppe** ❺, 1619 m, an; auch sie geizt nicht mit Panorama! Wir verlassen diese Höhenkote dann auf einem deutlichen Steig links abwärts und stoßen auf eine aussichtsreiche Forststraße; dort rechts. Bald danach Achtung: 70 m bevor die Forststraße erstmals eine lange Linkskurve bildet, zweigen wir rechts bei einem Holzpfosten (verblasste Markierung auf Stein) auf einen Steig in der Böschung ab, der uns gleich danach zum **Sattel** ❷ kommen lässt; von dort auf dem Aufstiegsweg zurück zum **Plotscherbauer** ❶.

Am Gipfel der Fensteralm mit Blick zur verschneiten Hochschwabgruppe.

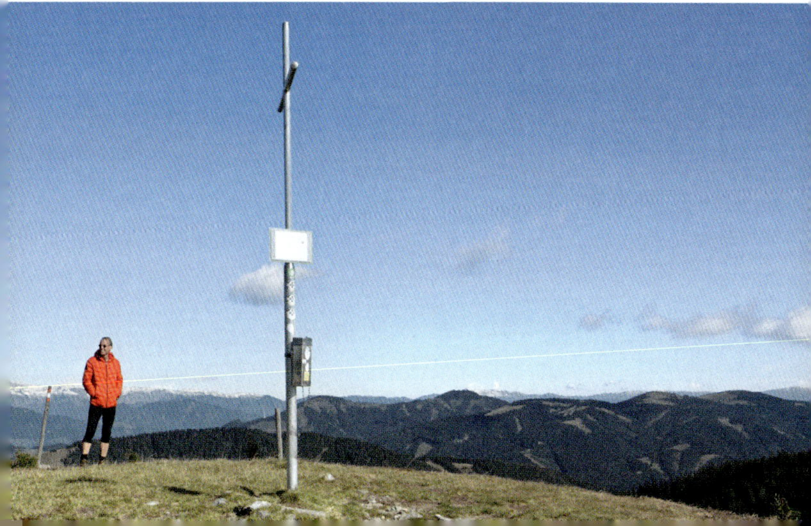

↗ 860 m | ↘ 860 m | 10.6 km

50 Eiblkogel, 1831 m, und Lärchkogel, 1894 m

5.00 h

Hochdosierte Bergidylle an der Nordwestseite der Gleinalpe

Die höchsten Erhebungen der Gleinalpe präsentieren sich als baumfreie Rundgipfel ohne felsige Gipfelformationen. Ihre breiten Kuppen gehen nahtlos in lang gestreckte Bergrücken über, die durch tiefer liegende sanfte Sättel unterbrochen werden. Oberhalb der Baumgrenze hat die Natur ein großartiges Mosaik aus Zwergstrauchheide, alpinen Gräsern, saftigen Almen, Weiderasen und kristallinem Gestein geschaffen, das – mal mehr, mal weniger – wie Streuselzucker auf einem Brioche-Striezel die Oberfläche ziert. All das vermittelt dem Betrachter ein Gefühl von großer Weite und Harmonie. Bei unserer Wanderung in diesem ruhigen Kuppengebirge nähern wir uns den höchsten Erhebungen der Gleinalpe von Nordwesten aus dem Weitental und besteigen zuerst den Eiblkogel. Von dort verläuft die herrliche Kammwanderung durch etwas Blockgestein zum Kreuzsattel und aus diesem, völlig konträr zu den Steinplatten beim Abstieg vom Eiblkogel, über saftige, beweidete Wiesen bis zum Lärchkogel. Auf dem ungemein aussichtsreichen Weg begeistert auch die Lage der idyllischen Zechneralm, die wir schon beim Abstieg vom Eiblkogel erblicken und zu der wir vom Lärchkogel absteigen.

Abstieg vom Lärchkogel: Blick über die Zechneralm zum Eiblkogel.

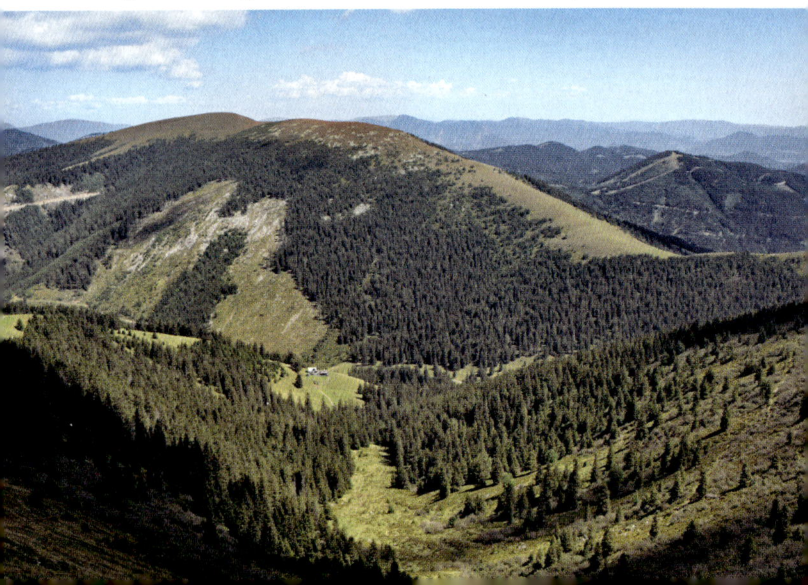

Ausgangspunkt: Parkplatz Zechnerboden, 1300 m, im Weitentalgraben; Zufahrt über die L 553 (Pregerstraße) nach St. Stefan ob Leoben, von dort über Vorderlobming und Hinterlobming.
ÖPNV: Keine.
Anforderungen: Forststraßen, mäßig steile Wald- und Wiesenwege, Weidegebiet, Almwege, bis auf den Eiblkogel unmarkiert, aber durch die natürlichen Gegebenheiten (Forststraßen, deutlicher Steig, übersichtliches Gelände) gut zu finden; Abstieg ab Lärchkogel ebenfalls unmarkiert, aber klar vorgegebene Route.
Einkehr: Zechneralm (Halterhütte), im Sommer gelegentlich einfach bewirtschaftet, Tel. +43 3832 2250 (Gemeinde St. Stefan ob Leoben).
Karte: f&b WK 132.
Hinweis: Parken ist zwischen 1. Mai und 9. September zwischen 7 und 18 Uhr, sonst zwischen 8 und 16 Uhr gestattet.

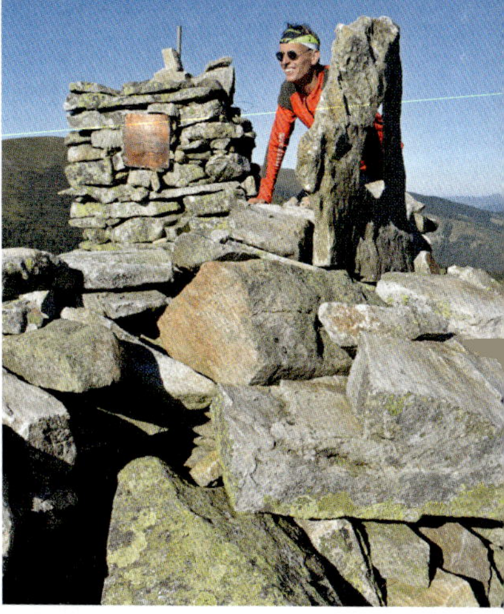

Markanter Steinwall beim Abstieg vom Eiblkogel.

Wir gehen vom **Parkplatz** ❶, 1300 m, nicht geradeaus neben dem Weitentalbach zur Zechneralm, sondern starten unseren unmarkierten Aufstieg auf den Eiblkogel bei der links vom Parkplatz in den Hüttengraben wegziehenden Forststraße. Bald nach der Linkskehre über den Bach fällt uns ein markanter Steinmann am rechten Straßenrand auf, bei dem wir scharf rechts (zurück) in den Steig einbiegen; dort sehr gute Aussicht nach St. Michael und die umliegenden Berge! Die nächste Forststraße wird halb links überquert, dann eine weitere Forststraße, über die wir eine breite Wiese betreten (zwei sehr kurz abgesägte, aufeinandergestapelte Baumstämme dienen als Wegweiser) und am Wiesenpfad weitergehen.
In der Folge gibt noch ein Steinmann die Richtung vor, und schließlich lassen wir den Wald vollkommen zurück. Der aussichtsreiche Steig zieht nun in direkter Linie über schöne Hochalmwiesen bergauf; am Weg sehen

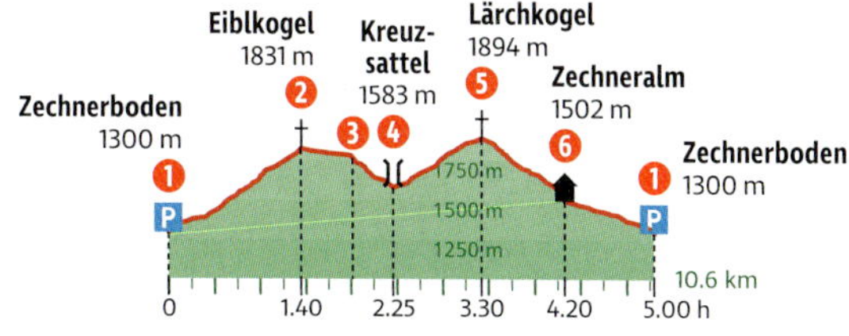

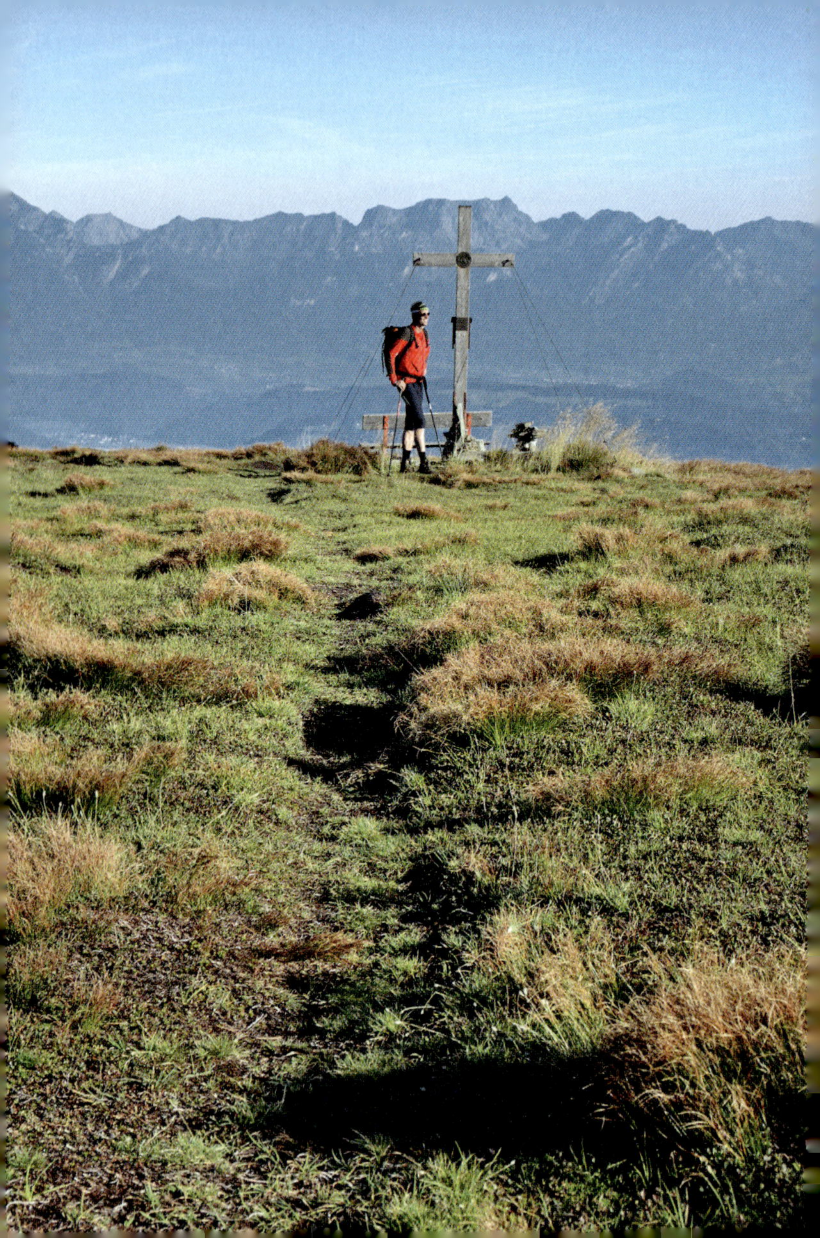

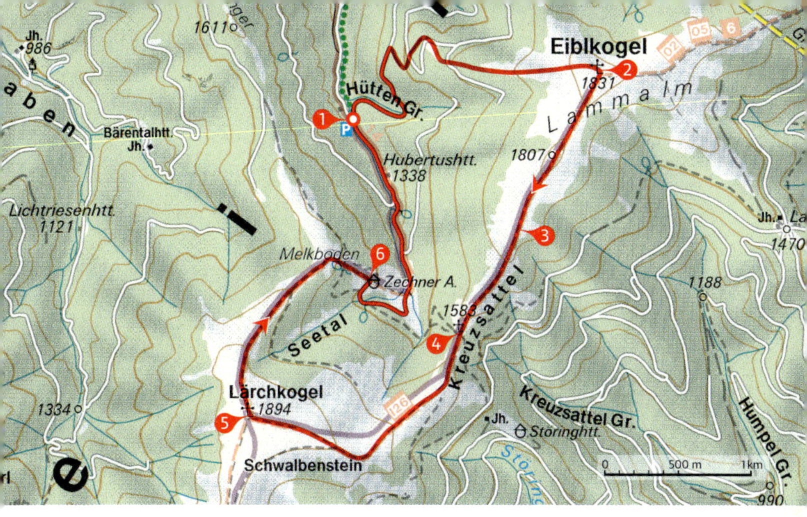

wir einen markanten Salzleckstein und bald danach das Gipfelkreuz des **Eiblkogels** ❷, 1831 m. Exzellentes Landschaftspanorama! Im Gipfelbereich (Lammalm) stoßen wir auf den Nord-Süd-Weitwanderweg (Weg Nr. 505) und folgen ihm nach rechts über die breite Kammverebnung; diese hat die Natur mit einem makellosen Steinmuster unter Beigabe verschiedener Gräser und Flechten verziert.

Mit zunehmendem Abstieg wird das Gelände steiler; aus dem Blockgestein ragt ein kleiner **Steinwall** ❸, 1770 m, mit auffällig durchlöcherter Felsplatte heraus. Während wir zum Kreuzsattel absteigen, taucht rechts die Zechneralm (Hütten) in bildhübscher Lage auf; dorthin kommen wir später beim unmarkierten Abstieg vom Lärchkogel über den lang gezogenen baumfreien Rücken. Vom **Kreuzsattel** ❹, 1583 m, geht es über paradiesischen Rasen am breiten Kamm neben dem Zaun zur flachen Gipfelkuppe des **Lärchkogels** ❺, 1894 m, hinauf; dort Gipfelkreuz und Notbiwak. Zum Greifen nahe sind die höchsten Gipfel der Gleinalpe: Speikkogel und Lenzmoarkogel sind nur durch einen flachen Sattel voneinander getrennt. Was für ein erhabenes Landschaftsbild!

Wir gehen vom Gipfelkreuz in tendenziell nördliche Richtung hinab und nach dem Zaundurchlass auf Steigspuren (Steinmänner) über den gestreckten Rücken bis zum Melkboden, wo wir rechts über Serpentinen zur **Zechneralm** ❻, 1502 m, gelangen; die zwei Hütten haben wir beim Abstieg fast durchgehend im Blickfeld. Genialer Blick zum Eiblkogel!

Von der Zechneralm auf schöner Forststraße zurück zum **Parkplatz** ❶.

Eiblkogel-Gipfelkreuz mit Blick zum Eisenerzer Reichenstein.

↗ 980 m | ↘ 980 m | 17.7 km

51 Lenzmoarkogel, 1991 m, und Speikkogel, 1988 m

6.45 h

Gleinalpe auf höchstem Niveau oder: »Rien ne va plus!«

Lenzmoarkogel und Speikkogel sind die höchsten Gipfel der Gleinalpe. Wir besteigen dieses majestätische Gipfelpaar aus dem Gleingraben über die Nordwestseite von der Stanglhütte über die verträumt gelegene Moar-in-Pichl-Hütte und den Wildeggkogel. Als »Moar« (Meier) bezeichnete man früher im Dialekt den Ranghöchsten am Hof nach dem Bauern. Er handelte und befahl im Auftrag des Bauern, stand als Erster auf, weckte die übrigen Dienstboten und war für alles verantwortlich. Die Moar-Namen wanderten durch Almrechte oder den späteren Kauf von Huben (Lebensraum der »Moarleut«, die das Vieh betreuten) in das Gebiet ein. Südlich des Gleingrabens gibt es eine Moar-zu-Hof-Hütte und einen Gipfel namens Moar zu Hof Bühel. In der Murtaler Zeitung findet sich eine Ankündigung vom 6.4.1939, dass »alle Landwirte, die ihre Kühe, Kalbinnen sowie Jungstiere auf die gesunde und grasreiche Almweide, vormals Lenzmoar, bringen wollen, gebeten werden, ihre Auftriebszahl ehestens bekanntzugeben«. Vom Lenzmoarkogel queren wir zum Speikkogel, steigen zum Gleinalm-Schutzhaus ab und gelangen durch den Gleingraben, vorbei am Stadlmoar, zurück zur Stanglhütte.

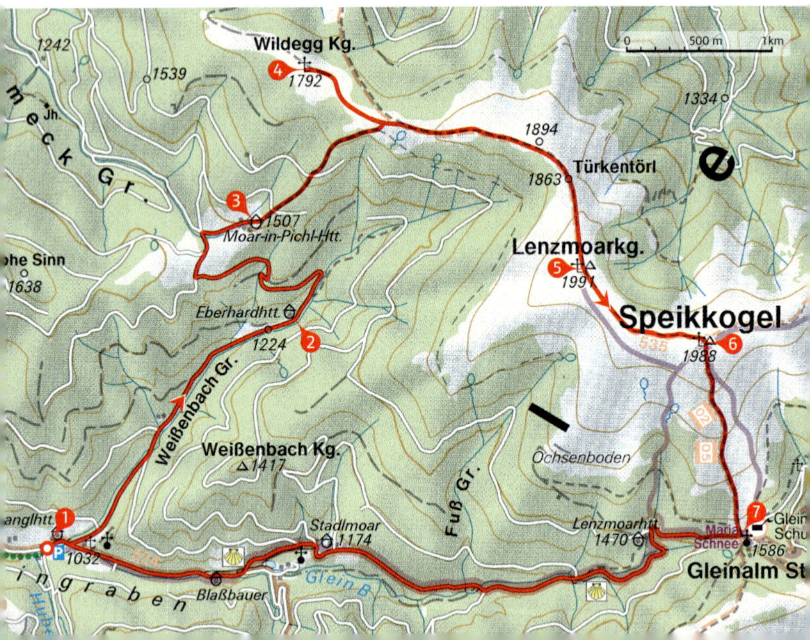

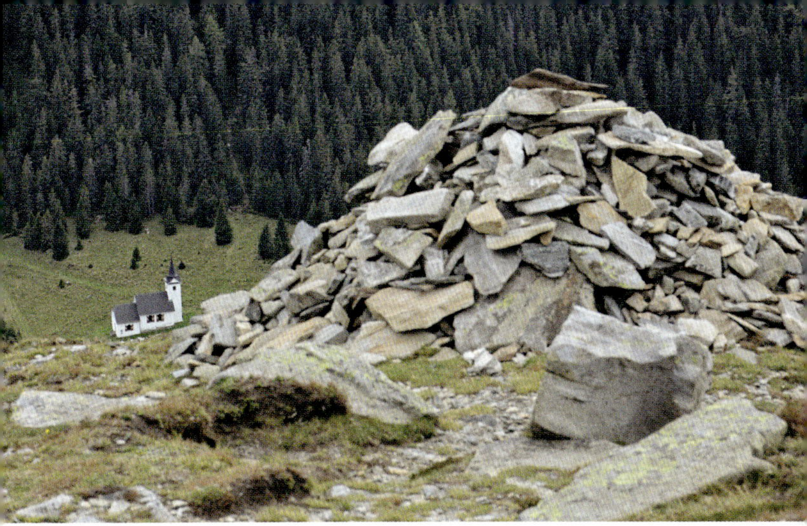

Beim Abstieg vom Speikkogel trifft man auf die Wallfahrtskirche Maria Schnee.

Ausgangspunkt: Stanglhütte, 1022 m; Zufahrt über die L 553 (Pregerstraße) nach St. Lorenzen bei Knittelfeld bzw. St. Margarethen bei Knittelfeld, dann weiter über Glein in den Gleingraben bis zum Straßenende, dort Parkplatz mit Bezeichnung »Letzter Parkplatz«.
ÖPNV: Keine.
Anforderungen: Forststraßen, mäßig steile Wald- und Wiesenwege, Weidegebiet, Almwege, bis knapp vor den Gipfel des Wildeggkogels unmarkiert, aber durch die natürlichen Gegebenheiten (Forststraßen, gut sichtbarer Steig, übersichtliches Gelände) unschwierige Orientierung; danach gute Markierungen.
Einkehr: Gleinalm-Schutzhaus, gleinalm-schutzhaus.com, Tel. +43 680 1436773, Mitte Mai–Mitte September, Mo und Di Ruhetag.
Karte: f&b WK 132.
Tipp: Der Wildeggkogel, 1792 m, kann auch als eigenständige Tour von Norden her vom Gasthaus Spitzer, 950 m, aus über die Obere Vorderleitenhütte, 1578 m, bestiegen werden. Zufahrt von Kraubath nach Preg und durch den Preggraben bis zum Gasthaus.

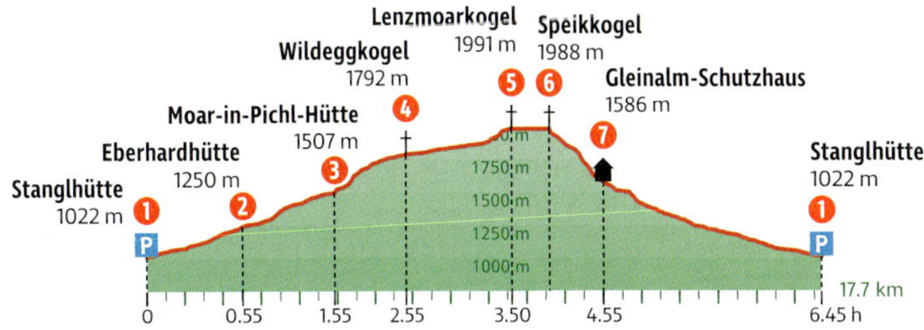

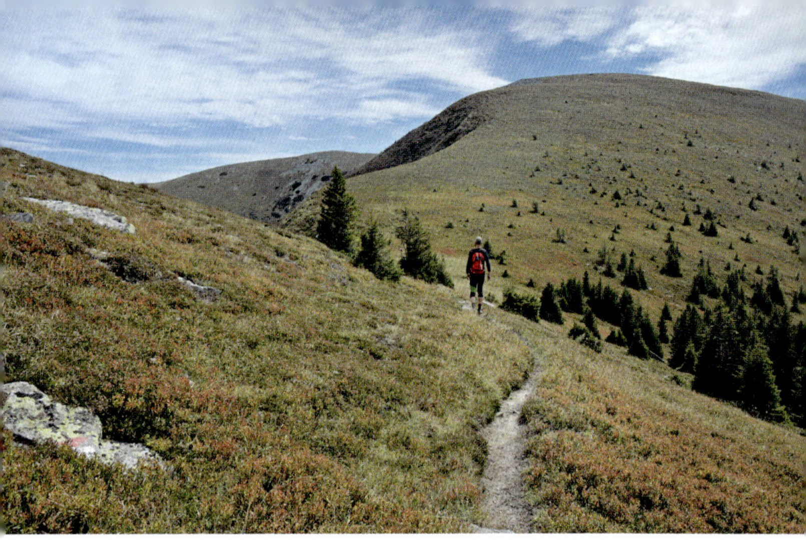

Knapp vor dem Türkentörl beim Anstieg auf den Lenzmoarkogel (rechts).

Vom **Parkplatz** ❶, 1022 m, ist es nur ein Sprung – an der Stanglhütte vorbei – zur Wegteilung, 1032 m, wo uns der Wegweiser »Moar in Pichl Hütte, 1 ½ h« die linke Forststraße vorgibt; rechts kommen wir beim Abstieg vom Gleinalm-Schutzhaus zurück. Der unmarkierte Aufstieg zur Moar-in-Pichl-Hütte deckt sich mit der dorthin durch den Weißenbachgraben führenden Forststraße. Beim Zustieg kommen wir an der weißen **Eberhardhütte** ❷, 1250 m, vorbei, danach macht die Forststraße eine starke Linkskurve, der eine markante S-Kurve folgt. Auch nach der S-Kurve bleiben wir immer auf dem Hauptweg und ignorieren auch die bei den meterhohen, teils senkrechten Felsen rechts abzweigende Forststraße; wenig später sehen wir rechter Hand die **Moar-in-Pichl-Hütte** ❸, 1507 m, die im Verbund mit anderen Hütten auf einer zauberhaften Alm steht und im Osten vom Lenzmoarkogel abgeschirmt wird.

Vor der höchstgelegenen Hütte passieren wir einen Zaundurchlass und halten uns danach leicht rechts; nicht links über den Bach! Wir queren den Grashang und benützen am Waldrand einen Zaunüberstieg (Tafel »Weidevieh«). Nach Überquerung der Forststraße setzen wir den Aufstieg auf dem schmalen Waldweg fort, queren die Straße dann ein weiteres Mal und bleiben dann am Waldweg (Fahrspuren) beim Auseinanderlaufen der Spuren auf der linken Seite; gleich danach bildet unser Steig eine Rechtskurve und zieht in fast direkter Linie (Fahrspuren) durch den Wald steil empor. Noch einmal stoßen wir auf eine (grasbewachsene) Forststraße, auf der wir nach rechts gehen und beim Verlassen des Waldes in einem Almsattel mit Zaun landen; von dort nach links hinauf (auffällige Holzkonstruktion) und über das lang gezogene Plateau zum Gipfelkreuz des **Wildeggkogels** 4, 1792 m. Besonders schöne Aussicht!

Danach zurück in den Sattel, wo wir auf den markierten Weg Nr. 535 stoßen, der von der Oberen Vorderleitenhütte, 1578 m, kommt (erste Markierungen direkt am Zaun) und dem wir beim restlichen Aufstieg im fast baumfreien Gelände treu bleiben. Nach dem Drehkreuz im Zaunverlauf knapp unterhalb der Höhenkote 1894, die nicht bestiegen wird, treffen wir im Türkentörl, 1863 m, ein. Von dort geht es über sanfte alpine Zwergstrauchheide-Böden bei einmaliger Landschaftsszenerie zum Gipfelkreuz des **Lenzmoarkogels** 5, 1991 m, und über den anschließenden großartigen Höhenrücken zum Gipfelkreuz des **Speikkogels** 6, 1988 m; dort rechts, in direkter Linie bergab zum »Gleinalm-Schutzhaus« (Wegtafel).

Beim Abstieg orientieren wir uns am Weidezaun und erreichen den **Gleinalm-Sattel** 7, 1586 m, mit Gleinalm-Schutzhaus und Wallfahrtskirche Maria Schnee. Am Waldrand westlich (rechts) des Kirchleins zeigt uns der Wegweiser »Stanglhütte Parkplatz« (Weg Nr. 524) den Einstieg zum letzten Teil unserer Tour. Nach einem kleinen Waldstück bleiben wir nur ein paar Meter auf der Forststraße, denn wir kürzen diese über einen links wegführenden Steig ab. Ab erneutem Kontakt mit der Forststraße fungiert diese als landschaftlich attraktiver, angenehmer Abstiegsweg und lässt uns, mit schönen Blicken zum Roßbachkogel und vorbei an Teichen und den malerischen Häusern beim Stadlmoar, 1174 m, zurück zum **Ausgangspunkt** 1 wandern.

Speikkogel-Gipfelkreuz; im Hintergrund der Lenzmoarkogel.

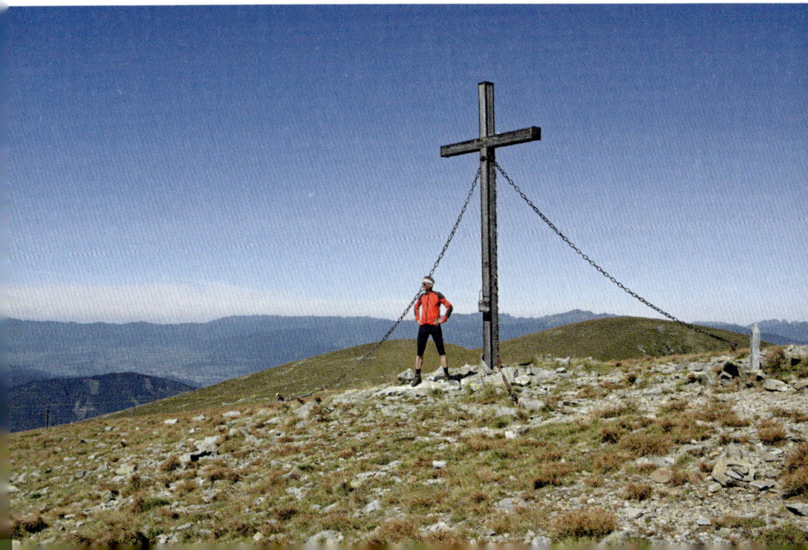

TOP

52 Gleinalpe, 1988 m – eine exklusive Überquerung

↗ 1300 m | ↘ 1310 m | 26.8 km

9.30 h

Sehr eindrucksvoll: vom Plotscherbauer bis zum Krautwasch!

Moderne Mobilitätslösungen machen es möglich, dass viele der so ungemein faszinierenden Kuppen und Bergrücken der Gleinalpe auch ohne Übernachtung auf einer langen Route überquert werden können. Während man bei den Weitwanderwegen 02 (Zentralalpenweg) und 05 (Nord-Süd-Weitwanderweg) auf der Etappe zwischen Schutzhaus Hochanger und Gleinalm-Schutzhaus keine Einkehrmöglichkeit hat, starten wir unsere große Tour beim hoch gelegenen Almgasthaus Plotscherbauer und können nach Überschreitung von Fensteralm, Polsterkogel, Eiblkogel, Lärchkogel und Speikkogel eine Pause beim Gleinalm-Schutzhaus einlegen und von dort gut gestärkt sogar noch über die malerische Brendlwiese bis zum ehemaligen Gasthaus Krautwasch weiterwandern. Es ist die Kombination aus asymmetrischen waldfreien Kuppen, lang gezogenen breiten Bergrücken, alpinem Grünland und dem im höchsten Bereich der Gleinalpe angedeuteten Hochgebirgscharakter, die die Tour mit einer Sehnsucht verbindet, die uns, wie vom alpenländischen Marschlied »Bergvagabunden sind wir« besungen, »nimmer in Ruh« lässt.

Ausgangspunkt: Almhütte Plotscherbauer, 1133 m, siehe Tour 48. – Es empfiehlt sich, ab Bahnhof Übelbach die Dienste von GUStmobil zu nutzen und sich zum Plotscherbauer bringen sowie sich am Tourende beim ehemaligen Gasthaus Krautwasch oder (kürzer) beim Parkplatz Hoyer abholen zu lassen. GUStmobil Haltepunkte: GU 1827 Plotscherbauer, GU 1835 Bartlbauer (Krautwaschl), GU 1833 Hojer Parkplatz, GU 1813 Übelbach – Bahnhof. Bei Anreise mit öffentlichen Verkehrsmitteln auch Bahnhof Peggau-Deutschfeistritz möglich, dort GUSTmobil Haltepunkt GU 1003 Peggau – Bahnhof. Beide Bahnhöfe (Peggau-Deutschfeistritz und Übelbach) sind ÖV-Hauptknotenpunkte, dadurch können sich Preisvorteile im Vergleich zu anderen GUSTmobil Haltepunkten ergeben.
Endpunkt: Parkplatz Krautwasch, 1126 m.
ÖPNV: Verbund Linie; GUSTmobil Haltepunkte siehe oben.
Anforderungen: Forststraßen, mäßig steile Wald- und Wiesenwege, Weidegebiet, Almwege, gut markiert. Lange Höhenwanderung.
Einkehr: Gleinalm-Schutzhaus, gleinalm-schutzhaus.com, Tel. +43 680 1436773, Mitte Mai–Mitte September, Mo und Di Ruhetag.
Karte: f&b WK 132.
Tipp: Kürzere Variante für den Abstieg: Vom Gleinalm-Schutzhaus dem Wegweiser »Hoyer Neuhof Bus« folgend auf dem alten Almweg (Weg 524) zur Forststraße (Zufahrtsstraße von Neuhof zum Gleinalm-Schutzhaus) und auf dieser bis zur Schranke beim Parkplatz Hoyer.

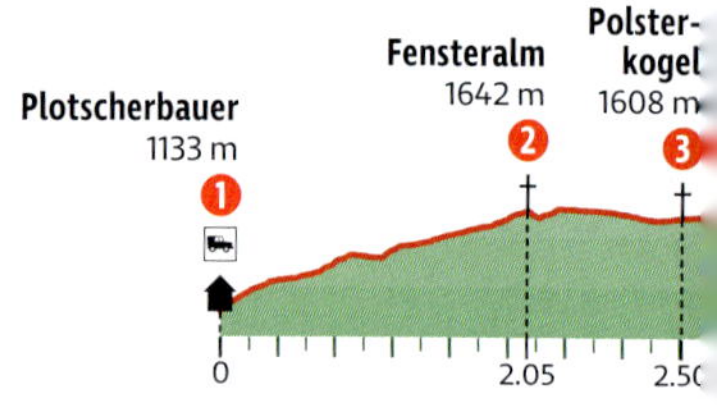

Vom **Plotscherbauer** ❶, 1133 m, wie bei Tour 49 zum Gipfel der **Fensteralm** ❷, 1642 m, und von dort weiter zur Höhenkote 1673 mit naturbelassenem Gipfelkreuz. Überwältigende Aussicht! Danach steigen wir – immer dem Nord-Süd-Weitwanderweg (Weg Nr. 505) folgend – über den schmalen waldfreien Saum bis in die südlich der Schlöglalmhütte (Jagdhütte) gelegenen Senke ab und aus dieser auf den **Polsterkogel** ❸, 1608 m, auf.

Von dort setzt sich der wellenartige Wegverlauf fort: Wir verlieren wieder knapp 100 Höhenmeter beim Abstieg in den Polstersattel, 1505 m, aus dem wir – direkt über dem Gleinalmtunnel (!) – zum **Eiblkogel** ❹, 1831 m, aufsteigen; auf der flachen Gipfelkuppe Gipfel- und Gedenkkreuz. Vorzügliches Panorama! Wir setzen unsere sanfte Bergrückenwanderung fort und verlieren beim Abstieg in den Kreuzsattel, 1583 m, wieder kontinuierlich an Höhe. »Der schönste Weg zu Gott führt über die Berge« – diese Botschaft, die mit goldenen Buchstaben in eine Wurzel geschnitzt wurde, werden wir erst später lesen, wenn wir auf der Brendlwiese beim Sandebenkreuz angelangt sind;

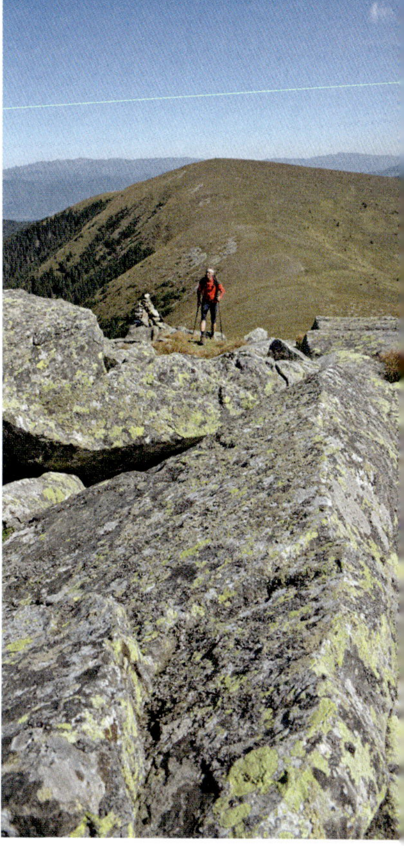

Am Weg vom Lärchkogel zum Speikkogel.

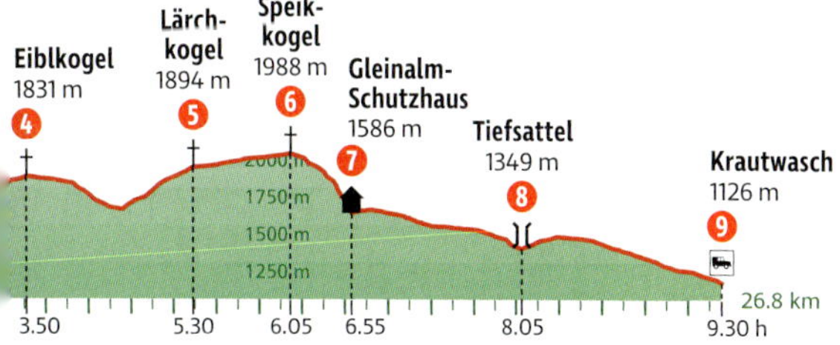

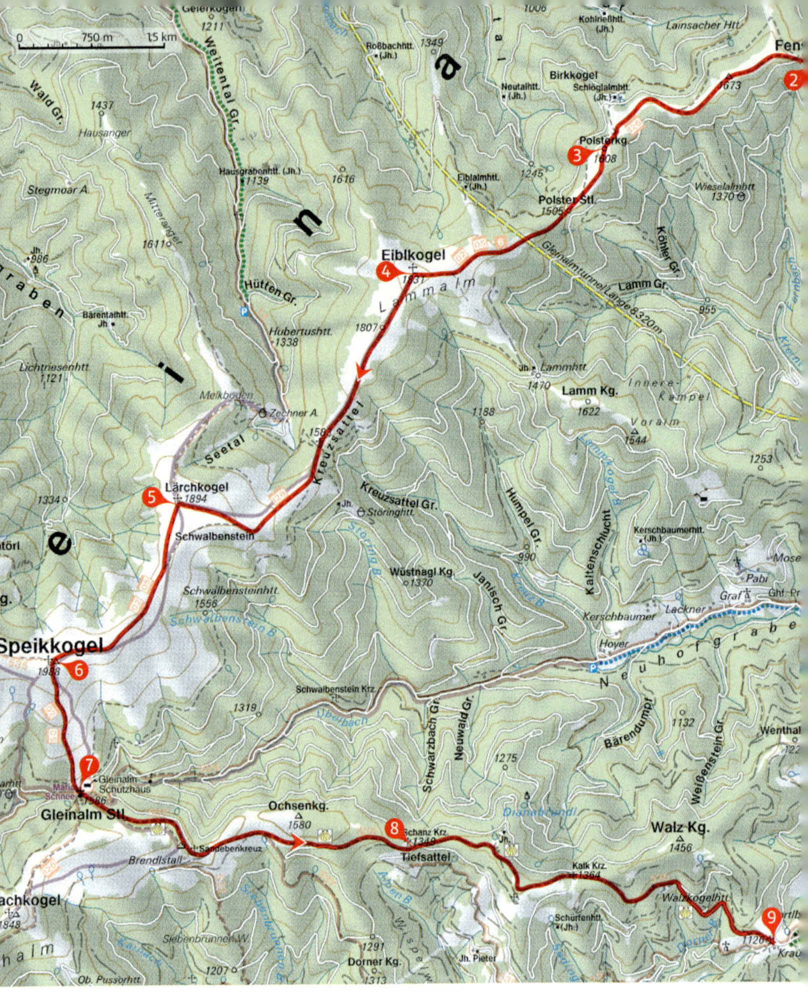

doch sie erreicht uns schon jetzt, am Weg über das höchste Gewölbe der Gleinalpe, wo die Natur ihren Malkasten mit besonders viel Gefühl eingesetzt hat, um ein erhabenes Landschaftsbild zu schaffen.
Blockwerkstellen überwindend und vorbei an einem Windschutz, den eine auffällig durchlöcherte Felsplatte ziert, erreichen wir mit Blick zur romantisch gelegenen Zechneralm den Kreuzsattel, 1583 m, aus dem wir im

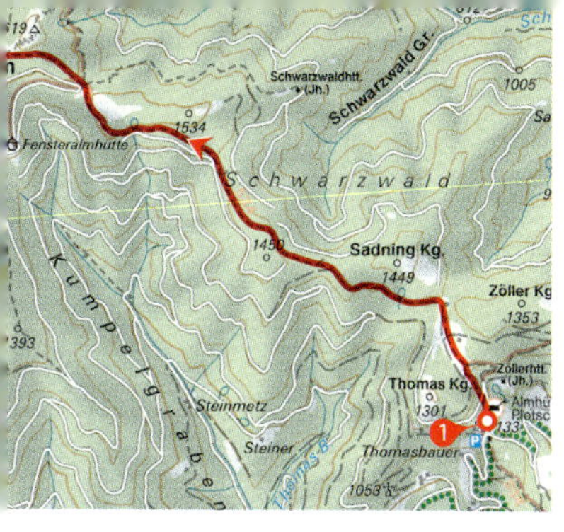

sanften Almgelände zum **Lärchkogel** ❺ aufsteigen; er ist mit 1894 m – hinter Lenzmoarkogel, 1991 m, und Speikkogel, 1988 m – der dritthöchste Gipfel der Gleinalpe; neben dem Gipfelkreuz befindet sich ein Notbiwak.

Danach wandern wir – immer am breiten Höhenrücken bleibend – über eng am Boden angepresste Gemsheideteppiche und kurzwüchsigen alpinen Rasen zum Gipfelkreuz des **Speikkogels** ❻, 1988 m, wo der Abstieg zum **Gleinalm-Sattel** ❼, 1586 m, mit Gleinalm-Schutzhaus und Wallfahrtskirche Maria Schnee, beginnt. Im Sattel halten wir uns links Richtung »Deutschfeistritz« (Weg Nr. 535); der nette Waldsteig endet bei einem Zaunüberstieg am Rand der Brendlwiese; gleich danach links im Wald steht das **Sandebenkreuz**, 1522 m. Unser Weg verläuft auf sehr gut überschaubaren Almböden südlich des Ochsenkogels über die Sommerweiden der Lipizzaner (Gestüt Piber); die Abzweigung nach rechts Richtung »Kapitel, Geistthal« (Weg Nr. 537) bleibt unberücksichtigt.

Später erreichen wir, nach dem Schankreuz, 1349 m, eine Wegkreuzung am **Tiefsattel** ❽, 1349 m, und nehmen den steileren Waldweg bergauf zum Kalkkreuz, 1364 m. Es folgen Lichtungen und sonnseitige Waldränder, die immer wieder schöne Aussicht zulassen; auf einer Forststraße geht es an der Walzkogel-Jagdhütte, 1240 m, vorbei, und schließlich erreichen wir unser Ziel beim dauerhaft geschlossenen **Gasthof Krautwasch** ❾, 1126 m.

Beim Abstieg vom Eiblkogel sieht man den Lärchkogel zwischen Speikkogel (links) und Lenzmoarkogel (rechts).

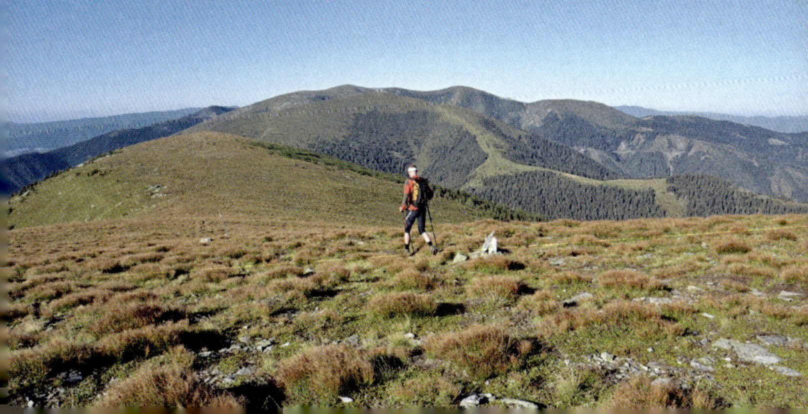

↗ 980 m | ↘ 980 m | 19.2 km

53 Roßbachkogel, 1846 m, und Pussorkogel, 1848 m

6.45 h

Almlandschaft, Lipizzaner und das Geheimnis um den falschen Berg

Vielfach ist unbekannt – auch im Kartenmaterial –, dass es sich beim höchsten Punkt des Bergstockes zwischen Gleinalm-Schutzhaus und Zeißmannhütte nicht um den Roßbachkogel handelt, sondern um den Pussorkogel. Der Roßbachkogel liegt ein paar Dutzend Meter südwestlich davon und hat kein Gipfelkreuz. Auf dem Pussorkogel steht seit Mai 2021 ein neues großes hölzernes Gipfelkreuz mit der Aufschrift »Roßbach-Pussor-Kogel«. Wir überschreiten den Bergstock von Südwest nach Nordost und starten dazu beim hoch gelegenen Gasthaus Kapitel. Auf der mit landschaftlichen Höhepunkten gespickten Rundwanderung gelangen wir unter anderem zur Sommerweide der Lipizzaner aus dem Gestüt Piber (Brendlalm), zum Ursprung der Kainach und zur Oberen Pussorhütte. An einem der wohl interessantesten Jägersitze im Gebiet der Gleinalpe vorbei steigen wir über breite, sanfte Hänge zu den Gipfeln auf. Beim Abstieg sorgt ein kurzer Blockgesteinskamm für ein kontrastreiches Bild in einer Landschaft, in der es einfach traumhaft ist, zu wandern.

Das ferne Gipfelkreuz in der Bildmitte trägt die Bezeichnung »Roßbach-Pussor-Kogel«.

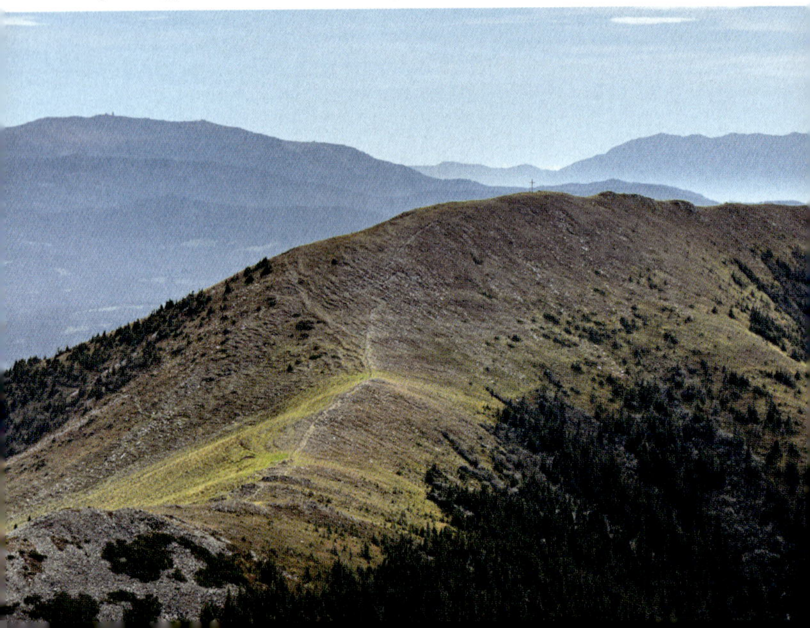

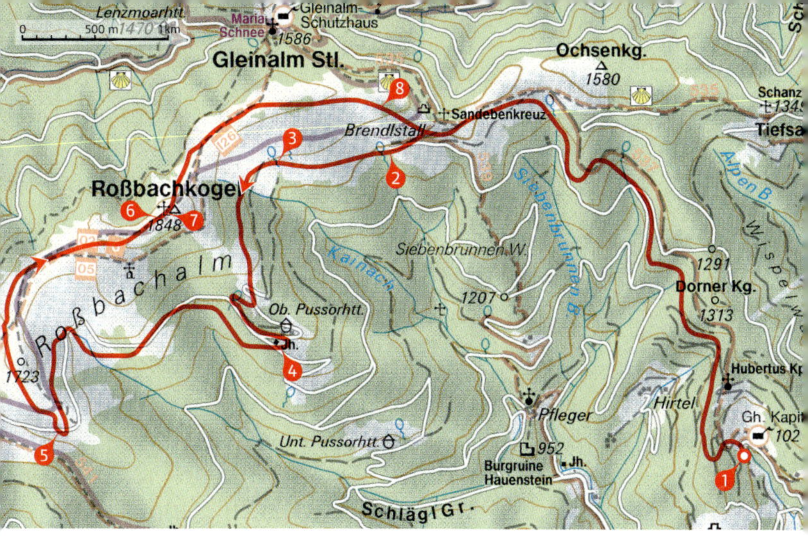

Ausgangspunkt: Gasthaus Kapitel, 1021 m; Zufahrt über Kainach bei Voitsberg und Gallmannsegg bzw. Großstübing und Geisttal, Hinweistafeln. Parkplatz beim Gasthaus Kapitel nur für deren Gäste.
ÖPNV: VOmobil Haltestelle VO 1458 Kainach bei Voitsberg – GH-Kapitel.
Anforderungen: Forststraßen, mäßig steile Wald- und Wiesenwege, Weidegebiet, Almwege, zwischen Brendlstall und dem Gipfelaufbau des Roßbachkogels unmarkiert, aber durch die natürlichen Gegebenheiten (Forststraßen, Almsteige, übersichtliches Gelände) einfache Orientierung; im Übrigen gute Markierungen.
Einkehr: Gasthaus Kapitel, Tel. 43 3148 71219; Obere Pussorhütte, Tel. +43 660 5554484, Bewirtschaftung durch den Viehhalter ab Almauftrieb (Ende Mai) bis kurz nach Almabtrieb (Mitte September), keine fixen Öffnungszeiten. Mit einem kleinen Umweg auch Gleinalm-Schutzhaus, gleinalm-schutzhaus.com, Tel. +43 680 1436773, Mitte Mai–Mitte September, Mo, Di Ruhetag.
Karte: f&b WK 132.
Tipp: Von Juni bis Mitte Sept. sind die Lipizzaner-Jungstuten auf der Brendlalm.

Wir marschieren hinter dem **Gasthaus Kapitel** ❶, 1021 m, links hinauf, queren den breiten, steilen Weidehang und folgen der Markierung nach rechts durch den Wald zur Hubertuskapelle. Von dort auf der Forststraße – mit Blick durch den Wald hindurch zum Brendlstall und zum Gipfel des Pussorkogels – bis zur Waldgrenze, wo uns das Schild »Prentlstall« auch vor frei laufenden Pferden warnt. Halb links zeigt sich der Pussorkogel als formschönes Dreieck, und ein frei stehender Wegweiser schickt uns über einen von feinstem Almgras überzogenen Fahrweg nach links Richtung »Brendl – Kainach«. Kurz nach dem **Sandebenkreuz**, 1522 m, das sich (versteckt) am Waldrand befindet, gelangen wir zu einem Zaunüberstieg; rechts geht es

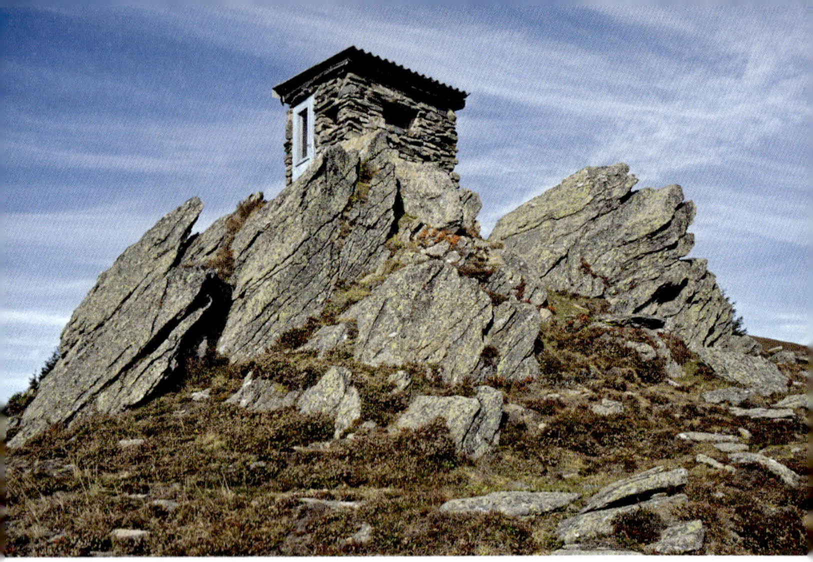

Wohl einer der interessantesten Jägersitze im Gebiet der Gleinalpe.

zum »Gleinalpenschutzhaus«, links nach »Kainach – Voitsberg«. Wir gehen links zum **Brendlstall** ②, 1497 m.

Dort teilt sich der Weg, wir wählen die rechte Seite und marschieren bergauf, an einem Jägersitz vorbei. Der Steig verläuft sich dann zwar in der Alm, doch das stört uns beim Orientieren nicht, denn wir überqueren die Weide in einem schwachen, leicht bergauf ziehenden Rechtsbogen, um die unübersehbare Forststraße im Südhang des Pussorkogels zu erreichen; idealerweise queren wir in einem solchen Radius, dass wir die Straße beim **Ursprung der Kainach** ③, 1605 m – dort weithin sichtbare helle Holztafel –, betreten können.

Über den flachen Almweg marschieren wir dann weiter bis zur ersten Rechtskurve. Dort öffnet sich der Blick nach Westen zur Roßbachalm; am

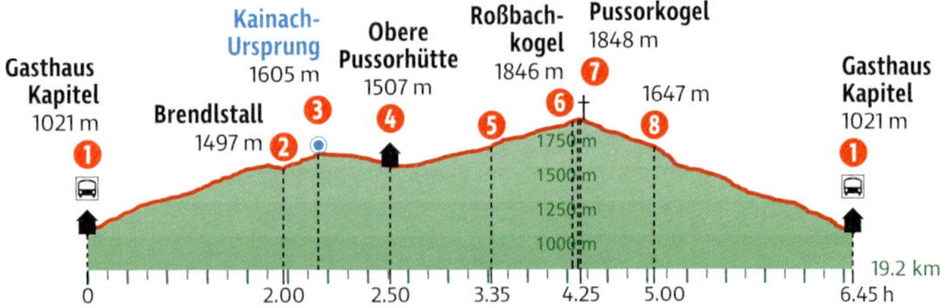

Gegenhang sehen wir eine Forststraße, die auf einen Sattel zieht, und knapp rechts vom Sattel eine markante Kuppe mit Felsansammlung und einen aus Steinplatten errichteten Jägersitz.
Um dorthin zu gelangen, bleiben wir entweder auf der Forststraße, die bald an der **Oberen Pussorhütte** ❹, 1507 m, vorbeiführt, oder kürzen gleich direkt steil im Gelände zur unter uns gelegenen Straße ab. Nach der Traverse zum Sattel links der markanten Kuppe mit Felsansammlung steigen wir auf Steigspuren (unmarkiert) direkt an einem auf den Felsen errichteten **Jägersitz** ❺, 1650 m, vorbei zur Höhenkote 1723 auf, bleiben auch danach immer rechts vom Weidezaun und stoßen auf den Weg Nr. 505, auf dem wir rechts weitermarschieren. Wir schaffen den Aufstieg zum nicht gekennzeichneten **Roßbachkogel** ❻, 1846 m, über den lang gezogenen, mäßig steilen, breiten Bergrücken und erreichen etwa 50 m danach den **Pussorkogel** ❼, 1848 m, mit dem Gipfelkreuz. Vorzügliches Bergpanorama!
Der Abstieg ist klar: Wir steigen vom Pussorkogel nach Nordosten nahe am Zaun bleibend bergab und treffen auf eine Weggabelung, bei der wir rechts am Höhenrücken weiterwandern (links geht es zum Gleinalm-Schutzhaus hinunter, von dem es auch einen markierten Weg zum Sandebenkreuz gibt). Der mit Blockgestein angereicherte Kamm erreicht seinen höchsten Punkt in der **Höhenkote 1647** ❽, ab dort öffnen sich eindrucksvolle Blicke zum Gleinalm-Sattel mit Gleinalm-Schutzhaus und Wallfahrtskirche Maria Schnee. Nach kurzem, steilem Abstieg durch Blockgestein haben wir wieder Almgras unter den Füßen, gelangen zum Wegweiser beim Sandebenkreuz und gehen von dort auf dem Anstiegsweg zurück zum **Gasthaus Kapitel** ❶.

Knapp vor der Brendlalm mit Blick zum Pussorkogel (Roßbachkogel).

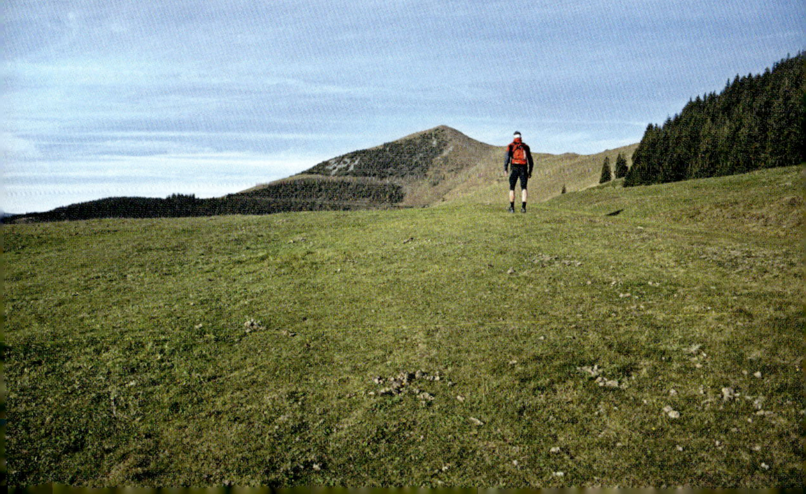

↗ 330 m | ↘ 330 m | 9.0 km

54 Terenbachkogel, 1716 m

2.45 h

Christusstatue, Almen und ein Gipfelkreuz am herzigen Felskamm

Die Rundwanderung, die wir beim Oskar-Schauer-Haus (Sattelhaus) beginnen, führt uns zuerst zur strahlend weißen, weithin sichtbaren Christusstatue, die dem brasilianischen Cristo Redentor (»Christus, der Erlöser«) auf dem Gipfel des Corcovado hoch über Rio de Janeiro sehr ähnlich ist. Die Statue wurde im August 2009 von der Agrargemeinschaft »Terenbachalm und Liebreich Welle« mit Unterstützung einiger Sponsoren errichtet und eingeweiht. Seitdem wird jedes Jahr am vorletzten Sonntag im August unter den weit ausgebreiteten Armen der Statue eine Bergmesse gefeiert. Von der Christusstatue wandern wir am breiten, lang gezogenen Höhenrücken der Terenbachalm in malerischer Almenlandschaft zum Gipfelkreuz des Terenbachkogels, dessen kleine, aber dennoch ausdrucksstarke Felsschrofen Hochgebirgsformen im Kleinformat signalisieren. Vorbei an der Zeißmannhütte und an der Terenbachhütte geht es dann gemütlich zurück.

Ausgangspunkt: Oskar-Schauer-Haus (Sattelhaus), 1409 m; Anfahrt von Judenburg bzw. Köflach über die B 77 (Gaberlstraße), in Krenhof Abzweigung Richtung Graden bei Köflach, danach links, Hinweistafeln; Parkplatz vorhanden. 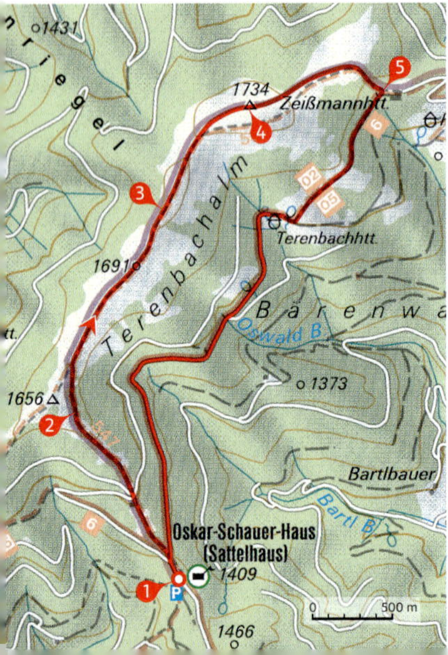
ÖPNV: Keine.
Anforderungen: Forststraßen, mäßig steile Wald- und Wiesenwege, Weidegebiet, Almwege, Höhenwanderung, gut markiert.
Einkehr: Oskar-Schauer-Haus (Sattelhaus), oskar-schauer-haus-sattelhaus.naturfreunde.at, Mai–Oktober, Mo, Di Ruhetag ausgenommen Feiertag.
Karte: f&b WK 132.
Tipp: Verlängerung der Tour um das Stierkreuz, 1485 m, bzw. um Roßbachkogel, 1828 m und Pussorkogel, 1848 m (siehe Tour 53).

Wir parken direkt beim **Oskar-Schauer-Haus** **1**, 1409 m, und gehen von dort neben dem Haus auf der Forststraße bergauf. Schon bald lenkt uns ein Wegweiser nach links zur »Christusstatue« (Weg Nr. 547). Auf schönem Waldsteig kommen wir schließlich zu einer Forststraße und sehen die weiße, mehrere Meter große Statue vor uns. Sie wurde op-

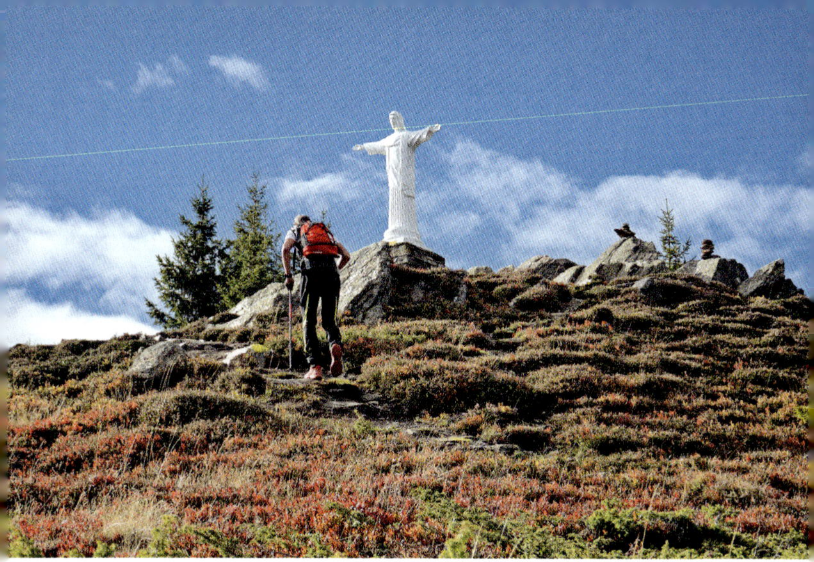

Christusstatue.

tisch perfekt auf einer Ansammlung kleiner Felsen errichtet. Ein schmaler Steig führt durch Schwarz- und Preiselbeerfelder und Wacholder an der **Statue** ❷, 1635 m, vorbei und erreicht danach den baumfreien Höhenrücken der Terenbachalm, über den wir nach rechts (Norden) weitermarschieren.

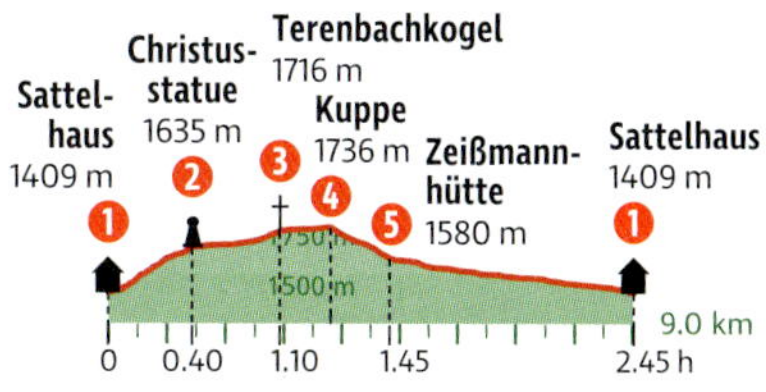

Vor uns sehen wir einen breiten Sattel, hinter dem das Gelände sanft zu den schwach ausgeprägten Gipfelfelsen am Terenbachkogel ansteigt. Im Hintergrund stehen Roßbachkogel und Speikkogel Spalier. Wir wandern über einen Teppich aus Gämsheide und Schiefer gemütlich über die ausgedehnte Almfläche dahin, erreichen den Vorgipfel, 1691 m, mit großem Steinmann und erfreuen uns wenig später an den kleinen, formschönen und mit hellgrünen Flechten überzogenen Gipfelschrofen, die der sonst durchgehend sanften Landschaft einen reizvollen Kontrast verleihen.

Vom schönen **Gipfelkreuz** ❸, 1716 m, aus Holz und Kupfer geht es auf dem Weg Nr. 547 – wahlweise mit oder ohne die unwesentlich höhere, namenlose **Kuppe** ❹, 1736 m, zur **Zeißmannhütte** ❺, 1580 m. Von dort marschieren wir auf dem Weg Nr. 505 zur urigen Terenbachhütte und weiter auf dem Forstweg zurück zum Start beim gastlichen **Oskar-Schauer-Haus** ❶.

↗ 1060 m | ↘ 1060 m | 19.1 km

55 Steinplan, 1670 m

7.00 h

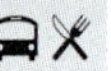

Von Knittelfeld zum Steinplan-Schutzhaus: tolles Panorama!

Der Steinplan bildet den westlichen Abschluss der sanften Gleinalpe. Er ist nur 1670 m hoch, aber der Weg zum Gipfel begeistert, denn viele Wegabschnitte verlaufen am Waldrand und ermöglichen aus diesem Grund eine schöne Aussicht! Zudem überschreiten wir mehrere ausgedehnte Alm- und Wiesenflächen, die uns ein weites, edles Bergpanorama schenken. Am Gipfel werden wir vom Steinplan-Schutzhaus empfangen. Unweit davon steht das Gipfelkreuz, und eine riesige Hochfläche fungiert als natürliche Plattform zur Bewunderung der Aussicht: Das Panorama am Knittelfelder Hausberg umfasst Stubalpe, Koralpe, Karawanken, Zirbitzkogel, Hochalmspitze, Seckauer- und Eisenerzer Alpen, Schöckl, Wildoner Berg und noch viel mehr! Für den Abstieg wählen wir den Aufstiegsweg, da dieser landschaftlich schöner und auch kürzer ist als Weg Nr. 522 über die Forststraße nach Knittelfeld-Gobernitz.

Foto unten: Am lang gezogenen Gipfelplateau des Steinplan.
Rechts: Überraschung – ein mächtiger Felsblock am Weg.

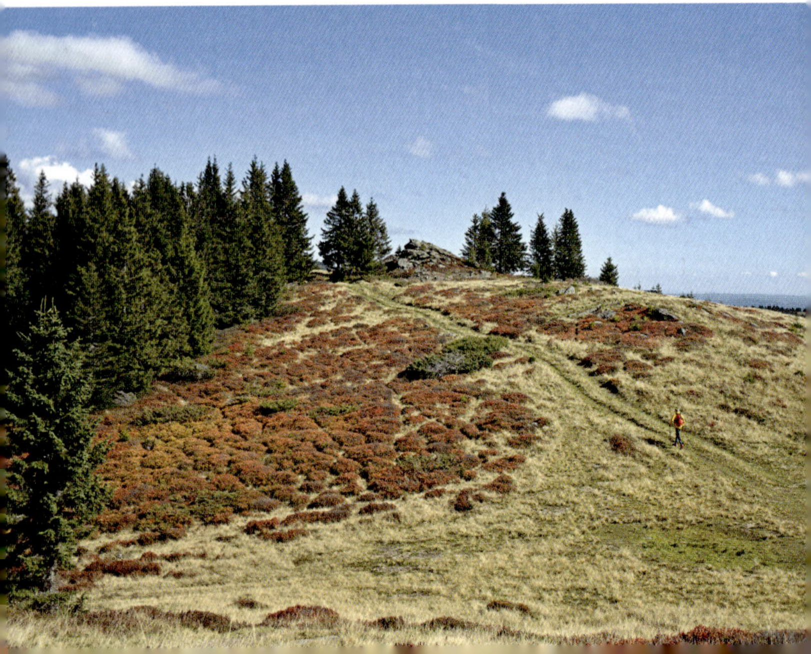

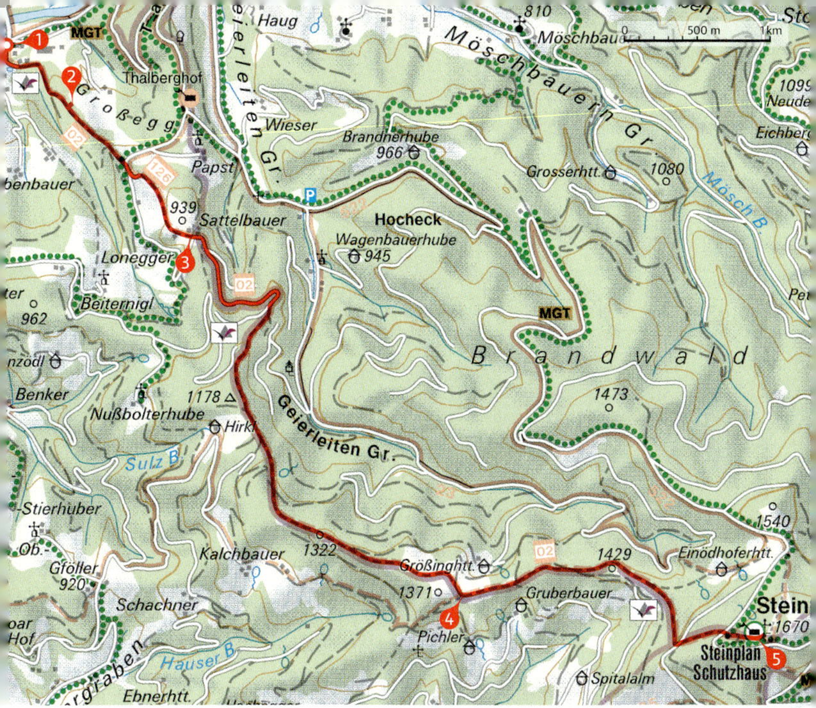

Ausgangspunkt: Gasthaus Hoffelner, 626 m, in Knittelfeld-Landschach; Anfahrt von Bruck an der Mur bzw. Judenburg auf der S 36 (Murtal-Schnellstraße) bis Knittelfeld, von dort auf der L 504 (Stubalpenstraße) bis zur HausNr. 102; Parkplatz vorhanden.
ÖPNV: Verbund Linie 847 (Knittelfeld – Kleinlobming) bis Knittelfeld, Haltestelle Apfelberg Hangweg; ÖBB Bahnhof Knittelfeld.
Anforderungen: Langer Aufstieg durch viele unterschiedliche Waldabschnitte und über ausgedehnte Wiesenflächen.
Einkehr: Gasthaus Hoffelner, Tel. +43 3512 82402; Steinplan-Schutzhaus, Tel. +43 3512 72210, Anfang Mai–Anfang November, Mo Ruhetag.
Karte: f&b WK 212.

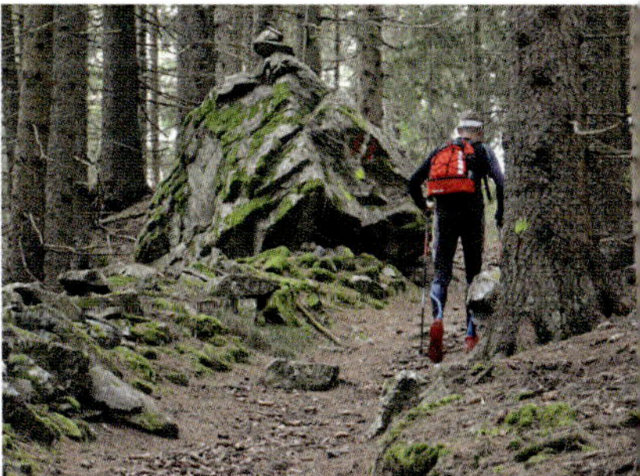

Tipp: Der Steinplan kann auch auf einer kürzeren Route mit Start beim hoch gelegenen Bauernhof Oberkamper, 1210 m, Kleinlobming, bestiegen werden.

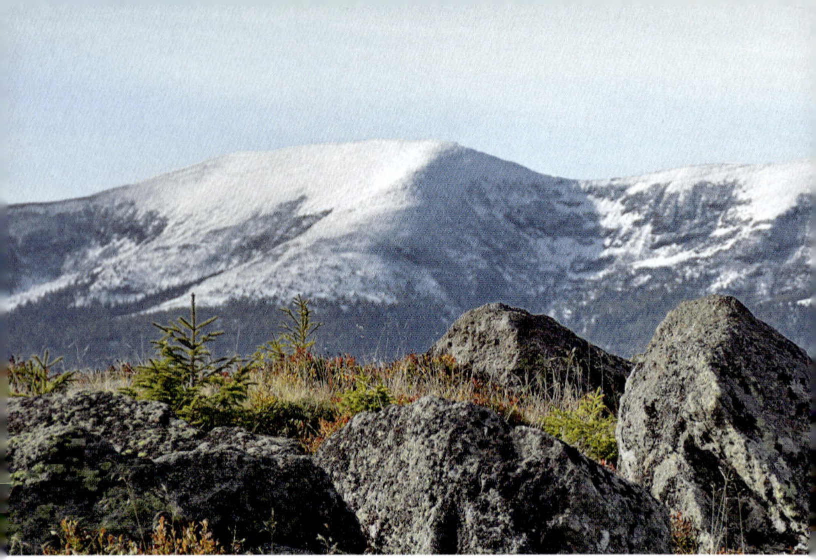

Start zum Aufstieg auf den Knittelfelder Hausberg ist der **Parkplatz** beim **Gasthof Hoffelner** ❶, 626 m. Wir gehen nur ein paar Meter auf der Stubalpenstraße nach Westen und zweigen dann links ab (Wegweiser »Naturfreundehaus Steinplan«). Anfangs identisch mit dem Apfelberger Panoramaweg geht es auf Weg Nr. 02 über die Forststraße bergauf. Bevor wir rechts am Grundstück der auffällig dekorierten Bio-Imkerei vorbeigehen, lohnt der kurze Abstecher von ein paar Metern auf einer Forststraße nach links zur Wiese, um bei der **Panoramatafel** ❷, 821 m, den Blick zu den Seckauer Alpen mitzunehmen.

Bald nach der Bio-Imkerei verlassen wir den Wald und erreichen nach einem lang gezogenen Linksbogen über eine weite, aussichtsreiche Wiese die Gehöftgruppe **Sattelbauer** ❸, 915 m. Von dort auf Fahrweg im lichten

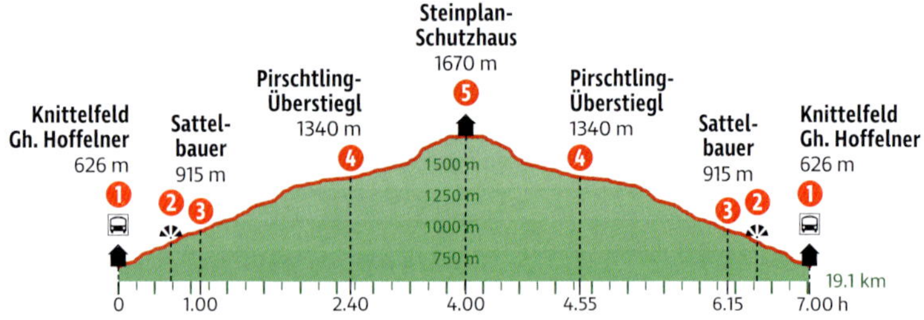

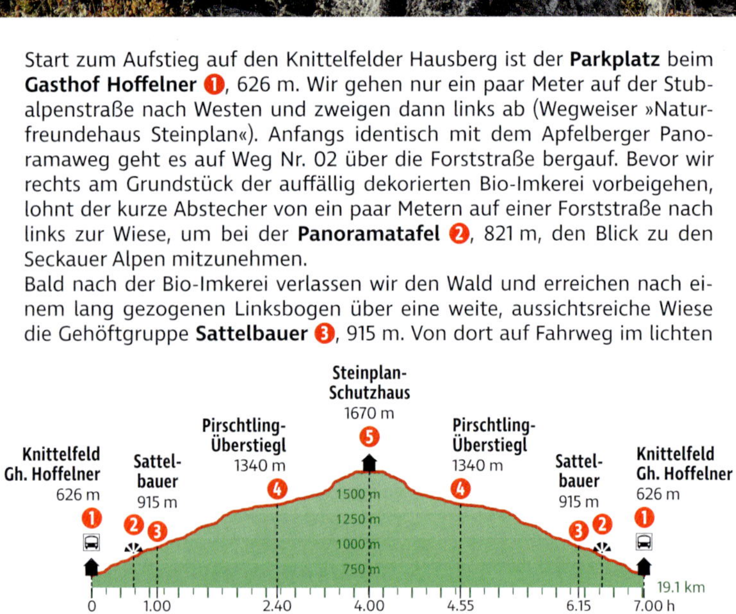

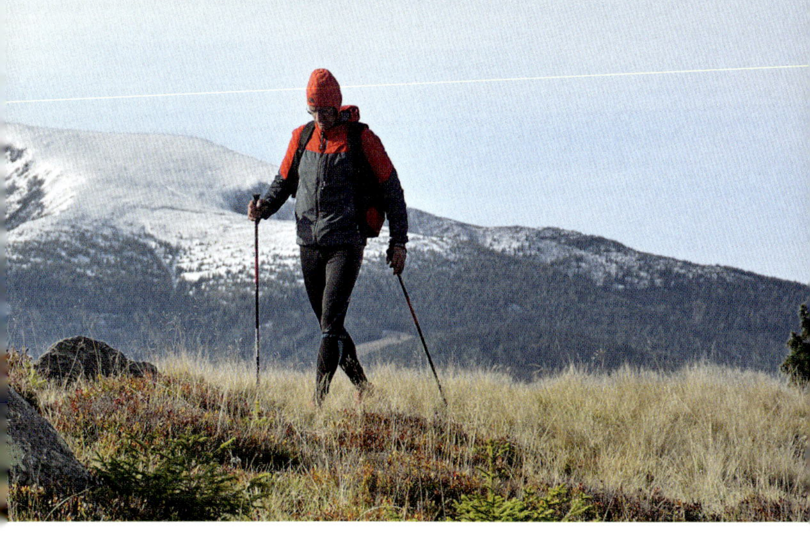

Der Steinplan ist ein fantastischer Aussichtsberg!

Wald bis zum »'s 12er Platzl« (blaues Schild auf Baum), danach entlang der »Via Alpina« aufwärts. Immer wieder freie Blicke ins Murtal und zu den angrenzenden Bergen! Grasüberzogene Forststraßen und Pfade in optisch ganz unterschiedlichen Waldabschnitten wechseln ab, und ein Wegstück fällt durch das Steinmuster auf, auf dem wir gehen. Der Weg am sanften Waldboden tangiert einen opulenten Felsblock und quert zwei weite Wiesenflächen, die ein schönes Panorama vor der Gipfelkuppe des Steinplan mit der kleinen Sendeanlage bieten!
Dann nehmen wir rechts das **Papst-Pirschtling-Überstiegl** 4, 1340 m, wahr, von dort führt Weg Nr. 22 nach Großlobming. Für uns hat nur der Wegweiser »Naturfreundehaus Steinplan« Bedeutung; demgemäß wandern wir geradeaus eben weiter, und noch immer reicht die Aussicht auf unserer linken Seite weit über die Seckauer Alpen mit Seckauer Zinken, Hochreichart und Geierhaupt hinaus!
Zum Schluss unseres Aufstieges durchwandern wir ein schönes Waldstück mit vielen Heidelbeersträuchern, dann öffnet sich das Gelände, und wir sehen das gemütliche **Steinplan-Schutzhaus** aus kurzer Distanz. Neben der **Hütte** 5, 1670 m, steht das Gipfelkreuz; östlich davon schließt eine ausgedehnte freie Hochfläche an, die mit ihrer fotogenen Felsgruppe neugierig macht. Herrliches Bergpanorama!
Der Weg zurück nimmt – mangels noch besserer Alternativen – den gleichen Verlauf.

↗ 600 m | ↘ 600 m | 14.0 km

56 Rappoldkogel, 1928 m

4.45 h

Altes Almhaus, Salzstiegelhaus und ein Finale am Brandkogel

»Über Fels. Trittsicherheit erforderlich.« Diesen Hinweis gibt die Tafel des ÖAV am Beginn der kurzen Felszone im »Südgrat« des Rappoldkogels. Kaum ein anderer markierter Weg im Bereich der Stubalpe hat ein derart alpines Format. Man kann die »alpine Variante« auch auf einem einfachen Normalweg umgehen. Beide Wege führen zum wunderschönen Gipfelkreuz auf der Kuppe des Rappoldkogels; das Panorama ist fulminant. Unsere Wanderung hat aber noch viel mehr zu bieten als eine Kraxelei im untersten Schwierigkeitsgrad. Gleich zu Beginn steigen wir vom Alten Almhaus auf den Wölkerkogel, der in einer Grundstücksparzelle liegt, die dem Malteser Ritterorden gehört. Anstelle eines Kreuzes thront am Gipfel seit 1954 eine weithin sichtbare, drei Meter hohe Madonnenstatue, die auf dem Haupt eine vergoldete Krone trägt und auf die Weststeiermark blickt. In der Region wird die Statue auch gerne als Wölkartmirzl oder Wölkart-Miaz bezeichnet, wobei Mirzl und Miaz mundartliche Varianten des Namens Maria sind. Mit der Weihe der Madonna am 15. August 1954 wurde der Wölkerkogel zum Marienberg der West- und Südsteiermark. Zum Abschluss unserer panoramareichen Rundtour haben wir dann die Möglichkeit, auch noch das Gipfelkreuz des Brandkogels ohne großen Aufwand zu besuchen.

Sonnenaufgang am Wölkerkogel.

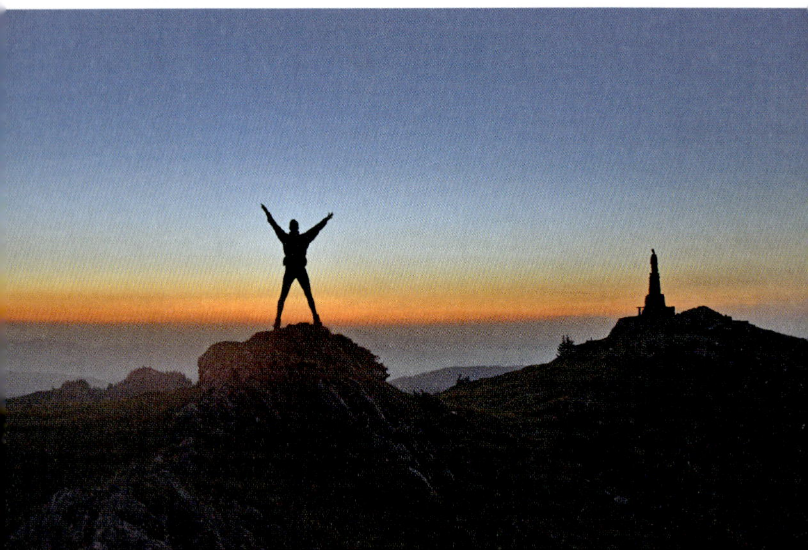

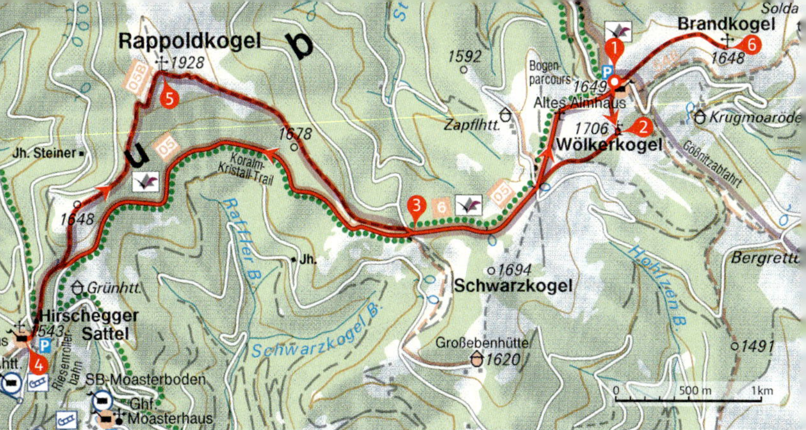

Ausgangspunkt: Gasthaus Altes Almhaus, 1649 m, am gleichnamigen Pass; Zufahrt direkt von der Gaberl-Passhöhe oder über Maria Lankowitz (bei Köflach), Parkplatz vorhanden.
ÖPNV: Keine. VOmobil Halteplatz VO 1902 (Gaberl – Gaberlhaus), 3 km entfernt.
Anforderungen: Forststraßen, (mitunter steile) Bergwege, Weidegebiet, Almwege, im Bereich der Felsen auf der Südwestseite des Rappoldkogel etwas Vorsicht, gut markiert.
Einkehr: Altes Almhaus, altesalmhaus.at; Salzstiegelhaus, salzstiegelhaus.at, Di, Mi Ruhetag.
Karte: f&b WK 212.
Tipp: Sonnenaufgang am Wölkerkogel!

Der Sattel beim **Alten Almhaus** ❶, 1649 m, bildete von der Römerzeit bis zum Bau der Straße über das Gaberl den wichtigsten Handelsübergang auf der Stubalpe. Von diesem geschichtsträchtigen Ort aus steigen wir in direkter Linie über die kurzrasige Almweide unmarkiert in wenigen Minuten zur Statue am **Wölkerkogel** ❷, 1706 m, hinauf, und gehen danach rechts hinunter, bis wir auf die Forststraße (bei einem Wassertrog) gelangen, der wir bis zur Wegteilung beim **Gerti-Thörl** (Durchlass durch den Weidezaun), ❸, 1573 m, folgen.

Wir bleiben links (am rechten Weg steigen wir später vom Rappoldkogel ab) und folgen dem (flachen) Forstweg Nr. 505 bis zum Salzstiegelhaus am

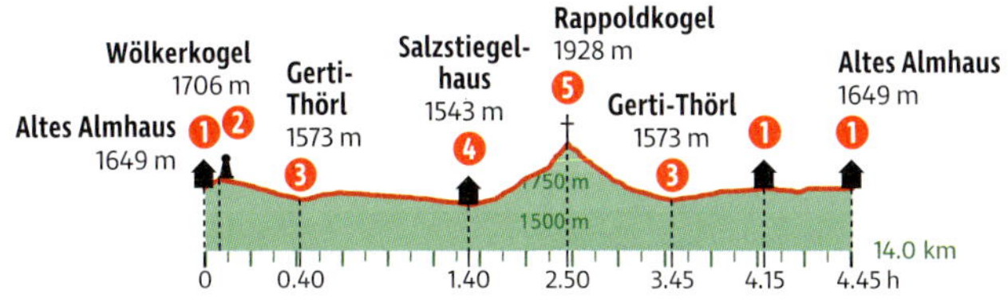

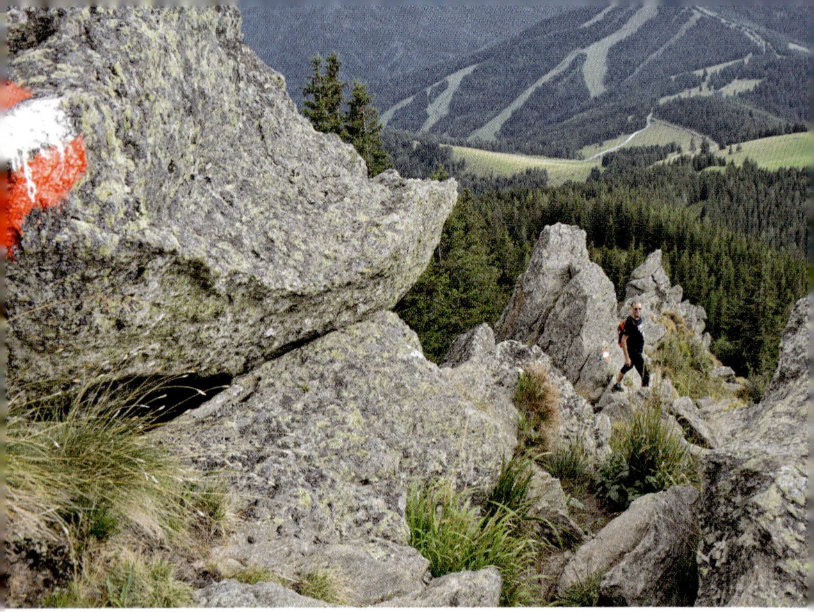

Foto oben: Am »Südgrat« des Rappoldkogels.

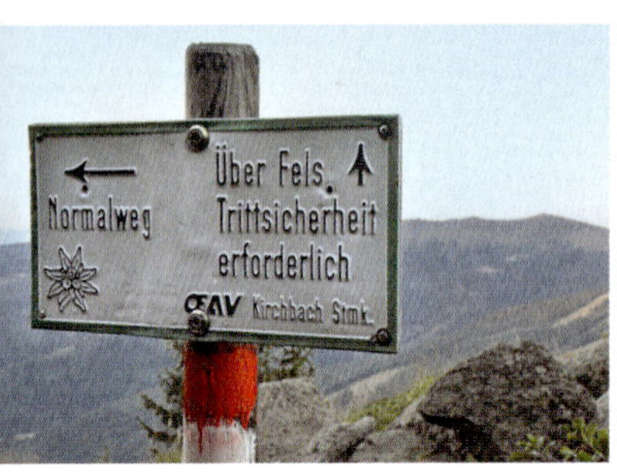

Hirschegger Sattel, oder wir zweigen kurz davor rechts in die Aufstiegsroute zum Rappoldkogel ab.
Spätestens beim **Salzstiegelhaus** ❹, 1543 m, beginnt der Aufstieg auf den Rappoldkogel (Weg Nr. 505B), und wir können uns im steilen Gelände entscheiden, ob wir links am Grat (schwieriger) oder ein paar Meter rechts davon (Normalweg) empor wollen. Beide Wege vereinen sich knapp unter dem Gipfel. Am höchsten Punkt des **Rappoldkogels** steht ein schönes **Gipfelkreuz** ❺, 1928 m; edle Aussicht (auch ein beliebter Berg, um den Sonnenaufgang zu beobachten!).
Dem Wegweiser »Altes Almhaus« folgend steigen wir auf der Ostseite des Rappoldkogels zum **Gerti-Thörl** ❸ ab und marschieren auf bekanntem Weg zurück zur **Passhöhe** ❶; dort haben wir noch die Möglichkeit, einen Abstecher zum **Brandkogel** ❻, 1648 m, in unsere Tour einzubauen; großes Gipfelkreuz!

↗ 2080 m | ↘ 2050 m | 45.8 km

TOP

2 Tage

In zwei Tagen über die Stubalpe, 2187 m

57

Ästhetische Almen: Ameringkogel, Moasterhaus, Peterer Riegel

Wir wandern in Kärnten los, wechseln am Peterer Sattel in die Steiermark und besteigen nach der Weißensteinhütte mit Weißenstein, Ameringkogel, Größenberg und Hofalmkogel alle vier Zweitausender der Stubalpe! Der Speikkogel, dem sieben Meter zur magischen Zahl fehlen, bildet den Abschluss der traumhaften Höhenwanderung über die rundlichen, sanft wirkenden Kuppen und Bergrücken, die wir im Almgasthaus Moasterhaus gemütlich ausklingen lassen können. Nach variantenreichem Frühstückbuffet bringt uns das hauseigene Taxi am zweiten Tag zum hoch gelegenen Gehöft Hansbauer, von wo aus wir rasch zur Bernsteinhütte aufsteigen. Dann setzt sich die ungemein aussichtsreiche Route über die hohen Almen fort. Landschaftlicher Höhepunkt ist der unschwierige Blockgrat zum Gipfelkreuz der Sankt Leonharder Alm. Beim Abstieg vom Peterer Riegel verlassen wir die Steiermark wieder und wandern mit einem Gepäck voll großartiger Erinnerungen bergab zum Start der Tour.

Gipfelkreuz am Speikkogel, im Hintergrund der Peterer Riegel.

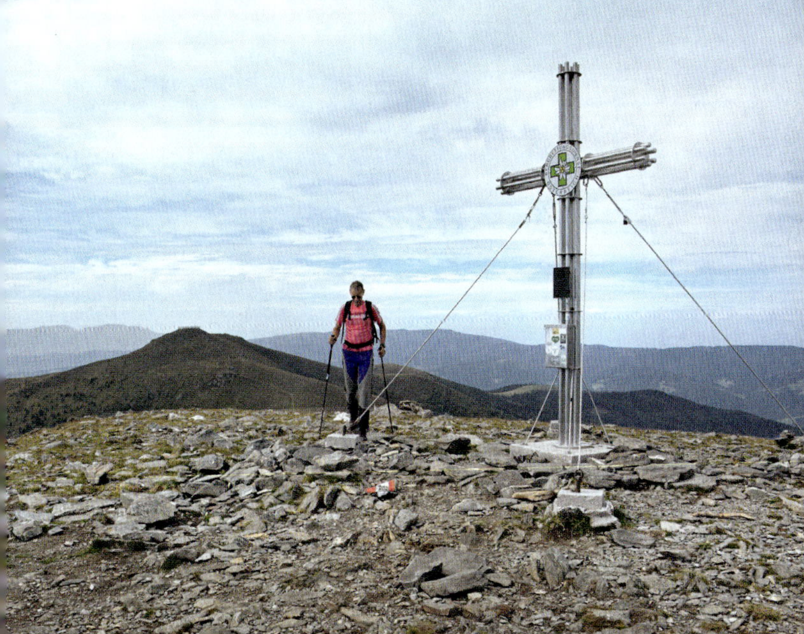

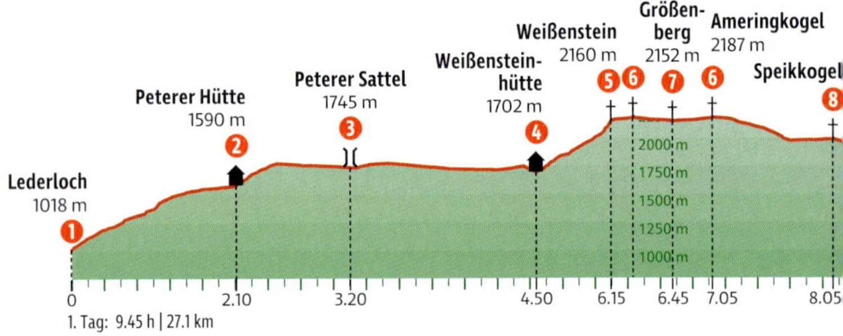

Ausgangspunkt: Wegweiser »Peterer Alm (Weg Nr. 539)«, 1018 m, am Straßenrand in der sehr kleinen Ortschaft Lederloch (Gemeinde St. Peter im Lavanttal), 150 m südlich vom Anwesen Lotscher (Hausnummer 28); Zufahrt: Auf der B 78 (Obdacher Straße) zum Südrand von Reichenfels, dort Tankstelle und gegenüber Abzweigung »Höllgraben, Kelzerquelle, 1,8 km«. Im Höllgraben 3 km bergauf, bei einer Kreuzung rechts und noch 800 m, am Gehöft Lotscher vorbei; eingeschränkte Parkmöglichkeit.
ÖPNV: Keine.
Anforderungen: Forststraßen, (mitunter steile) Bergwege, Weidegebiet, Almwege, gut markiert und auch in den unmarkierten Abschnitten aufgrund des übersichtlichen Geländes problemlose Orientierung.
Einkehr: Peterer Hütte, Tel. +43 650 5407181, geöffnet 1.6.–15.9.; Weißensteinhütte, Tel. +43 664 2439459, 1.6.–15.9.; Gasthaus Moasterhaus, salzstiegl.at; Bernsteinhütte, Tel. +43 676 6851267, Anfang Juni–Ende Sept., Mo Ruhetag.
Karten: f&b WK 212, 132.
Tipp: Zufahrt über Reichenfels und St. Peter im Lavanttal bis zur Peterer Hütte, 1590 m, möglich, Parkplatz vorhanden.

Am zweiten Tag: Links des Grenzzaunes befindet sich der Gipfel der Sankt Leonharder Alm, in der Bildmitte der Ameringkogel.

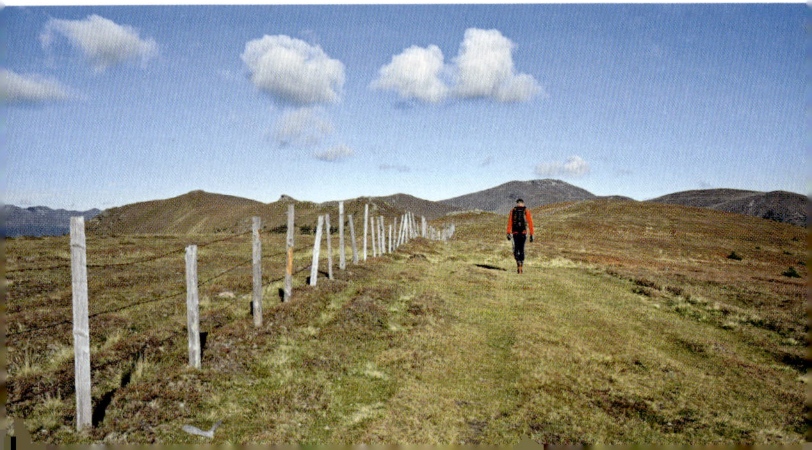

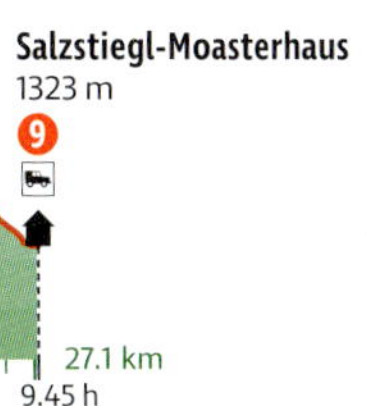

1. Tag: Lederloch – Salzstiegl-Moasterhaus

150 m südlich des Anwesens Lotscher steht ein **Wegweiser** ❶, 1018 m, der uns in einen Weidehang Richtung »Peterer Alm« bergwärts leitet. Der Wiese folgt ein Waldweg, später eine Forststraße. Die Straße führt uns um den Berg namens Jaukenschlössl, 1421 m, herum, dann zweigt der markierte Weg erneut zu einem Steig (Kärntner Grenzweg) ab, über den wir – landschaftlich schön – die **Peterer Hütte** ❷, 1590 m, erreichen. Nun auf Weg Nr. 13 Richtung »Salzstiegl« bis zum **Peterer Sattel** ❸, 1745 m; dort folgen wir dem Wegweiser auf Weg Nr. 521 zur Weißensteinhütte.

Unterhalb von Speikkogel und Hofalmkogel geht es leicht fallend an der Hofhütte, 1746 m, vorbei, danach zur Sturmerhütte (Jagdhütte), 1726 m. Auf der Melcheben erreichen wir eine kleine Lichtung, dort Abzweigung (Wegtafel) nach rechts zu Ameringkogel und Weißenstein. Mit oder ohne Abstecher zur nahen **Weißensteinhütte** ❹, 1702 m, geht es auf Weg Nr. 521A bis zur nahen Abzweigung zum »Weissenstein«, dort links und dann über den breiten, freien Südwestrücken auf den **Weißenstein** ❺, 2160 m, der als flache Graskuppe lediglich eine Schulter des Ameringkogels ist, und wo wir auf Weg Nr. 520 stoßen.

Wir gehen links über den Kammweg zum Gipfelkreuz des **Ameringkogels** ❻, 2187 m, und weiter zum **Größenberg** ❼, 2152 m; danach auf gleichem Weg zurück zum **Weißenstein** ❺. In der Folge bleiben wir auf Weg Nr. 520 und peilen die beiden nächsten Gipfel an, die leicht links von uns liegen: Hofalmkogel, 2040 m, und **Speikkogel** ❽, 1993 m.

Vom Gipfelkreuz des Letztgenannten steigen wir neben dem Zaun zum künstlich angelegten Almsee, 1710 m, beim Windrad auf der Rosseben ab. Danach bleiben wir 370 m – bis zur Lift-Bergstation – am Weg zum Salzstiegelhaus, schwenken dort nach rechts zur Skipiste und gelangen über sie (steil bergab) zur Lift-Talstation.

Ab dort über die Rodelbahn direkt zum **Moasterhaus** ❾, 1323 m.

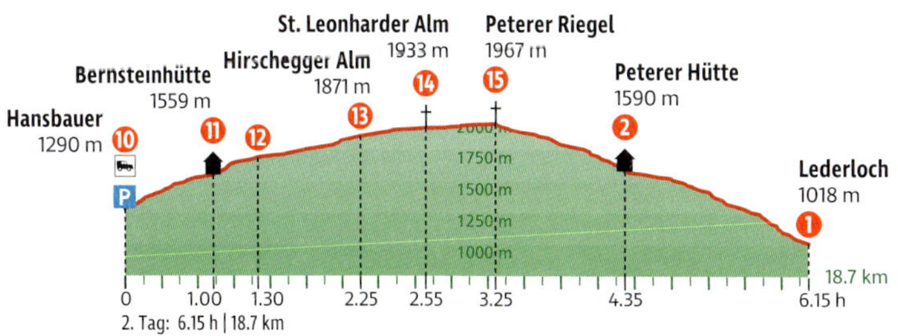

2. Tag: (Salzstiegl-Moasterhaus) – Hansbauer – Lederloch

Das hauseigene Taxi bringt uns über Hirschegg zum **Gehöft Hansbauer** ⑩, 1290 m; ein hoch gelegener Ausgangspunkt! Von dort geht es auf dem gut markierten Weg Nr. 41 zuerst noch ein kurzes Stück auf der Forststraße, da-

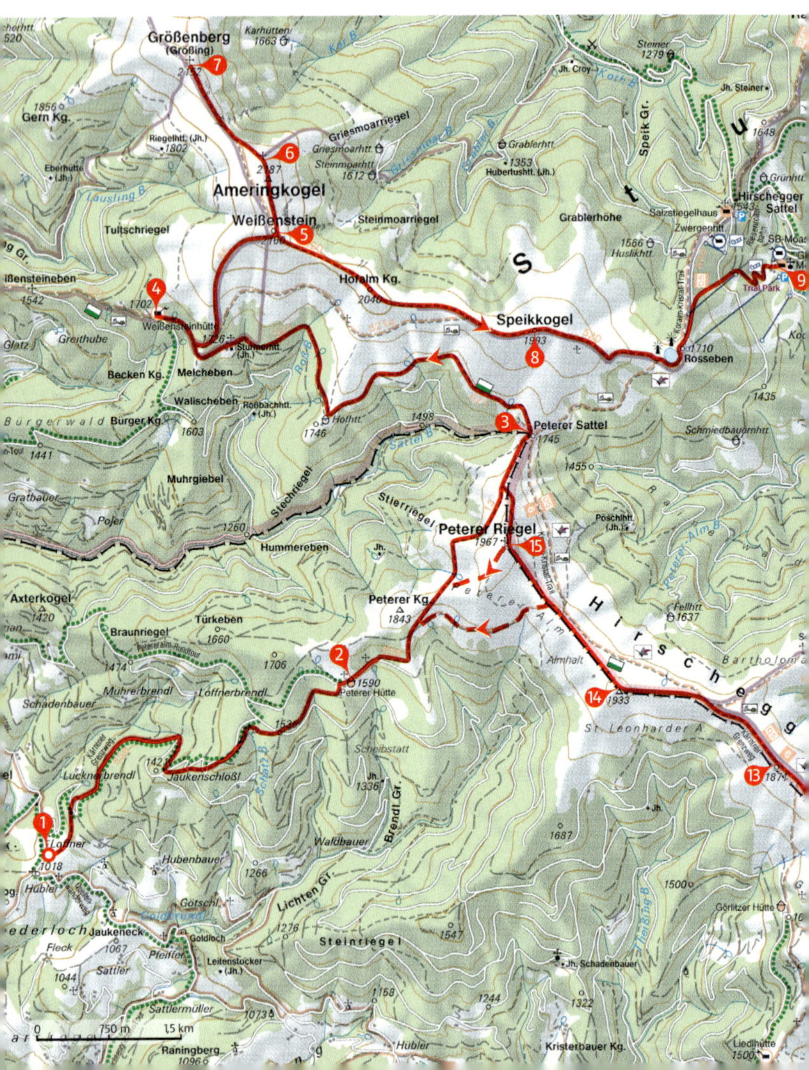

nach durch schöne Waldabschnitte zu einer großen Lichtung mit kleinen Felsformationen (»Öfen«). Gleich danach taucht rechts die **Bernsteinhütte** 11, 1559 m, auf. Wir wandern nun auf Weg Nr. 45 stets bergauf und nähern uns den **»7 Heufuhren«** 12, 1696 m; diese eigenwillig in der sanften Almlandschaft liegenden Felsöfen, die mit Flechten, Wacholder und kleinen Fichten bewachsen sind, geben der Gegend einen speziellen Charme.

Auf der Hirschegger Alm (Wegweiser) zweigen wir nicht (!) nach rechts zur Saureishütte ab, sondern wandern geradeaus weiter; der Weidezaun an der Grenze zwischen der Steiermark und Kärnten bleibt immer in unserer Nähe. In äußert sympathischem Almgebiet mit traumhaften Ausblicken ins Lavanttal und in die Lipizzanerheimat erreichen wir den Gipfel der **Hirschegger Alm** 13, 1871 m, und später die Kreuzung mit Weg Nr. 540, dort Wegweiser (»Saureishütte/Hirschegg«).

Beim Wegweiser verlassen wir den markierten Weg zum »Peterer Sattel« (könnten ihm aber auch folgen) und steigen links auf den Grat hinauf; dort halten wir uns rechts und gehen am (unmarkierten) Steig weiter, der direkt über den eindrucksvollen felsdurchzogenen Kamm verläuft. Immer dicht am Zaun und später an der »Goldgrube« vorbei erreichen wir die Gipfelfelsen der **Sankt Leonharder Alm** mit dem kleinen **Gipfelkreuz** 14, 1933 m. Auch beim Abstieg von der Sankt Leonharder Alm bleiben wir nahe am Zaun und gelangen in eine Senke; aus ihr in direkter Linie (unmarkiert neben dem Zaun) empor zum schönen Gipfelkreuz des **Peterer Riegels** 15, 1967 m. Umgeben von silbrig schimmernden Steinplatten, die von hellgrünen Flechten überzogen sind, haben wir hier noch einmal eine faszinierende Rundumsicht, und die Almen präsentieren sich in perfekter Form.

Für den Abstieg zur **Peterer Hütte** 2, 1590 m, bieten sich mehrere Möglichkeiten an: 1. Richtung Peterer Sattel und beim Erreichen von Weg Nr. 13 links zur Peterer Hütte: 2. zurück nach Südosten in den Senke und den Wegweisern folgend zur Peterer Hütte: 3. direkt nach Südwesten zu Weg Nr. 13 absteigen. Von der Peterer Hütte nach **Lederloch** 8.

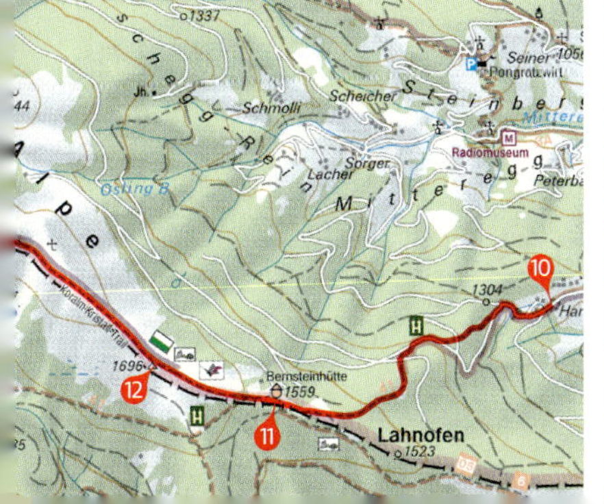

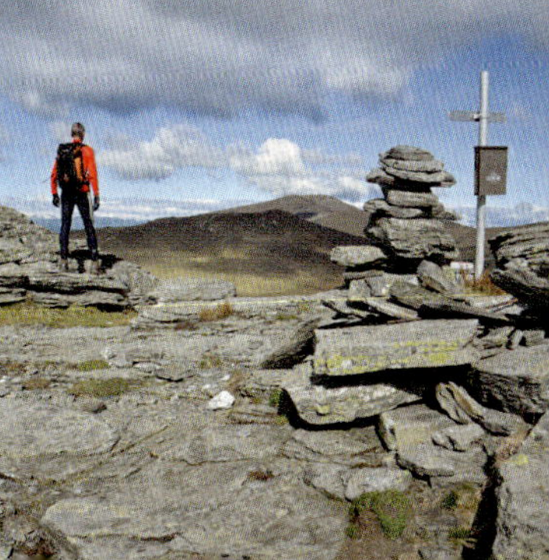

Blick von der Sankt Leonharder Alm über den Peterer Riegel hinweg zum Ameringkogel.

↗ 680 m | ↘ 680 m | 23.6 km

58 Sankt Leonharder Alm, 1933 m

7.00 h

Knödelhütte, Schieflinger Kreuz und ein Blockgrat

Almen, so weit das Auge reicht – so könnte man diese Tour zusammenfassen. Dabei muss in Erinnerung gerufen werden, dass die Almflächen, wie wir sie kennen, Resultate jahrhundertelanger Nutzung sind; sie wurden der Natur entlehnt und nach eigenem Ermessen geformt. Ohne Almwirtschaft würde sich die Natur diese Flächen wieder zurückholen und sie mit Wald, Krummholz, Grün-Erlen und Latschen bedecken. Das soll uns bewusst sein, wenn wir über die hohen Almen zwischen Knödelhütte, Bernsteinhütte, Saureishütte, Görlitzer Hütte, Liedlhütte, Schrottalm-Hütte und Unterauerlinger Hütte wandern. Wie dominant Almen unsere Rundwanderung beherrschen, kommt auch in den Namen der beiden Gipfel, die wir besteigen, zum Ausdruck, da dafür keine unmissverständlicheren als »Hirschegger Alm« und »Sankt Leonharder Alm« auserkoren wurden!

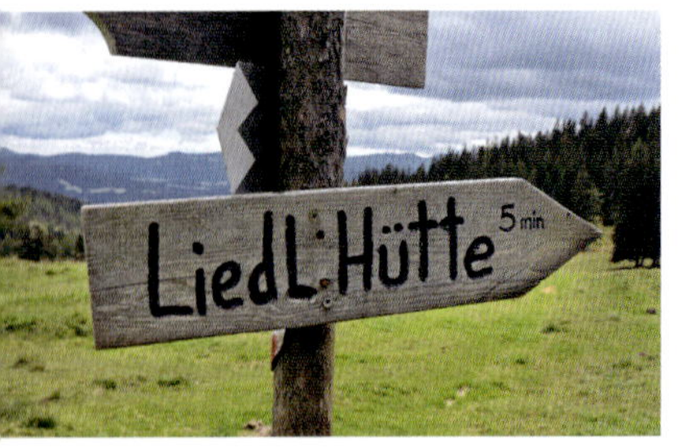

Ausgangspunkt: Knödelhütte, 1409 m; Zufahrt ab Packsattel beschriftet, Parkplatz vorhanden (Gebühr 2 Euro).
ÖPNV: Keine.
Anforderungen: Forststraßen, Bergwege, Weidegebiet, Almwege, gut markiert bzw. auch im unmarkierten Abschnitt über den Blockgrat zur Sankt Leonharder Alm aufgrund des übersichtlichen Geländes problemlose Orientierung; Höhenwanderung.
Einkehr: Knödelhütte, Tel. +43 664 2449643; Bernsteinhütte, Tel. +43 676 6851267, Anfang Juni–Ende September, Mo Ruhetag; Saureishütte, Tel. +43 664 3575940, 1.6.–20.9., Mo Ruhetag; Görlitzer Hütte, Tel. +43 664 73464351, 1.6.–Ende September; Liedlhütte, Tel. +43 676 704 3650; Schrottalm-Hütte, Tel. +43 664 9746784, 1.6.–30.9., Mo Ruhetag; Unterauerlinger Hütte, Tel. +43 664 2810451, 1.6.–1.10., Mo Ruhetag.
Karte: f&b WK 132.
Tipp: Entspannen und auf einer der Hütten übernachten!

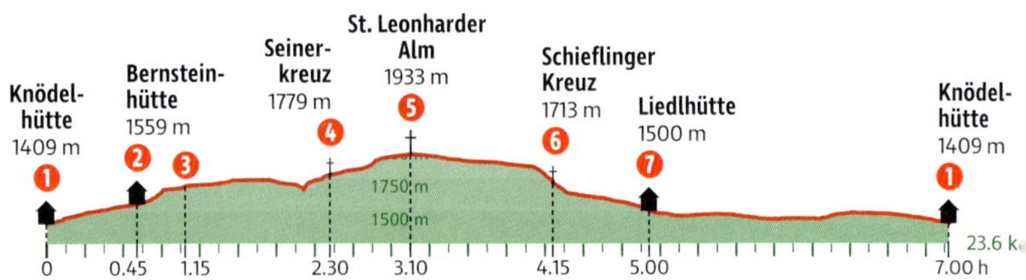

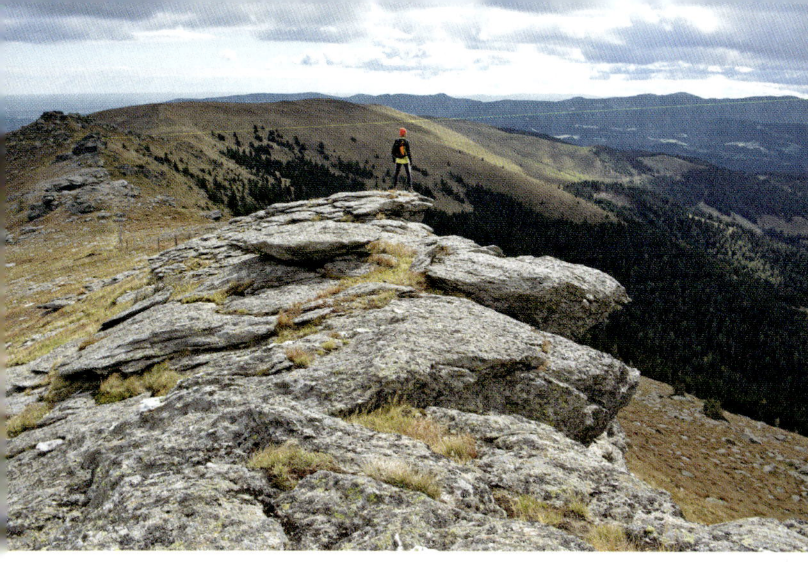

Am unschwierigen Blockgrat südöstlich des Gipfels der Sankt Leonharder Alm mit Blick nach Süden.

Von der **Knödelhütte** ❶, 1409 m, folgen wir den Wegweisern zur »Bernsteinhütte« (Weg Nr. 505) und queren gleich nach dem Zaundurchgang über die erste Alm. Begeisterung! Nach dem Waldstück beim Lahnofen, 1523 m, gelangen wir zur nächsten ausgedehnten Bergwiese, an deren Rand die **Bernsteinhütte** ❷, 1559 m, liegt. Wir steigen am Waldrand über Weg Nr. 505 sanft an Höhe gewinnend auf, gelangen auf die lang gezogene Hirschegger Alm und marschieren an den markant aus der blockfreien Umgebung herausragenden Gesteinsformen **»7 Heufuhren«** ❸, 1696 m, vorbei.
Die Abzweigung beim Wegweiser, 1755 m, nach rechts zur Saureishütte beachtend erreichen wir später die etwas tiefer gelegene Hütte, 1655 m, nach einer aussichtsreichen Querung unter dem Gipfel der Hirschegger Alm und steigen von dort zum **Seinerkreuz** ❹, 1779 m, hinauf; es wurde 1949 auf einer Felsansammlung in traumhafter Lage (!) zum Gedenken an die Gefallenen beider Weltkriege errichtet und 2006 erneuert.
Wir verlassen den von flachen Almmatten bedeckten, faszinierenden Platz auf Weg Nr. 540 bleibend, überqueren die Bartholomäalpe, haben großartige Ausblicke zu Ameringkogel und Rappoldkogel und stoßen im oberen Hangbereich auf Weg Nr. 505 (Pack – Salzstiegl); dort Wegweiser. Hier trennen wir uns von den Markierungen, und steigen direkt zum Höhenrücken auf. Dort sehen wir einen Steig, über den wir rechts den gesamten

felsdurchzogenen Grat in aussichtsreicher Höhenwanderung, immer dicht am Zaun entlang und an der »Goldgrube« vorbei, bis zum Gipfelkreuz der **Sankt Leonharder Alm** 5, 1933 m, überschreiten, das eine attraktive Felsansammlung ziert! Fantastische Aussicht!
Wir verlassen die Gipfelfelsen und wählen die kürzeste Linie, um wieder auf den gut sichtbaren nahen Weg Nr. 505 zu gelangen, auf dem wir rechts Richtung Pack weiterwandern und bald den Gipfel der Hirschegger Alm, 1871 m, überqueren. Alle Holzpfeile zur »Görlitzer Hütte« werden mit Ausnahme jenes bei der Kreuzung mit Weg Nr. 540, der von der »Saureishütte« kommt (Wegweiser), ignoriert; diese Abzweigung nun aber beachtend steigen wir (neben dem Zaun) nach rechts zum auffälligen **Schieflinger Kreuz** 6, 1713 m, bei den Kollmannsöfen, hinunter, von wo es gut beschildert zur

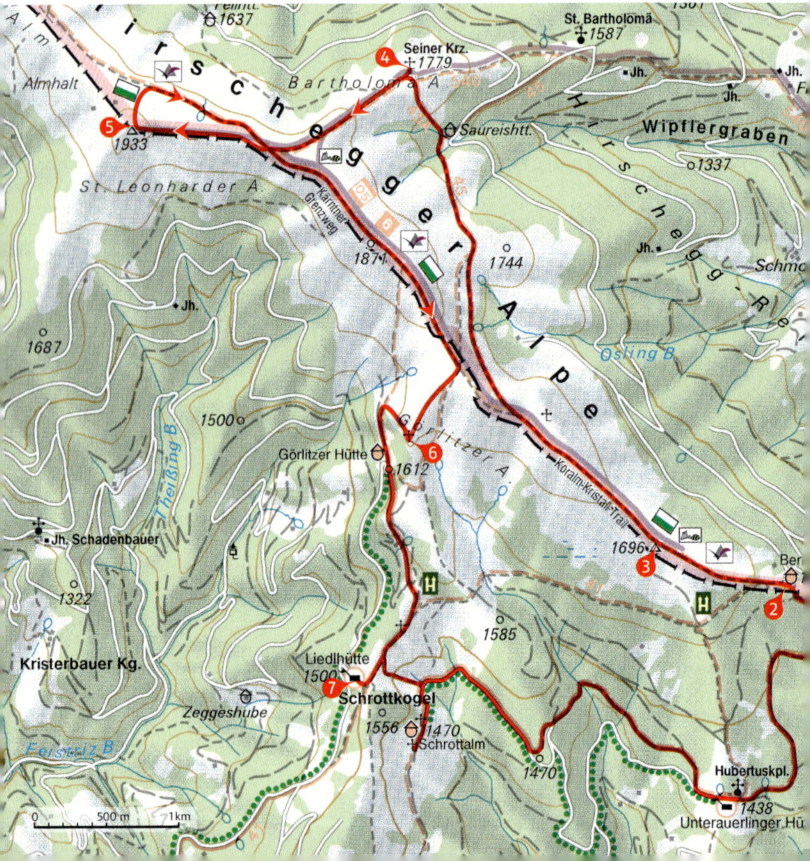

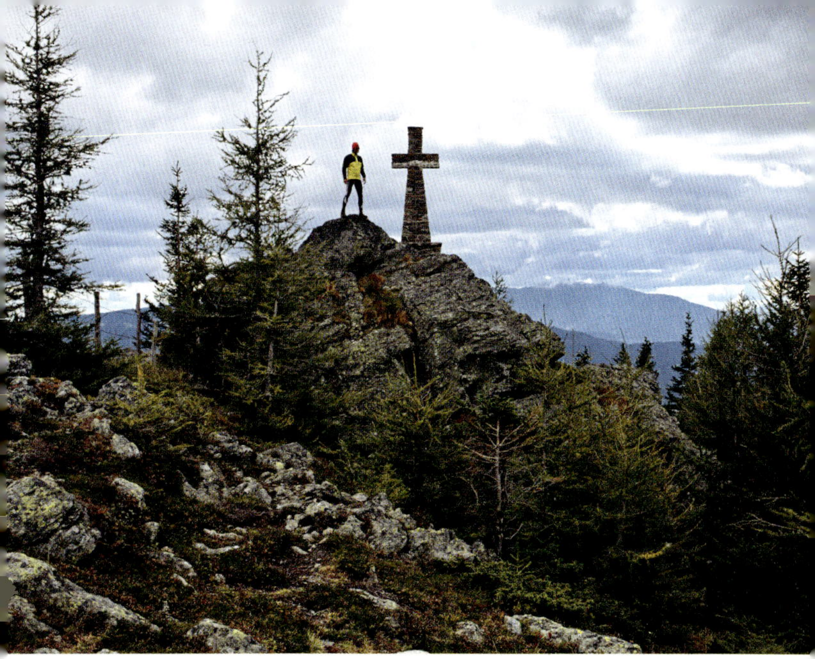

Blickfang Schieflinger Kreuz.

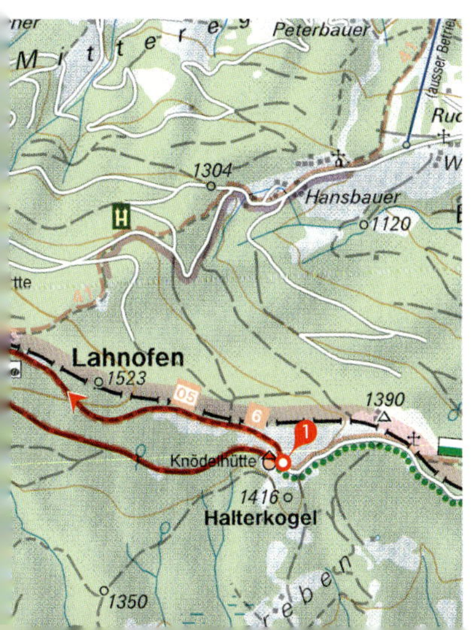

Görlitzer Hütte, 1612 m, geht und von dort auf Weg Nr. 538 Richtung »Schrottalm«.

Ein schöner Wiesenweg führt an einer Almhütte vorbei, nach der wir die ausgedehnte Weidefläche beim Schrottalmkreuz (Wallfahrtskreuz) queren und dann einen Kurzabstecher zur **Liedlhütte** 7, 1500 m, machen. Wieder zurück am Hauptweg ist die nahe Schrottalm-Hütte, 1470 m, unser nächstes Ziel: Beim Erreichen der Forststraße kurz nach rechts. Bei der Schrottalm-Hütte drehen wir um und folgen dem markierten Weg über die Unterauerlinger Hütte, 1438 m, zurück zur **Knödelhütte** 1.

TOP

↗ 780 m | ↘ 780 m | 11.1 km

59 Zirbitzkogel, 2396 m

4.45 h

Ganz hoch: Winterleitenhütte, Kreiskogel, Scharfes Eck

Der sehr quellenreiche Gebirgsstock der Seetaler Alpen, deren höchste Erhebung der Zirbitzkogel ist, hat eine isolierte Stellung zwischen dem Steirischen Randgebirge und den Gurktaler Alpen (Grebenzen) einerseits und den südlichen Ausläufern der Niederen Tauern (Murberge) andererseits. Der Hochgebirgsstock ist – bedingt durch Exposition und Windrichtung – vor allem auf der Ostseite felsig und mit großen Karen versehen. Wir besteigen den Zirbitzkogel von der Winterleitenhütte aus über einen eindrucksvoll geformten Rücken, aus dem der Kreiskogel und das Scharfe Eck steil herausragen. Nur 20 Meter unterhalb des Zirbitzkogels liegt das Zirbitzkogel-Schutzhaus, offiziell als Helmut-Erd-Schutzhaus bezeichnet; es wurde 1870 eröffnet und ist die älteste und eine der höchstgelegenen Schutzhütten der Steiermark. Die Richtfunkstation am Scharfen Eck, die wir aus verschiedenen Richtungen sehen, dient unter anderem der Signalzubringung von der militärischen Radarstation auf der Koralpe zur Überwachungsstation der militärischen Luftraumüberwachung bei St. Johann im Pongau. Übrigens: Der Name Zirbitzkogel leitet sich nicht, wie vielfach angenommen wird, von den im Gebiet stellenweise bestandsbildenden Zirben ab, sondern vom slowenischen »zirbiza«, das mit »Rote Alm« übersetzt werden kann und auf die häufig vorkommende Rostblättrige Alpenrose (Almrausch) hinweist.

Im Hintergrund der Kreiskogel.

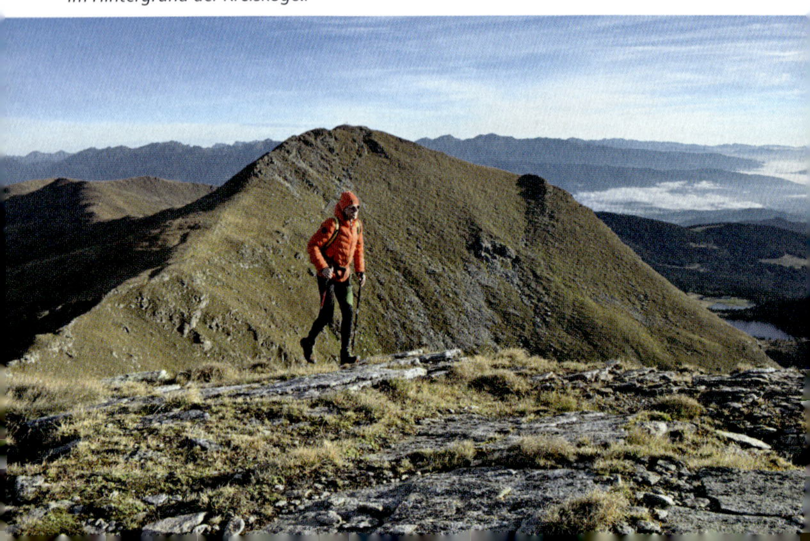

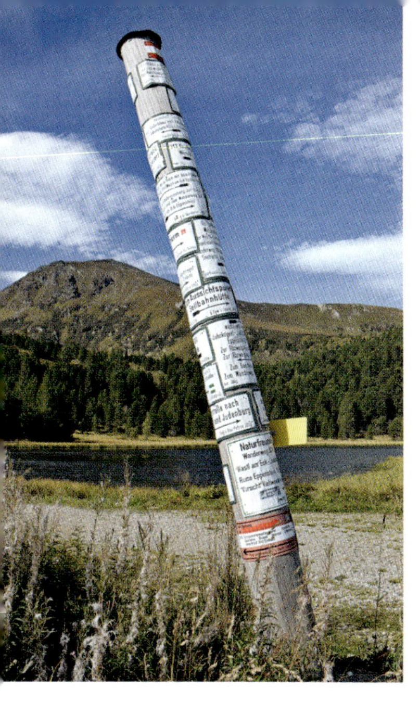

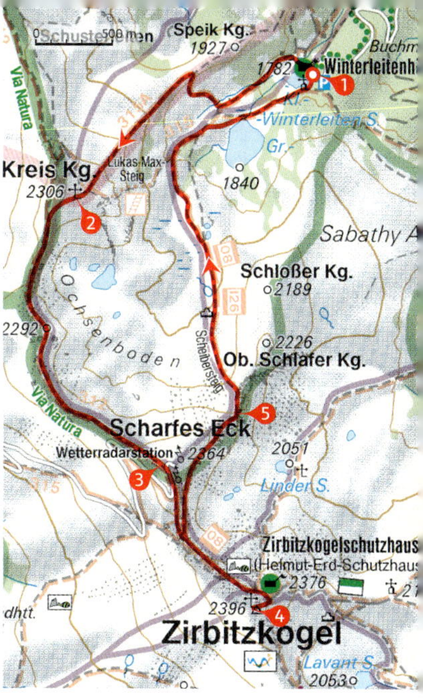

Ausgangspunkt: Winterleitenhütte, 1782 m; Zufahrt von Judenburg über den Truppenübungsplatz Seetaler Alpe und Schmelz, Parkplatz vorhanden.
ÖPNV: Keine.
Anforderungen: Bergwege, Kammüberschreitung; der Pfad durch das Blockgestein im Bereich des Kreiskogels verlangt etwas Vorsicht; gut markiert.
Einkehr: Winterleitenhütte, winterleiten.com, Di Ruhetag, im April und November geschlossen; Zirbitzkogel-Schutzhaus, zirbitzkogel.at, Anfang Juni bis ca. Ende September.
Karte: f&b WK 212.
Tipps: 1. Lukas-Max-Klettersteig D, Variante D/E, auf den Kreiskogel.
2. Kürzerer Aufstieg zum Zirbitzkogel ab der östlich gelegenen Waldheimhütte, 1614 m.

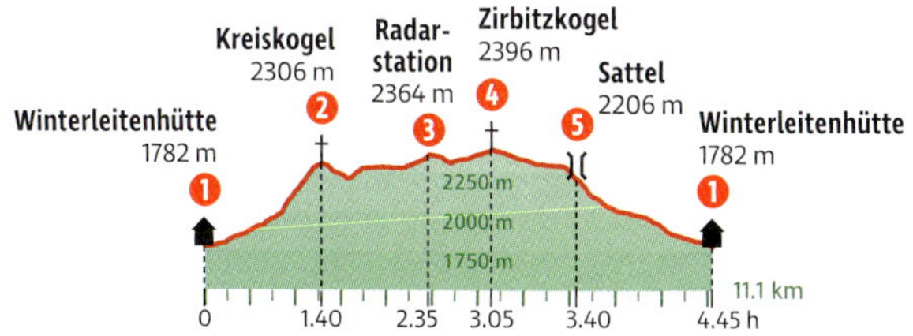

Wir gehen vom **Parkplatz 1**, 1782 m, an der rechten Seite der Winterleitenhütte vorbei, schwenken dann nach rechts zur Holzbrücke über den Bach (rechts) und marschieren beim Wegweiser Richtung »Zirbitzkogel« (Weg Nr. 08/315). Nach der Seiser Hütte (Holzhütte) müssen wir erneut rechts Richtung »Kreiskogel-Einmündung Weg 312« abbiegen. Am Bergrücken angekommen warnt eine Tafel vor dem »Militärischen Sperrgebiet«. Wir steigen links – panoramareich und intensiv markiert – zum **»Kreiskogel«** (Wegweiser) auf; im Gipfelbereich kurz Blockgestein und das **Gipfelkreuz 2**, 2306 m.

Der weitere Verlauf der Route ist eindeutig: Hoch über Ochsenlacke und Ochsenboden geht es bis zum Scharfen Eck (Radaranlage). Das ist eine faszinierende Höhenwanderung auf hochalpinen Wiesen mit großartiger Aussicht! Der Blick über die Seenlandschaft hinweg zur Winterleitenhütte steht im schönen Kontrast zum Kreiskogel, der sich beim Zurückschauen in einem sehr alpinen Format präsentiert. Die **Radarstation** am **Scharfen Eck 3**, 2364 m, bleibt links außen. Wir folgen hier dem Wegweiser zum »Zir-

Das Zirbitzkogel-Schutzhaus ist nur wenige Meter vom Gipfel des Zirbitzkogels entfernt.

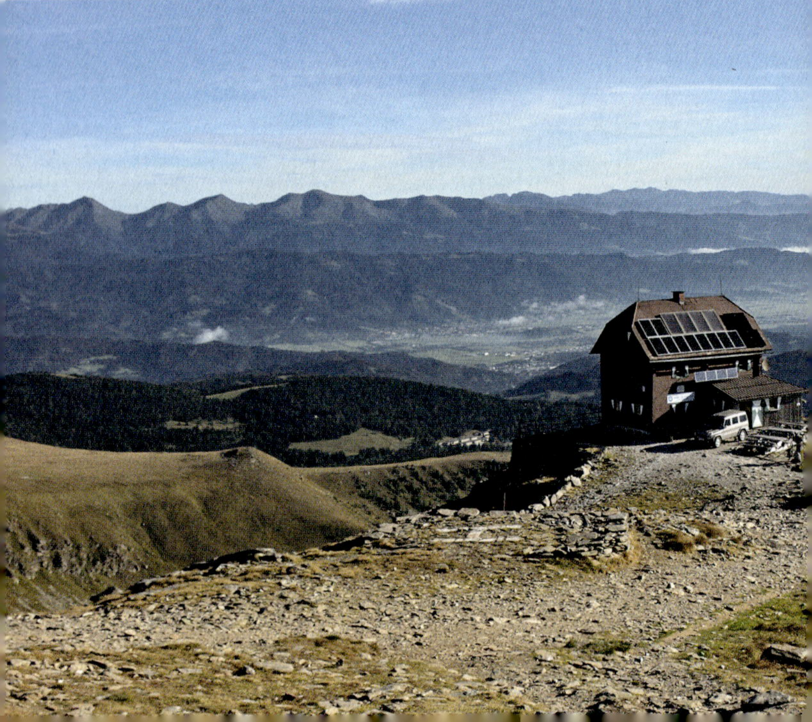

bitzkogel/Zirbitzkogel Hütte« und sehen dieses Paar wenig später, denn die **Hütte**, 2376 m, steht nur knapp unter dem Gipfel; der Weg dorthin ist einfach. Am Gipfel des **Zirbitzkogels** ❹, 2396 m, hilft die steinerne Orientierungsplatte bei der Bergrundschau, und die kleine Kapelle lässt uns der Mitglieder des ÖTK gedenken, die während der beiden Weltkriege gefallen sind, und jener, die in den Bergen den Tod gefunden haben.
Um wieder zum Tourstart zu gelangen, gehen wir am Aufstiegsweg Richtung »Scharfes Eck/Winterleitenhütte« zurück, ignorieren alle Abzweigungen zur Sabathyhütte und biegen beim Wegweiser »Winterleitenhütte« rechts ab. Beim Abstieg über den Schreibersteig begeistert der Blick zum Lindersee, und auch das wuchtige Zirbitzkogel-Massiv beeindruckt. Der Weg dreht in einem **Sattel** ❺, 2206 m, nach links zum Talkessel mit der Ochsenlacke, aus dem wir zur Winterleitenhütte marschieren.
Knapp vor dem Großen Winterleitensee entscheiden wir uns für die rechten Wegspuren, kommen so direkt am Seeufer vorbei und schlendern von dort zum **Parkplatz** ❶ hinunter; der Kleine Winterleitensee bleibt in diesem Fall links von uns.

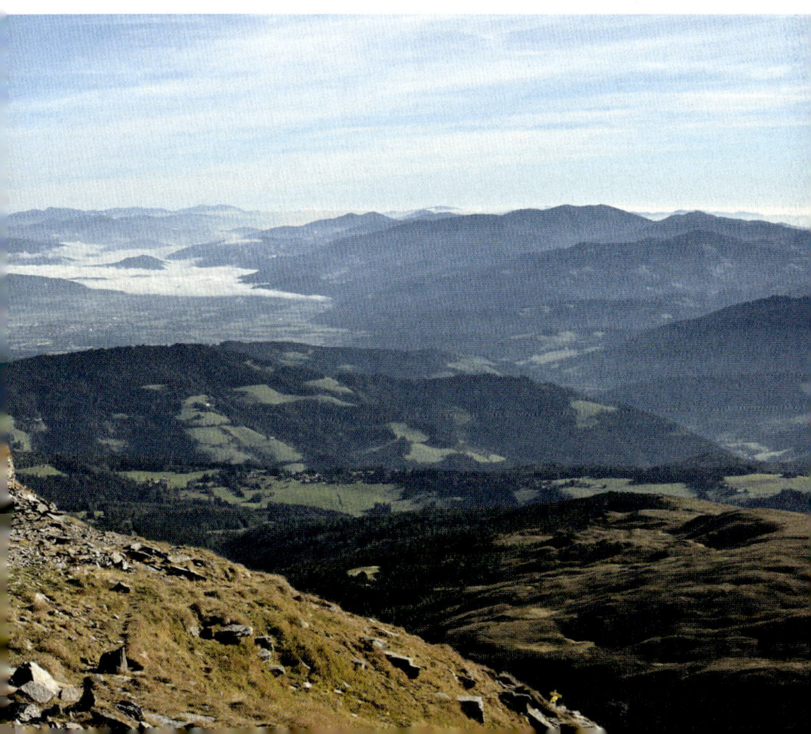

↗ 660 m | ↘ 660 m | 18.2 km

60 Großer Speikkogel, 2140 m

6.00 h

Perfekte Kulisse zwischen Weinebene und Koralpenhaus

Der Große Speikkogel, umgangssprachlich auch Koralmspeik genannt, ist der höchste Speik im Nahbereich von Graz. Er übertrifft den Speikkogel der Gleinalm um 152 m, den Speikkogel der Stubalm um 147 m und den Speikkogel der Eisenerzer Alpen (Gipfel zwischen Wildfeld und Stadelstein) um 95 m. In seinem Gipfelbereich stehen die Radaranlagen des Bundesheeres und der Austro Control, die gemeinsam mit weiteren in Österreich stationierten Großraum-Radarstationen dem Luftraumüberwachungssystem »Goldhaube« angehören. Die Weinebene, mit 1667 m nach dem Sölkpass, 1788 m, und der Turracherhöhe, 1763 m, dritthöchster Alpenpass der Steiermark, liegt etwa in der Mitte der Koralm, die sich von der Soboth im Süden bis zum Packsattel im Norden erstreckt; sie ist Ausgangspunkt unserer schönen, ungemein aussichtsreichen Rundwanderung, die zu 100 % über der Baumgrenze verläuft und uns über den Moschkogel zum Großen Speikkogel und über die Grillitschhütte zurück zur Weinebene bringt. Apropos Speik: Der Name leitet sich von Speik, einem Baldriangewächs, ab, das man in Höhenlagen über 1800 Metern findet. Über Jahrhunderte florierte der Handel mit der Speik-Pflanze (zur Herstellung von Baldrianöl) von der Koralm, sie wurde über den Hauptumschlagplatz Judenburg insbesondere nach Syrien, Ägypten und den Sudan verkauft. Und: Der Seifenhersteller »Speick« teilt seinen Namen mit dem seltenen Alpengewächs; in den 1970er-Jahren zeigte sich sogar Bergsteigerlegende Luis Trenker auf Plakaten als begeisterter Anwender der Seife mit dem unverkennbaren Duft der hochalpinen Speik-Pflanze.

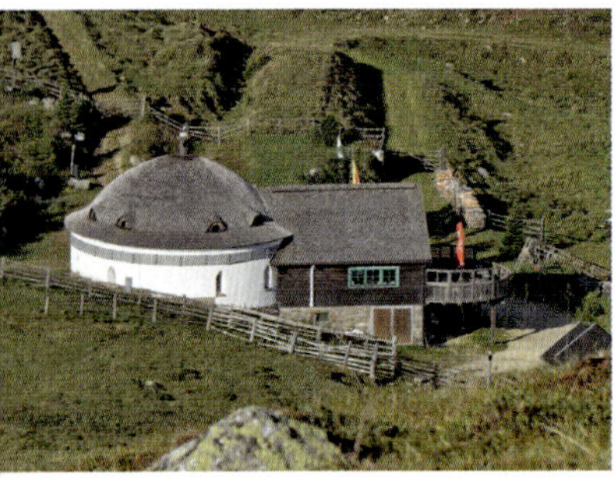

Grillitschhütte.

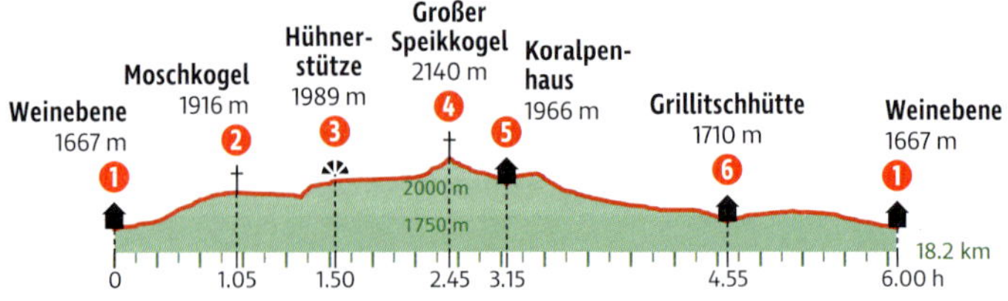

Ausgangspunkt: Weinebene, 1667 m; Auffahrt von Deutschlandsberg bis zur Passhöhe, Parkplatz vorhanden.
ÖPNV: Keine.
Anforderungen: Forststraßen, Bergwege, Weidegebiet, Almwege, gut markiert bzw. im unmarkierten Abschnitt über den Moschkogel aufgrund des übersichtlichen Geländes (Zaun) problemlose Orientierung.
Einkehr: Restaurant Weinofenblick, Tel. +43 664 3629708); Koralpenhaus, alpenverein.at/koralpenhaus, geöffnet Mai bis Ende Oktober und Dezember bis Ende März; Grillitschhütte, Tel. +43 676 6415830, Mitte/Ende Mai bis November.

Karte: f&b WK 411.
Tipp: Man kann, ohne Besuch im Koralpenhaus, auch direkt vom Großen Speikkogel über den Höhenrücken zum Steinschneider wandern.

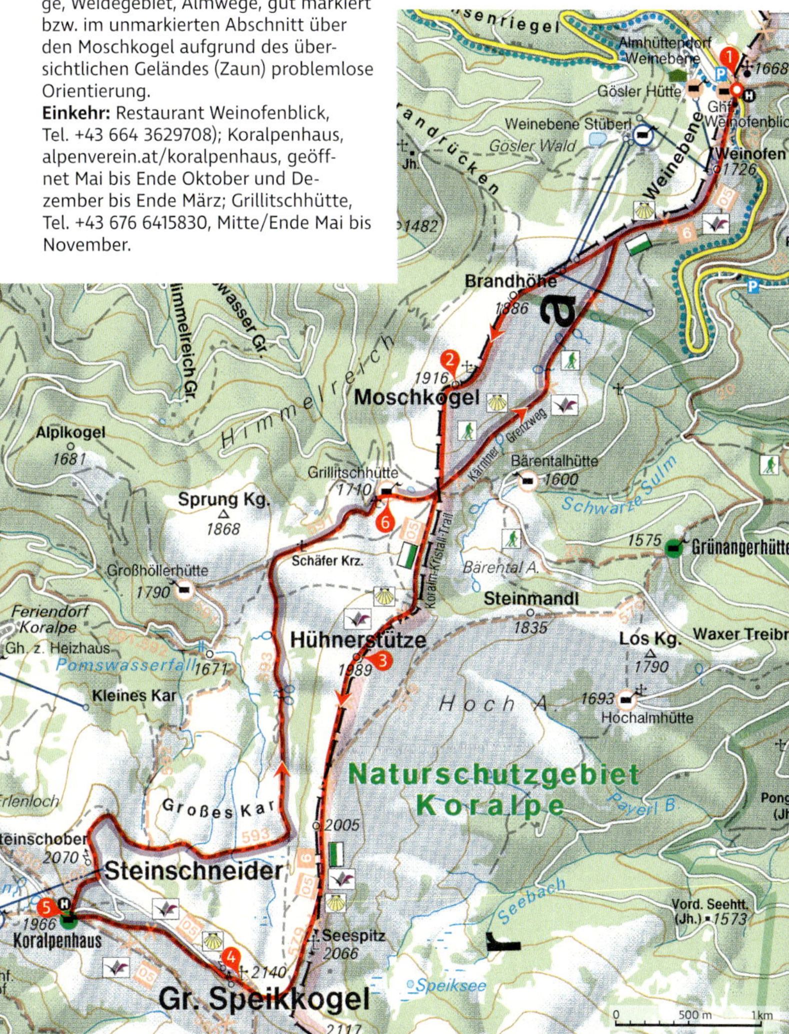

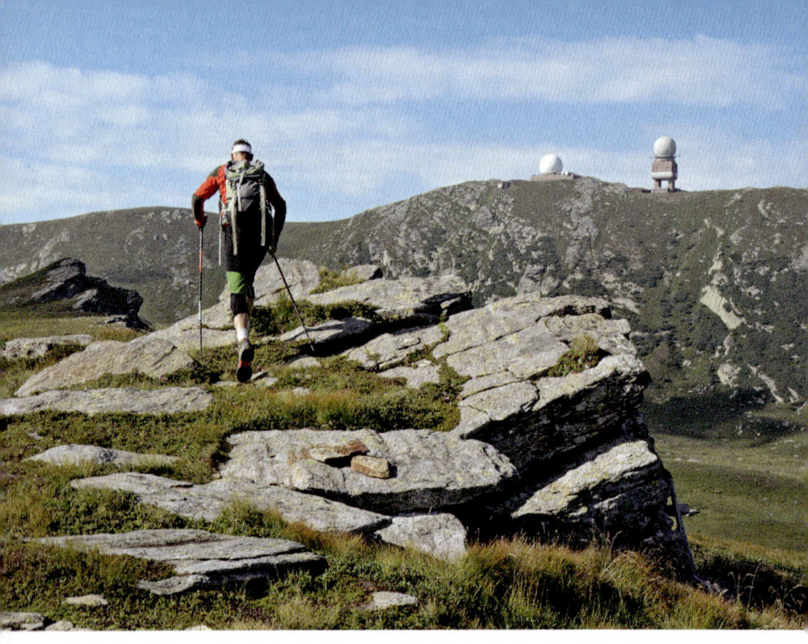

Nach der Hühnerstütze beim Aufstieg zum Gipfel des Großen Speikkogels.

Beim **Parkplatz** auf der **Weinebene** ❶, 1667 m, folgen wir dem Wegweiser zur Grillitschhütte und gelangen auf einem Fahrweg zur ersten Anhöhe, dort rechts der Gneisquarzit-Felsen des Weinofen, 1726 m, und die Handalm-Windpark-Aussichtsplattform (links); bei guter Sicht sehen wir auch schon die Radarstation am Gipfel des Großen Speikkogels! Dann sanft bergab und halb rechts durch die große Wiese. Bei der Kreuzung von Fahrwegen halb rechts unmarkiert hinauf zur Bergstation des Schneelochliftes. Unweit davon die Brandhöhe, 1886 m, wo der fast ebene Streckenabschnitt zum Moschkogel beginnt. Es geht auf sanftem Almboden an der Grenze zwischen der Steiermark und Kärnten aussichtsreich dahin. Einzelne Öfen, die typisch für das Landschaftsbild der Koralpe sind, stellen reizvolle Motive dar; die Öfen der Koralpe sind auffällige Gesteinsformationen, die durch den Kontrast mit dem umliegenden Weideland besonders prägnant sind. Im Westen schauen wir weit über das Lavanttal nach Kärnten und im Osten über das weststeirische Hügelland in die Steiermark. Auch am **Moschkogel** ❷, 1916 m, sind es die Felsformationen, die seine Attraktivität steigern, das Gipfelkreuz vervollständigt den alpinen Ausdruck.

Dann geht es, am Weidezaun entlang und mit Blick zum Steilhang der Hühnerstütze vor uns, zum Grillitschgatter, 1748 m, hinunter; rechter Hand sehen wir die formschöne Grillitschhütte, die mit ihrer unkonventionellen Rundbauweise besticht. Ab dem Grillitschgatter bleiben wir auf dem Weg Nr. 505 und erreichen nach dem steilen Hang das lang gezogene Hochplateau mit der **Hühnerstütze** **3**, 1989 m. Imposanter Blick in das Naturschutzgebiet Koaralm-Kar! Vorbei am Seespitz, 2066 m, nähern wir uns dem Gipfelaufbau des **Großen Speikkogels** und erreichen schließlich den höchsten Punkt mit **Gipfelkreuz** **4**, 2140 m, und Radarstation. Es folgt ein aussichtsreicher Abstieg zum **Koralpenhaus** **5**, 1966 m; dort wechseln wir auf Weg Nr. 593 Richtung »Grillitschhütte«.

Nach Bewältigung des kurzen Aufstiegs zum Steinschneider, 2070 m, geht es dahinter in einem Rechtsbogen in das Große Kar hinab. Bei dem als »Hotel Kar« vermessenen Wegweiser, 1916 m, bleiben wir auf dem Weg zur »Grillitschhütte«, erreichen den Vermessungspunkt »Großes Kar«, 1886 m, marschieren über die lang gezogene grasbewachsene Fläche zum Schäferkreuz, 1790 m, und kommen wenig später bei der **Grillitschhütte** **6**, 1710 m, an, die mit ihrer runden Bauweise zwischen den sanften Flanken von Moschkogel, Sprungkogel und Hühnerstütze effektvoll Wirkung zeigt.

Der letzte Streckenabschnitt führt uns zum Grillitschgatter hinauf, danach geht es am Nord-Süd-Weitwanderweg (zugleich Kärntner Grenzweg, Weg Nr. 505 bzw. Weg Nr. 20) unterhalb des Moschkogels zurück zur **Weinebene** **1**.

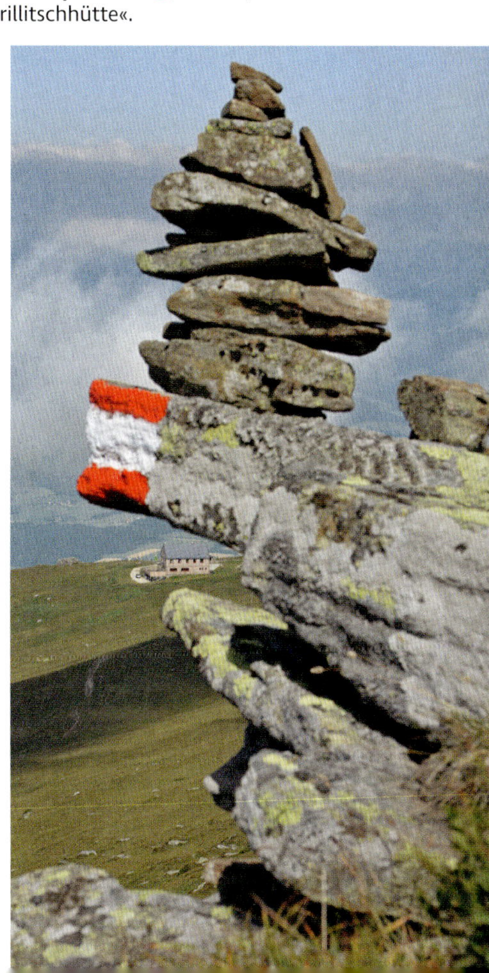

Zwischen den Felsenplatten ist das Koralpenhaus zu sehen.

STICHWORTVERZEICHNIS

H

I

J

K

L

Umschlagbild: Auf der Gleinalpe zwischen Lärchkogel und Speikkogel (Tour 52).

Bild im Innentitel: Oberhalb der Tyrnaueralm mit Blick zur Roten Wand (Tour 13).

Bild auf den Seiten 30/31: Am Gipfel des Rauschkogels mit Blick zum Hochschwab (Tour 31).

Alle Fotos vom Autor, ausgenommen das Foto auf Seite 92 (Österreichischer Alpenverein, Sektion Mixnitz).

Kartografie:
60 Wanderkärtchen im Maßstab 1:50.000 / 1:75.000
sowie 2 Übersichtskärtchen im Maßstab 1:650.000 und 1:1.100.000
© Freytag & Berndt, Wien

Werk-Nr.: 4292

Die Ausarbeitung aller in diesem Führer beschriebenen Wanderungen erfolgte nach bestem Wissen und Gewissen des Autors. Die Benutzung dieses Führers geschieht auf eigenes Risiko. Soweit gesetzlich zulässig, wird eine Haftung für etwaige Unfälle und Schäden jeder Art aus keinem Rechtsgrund übernommen.

6., vollständig neu bearbeitete Auflage 2024

ISBN 978-3-7633-4624-0

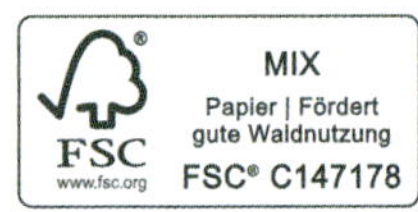

Wir freuen uns über jeden Korrekturhinweis zu diesem Wanderführer!
Bitte per E-Mail an: leserzuschrift@rother.de

ROTHER BERGVERLAG · Keltenring 17 · D-82041 Oberhaching
Tel. +49 89 608669-0 · rother.de